석견루시초

石見樓詩鈔

석견루시초

石見樓詩鈔

이복현 지음

조창록·이성민·김채식·이상아 옮김

안대회 감수·해제

성균관대학교
출 판 부

일러두기

1. 이 책의 번역 대본은 국립중앙도서관 소장 《석견루시초(石見樓詩鈔)》(BC古朝45-가56)로 하였다.
2. 대교는 고려대 해외한국학자료센터 제공 《석견루시초》를 참고하였다.
3. 내용이 간단한 역주는 간주(間註)로, 긴 역주는 각주(脚註)로 처리하였다.
4. 한자는 필요한 경우 이해를 돕기 위하여 병기하였다.
5. 맞춤법과 띄어쓰기는 한글 맞춤법과 표준어 규정을 따랐다.
6. 인명의 독음은 대체적으로 전통적인 발음을 따랐다.
7. 저본에 보이는 이체자는 대체적으로 대표자로 바꾸었다. 대표자의 판단은 한국고전번역원 이체자정보(db.itkc.or.kr/dch/)를 따랐다.
8. 이 책에서 사용한 부호는 다음과 같다.

   ( ) : 번역문과 음이 같은 한자를 묶는다.
   〔 〕: 번역문과 뜻은 같으나 음이 다른 한자를 묶는다.
   " " : 대화 등의 인용문을 묶는다.
   ' ' : " " 안의 재인용 또는 강조 문구를 묶는다.
   「 」: ' ' 안의 재인용을 묶는다.
   《 》: 책명 및 각주의 전거(典據)를 묶는다.
   〈 〉: 책의 편명 및 운문·산문의 제목을 묶는다.

차례

상권 上卷

하권 下卷

석견루(石見樓) 이복현(李復鉉)의 시 세계

안대회

1. 머리말

석견루(石見樓) 이복현(李復鉉, 1767~1853)은 18세기 후반에서 19세기 중반까지 활동한 시인이자 관료이다. 왕성하게 시를 창작한 시기는 정조대와 순조대였다. 그의 이름은 시단에 상당히 널리 알려져 있었다. 이 무렵에는 쟁쟁한 시인들이 다수 배출되어 조선 후기 시단의 황금기를 형성하였다. 시단의 황금기에 석견루는 폭넓은 창작 활동을 전개하여 개성 있는 시인으로 이름을 얻었다. 87세로 장수하여 장기간에 걸쳐 중요한 시인들과 교유하였기에 당시 시단의 동향을 알고자 할 때 빼놓을 수 없는 핵심 인물이기도 하다.

석견루는 오랫동안 능관(陵官)과 지방관을 지낸 경력을 지니고 있다. 다만 조정의 주요 직책이나 고위직을 맡지 않았고, 관료로서의 업적을 평가할 만한 자료가 부족하여 구체적 사실을 거론하기는 쉽지 않다. 또 산문으로는 〈석견 노인의 60세 자서전〔老石六十叟自傳〕〉과 〈음시처 상량문〔吟詩處上樑文〕〉을 비롯하여 몇 편만을 남겼을 뿐이다. 경력과 남겨진 작품에서 보듯이 석견루는 순전한 시인으로 수많은 시인과 교유한 시단의 핵심 인물이었다.

조선 후기 시단의 명가(名家)로 꼽히는 석견루의 생애 전작은 《석견루시초(石見樓詩鈔)》라는 이름으로 간행되었다. 19세기 시조 문학을 대표하는 이세보(李世輔, 1832~1895)가 바로 석견루의 증손인데, 북경에 사신으로 간 기회를 이용하여 그곳에서 이 시집을 간행하였다. 이 시집은 석견루 시의 전모를 조명하는 데 가장 좋은 선본(善本)이다. 이번에 이 시집을 완역하여 석견루의 시를 세상에 알리면서 석견루와 그의 시 세계를 살펴보고자 한다.

지금까지 석견루의 시는 학계에서 그다지 큰 관심을 기울이지 않았다. 고종사촌인 담정(藫庭) 김려(金鑢)의 문학을 살피는 기회에 함께 다루어진 적이 있을 뿐이었다. 근자에는 오로지 이현일 교수의 논문 〈석견루 이복현 시 연구〉(《고전문학연구》 제40집, 2011)가 석견루의 시를 전문적으로 연구한 성과이다. 이 논문은 석견루의 생애와 시집의 서지 사항을 비롯한 기초적 사실을 충실하게 조사한 바탕 위에 시 세계를 살펴보고 있어 참고할 만한 가치가 높다. 이 글도 위 논문에서 도움을 받아 작성하였다.

2. 가계와 관직 이력

이복현은 자(字)가 견심(見心), 호는 석견루(石見樓)이다. 〈석견 노인의 60세 자서전〉에는 꿈속에서 벼루[硯]를 보고 연(硯)을 파자(破字)하여 석견(石見)이란 호를 지었다고 호를 짓게 된 동기를 밝히고 있다. 벼루를 창작의 비약적 향상을 뜻하는 상서로 받아들여 호로 지었으니 시인다운 작명이다.

석견루는 전주(全州) 이씨로, 인조의 친동생인 능원대군(綾原大君,

1598~1656)의 5대손이다. 대군의 4남 영춘군(靈春君)의 고손자, 영춘군의 3남 창은군(昌恩君)의 증손자, 안풍군(安豐君)의 손자, 도사(都事)를 지낸 후근(厚瑾)의 아들이다. 이렇게 종실로서 그의 선대는 왕가와 상당히 가까운 친족이었다. 석견루가 과거를 보지 않았음에도 불구하고 음보(蔭補)로 한평생 능관과 지방관을 역임한 이유가 여기에 있고, 젊은 시절부터 당파를 가리지 않고 경화세족(京華世族) 문벌 집안 자제들과 가까이 어울린 이유도 여기에 있다. 추사(秋史) 김정희(金正喜)와 영명위(永明尉) 홍현주(洪顯周) 등 부마 집안 사대부와 가깝게 어울린 배경도 여기에 있다.

왕실과는 후대에 더욱 가까워졌다. 석견루는 제은(濟殷, 1784~1836)과 제로(濟魯, 1789~1816) 두 아들을 두었는데, 제로의 둘째 아들 단화(端和)의 맏아들 인응(寅應)이 경평군(慶平君)에 봉해졌다. 석견루의 증손인 경평군이 바로 시조 시인으로 유명한 이세보(李世輔)이다. 이세보는 1851년 사도세자의 손자이자, 은전군(恩全君)의 아들인 풍계군(豊溪君) 이당(李瑭)의 양자가 되었다. 이때 이호(李皓)로 개명하고 종2품 경평군의 작위를 받았다. 경평군은 철종 시기에 흥선대원군과 함께 왕실과 가장 가까운 종실이었기에 세력도 가장 컸다. 덕분에 겨우 26세밖에 되지 않은 1857년(철종8)에 동지사(冬至使)의 정사 지위로 북경에 사신을 갔고, 그때 증조부의 시집을 북경에서 간행하였다. 시문집을 조선에서 간행하지 않고 사신으로 간 북경에서 간행하는 일이 19세기 들어 간혹 나타났는데, 석견루의 시집은 두드러진 사례로 손꼽힌다. 사망한 지 몇 년이 채 되지 않은 시기에 평생의 심혈을 기울인 작품이 단아한 시집으로 출간되었다.

석견루는 한평생 관료 생활을 지속하였다. 과거를 거치지 않고 종실

자손의 지위로 관직에 나아갔다. 20세 때인 1786년(정조10)에 공신의 자손으로 구성된 군대 조직인 충의위(忠義衛)에 소속된 이래 1790년 24세 때 장흥고 주부(長興庫主簿)가 되었다. 이후 10년 동안 장릉, 공릉, 경릉 등의 왕릉에 능관(陵官)으로 재직하였다. 1800년에는 진보(眞寶) 현감, 1801년에는 김포 군수 등을 지냈다. 1813년 10월에는 고성 군수, 1815년에는 청풍 부사를 지내다 1819년 6월에 파직되었다. 고성과 청풍의 지방관으로 지낼 때가 관직 생활뿐만 아니라 창작 생활에서도 황금기였다. 이후 1832년 2월에 곡성 현감에 임명되어 4개월 근무하고 파직된 것을 마지막으로 지방관 생활을 마쳤고, 1840년까지 공릉과 영릉, 광릉, 현릉 등에서 능관으로 근무하였다. 사이사이에 의금부 도사, 통례원 인의, 장악원 주부, 한성 판관, 상의원 첨정, 사직서령, 사도시 첨정과 같은 벼슬을 두루 하였다. 20대 이후 거의 50년 동안 중앙 부서의 공직과 능관, 지방관을 두루 역임하였다. 고위직에는 오르지 못했으나 큰 부침 없이 안정적으로 관직 생활을 이어갔다. 여기에는 왕실과 가까운 종실이라는 조건과 김조순을 비롯한 정권의 핵심 고위직 관료와 맺은 친분도 영향을 미쳤다. 석견루는 꼼꼼하고도 엄격하게 관직생활을 한 것으로도 알려졌는데, 그 역량으로 무리없이 장기간 봉직할 수 있었다. 1853년 87세를 일기로 사망하였고, 묘소는 충청북도 보은군 탄부면 평각리에 있다. 사후에 이조판서에 증직(贈職)되었는데 경평군에 봉해진 증손 덕분이었다.

석견루의 시작 활동과 관료 생활에서 빼놓을 수 없는 중요한 요소가 교유 관계이다. 무엇보다 먼저 꼽아야 할 친구는 청년 시기에 교유한 이른바 '담정 그룹'이라 불리는 문인들이다. 고종사촌인 담정(藫庭) 김려(金鑢, 1766~1821)를 중심으로 김려의 아우 김선(金鐥, 1772~1833),

강이천(姜彝天, 1768～1801), 김우순(金愚淳, 1760～1835), 이우신(李友信, 1762～1822), 김조순(金祖淳, 1765～1832), 이노원(李魯元, 1756～1811), 권상신(權常愼, 1759～1824), 이안중(李安中, 1752～1791) 등과 친근하게 지냈다. 그중에서 특히 김려와 김선, 강이천, 김조순, 권상신, 이안중 등과 막역하였다. 대체로 노론 시파(老論時派)에 속하고 안국동, 삼청동, 맹원(孟園) 등 북촌(北村) 지역에 세거하는 경화세족의 후예들로서, 당시에 첨예하게 참신한 창작 활동을 벌인 문인들이었다. 김조순, 권상신, 김우순과 같이 고위직을 역임하고 큰 권력을 지닌 인물도 있었으나, 관직에서 소외되거나 낮은 관직을 전전한 문인들도 있었다. 석견루는 이들과 가까운 인척이거나 동문수학한 친분으로 깊이 우정을 쌓았다. 그와 같은 친분은 석견루가 지은 작품에 많은 흔적을 남겼다. 어릴 때 함께 공부했던 이우신과 김려가 사망하자 석견루는 1838년 다음과 같은 시를 지었다.

옥수 같은 김려와 이우신을 묻고 말았으니	玉樹埋金李
어찌하면 다시 한번 만날 수 있으랴	何由一見之
무덤가엔 아름드리 나무가 자라나고	空山起拱木
흐르는 물엔 애절한 소리조차 끊겼네	流水絶哀絲
그저 도끼를 휘두르던 내 자질만 믿었으니	只信揮斤質
어찌 자리 피하던 스승 잊으리오	寧忘避席師
오뚝이 이제 홀로 서서	巋然今立獨
흰머리만 괴로이 떨구고 있네	白首苦低垂

-〈문원 이우 익지와 담정 김형 려 은 어려서 동문수학하였는데, 지금 모두 죽어서 감회가 일어 짓다〔文原李友益之藫庭金兄 鑢 自童年同學 今俱零落 感作〕〉

70세를 넘긴 노년에 어려서부터 함께 공부했던 친척이자 친구를 잃은 외로움과 슬픔을 표현하였다. 노년에 시인은 당대의 저명한 인사를 애도한 수많은 만시(挽詩)를 지었는데, 얼마나 많은 명사들과 두터운 친분을 맺고 있었는지 잘 보여준다.

다음에 다루어야 할 부류는 전문적 시인 그룹이다. 석견루는 시를 잘 짓기로 유명한 서파(庶派) 지식인이나 중인 지식인과도 신분을 따지지 않고 친하게 지냈다. 대표적인 시인이 박제가(朴齊家, 1750~1805)와 이명오(李明五, 1750~1836)이다. 특히 김포에 살던 이명오와는 장릉 령(章陵令)과 김포 군수로 근무할 때 자주 어울리며 많은 시를 주고받았다. 정조가 사망한 1800년 가을, 김포에서 이명오와 영평 현령 박제가를 용금루(湧金樓)에서 만나 시를 주고받았다. 이명오의 시집에는 다음 시가 전해온다.

흰머리로 큰 강어귀에서 떠도는 신세건만	華顚漂泊大江頭
다행히도 시인께서 고을 원님 되셨구나	幸得詩人作郡侯
눈 속에 한 동이 국화술을 놓아두고	雪裏一罇黃菊酒
호기를 가눌 길 없어 누각에 다시 올랐네	未除豪氣更登樓

-이명오, 《박옹시초(泊翁詩鈔)》 권4, 〈군수의 자리에서 영평 현령 박제가와 더불어 짓다(郡侯席, 與朴永平齊家作)〉

2구에서 말한 '시인'은 김포 군수 석견루이다. 한 시대에 시인 중의 시인으로 명성을 누리던 이명오와 박제가를 김포의 용금루에서 만나 술을 마시며 시를 주고받았으나, 석견루나 박제가의 시집에는 이때 지은 시가 시집에 전하지 않는다. 석견루나 박제가의 현존하는 시집은 전집이 아니라 선집으로, 후대에 전할 만한 가치가 있다고 판단한 작품만을 뽑은 것이기에 많은 시들이 누락되었다. 《석견루시초》에는 박제가와 친분이 가볍지 않음을 알려주는 다음 시가 남아 있다.

푸른 산에는 무덤도 많은데	青山黃土多
깊고 깊은 곳에 박 첨지 장사 지냈네	深深葬僉知
말에서 내려 한참을 흐느껴 우니	下馬久嗟泣
나무꾼이 이상하게 쳐다보네	樵人怪見之

-〈정유 박 첨지 제가 의 무덤에 곡하다〔哭貞蕤朴僉知 齊家 墳〕〉

1805년에 사망한 박제가의 무덤은 경기도 광주시 쌍령(雙嶺)에 있었다. 서파 지식인인 박제가의 무덤에서 눈물을 흘리며 애도하는 이 시를 놓고 볼 때 그에 대한 흠모의 정과 신분의 차이에 구애받지 않고 친구를 벗하는 열린 태도를 읽을 수 있다. 이명오의 시는 둘 사이에 이전부터 적지 않은 친분이 있었음을 보여준다.

세 번째로, 한 시대의 명사들과 많이 어울렸다. 젊은 시절부터 명사들과 교분이 두터웠으나, 나이가 들어갈수록 친분의 범위가 더욱 확장되었다. 앞서 언급한 이들을 빼놓고 살펴보면, 저명한 시인인 신위(申緯)와 조두순(趙斗淳), 조인영(趙寅永), 신현(申絢) 형제, 서영보(徐榮輔) 형제, 김기서(金箕書), 이익회(李翊會), 이양연(李亮淵), 이지연(李止淵) 형제, 홍석주(洪奭周) 형제, 홍석모(洪錫謨), 조면호(趙冕鎬) 등을 비롯한 수많은 인물과 교유하고 시를 주고받았다. 그와 친분을 맺은 인물들은 19세기 중반까지 서울, 경기 지역의 대표적인 지식인들이다. 앞서 말한 것처럼 석견루도 그중의 한 사람으로, 당시 명사들의 교유 관계를 파악하는 데 관건이 되는 인물이다. 시집은 관계를 입증하는 중요한 사료로서 가치가 있다.

한편, 석견의 두 아들 제은(濟恩)과 제로(濟魯) 역시 눈여겨보아야 할 인물이다. 두 사람은 모두 시인으로 이름이 있었다. 제은은 김려의 『담정총서(潭庭叢書)』에 『동유난고(東遊亂藁)』가 수록되었고, 제로는 같은 총서에 『경산유타(畊山遺唾)』와 『우산미정고(愚山未定藁)』가 수록되었다. 그중에서 제로는 28세 젊은 나이에 요절했으나 김려는 그를 매우 뛰어난 시인으로 평가하였다. 다음에 이제은과 이제로의 시를 각각 한 수씩 실어 소개한다.

길을 돌아 단양에 가까워지니	路轉丹陽近
푸른 산은 바라봐도 멀지 않구나	青山望不遙
실같은 미나리는 구운 고기보다 향기롭고	芹絲香勝炙
꽃과 나무는 불에 붙은 듯 따사롭네	花木煖如燒
흥이 나서 〈천태부〉를 지어내고	興入天台賦
시를 이뤄 『남악창수록』을 흥얼거리네	詩成南岳謠
나무 수레 끄느라 망아지는 땀 흘리며	柴車汗小犢
코 쳐들고 앞쪽 다리를 건너가누나	浮鼻過前橋

–이제은, 〈친구 이민행(李敏行)이 도중에 지은 시에 차운하다〔次李友路中韻〕〉

우리보다 한가로운 이 많이 없지만	散閒吾輩少
가끔 봐도 여전히 서로 친하네	稀見亦相親
오랜 대숲에 세 갈래 오솔길이 나	舊竹知三徑
추운 산에 이웃하여 몇 집이 사네	寒山作數隣

붉은 잎에 시를 쓰기는 늦어졌으나 紅林題葉晩
흰 돌 위에 꽃지짐은 새로 하였네 白石煮花新
땅을 고른 것은 오고가기 위함이 아니니 選地非來往
마음속의 옥 같은 벗을 그리워하네 意中憐玉人

-이제로, 〈9월 10일 추사와 함께 조촐하게 모이다〔小重陽與秋史小集〕〉

첫번째 시는 이제은이 1819년 이민행(李敏行), 이상진(李象辰), 김도순(金度淳) 등과 함께 단양팔경과 영월 등지를 여행할 때 지은 시이다. 단양에 들어가기 전에 미나리를 먹고 〈천태부〉와 같은 산수를 노래한 작품을 짓고, 주희(朱熹)와 장식(張栻)이 명산을 함께 여행하고 시를 지어 『남악창수록(南岳唱酬錄)』을 엮었듯이 벗들과 함께 시를 지어 읊는 즐거움을 표현하였다. 두번째 시는 이제로가 9월 9일 중양절(重陽節) 다음 날 추사 김정희와 함께 호젓한 집에서 꽃지짐을 해 먹고 지은 시이다. 이제로의 시에는 유난히 추사와 관련한 작품이 많다. 두 편의 시에서 보듯이 석견루의 시적 재능을 두 아들이 이어받았고, 그 재능은 경평군을 비롯한 후손들에게 계속 이어졌다.

3. 인생 자체가 시인인 순수한 삶

관직 생활로 부임지를 전전한 점을 빼놓으면 석견루는 안정된 생활을 영위하였다. 가세가 그다지 부유한 편은 아니었던 듯 가난한 처지를 토로한 시들이 제법 많으나 그렇다고 하여 선비의 위의를 잃을 정도는 아니었다.

《석견루시초》에는 그가 지은 수많은 작품 가운데서 선집한 각종 형식의 작품이 400여 수 뽑혀 있다. 평생을 시 창작에 골몰한 경력으로 볼 때 결코 많은 수량이 아니다.

이 선집 밖에는 고려대학교에 귀중본으로 소장된 《석견루(石見樓)》 17책이 있는데, 미처 정리되지 않은 초고본으로 선집에 실리지 않은 작품과 자료들이 산만하게 실려 있다. 또 김려의 《담정총서》 권25와 권29에는 《석견루잡영(石見樓雜詠)》과 《석견루시권(石見樓詩卷)》이 수록되었다. 《담정총서》에 실린 2종의 시집은 1819년에 시인이 자선(自選)한 시집이다. 이 2종은 석견루의 현존하는 시집 가운데 가장 이른 시기의 시집으로 초고본에 해당한다. 《석견루시초》는 이 2종의 시집을 비롯한 초고본을 바탕으로 다시 만든 최종 수정본 선집이다.

수정본을 만든 사람은 시인 자신이다. 초고본과 《석견루시초》를 비교하여 검토하면 작품 사이에 차이가 너무나 커서 개작이 아니라 아예 새로 쓴 시처럼 보이는 작품이 한두 편이 아니다. 편차와 내용, 제목의 변화, 창작 시기의 재배치 등 많은 차이가 있다. 그와 같은 수정은 시인 자신이 아니면 불가능하다. 앞에 인용한 박제가의 묘에서 쓴 시의 첫 구절도 "푸른 산에는 무덤도 많은데〔青山黃土多〕"가 "오뚝하게 새 봉분이 솟아났는데〔兀兀起新封〕"로 되어 있다. 그 차이가 매우 심한 작품 사례를 뒤에서 몇 가지 들어놓았다. 이처럼 시인이 만년에 자신의 작품을 대폭 수정하여 큰 변화를 낳았다는 점은 아주 흥미롭다. 자신의 작품에 대한 사랑의 깊이를 알려준다.

석견루의 작품을 논하기에 앞서 시인으로서 독특한 삶을 먼저 살펴본다. 석견루는 자신을 오로지 시에 탐닉한 사람으로 규정하였다. 60세가 되어 자신의 삶을 스스로 평가한 자전(自傳) 〈석견 노인의 60세

자서전〉에서 이렇게 말하고 있다.

> 나이도 예순이 다 되어가는데 술 마시는 것을 좋아하였지만 끊은 지가 33년이요, 시를 읊조리기 좋아하여 그만두지 못한 것이 43년이다. 지방관으로 나가서 그때마다 좋은 산수를 찾아가서 구경하는 것을 잘하였는데, 그것을 싫증 내지 않은 것이 또한 수십 년이 되어간다. 시를 읊조리기 좋아하여 그만두지 못하는 것은 고질병이다.

환갑에 쓴 자서전으로 인생을 총결산하는 의미를 지닌 글이다. 육십 평생에 시인으로 산 세월이 43년이니 사실 인생 전체이다. 그보다 더 오래 삶에 간여한 것은 술도 산수도, 다른 어떤 것도 아니다. 나의 인생은 곧 시인의 인생이라는 자부와 자조가 뒤섞여 있다. 시에 탐닉해 살아온 삶에 대한 자의식은 작품에 곧잘 드러났다.

천년 뒤에 알아줄 자운만 부질없이 기다리며	千年空待子雲知
만호후 벼슬을 천 수의 시보다 가벼이 여겼네	萬戶侯輕千首詩
다 빠진 늙은 수염을 시 짓느라 꼬고 꼬니	老禿無髭撚復撚
올망졸망 마을 아이들이 배꼽 잡고 웃네	參差笑殺郡中兒

-〈절구 100수〔絶句百〕〉

고성 군수를 지낼 때 금강산을 비롯한 명승의 멋진 경물을 100수의 절구에 담았는데 이 시는 마지막에 실린 작품이다. 이 무렵에 왕성하게 시를 지어 현재 남아 있는 작품도 이 시기가 가장 많은 편이다. 고성 군수는 만호후 고위직보다 시 천 수 짓는 것을 더 가치 있게 보는 못 말리는 시인이다. 상식을 벗어난 바보 같은 사람이다. 더 나은 벼슬로 가려고 애쓰기보다 시를 짓느라고 골똘히 애쓰는 모습을 아이들이 알 리가 없다. 배꼽을 잡고 웃는 천진한 산골 아이들의 시선을 빌려 자신이 얼마나 이상한 사람인지 표현했다. 하지만 남들로부터 이상한 사람이란 평을 들어도 좋다는 천생 시인이 바로 석견루였다.

시를 향한 석견루의 사랑은 10대부터 사망하기 전까지 중단된 적이 없다. 보고 듣고 느끼는 모든 것을 시로 표현하기를 즐겼다. 46세 무렵 정조의 부마 영명위(永明尉) 홍현주(洪顯周, 1793~1865)를 위해 쓴 〈음시처 상량문(吟詩處上樑文)〉은 다음과 같은 구절로 시작한다.

내 들으니 끊임없이 시를 읊으며 깊은 생각 발휘하는 사람은
蓋聞不廢吟哦助發才思者
텅 빈 마음이 담담하고 생각이 깊으며 冲情澹而思繹
뛰어난 생각이 표일하고 정신이 심원하니 雋想飛而神遐
깊이 이치를 찾으면 문장을 구사하여 소회를 펴고
冥搜則奮藻而散懷
멀리 포부를 부치면 문사를 쏟아내어 뜻을 말한다 하네
遠寄則馳辭而言志

음시처(吟詩處)에서 시를 짓는 시인의 마음 상태를 묘사한 첫 대목이다. 본디 홍현주가 시를 읊는 상태를 말한 것이지만 사실상 자신의 마음 상태를 말한 것이기도 하다. 시인이 시상을 펼쳐 창작하는 행위는 단순하고 가벼운 활동이 아니라, 깊고 오묘한 사유와 감정 활동을 표현하는 것임을 말하고 있다. 시인의 창작 활동만큼 고매하고 순수

한 것이 없어 그 무엇으로도 바꾸지 않겠다는 포부를 담고 있다. 석견루나 홍현주나 시를 짓고 즐기는 데 인생의 모든 것을 건 시인이었다. 창작의 동기와 과정을 온몸으로 체험한 시인이기에 이처럼 깊이 있게 서술할 수 있다. 시를 짓는 행위의 고상한 의의를 높이 부각시킨 시적 산문의 대표작이다.

시인으로서 석견루의 열정과 고고한 자세는 함께 어울려 시를 즐긴 동료들조차도 두루 인정하였다. 그중에서 이익회(李翊會, 1767~1843)의 다음 평문은 아름답고도 흥미롭다.

> 시에는 성령(性靈)이 있고 재능과 역량이 있으니, 대개 모든 사람이 잘할 수 있는 것이 아니다. 허정묘(許丁卯)가 이르기를, "뼛속에 시가 없으면 시를 읊조릴 수 없다."라고 하였으니 이백, 두보, 왕유, 맹호연, 위응물, 유종원, 전기(錢起), 유장경(劉長卿) 등이 모두 이러한 부골(副骨)을 갖추었다. 비유하자면 사람이 향해(香海) 속에 들어가 향수가 골수에 푹 젖어서 말을 하고 글을 짓는 것이 온통 향기롭지 않은 경우가 없고, 또 설요영(薛瑤英)이 오래도록 향 가루를 복용해서 온몸에서 향이 나는 것과 같으니, 이 어찌 향 상자에 소매를 살짝 스친 자들이 하루아침에 얻을 수 있는 것이겠는가? 석견루는 시를 연마한 지 60년에 총명을 제거하여 그 성령을 보존하고, 생각을 지극히 하여 그 재능을 배양한지라, 수없는 단련을 거쳐서 온몸에서 향기가 났다.

이익회는 독특한 비유를 들어 석견루를 높이 평가하였다. 평생 동안 수련을 통해 온몸에서 시의 향기를 품어내는 사람이라는 것이다. 작품의 특징이나 성격을 평하지 않았고, 구체적인 작품을 들어 설명하지도 않았다. 석견루란 인간 자체가 시인다운 골격을 가지고 있고, 온몸이 시적 향기로 채워졌다고 했다. 다른 누구의 평보다 석견루와 그가 창작한 시의 풍모를 흥미롭고도 멋지게 표현했다. 그처럼 석견루는 인생 자체가 시라고 말해도 좋을 만큼 시를 벗어나 생각할 수 없는 인생을 살았다.

4. 시적 인생의 형용

온몸에서 시의 향기를 품어낸다는 천생 시인의 시 세계는 과연 어떤 모습을 보여줄까? 시의 창작 동기는 근대 이전과 이후가 큰 변화를 보인다. 근대 이후에는 상처받은 영혼의 세상에 대한 불협화음을 표현하는 내용이 증폭된다면, 이전에는 상처를 치유하고 자연과의 동화나 친구와의 만남과 교유를 통해 조화로운 인생을 살아가는 내용이 주도한다. 창작의 과정은 세상과 현실을 살아가면서 체험하는 어려움과 갈등을 치유하는 과정의 하나이기도 하다. 석견루는 세상과 불협하는 마음을 표현하기보다 조화된 마음을 표현하는 근대 이전의 경향에 어느 누구보다 더 적극적이었다.

무엇보다 석견루의 시가 다룬 소재에서 그 경향이 잘 나타난다. 일상생활에서 가족과 친구와 주고받은 사연이나, 자연과 지역의 풍경과 감회 등을 묘사한 소재가 다수를 차지하고 있다. 소재의 선택에서 조선시대 한시의 일반적 틀에서 크게 벗어나지 않는다. 그 점은 특정한 정서의 표현이 시집 전체를 주도하는 것과 깊이 관련된다. 더 구체적으로 말하면, 석견루의 시에는 흥분과 격정, 갈등과 분노, 고민과 괴로움의 감정 표현이 상대적으로 적다. 반면에 평온하고 따뜻하며 즐겁고 반가워하는 감정이 주도한다.

석견루는 생애주기에 맞춰 경험한 체험과 감상을, 평이하고 차분한 목소리를 담아 창작하였다. 따라서 그의 시는 생활을 담아내는 생활시의 범주에 속한다. 앞에서 간명하게 살펴본 이력에 잘 나타난 것처럼 비교적 풍파가 적은 관료 생활을 지속하면서 많은 명사들과 교유하였고, 그런 경력이 소재와 정서에 잘 드러난다. 시를 즐기는 사대부 시인의 평온한 삶에서 우러나온 시적인 삶의 아름다움이란 어떤 것인지를 잘 보여준다. 실제로 석견루는 서울 양반 사대부의 삶과 의식을 지녔으나, 30대 이후로는 부임지 지방에서 지내거나 용인이나 안양 등지에 낙향하여 산 기간이 더 많았다. 양반 사대부로서 석견루가 영위한 삶을 젊은 시기와 노년 시기의 두 범주로 나누어 살펴보기로 한다. 먼저 김포 군수로 재직하던 30대 젊은 시기에 지은 시를 살펴보자.

가을 햇살 안개 낀 모래사장에 일렁이니	九秋日色動煙沙
강가 사람들 집 안에 있는 이 적다네	江上人人少在家
다행히 친한 벗 있어 좋은 계절 만나면	幸有親朋對佳節
술잔으로 하여금 국화꽃 저버리지 않게 하네	免令杯酒負黃花
독도로 돌아가는 돛배 가까이 보이고	帆歸獨島望中近
하늘은 물결 향해 아득히 펼쳐지네	天向滄波盡處賒
고깃배에 몸을 붙여 매일 곳 없으니	身着漁舟無定住
오늘 밤은 그대와 구름 노을 속에 묵으리	與君今夜宿雲霞

–〈청수촌에 모여〔集淸水村〕〉

석견루는 1790년 10월 2일 장릉 령(章陵令)에 임명되었고, 이후 진보 현감을 지낸 뒤에 1801년(순조1) 김포 군수로 부임하여 1805년까지 재임하였다. 20대와 30대 한창 젊은 시절이었다. 위에 인용한 시는 늦가을에 현재 김포시 청수초등학교 일대에 있었던 청수촌에서 친구들과 국화주를 마시며 지었다. 강가의 늦가을 풍경, 벗들과 술을 함께 나누는 즐거움, 한강 하구의 넓은 강물 위에서 배를 타고 밤을 새우는 호쾌한 기분이 잘 표현된, 맑고 고아한 풍격의 시이다. 이와 같은 작품이 매우 자주 보인다.

석견루는 김포 군수로 머물 때 많은 시인들과 어울렸다. 특히 이곳에 집이 있는 저명한 시인 이명오와 자주 어울렸는데, 그와 어울리면서 주고받은 시가 《석견루시초》에는 많이 전하지 않고, 오히려 이명오의 《박옹시초》에 다수 전한다. 앞에서 이미 그중 한 수를 살펴보았다. 김포 군수로 재직하던 5년 동안 지은 시가 대략 20수 안팎에 지나지 않는 것을 보면, 상당히 많은 작품이 선집에서 빠졌음을 알 수 있다. 다수의 작품이 선집에 실리지 못한 정황은 다른 시기에 지은 시에서도 거의 비슷하게 나타난다.

이 무렵에 지은 시 20수 내외에서 가장 많이 등장하는 인물은 풍고(楓皐) 김조순(金祖淳)이다. 세 편의 시가 그와 관련을 맺고 있다. 공교롭게도 김려의 《담정총서》 권33에 수록된 김조순의 편지 모음집 《풍고관소독(楓皐觀小牘)》에 실린 '척독소품(尺牘小品)'이 이 무렵에 석견루가 지은 시와 깊은 관련을 맺고 있다. 이 척독 모음집은 석견루에게 보낸 편지 15편과 김려에게 보낸 편지 37통으로 구성되어 있는데, 석견루에게 보낸 척독은 모두 김포 군수로 재직할 때 보낸 것이다. 편지의 내용은 대체로 석견루와 김조순이 선물과 시를 주고받은 사연이다. 현재 전하는 시보다 더 많은 시를 이 무렵에 창작했음을 입증한다. 그 가운데 열네 번째 편지에는 석견루가 지은 두 편의 시에 차운(次韻)한 시가 사연과 함께 실려 있다. 백발을 노래한 석견루의 〈흰머리 처음 돋아 풍고 사백께 화답시를 구하며〔白髮始生 要和楓皐詞伯〕〉에 대해 김조순이 차운한 작품이 실려 있다. 다음에 석견루와 김조순의 시를 차례로 인용한다.

늙음은 어찌 이리도 갑작스러운지　吾衰胡遽甚
반평생을 괴롭게 읊조린 때문인가　苦咏半生疑
반백의 머리야 그래도 견디겠지만　可堪悲二色
온통 백발로 희어버릴 땐 어찌할꼬　爭奈化千絲
어린 딸은 놀라서 족집게 가져오고　幼女驚來鑷
어린 손자는 알지도 못하고 머리카락 당기네　稚孫挽不知
더욱 두려워라, 내년으로 넘어가면　更恐明年後
이빨도 다시 빠지고 말겠지　齒牙復落之

뜻밖에 나도 점차 늙어가는지　不意吾將老
거울 보고 가는 세월에 놀랐네　流年對境疑
몇 가닥은 정말이지 우연이지만　數莖眞似偶
천 갈래는 정녕 미루어 알 일이지　千丈定推知
어린 딸은 먹물 칠하라 권하는데　小女勸楷墨
어린 손자는 백발이라 놀리는구나　稚嬌嘲着絲
고금에 누구나 이런 때가 오나니　古今人玆境
저 혼자 겪는다고 어찌 원망하랴　何恨獨經之

백발을 읊은 김조순의 시는 간행된 그의 문집에는 실려 있지 않다. 두 시인이 이 시를 주고받은 정확한 시기는 1804년 4월 말이다. 30대 후반에서 40대로 넘어가는 나이에 점차 흰머리가 늘어가는 현상을 두고 시를 썼다. 30대 말엽에 머리털이 희어지는 현상을 두고 늙어간다면서 호들갑스럽게 놀라고 탄식하는 모습이 현대인으로서는 공감하기 쉽지 않으나, 현재보다 적어도 10년 이상 빨리 진행되는 당시의 생애주기를 이해하면 공감 못할 것은 아니다. 그래서 이 연령대에 백발을 읊은 시들이 다른 시인들에게서도 흔히 보인다.

어찌 보면 상투적인 소재의 백발을 읊은 두 편의 시는 곧 대화를 대신한다. 석견루는 흰머리가 남보다 빨리, 더 많이 생긴 이유를 반평생 시를 짓는 괴로움 탓으로 돌렸다. 천생 시인의 푸념답다. 그 푸념에 김조순이 당신만 그런 것이 아니라 나이 40이면 고금의 누구나 백발이 생기므로 원망하지 말라며 다독이는 사연이다. 절친 사이의 정겨운 대화를 시로 지어 표현하였고, 편지는 시를 전달하는 교통편 구실을 하였다.

김조순은 또 다른 편지에서 석견루가 보내온 두 편의 시를 보고서 정채(精彩)가 번쩍거려 서위(徐渭)나 종성(鐘惺) 같은 명나라 말엽의 시인이 깜짝 놀라 뒤로 물러날 지경이라 평하고, 흔하고 평범한 내용을 참신하게 만드는 오묘한 솜씨임을 찬미하였다.(13쪽) 실제로 위에 주고받은 시도 소재는 평범하지만 세련되고 참신하게 구성되어 있어서 김조순이 내린 평에 공감할 수 있다. 석견루의 시와 김조순의 편지를 통해 김포 군수 시절의 작품 활동과 교유 활동을 추적해보았다. 평범한 일상생활을 시적인 아름다움을 지닌 그 무엇으로 옮겨놓는 창작의 경향을 확인할 수 있다.

다음으로는 노년에 지은 작품을 살펴본다. 선집에 실린 시를 근거로 말하면, 노년에도 창작열이 전혀 식지 않았다. 작품이 지어진 양도 젊은 시기에 비해 큰 변화를 보이지 않았다. 다만 60세 이후에는 시상이 더 단순해지고, 철학적 주제나 인생론을 소재로 시를 쓰는 창작이 부쩍 늘어났다. 사회와 인생을 깊이 있게 성찰하는 경향도 많이 보여 원숙한 시맛을 드러내기도 했다. 하지만 여전히 중심을 이루는 창작 경향은 초기의 특징에서 크게 변화하지 않았다. 65세 되던 1831년(순조 31)에 석견루는 다음 시를 지어 아내에게 보여주었다.

개울 건너 검둥이가 짖어대어	隔水靑犬吠
산속 집이 적막함을 면했네	山家免寂廖
밤사이 비바람 소리 울리는데	夜來風雨響
아내와 아이의 이야기는 도란도란	妻子話蕭蕭
갠 날씨가 기뻐 손님 맞아 앉아서	喜晴邀客坐
대숲의 달빛을 나누어주었네	分與竹中月
아내가 어린 자식 돌아보며	孺人顧稚子
벼꽃이 피었는지 자주 물어보네	數問稻花發

-〈절구를 지어 아내에게 보이다〔絶句示內〕〉

나이가 들면서 관직 생활도 그만두고 서울을 벗어나 관악산 서쪽 안양 만안교를 바라보는 산 밑으로 집을 옮겼다. 도회지를 벗어나 오랜만에 호젓한 산속 생활을 접하니 시인의 감각이 새로워졌다. 자연히 시를 쓰지 않을 수 없다. 낮이면 집 앞에 있는 개울 건너편에서 검둥이가 짖어 적막을 깨뜨린다. 비바람이 치는 밤에 아내와 아이들이 도란도란 이야기를 나누니 오히려 조용한 느낌이 더 든다. 밤과 낮의 집 안팎에서 들리는 소리와 적막감이 대비되어 참으로 시적이다. 어느 산골 평범한 일상의 단면을 소묘하듯 그린 시이다.

내리던 비가 그치자 자신은 손님을 맞아 대숲에서 달빛을 나눠 받으며 앉아 있다. 늙은 아내는 농사에 관심을 가지는지 자꾸만 벼꽃이 피었는지 묻는다. 은퇴한 늙은 관료 부부가 평화롭게 한때를 보내는 정겨운 풍경을 묘사한 수작이다.

위의 시는 오언 절구의 짧은 시형 속에 간명한 시상을 펼쳐놓았다. 석견루의 시에는 그와 같은 4구의 절구가 양적으로 많을 뿐만 아니라 수작이 많다. 낙향한 뒤에 지은 〈절구〉 연작에 비슷한 소재와 정서를 표현한 작품이 다수를 차지하는데, 그중에서 세 수를 보자.

달빛이야 쓸어낼 수 있다지만	月色儻可掃
나의 근심은 삭일 길이 없네	儂愁不可歇
꿈에서 그리워한들 무슨 소용이랴	煩夢思何益
말없이 짧은 머리를 빗노라	脈脈理短髮

크고 작은 인간 세상의 일을	巨細人間物
잠시 제쳐두고 다시 말하지 말라	且置勿復道
손자와 증손이 어리석건 아니건	孫曾愚不愚
늙은이 마음엔 하나같이 걸리네	老懷一挂到

벼 이삭에 까끄라기 나고 기장 이삭 드리워	禾穗生芒粱穗垂

동쪽 남쪽 이랑에 온통 주렁주렁 달렸으니	南東其畝總離離
변방의 오랑캐야 쫓아낼 수 있어도	寧驅塞下天驕子
밭 사이의 참새 떼 쫓아버리기 어렵네	難逐田中黃雀兒

1824년 이후 용인의 양지(陽智)에 낙향했을 때의 시이다. 앞서 인용한 시에서 충족감을 표현한 것과는 달리, 근심과 걱정을 표현하고 있다. 서울에서 경관직(京官職)을 그만두고 용인에 내려오게 된 배경에 무슨 사연이 있는 듯하고, 또 농사를 지어 생계를 이어가야 하는 생활에 불안감이 작용한 탓으로 보인다. 단상을 표현하기에 적합한 절구(絶句)에 잘 부합하는 작품들이다.

5. 초월과 순수한 시심

생애주기를 따라가다 만나게 되는 석견루 인생의 황금 시기는 고성 군수와 청풍 군수를 지내던 무렵이다. 시의 이력에서도 황금 시기는 이때이다. 고성군과 청풍군은 금강산이 위치하고 한강 상류의 명승이라 경치가 가장 아름답다는 평을 들은 지역이었다. 업무가 많지 않은 한가한 지역이기까지 하여 천생 시인에게는 자연을 벗하며 시심을 발산할 수 있는 최적지였다. 석견루가 가장 많은 시를 쏟아낸 시기도, 명작이 가장 많이 나온 시기도 이 무렵이다.

이 시기에 더 주목하는 이유는 창작상 특징을 분명하게 드러내는 시기이기 때문이다. 이 기간 동안 현실에 존재하는 명승지를 배경으로 현실을 초월한 세계의 경물을 찾아 묘사하는 초월적 시 세계를 확립하고 있다. 빼어난 풍광을 자랑하는 지역 풍물과 석견루의 시적 특징이 잘 어우러지고 있다. 석견루의 시가 발산하는 그와 같은 특징을 평자들은 어떻게 평하였는지 먼저 들어본다.

> 시는 성정(性情)에서 나오는 법이다. 석견루의 시가 청려(淸麗)하고 담아(淡雅)한 것은 그 사람이 바로 옥처럼 깨끗하기 때문이다. 내가 석견(石見)을 소중히 여기는 까닭도 꼭 시 때문만은 아니다.
>
> –김이도(金履度) 〈석견루집 발문〔石見樓集跋〕〉

> 석견루의 시는 《황정경(黃庭經)》을 처음 베낄 때처럼 갈수록 담담하며 갈수록 고아하고, 또 수선화를 닮아서 토양을 가리지 않고 깨끗하고 향기로우니, 산반화(山礬花)나 매화를 가지고 감히 우열을 말할 필요가 있겠는가?
>
> –신위(申緯)

두 가지 평을 꼽아보았다. 장년 이후의 시에 초점을 맞추어 맑고 고우며, 담담하고 고아한 품격을 특징으로 내세웠다. 더욱 인상적인 것은 석견루의 시를 수선화에 비유한 신위의 평이다. 맑고 고우며, 담담하고 고아한 품격을 한 가지 사물에 비유하자면 수선화라고 했다. 수선화는 더러운 흙에 뿌리를 내리지 않는다고 알려진, 깨끗하고 향기로운 꽃이다. 황산곡(黃山谷)이 산반화나 매화와는 형제 사이의 꽃이라고 품평했으나, 신위는 그런 꽃들하고 비교할 대상이 아니라고 잘라 말했다. 그 꽃이 지상의 꽃이라면 수선화는 선인(仙人)의 꽃이라서 차원이 다르고, 불로 익혀 먹는 평범한 인간이 감상할 꽃이 아니라고 생각하였다. 석견루의 시를 수선화에 비유한 것은 절묘하다. 과연 석견루의 시를 수선화에 비유해도 좋은지 고성과 청풍에 머물 때 지은 시에서 점검해보자.

절기는 동쪽과 남쪽이 다르니 甲子東南異
삼월의 봄빛 더디기만 하네 春光三月遲
구름 산은 안과 밖이 달라서 雲山有表裏
꽃나무들 저마다 어긋나게 피네 花木發差池
늙은 나무 어린 나무 서로 뒤섞여 相錯古今樹
한두 가지 먼저 붉었네 先紅一兩枝
하늘가엔 벗이 적으니 天涯故人少
그윽한 뜻 누구와 기약하리 幽意與誰期

-〈안문령을 통해 내금강으로 들어가며 짓다〔由雁嶺入內山作〕〉 제4수

사람들 감히 침 뱉지 못하도록 不敢令人唾
맑은 빛 선명하게 다시 돌아왔네 淸光濃復回
구름 일어나 별천지로 들고 雲根入殊境
바람 불어와 뜬 먼지를 끊었네 風馭絶浮埃
신의 솜씨 드러난 것 보지 못했다면 不覩神工顯
귀신이 도끼로 쪼갠 것을 어찌 알았으랴 焉知鬼斧開
은근한 이 좋은 경치를 殷勤此勝地
내가 가고 나면 뉘 다시 오랴 我去復誰來

-〈길 위에서 급히 쓰다〔道上率書〕〉

두 작품은 고성 군수를 지낼 때 금강산에 입산하여 지었다. 속물 중의 속물이라도 동해안과 금강산을 여행할 때면 신선의 깨끗한 마음을 가진다는 말이 있다. 그러니 석견루의 경우는 말할 나위가 없다. 다루는 소재가 무엇이든 모두 속세를 벗어난 태도, 속된 일을 버린 깨끗한 마음을 표현하고 있다. 어떤 작품을 들고 보아도 그렇지 않은 것이 없다.

첫 번째 작품은 내금강으로 들어갔을 때의 산속 풍경을 묘사하였다. 구름에 덮여 속세를 벗어난 깊은 산이기는 마찬가지인데도 곳곳의 산에는 절기가 다르다. 골짜기마다 꽃이 다르게 피는 차이를 통해 속세와는 완전히 단절된 선향(仙鄕)임을 드러내고 있다. 이런 선향을 친한 친구와 함께해야 하지만 하늘 끝이라서 함께하지 못하는 아쉬움을 표현하였다. 이 시는 《담정총서》에 수록된 《석견루잡영》에는 〈고성잡영(高城雜詠)〉 100수 중 제14수로 실려 있다. 그곳에는 이 시를 두고 "목련화는 신계사와 발연 골짜기에 피었다. 유점사에는 철쭉꽃이 아직 떨어지지 않았는데 영원동의 두견화는 한창 피었고, 수미탑에는 얼음과 눈이 아직 녹지 않았다. 산의 경물이 판연히 다르다."라고 시를 쓰게 된 배경을 설명하였다. 금강산은 곳곳마다 경물이 판연히 달라서 일반 세상과는 너무도 다름을 묘사함으로써 선향에 몸이 이르렀음을 표현하고 있다.

두 번째 작품이 〈고성잡영〉에는 제11수로 실려 있는데, 해금강에 있는 감호(鑑湖)에서 쓴 시이다. 앞의 두 구절은 감호로 보면 어울리나 뒤에 나오는 시구는 꼭 감호로 단정할 수 없어서 제목을 〈길 위에서 급히 쓰다〉로 바꾸었다. 시의 내용은 모두 속세와 떨어진 선향의 풍경을 묘사하였다. 호수는 침도 뱉지 못할 만큼 너무도 맑고, 바위와 바람은 별천지에 속해 있어 속된 먼지가 이르지 못하는 곳이다. 도대체

어떻게 만들었는지 상상할 수 없는 비경에 감탄하며 자신이 가고 난 뒤에는 아무도 이르지 못할 곳이라 하여 자신만이 찾은 비경임을 자부하였다.

두 편의 시는 시인의 눈에 뜨인 금강산 풍경이다. 실제 풍경을 묘사하고 있으나, 읽는 독자로 하여금 더럽고 속된 현실 세계와는 멀리 떨어져 있는 차원이 다른 세계로 느끼게 한다. 더러운 진흙에 뿌리를 내리지 않는 수선화와 같은 맑고 고아한 시적 풍경을 눈앞에 펼쳐 보인다. 위에 인용한 작품만이 아니라 그의 시가 대체로 그렇고, 특히 이 무렵에 쓴 시가 그렇다.

한편 위에 인용한 시를 초고본인 〈고성잡영〉의 시와 비교하면, 글자와 구절에서 많은 차이를 보인다. 앞서 인용한 박제가의 묘에서 쓴 시의 첫 구절이 사본에 따라 두 선집 사이에 차이가 나는 수준보다 훨씬 차이가 크다. 첫 번째 시의 후반 4구는 완전히 다른 구절로 바뀌었고, 끝의 두 구절은 〈고성잡영〉 제6수의 두 구절을 그대로 가져다 썼다. 두 번째 시는 〈고성잡영〉 제11수의 첫 번째 두 구절과 제8수의 마지막 두 구절로 짜 맞춘 다음, 중간 네 구절에는 새로운 구절을 지어 넣었다. 이 정도의 수정은 작품을 거의 새로 짓다시피 한 수준으로, 만년에 석견루가 자신의 기존 작품을 전면적으로 재편집하는 작업을 직접 한 결과이다.

이처럼 석견루는 현실에 살면서 그 현실을, 이상적이고 초월적인 세계로 묘사하였다. 그러나 초월적 세계로 묘사된 풍경이라 해도 당시 직접 눈으로 확인한 사실적 풍경이라는 점은 변함이 없다. 이지연(李止淵)이 "구절마다 상상 속의 풍경이나 실제를 그려내었고, 이따금 속어(俗語)를 썼으나 고상한 운치를 간직하였다."라고 평가한 이유도 여기에 있다.

그러니 금강산과 같은 아름다운 산수를 찾아서 지은 시는 대부분 실제 풍경이지만 실제를 벗어난 선계의 풍경으로 묘사하였다. 대체로 표일(飄逸)한 풍격을 지닌 시이다. 그런 인식과 태도를 잘 보여주고 있는 연작시가 바로 〈절구 100수〔絶句百〕〉이다. 작품 전체가 오언 절구와 칠언 절구로 짜여 있는데, 짧은 작품이기에 작은 풍경의 편린이 연속되고 있다. 다음에 네 수를 인용한다.

꽃이 웃으면 나도 웃으니	花笑我亦笑
웃는 모습 꽃과 서로 닮았네	笑與花相似
달려와 묵은 가지 잡고서	爭來把古枝
찬찬히 새 꽃송이 들여다보네	取次看新蕊
꽃나무 아래로 다시 꽃나무 아래로	花底復花底
성근 머리에 끊임없이 꽃잎 날리네	短髮影未已
말이 없고 또한 웃음도 없으니	不言亦不笑
정녕 그림 속과 다름없네	丁寧畵中似
때때로 늙은 소나무 아래에 와서	時來古松下
멀리 흰 구름 사이를 바라보노라	遙望白雲間
그윽한 저 빛이 언제 바뀐 적 있으랴	幽色何曾改
내 마음 내내 절로 한가롭다네	余心長自閒
새 시는 그저 마음을 안정시키면 그만이니	新詩只許定風神

정신이 조금이라도 세속에 물들까 두렵네　　神采分毫恐犯塵
술에서 깨어 낭랑하게 시 읊기 그치지 않나니　　起醉珊珊咏未已
흰머리 되도록 괴로이 읊는 시인일 뿐이네　　白頭終是苦吟人

앞의 두 수는 꽃을 보는 시인의 모습을 그렸고, 세 번째 시는 소나무 아래서 구름을 바라보는 모습을, 네 번째 시는 어디를 가든 현실을 벗어난 초월의 세계를 그리는 시인 자신의 모습을 그렸다. 대체로 절구는 짧은 시 형식에 딱 한 가지 사실만을 말한다.

첫 번째 시는 꽃이 피니 웃는 모양과 같아서 시인도 따라서 웃는다. 자기가 웃으면 꽃이 핀 모양과 똑같아진다. 시인은 꽃만 보면 달려와 가지를 붙잡고 새로 핀 꽃송이를 하나하나 들여다본다. 꽃만 보면 웃으며 달려가 들여다보는 시인의 태도는 천진스러움 그 자체이다. 꽃의 웃음에 동화되어 꽃과 한 몸이 되는 시인의 모습을 그리고 있다.

두 번째 시도 꽃을 말한다. 어디를 가든 꽃나무 천지라 꽃나무 밑으로만 다니다 보니 머리털 없는 머리 위로 꽃잎이 떨어진다. 이제는 아무 말도 하지 않고 웃지도 않는다. 누가 멀리서 보면 꽃나무 아래서 있는 나를 보고 틀림없이 화폭 속의 풍경이라고 말할 것이다. 말을 하거나 웃는다면 그림이 아니므로 나는 입을 다물고 걸어간다. 꽃나무가 늘어선 풍경에 시인이 완전히 물화(物化)되어 있는 상태임을 말한다. 누구나 산수화 화폭 속의 인물이 되기를 선망하는데, 시인은 스스로 그렇게 변해 있음을 느낀다.

세 번째 시에서는 구름을 말한다. 시인은 고송(古松) 아래 서서 떠가는 흰 구름을 바라본다. 영원히 희고 깨끗한 빛을 띠는 저 흰 구름을 바라보는 시인의 마음 역시 영원한 한가로움을 느낀다. 이제는 시인이 구름에 동화되어버려 스스로가 흰 구름인 양 한가롭다.

네 번째 시는 시인 자신을 말한다. 시 창작에 푹 빠져 있는 자신을 응시하여 묘사하였다. 새로 지은 시는 다른 목적을 지니지 않고 오로지 마음을 안정시키는 데 있고, 그래서 털끝만큼도 세상 먼지에 더럽혀질까 염려할 뿐이다. 이 금강산 일원에서 괴로워하는 이는 오로지 시를 쓰기 위해 끙끙대는 시인 자신뿐, 모든 사물들은 초월의 세계에 파묻혀 있다.

〈절구 100수〉에서 고른 네 편의 시는 시인을 노래한 작품을 빼놓고 모든 작품이 물아일체(物我一體)의 경지, 자연에 완전히 동화된 상태를 형상화하고 있다. 어느 풍경이든 시속에는 시인의 움직임과 마음이 함께 들어 있다. 시인이 몸으로 직접 체험한 풍경이다. 다른 작품들도 그 점에서 차이가 없다. 독자들은 석견루의 작품을 읽으면서 차츰차츰 시인의 체험과 감흥에 이입되어 물아일체의 경지에 동참하는 독서 체험을 하게 된다. 자연과 사물을 보는 시인의 태도와 인식에서는 그와 같은 특징이 보인다.

한편 위에 인용한 작품에서 자연과 사물, 시인의 반응을 묘사하는 방법에도 눈여겨볼 점이 있다. 보통의 오언 절구가 그렇듯 풍경의 한 면을 가볍게 스치듯이 묘사하거나 사물에 대한 단상(斷想)을 슬쩍 언급하고 넘어가듯이 시를 쓰고 있다. 잘 쓰려고 억지로 애를 쓰지 않고 가볍게 건드린 시는 선적(禪的) 발상을 보이기도 한다. 그와 같은 작은 풍경과 단상이 이어져서 다채로운 선향의 풍경이 펼쳐진다. 그런 점을 홍석주는 다음과 같이 지적하였다.

나의 벗 이견심(李見心)이 내게 《동유시권(東遊詩卷)》을 보여주었는데, 그 속에 여러 공들의 품평이 있었고 칭찬이 몹시 묵직하였다. 내가 시를 잘하지 못하니, 어찌 감히 군더더기를 붙이겠는가. 그러나 견심은 소년 시절부터 이미 시로 명성을 떨쳤으니, 성운(聲韻)을 배치하고 고사를 운용하는 것이 귀신이 깎고 다듬은 듯 정교해서 사람을 놀라게 하였다. 그리고 점점 나이가 들어서는 더욱 평담(平澹)한 데 나아가서 꾸미기를 일삼지 않아서 순식간에 대충 글자를 놓아도 뜻이 이미 지극하였다.

–홍석주(洪奭周)

석견루의 시가 점차로 평이하고 담박한 풍격으로 진전되는 추세를 지적하였다. 그렇게 되면 수사와 장식의 조탁이 줄어드는 추세는 당연히 뒤따르는 경향이다. 여기에 더하여 글자를 대충 배치해도 꺼질 듯 사라질 듯한 사이에 시의 의미가 벌써 시적 경지에 도달하였다고 하였다. 홍석주의 평은 위에 인용한 시의 경향을 요령껏 설명한다.

홍석주가 평한 것처럼 〈절구 100수〉의 시는 풍경을 꼼꼼하고 세밀하게 묘사하거나 설명하지 않는다. 말하고자 하고 묘사하고자 하는 한두 가지 현상과 경물을 툭 던지듯이 제시하였을 뿐인데, 독자의 눈에 인상적인 풍경과 이미지를 떠오르게 만든다. 시어도 애써 단련하고 힘들게 고른 느낌이 없으나, 크게 어색하거나 상투적이라는 인상을 주지 않는다. 〈절구 100수〉는 원숙한 시인의 창작법이 높은 단계에 올랐음을 보여준다.

6. 맺음말

정조 시기로부터 철종 시기까지 조선 왕조의 시단에는 뛰어난 시인들이 많이 배출되었다. 그중에서 현대에 들어와 주목받는 시인은 극소수에 불과하다. 그들은 대체로 시의 수준과 가치를 높이 평가받아 주목을 받고 있으나, 실제로는 역사적 위상이나 학술적 저작이 주목받은 덕택인 경우가 많다. 오로지 시 작품의 가치만으로 주목받은 시인은 그리 많지 않다. 그 시대의 시를 이해하고 주목하는 독자들이 사라졌기 때문이다. 석견루 이복현 역시 그런 운명에 처한 시인이다.

석견루는 순수하게 시인으로 이름을 남긴 시의 명가였다. 석견루에서 시작하여 두 명의 아들 이제은과 이제로, 그리고 증손 이세보로 이어지는 시인의 가계도 19세기 시의 역사에서 주목할 만한 가치가 있다. 이세보는 북경에서 《석견루시초》를 간행하여 시인으로서 석견루의 가치와 위상을 세상에 분명하게 각인시켜놓았다. 그러나 간행된 시집마저 고서실의 서가에 오랫동안 묵혀 있어 연구자들도 쉽게 보지 못했다.

이제 석견루의 직계 후손인 이방주, 이민주 두 분 형제의 경제적 지원으로 《석견루시초》를 완역하여 출간하게 되었다. 두 분은 작고한 연극계의 원로 이해랑(李海浪) 선생의 자제이시다. 아울러 한문 투성이의 《석견루시초》를 누구나 쉽고 편하게 읽을 수 있도록 해준 네 분의 역자에게 감사를 표하며, 번역 과정에서 맞닥뜨린 무수한 난해처를 성심을 다해 풀어주신 임정기 선생님의 노고에도 깊이 감사를 드린다. 이 책이 간행됨으로써 석견루의 시 세계를 온전히 이해하는 지름길이 되고, 나아가 조선 후기의 시단과 이세보의 시조 세계를 더 깊이 이해하는 계기가 될 것으로 기대한다.

석견루시초

서발
序跋

서 序

석견루시집 서문
石見樓詩集序

석견루 주인이 관리가 되어 쌀과 소금의 조세를 관장하면서 눈을 부라리고 입술이 타도록 일을 하니, 나라의 큰 좀벌레와 교활한 놈들이 열 손가락이 묶인 듯 두려워하였다. 그런데 그 시를 읽어보니 높고 아득한 경지에 훌쩍 올라 땅 위의 일들은 떠올릴 수 없게끔 한다. 예전에 피습미(皮襲美)가 말하기를 "송광평(宋廣平)은 강철 심장에 돌로 된 창자를 가진 사람이거늘, 〈매화부(梅花賦)〉를 지음에 맑고 고운 것이 서유체(徐庾體)를 닮아서 그 사람됨과는 영 딴판이었다."라고 하였는데,[1] 석견루의 시도 그러한 부류가 아니겠는가? 그러나 내가 생각하기에 오직 '강철 심장에 돌 창자'를 가진 사람이라야 능히 매화를 읊을 수 있으니, 습미는 이러한 사실을 잘 몰랐던 것 같다. 지금의 관리가 된 자들은 세금을 독촉하고 포흠(逋欠)을 채우느라 대부분 이웃과 친척까지 침탈하면서도 편안하게 당연한 것으로 여기는

---

1 피습미(皮襲美)가……하였는데 : '습미'는 당(唐)나라 때 문장가인 피일휴(皮日休)의 자(字)이고, '광평(廣平)'은 당나라 현종 때의 재상인 송경(宋璟, 663~737)의 봉호이다. '서유체(徐庾體)'란 남북조 시대 양(梁)나라 유견오(庾肩吾)·유신(庾信) 부자와 서추(徐摛)·서능(徐陵) 부자가 즐겨 짓던 화려한 궁체시(宮體詩)를 말한다.

자가 있다. 석견루가 홀로 개탄하기를, "이것은 나라를 위태롭게 하는 정사이다. 2년도 안 되어 묵은 포흠인 돈과 곡식을 몇 천씩이나 탕감하면서 한 사람도 대신 배상하는 자가 없었다."라고 하였다. 무릇 당시 사람들이 익숙히 하는 일을 하지 않은 뒤에야 지금 사람들이 할 수 없는 말을 할 수 있으니, 이 사람이 이런 시를 지은 것도 또한 당연하지 않겠는가.

정축년(1817, 순조17) 9월에 서호산인(西湖散人) 홍석주(洪奭周)[2]가 취미루(翠微樓) 위에서 쓰다.

石見樓主人爲吏 治米鹽租賦 努目焦唇 巨蠹宿猾 惴惴如幷束十指 及讀其詩 翛然高遠 令人不敢憶地上事 昔皮襲美言 宋廣平鐵心石腸 至其爲梅花賦 淸麗有徐庾體 絶不似其爲人 石見樓詩 亦豈其類耶 然余謂惟鐵心石腸人 乃能賦梅花 襲美殆不知也 今之爲吏者 催科理逋 率侵及隣里族黨 恬以爲當然者 石見樓獨慨然曰 是危國之政也 不二期 洗宿欠金穀屢千 而無一人替賠者 夫惟能不爲今人所習爲之事 然后能爲今人所不能爲之言 斯人之有斯詩也 不亦宜哉 時赤牛玄月 西湖散人洪奭周書于翠微樓上

2 홍석주(洪奭周) : 1774～1842. 본관은 풍산(豐山), 자는 성백(成伯), 호는 연천(淵泉), 시호는 문간(文簡)이다. 영의정 홍낙성(洪樂性)의 손자이자 우부승지 홍인모(洪仁謨)의 아들로, 좌의정을 역임하였다. 문집으로 《연천집(淵泉集)》이 있다.

정축년(1817, 순조17) 정월에 석견루 주인의 《해산시권(海山詩卷)》[3]을 얻어서 읽어보니, 문득 왕원미(王元美 왕세정(王世貞))가 고소문(高蘇門 고숙사(高叔嗣))의 시를 평한 말이 떠오른다.

빈산에서 거문고 타니 空山鼓琴
깊은 생각 문득 사라지고 沈思忽往
나뭇잎 다 떨어지니 木葉盡脫
바위 기운 절로 검푸르네 石氣自青

이 네 구절이 나의 생각과 딱 들어맞아서 드디어 그 구절을 써서 돌려주었다. 그러나 석견루 주인의 잘된 시는 종종 위 좌사(韋左司 위응물(韋應物))의 시와 흡사하니, 고소문이야 굳이 거론할 것이 있겠는가. 손수 그가 지은 전벽(全璧 온전한 시) 23편과 단구(斷句 구절만 절취한 시) 중에서 좋은 것 28구를 베껴서 두고 아침저녁으로 읊조릴 밑천으로 삼노라.

정월 14일 저녁에 연천(淵泉) 홍성백(洪成伯 홍석주)이 연초실(燕超室)에서 쓰다.

彊梧赤奮若之孟春 得石見樓主人 海山詩卷讀之 忽憶王元美 評高蘇門詩 空山鼓琴 沈思忽往 木葉盡脫 石氣自青四語 逌然有會 遂書以歸之 雖然

---

3 해산시권(海山試卷) : 저자가 지방관으로 나갔던 강원도 고성과 충청도 청풍에서 지은 시를 모은 작품집이다. 고성은 바닷가이고 청풍은 산촌이라서 '해산(海山)'이라 이름을 붙였다.

主人詩佳處 往往逼韋左司 蘇門安足道哉 手鈔其全璧二十三篇 斷句佳者二十八 留以資朝夕吟諷 是月小望之夕 淵泉洪成伯 書於燕超室

석견루시집 서문

石見樓詩集序

우리나라의 명승지 중에서 먼저 손꼽는 곳으로는 반드시 강원도의 풍악산(楓岳山 금강산)과 충청도의 사군(四郡 청풍·단양·제천·영춘)을 일컫는다. 사람으로 태어나 한 번이라도 짚신에 지팡이 짚고 구룡연(九龍淵 외금강의 골짜기)을 밟아보고 삼일호(三日湖)에 배를 띄워 비로봉 정상에서 푸른 바다를 마음껏 바라보고 조각배로 푸른 물결과 붉은 산 사이를 거슬러 오를 수 있다면, 비록 이틀 밤을 묵고 돌아오더라도 헛살지는 않았다고 말할 것이다.[4]

석루 거사(石樓居士)는 왕년에 강원도 고성(高城)의 군수가 되었고 지난해에는 충청도 청풍(淸風)의 군수로 자리를 옮겨서, 엄연히 신선들이 사는 땅의 주인옹이 되었다. 그리하여 두 고을[5]의 한 줄기 물과 한 개 돌도 거사의 이목과 폐부에 담아두지 않은 것이 없었고 또 일체를 시에 드러냈으니, 시와 산수가 서로 만난 것은 거의 선가(禪家)에서 말하는 '숙세(宿世)의 인연'이지 세속의 평범한 사람들이 얻을 수 있는 것은 아니다.

옛날 향산노인〔香山老子 백거이(白居易)〕은 연거푸 소주(蘇州)와 항주(杭州) 두 곳의 자사(刺史)가 되어 오현(吳縣)과 회현(會縣)[6]의 빼어

---

4 사람으로……것이다 : 이만수, 《극원유고》 권9 〈제석루시고(題石樓詩稿)〉에는 이 구절이 빠져 있다.

5 두 고을 : 저본에는 원문이 '양호(兩湖)'로 되어 있는데, 《극원유고(屐園遺稿)》에 근거하여 '양주(兩州)'로 고쳐 번역하였다.

난 산수를 관장하여 그 시가 화려하고 웅장하여 유유한 대국의 기풍이 있었으니, 이는 대개 소주와 항주의 번화하고 윤택함 속에 살면서 길러진 것들이다.

지금 고성과 청풍 두 고을은 땅은 맑고 백성은 가난하여 관아가 한적하니, 마치 가난한 선비와 고승이 아침저녁으로 만나는 것이 오직 구름과 수풀, 사슴과 물고기뿐이어서 한 점의 티끌조차도 산빛과 강물 소리에 누를 끼침이 없는 것과 같다. 이에 거사의 시는 한원(閒遠)하고 담박(淡泊)하며 천기(天機)가 청묘(淸妙)하여 종종 사현휘(謝玄暉)의 시구와 닮았으니,[7] 성정(性情)이 그러해서일 뿐 아니라 그가 맡은 고을이 그렇게 만든 것이다.

거사는 바야흐로 잔약한 고을을 치유하고 병폐를 일소하고 있으니, 3년간의 정사를 이루고서 돌아가게 되면 울림(鬱林)의 편석(片石)조차 없어서[8] 책을 팔아 셋방을 얻을 것이라, 처자식이 추위와 배고픔을 호소하더라도 날마다 시읊기를 그치지 않을 것이니, 관직이 가난할수록 시는 더욱 많아지고 시가 많아질수록 거사는 더욱 스스로 기뻐하리라.

만일 거사의 곳간에 남은 포백(布帛)이 있고 창고에 남은 재물이

---

6 오현(吳縣)과 회현(會縣) : 중국 강소성 회계군(會稽郡)에 속한 고을로, 농어 등 해산물이 풍부하고 경치가 빼어난 곳으로 이름이 있다.

7 사현휘(謝玄暉)의 시구와 닮았으니 : '현휘'는 중국 남제(南齊) 때의 시인 사조(謝朓, 464~499)의 자로, 오언시에 특히 뛰어났던 인물이다.

8 울림(鬱林)의 편석(片石)조차 없어서 : '청렴한 관직 생활'을 비유한 말이다. 중국 삼국 시대 육적(陸績)이 울림 태수(鬱林太守)로 나갔다가 임기를 마치고 돌아올 때, 짐이 너무 단출하여 배가 가벼워 바다로 나갈 수 없을 지경이 되자 돌을 실어 무겁게 만든 뒤에야 출발할 수 있었다는 고사를 원용한 것이다.

있어서 15년 동안 산수와 붕우의 즐거움을 향산노인처럼 누릴 수 있었다면, 공이 시에서 이룬 오묘한 경지가 과연 지금의 시보다 나을지, 거사가 스스로 또 기뻐함이 과연 어떨지 모르겠다.

무인년(1818, 순조18) 6월에 극원노졸(屐園老拙) 이만수(李晩秀)[9]가 쓰다.

東方名勝之指先屈者 必稱關東之楓岳 湖左之四郡 人有一芒鞋短策 躡九淵泛三湖 縱觀滄海於毘盧之頂 扁舟沿洄於碧水丹山之間 雖信宿而還 可謂不虛生矣 石樓居士往年爲高城守 昨年移淸風伯 儼然爲神仙窟宅之主人翁 凡兩湖之一水一石 靡不卷有於居士之耳目肺腑 而一切發之詩 詩與山水相遇 殆禪家所謂宿世之因 而非俗子庸衆人之所能得也 昔香山老子 連年作蘇杭兩刺使 管領吳會山水之勝 而其爲詩穠麗雄啚 渢渢乎大國之風 蓋蘇杭之繁華肥膩 居養之所得也 今高淸兩州 地淸民貧 官居蕭然 如寒士高僧 朝夕所接 惟烟雲竹樹 麋鹿魚鳥 無一點塵翳 爲岳色江聲之累 於是居士之詩 閒遠淡泊 天機淸妙 往往似玄暉門庭中語 不惟其性情然也 亦地之所使也 居士方醫殘梳瘼 三載政成 歸則無鬱林片石 賣書僦屋 妻孥呼饑寒 而日哦詩愈不輟 官愈貧而詩愈多 詩愈多而居士愈益自喜 假使居士 庫有餘帛 府有餘財 十五年盡山水朋友之樂 如香山老子 則未知詩之造妙 果有勝於今之詩 而居士之自喜 又果何如否也已 戊寅季夏 屐園老拙李晩秀書

---

9 이만수(李晩秀) : 1752~1820. 본관은 연안(延安), 자는 성중(成仲), 호는 극원(屐園)·극옹(屐翁)·서소(書巢)이다. 1789년(정조13) 식년 문과에 급제하여 규장각 제학, 대사성, 이조 판서, 판의금부사, 호조 판서, 평안도 관찰사 등을 역임하였고, 1820년(순조20) 수원 유수로 재임 중 사망하였다. 문집으로 《극원유고(屐園遺稿)》가 있다.

발 跋

석견루집 발문

石見樓集跋

임술년(1802, 순조2) 3월에 송원(松園 김이도(金履度))이 용산(龍山) 객창(客窗)에서 쓴다.

자하(紫霞 신위(申緯))가 높은 안목으로 비평한 것이 이미 갖추어져 있으니, 내가 어찌 시원찮은 솜씨로 사족을 달았다는 나무람을 무릅쓰겠는가. 그러나 눈앞에 많은 보물이 번쩍일 때면 거두는 사람이 혹 놓치기도 하니 어찌 보배를 놓친 탄식이 나오지 않겠는가. 오직 이것이 두려워서 첨권(尖圈 ◗)을 쳐서 구별하였으니, 감히 망령된 짓을 하려는 것이 아니라 여장(櫲樟)과 같은 좋은 재목을 한 자 한 치도 등한하게 버려두지 않고자 해서이다.

시는 성정(性情)에서 나오는 법이다. 석견루의 시가 청려(淸麗)하고 담아(淡雅)한 것은 그 사람이 바로 옥처럼 깨끗하기 때문이다. 내가 석견(石見)을 소중히 여기는 까닭도 꼭 시 때문만은 아니다.

견심(見心 이복현의 자)이 가을밤, 이 충의위(李忠義衛)의 집에 묵으며 지은 시[10]를 매화나무 아래에서 읊으면서, 스스로 "시의 뜻이 망천

---

10 가을밤……시 : 86쪽에 나오는 〈가을밤, 광주 이 충의위의 집에 묵으며〉를 가리킨다.

(輞川 왕유(王維))과 같다."라고 하기에, 내가 그 망령됨을 크게 꾸짖었다. 그렇지만 늘 옛사람을 닮으려고 애쓰는 점은 또한 배우는 사람들이 서로 인정하고 있다. 비록 마힐(摩詰 왕유)과 어깨를 나란히 하지는 못하더라도 발돋움하여 따르기를 마치 쑥이 소나무를 대하듯 하는 점은 그 뜻이 진실로 가상하다.

마침내 이 내용을 기록하여 쓰고서 "내 글씨는 소자운(蕭子雲)[11]의 글씨와 같지."라고 하니, 견심이 돌아보고 웃으며 "내 시는 망천에 미치지 못하지만 자네의 글씨는 소자운보다 훨씬 낫네."라고 하였다. 이 말이 정말일까? 놀리는 것일까? 아는 사람이 가려주기를 기다리노라.

송원거사(松園居士) 김이도(金履度)[12]가 쓰다.

壬戌暮春 松園書龍山客窗 紫霞高眼批評 已悉 余安可冒貂尾蛇足之譏乎 然衆寶耀眼 收者或遺 豈非珠之歎歟 惟是懼焉 以尖圈別之 非敢妄也 櫲樟之佳 尺寸不欲等閒以置也 詩由乎性情 而淸灑淡雅 其人如玉 吾所以重石見者 不全在詩也 見心梅下誦傳 秋夕宿李忠義家所作詩 自言句意 與輞川一流 余大罵其妄 嘐嘐乎古 亦學者之所許 則雖不可拍肩摩詰 欲其跂羨如蒿於松志固尙也 遂展之而書 曰吾書如蕭子雲 見心顧笑曰 吾詩不及輞川 君書過蕭遠矣 其眞耶嘲耶 待知者辨之 松園居士金履度書

---

11 소자운(蕭子雲) : 487~549. 중국 남조 양(梁)나라 사람으로 자는 경교(景喬)이고, 제(齊) 고조(高祖)의 손자이다. 특히 초서와 예서를 잘 썼으며, 저서로《진서(晉書)》와《동궁신기(東宮新記)》가 있다.

12 김이도(金履度) : 1750~1813. 본관은 안동(安東), 자는 계근(季謹), 호는 송원(松園)이다. 김창집(金昌集)의 증손으로, 그의 형 김이소(金履素)와 함께 연암 박지원과 절친한 사이였다. 1800년(정조24) 별시 문과에 급제하여 경기도 관찰사, 예조 판서, 형조 판서, 한성부 판윤, 의정부 좌참찬 등을 역임하였다.

오언율시는 몹시 고상하고 몹시 깨끗하여 편마다 원만하고 격식마다 합당하며 구절마다 훌륭하고 글자마다 아름답다. 왕유(王維)와 맹호연(孟浩然)에게서 나오지 않으면 반드시 이백(李白)과 두보(杜甫)에게 들어갔으니, 투철하게 깨달은 식견이 아니라면 어떻게 이런 수준에 깊이 도달할 수 있겠는가. 다만 옛것을 사모함이 너무 깊어서 옛것을 본받는 것이 간혹 지나친 점이 있다.

칠언율시는 어떤 경우 당나라 시인의 풍격을 그대로 그려내었고, 어떤 경우 소릉(少陵 두보)의 기품이 있다. 개원(開元)과 대력(大曆) 연간의 성당(盛唐) 시풍에 바탕을 두어 노련하고 그윽하며 유려하고 원숙하다. 그러면서도 우리나라 사람으로서의 풍미를 잃지 않아서 자신만의 본색을 모두 간직하고 있다.

풍고(楓皐)[13]가 일찍이 말하기를, "석견의 칠언율시는 오언율시보다 낫다. 칠언은 고금의 시인들이 다 어려워하는 형식인데 이제 석견의 칠언율시는 암암리에 성률에 맞아서 고치거나 덧댄 흔적이 전혀 없다. 석견의 오언율시가 근래의 풍조를 쓸어버리고 오로지 옛사람만 숭상한 것에 비하면 도리어 더 나은 점이 있다."라고 하였다. 풍고의 이 말은 참으로 천고의 뛰어난 안목이며 평가라고 하겠다.

내종(內從) 담정거사(藫庭居士) 김려(金鑢)[14]가 쓰다.

---

13 풍고(楓皐) : 김조순(金祖淳, 1765~1832)의 호이다. 초명은 낙순(洛淳), 자는 사원(士源)·무첨(無忝)이다. 청음(淸陰) 김상헌(金尙憲)의 후손으로 정조의 신임을 받았고, 순조 이후 순원왕후(純元王后)의 아버지로 국정을 장악하였다. 저서로 《풍고집》이 있다.

14 김려(金鑢) : 1766~1821. 본관은 연안(延安), 자는 사정(士精), 호는 담정(藫庭)이다. 조선 후기 소품체 문장을 대표하는 인물로, 강이천(姜彝天)의 유언비어 사건에

五律極高極潔 篇篇圓格格合 句句好字字佳 不出王孟 必入李杜 如非透悟之識 何由深造至此 但慕古篤 而有摹古之或過 七律或直寫唐家調響 或又有少陵氣味 本之開元大曆 而老蒼幽鬱 流麗圓熟 不失東人風味 儘有自家本色 楓皐嘗以石見七律 勝似五律 七言古今人所共難 而今石見七律 暗合聲律 全無斧鑿痕 比之五律之力掃近習 專尙古人 反有反勝處 楓皐此言眞千古隻眼眞諦 內從薄庭居士金鑢書

연루되어 함경도 부령(富寧)으로 유배되었고, 천주교 신자와 교분을 맺은 혐의로 진해로 유배되었다. 저서로 《담정총서》, 《담정유고》, 《우해이어보(牛海異魚譜)》 등이 있다.

구슬은 물고기의 정수리 · 자라의 배 · 여룡(흑룡)의 턱에 감추어져 있는데, 턱에 감추어져 있는 것을 때때로 뱉어서 갖고 놀면 신기한 광채가 드리워지니, 왕유나 맹호연은 시에 대해서 턱에 있는 구슬을 갖고 노는 것과 같다. 석견은 곁눈으로 그 노니는 것을 보고 기뻐하여 대중들에게 말해주지만, 대중들이 스스로 보지 못할 뿐이니 어찌 혼자 간직하려는 것이겠는가?

벽지불(辟支佛)이 성문(聲聞)을 좇아 아우(阿憂)로 들어가면 밖에 있는 마(魔)들이 모두 따라서 굴복하는 것은 의탁한 바가 바르기 때문이다.[15] 석견의 오언시는 능히 성문승으로서 악(惡)을 깨뜨리고 마(魔)를 두려워하게 만들었으니, 눈을 부릅뜨고 한 세상을 내려다보는 것이 당연하다.

계미년(1823, 순조23) 5월에 내제(內弟)인 서원(犀園)[16]이 삼청(三淸)의 수석지실(樹石之室)에서 쓰다.

珠魚于頂 鼇于腹 驪龍于頷 莊乎頷者 有時哇而戱之 神光陸離 王孟於詩 猶頷珠耳 石見睨而眡其戱 喜而噪于衆 衆自不見爾 何自私有也 辟支佛從

---

15 벽지불(辟支佛)이……때문이다 : '벽지불'은 산스크리트어 pratyeka-buddha의 음차로, 스승 없이 홀로 수행하여 깨달은 자를 말한다. '성문(聲聞)'은 석가의 음성을 들은 사람이라는 뜻으로, 출가 수행자를 가리킨다. '아우(阿憂)'는 소승의 수행자들이 얻는 최고의 경지인 아라한(阿羅漢)을 가리키는 듯하다.

16 서원(犀園) : 김선(金鐥, 1772~1833)의 호로, 본관은 연안(延安), 자는 사홍(嗣鴻 · 士鴻)이다. 1797년(정조21) 강이천(姜彜天)의 비어(飛語) 사건에 연루되고, 1801년(순조1) 신유옥사 때 초산(楚山)에 유배되는 등 형 김려(金鑢)와 함께 시련을 겪었으며, 1820년(순조20) 정시 문과에 병과로 급제하여 승지에 이르렀다.

聲聞入阿憂 外魔悉從制伏者 所托正也 石見五言 能以聲聞乘 破惡怖魔 宜其睅其目而空一世也 癸未榴夏 犀園內弟書于三淸樹石之室

나 또한 일찍부터 시 짓는 일을 업으로 하였고, 세상사의 번뇌에 시달리면서도 늙어서까지 더욱 좋아하였다. 그래서 남들이 지은 후련하고 빼어난 시문을 보면 그때마다 나도 모르게 눈이 휘둥그레지고 입이 딱 벌어졌는데, 칠언율시에서는 더욱 그러하였다. 이는 스스로 시를 짓는 데 애를 먹어서 남들이 나보다 나은 것을 부러워한 것이지, 시도(詩道)에 진견(眞見)이 있어서가 아니다.

비유하자면 가난하고 한미한 사람이 하루 종일 고생하고 1년 내내 수고해야 겨우 콩잎과 명아주의 거친 밥과 거칠고 누추한 옷을 얻는데, 다른 사람이 세끼 밥과 사철의 옷을 어려움 없이 마련하는 것을 보게 되면, 곧 그가 석숭(石崇)이나 왕개(王愷)[17]의 부류가 아닐까 의심하고서 정작 석숭과 왕개의 분수가 얼마나 깊은 수준에 도달했는지 자세히 탐구한 적이 없는 것과 같다. 좌하(座下 이복현)의 시를 논할 때에도 또한 그러하였다. 그의 칠언율시는 읽을 때마다 물 흐르듯이 쉽게 술술 흘러나와 마치 물레에서 실을 켜듯 하니, 또한 마음과 눈이 상쾌해지면서 막힌 곳 없이 시원해지곤 한다.

풍고거사(楓皐居士) 김조순(金祖淳)이 석견루의 영동(嶺東)을 노래한 시 108수[18]에 쓰기를, "내가 일찍이 그 중에 가장 좋은 것 70여 구를 가렸는데, 모두 왕 우승(王右丞 왕유(王維))과 위 소주(韋蘇州 위응물(韋應物)) 같은 이들의 입에서 나온 것과 같았다. 그러다가 전체 시고(詩稿)

---

17 석숭(石崇)이나 왕개(王愷) : 중국 진 무제(晉武帝) 때 서로 부유함을 다투던 유명한 부자이다. 석숭은 금곡(金谷)에 호화로운 별장을 만들고 호사를 누렸으며, 왕개는 무제의 외삼촌이었다.

18 석견루의……108수 : 119쪽에 나오는 〈절구 100수〉를 가리키는 것으로 보인다.

를 얻어서 읽게 되어서는, 깜짝 놀랄 만한 구절들을 또 이루 다 들 수 없을 정도였다. 오언시 중에서 '오두막은 저 멀리 대숲에 들고, 마는 어지러이 싹이 돋았네.〔林廬迥入竹, 山藥亂生芽.〕'라는 구절, 칠언시 중에서 '객점의 밤 등불 아래 원님을 마주하고, 산중의 어지러운 눈바람 속에 맑은 시구 읽네.〔夜店燈花對明府, 亂山風雪讀淸詩.〕'와 같은 것은 모두 우리나라 시집에서는 보지 못한 것이다. 〈경모궁에서 숙직하며 짓다〔直宿景慕宮作〕〉에서, '어로가 솔숲 사이로 나 있으니, 선왕께서 금원으로 가시던 길이네.〔御路松間出, 先王苑裏行.〕'라는 구절을 읽게 되어서는, 또 이 때문에 숙연히 옷깃을 여미고 눈물을 흘리기도 하였다."라고 하였다.

연천(淵泉 홍석주)은 쓰기를, "공청(空靑)과 운모(雲母), 목난(木難)과 화제(火齊)처럼 먼 지방에서 나는 보배이고, 정이(丁彝)와 계유(癸卣), 형대(邢敦)와 이장(悝斨)처럼 태곳적의 훌륭한 기물들이다. 비록 어떤 물건인지 알지 못하더라도 진귀하게 여기지 않을 수 없고, 비록 당대에 쓰기에 알맞지 않더라도 또한 소중히 여기지 않을 수 없다."라고 하였다.

〈겨울밤의 독서〔冬夜讀書〕〉라는 시를 읽고 연천이 또 쓰기를, "나의 벗 이견심(李見心)이 내게 《동유시권(東遊詩卷)》을 보여주었는데, 그 속에 여러 공들의 품평이 있어 칭찬이 몹시 엄중하였다. 내가 시를 잘하지 못하니, 참으로 어찌 감히 군더더기를 붙이겠는가. 그러나 견심은 소년 시절부터 이미 시로 명성을 떨쳤으니, 성운(聲韻)을 배치하고 고사를 운용하는 것이 귀신이 깎고 다듬은 듯 정교해서 사람을 놀라게 하였다. 그리고 점점 나이가 들어서는 더욱 평담(平澹)한 데 나아가서 꾸미기를 일삼지 않아서 순식간에 대충 글자를 놓아도 뜻이 이미 지극하였다."라고 하였다.

나는 이렇게 생각한다. 시고 속의 〈만물초(萬物草)〉와 〈중향성(衆香城)〉[19]은 기이하고 깎은 듯하니, 아마도 견심이 젊은 시절에 지은 것이 아니겠는가. 또 〈삼일호(三日湖)〉와 〈경포(鏡浦)〉[20]는 공활하고 화평하니, 아마도 견심이 늙은 뒤에 지은 것이 아니겠는가. 여러 공들이 이 시고를 성당(盛唐)의 시에 핍진하다고들 하는데, 그의 시가 노년으로 갈수록 더욱 아름다워서 그런 줄을 알 수 있으니, 견심의 시를 보고자 한다면 참으로 〈중향성〉에서부터 시작해야 할 것이다.

이익회(李翊會)[21] 좌보(左輔)가 고동산방(古東山房)에서 쓰다.

僕亦早嘗業爲詩 塵根塞滯 到老罙甘 故見人詞章之涉於疏散飄逸 輒不覺目瞠口呿 而至七律尤然 蓋緣自家困苦 而羨人之勝己 非有眞見於詩道 譬如窶人寒子 終日辛苦 終歲勤勞 纔得藿藜疏糲之飯 毳褐麤儉之衣 見他人三時之供 四節之服 辦之無難 則便疑其爲石崇王愷之流 而定未嘗細究石王之分數 得其到底之淺深也 其於論座下之詩亦然 每讀座下七律 瀏瀏纚

---

19 만물초(萬物草)와 중향성(衆香城) : 93쪽에 나오는 〈양사언의 천불동기를 읽고, 만물초 골짜기로 찾아 들어가다〉와 110쪽에 나오는 〈중향성에 판제하다〉를 가리키는 것으로 보인다.

20 삼일호(三日湖)와 경포(鏡浦) : 〈삼일호〉는 95쪽에 나오는 〈배를 타고 삼일호로 들어가다〉를 가리키는 것으로 보이나 〈경포〉가 어떤 시를 가리키는지는 미상이다.

21 이익회(李翊會) : 1767~1843. 본관은 전의(全義), 자는 좌보(左輔), 호는 고동(古東), 시호는 문간(文簡)이다. 1811년(순조11) 정시 문과에 급제하여 대사간, 대사성을 거쳐서 1827년 이조 참의, 1834년 홍문관 제학에 올라 동지사로 청나라를 다녀왔으며, 대사헌과 한성부 판윤을 역임하였다.

纚 出之不難 如繅車之引絲 亦快心眼 爲之豁然無礙耳 楓皐居士金祖淳書石見樓嶺東詩一百八首 予嘗摘其最佳者七十餘句 皆王右丞韋蘇州輩人口中語也 及獲全稿讀之 其警絶者 又不可勝擧 五言如林廬逈入竹 山藥亂生芽 七言如夜店燈花對明府 亂山風雪讀淸詩 皆東人集中未見 至讀閟宮齋直詩 御路松間出 先王苑裏行 則又爲之肅然 整衿而涕下矣 淵泉題空靑雲母 木難火齊 遠方之瓌寶也 丁彝癸卣 邢敦悝斨 上世之鴻製也 雖未識爲何物 而不得不珍 雖不適於時用 而亦不得不重讀 冬夜讀書 淵泉又題

李友見心 示余以東遊詩卷 卷有諸公題評 其所稱引甚重 余不能詩 固何敢贅說 然見心自少年時 已以詩名家 排比聲韻 驅使故實 神鑱鬼錠 精巧驚人 及其漸老 而益就平澹 不事刻畫 略施點綴 於若滅若沒之間 而意已獨至 余以爲卷中之萬物草衆香城 離奇戌削 其猶見心初年之詩乎 三日湖鏡浦 空曠淡宕 其猶見心旣老之詩乎 諸公以此卷 謂逼盛唐 可知其詩之到老愈佳 而然欲見見心之詩者 故當自衆香而始 李翊會左輔書于古東山房

시가 쉽게 말할 수 있는 것이겠는가? 시에는 성령(性靈)이 있고 재능과 역량이 있으니, 대개 모든 사람이 잘할 수 있는 것이 아니다. 허정묘(許丁卯)[22]가 이르기를, "뼛속에 시가 없으면 시를 읊조릴 수 없다."라고 하였으니 이백, 두보, 왕유, 맹호연, 위응물, 유종원, 전기(錢起), 유장경(劉長卿) 등이 모두 이러한 한 부의 뼈대를 갖추었다. 비유하자면 사람이 향해(香海) 속에 들어가 향수가 골수에 푹 젖어서 말을 하고 글을 짓는 것이 온통 향기롭지 않은 경우가 없고, 또 설요영(薛瑤英)[23]이 오래도록 향 가루를 복용해서 온몸에서 향이 나는 것과 같으니, 이 어찌 향 상자에 소매를 살짝 스친 자들이 하루아침에 얻을 수 있는 것이겠는가? 석견은 시를 연마한 지 60년에 총명을 제거하여 그 성령을 보존하고, 생각을 지극히 하여 그 재능을 배양한지라, 수없는 단련을 거쳐서 온몸에서 향기가 났다. 시인들 중에 누가 구방고(九方皐)[24]가 될 것인가? 반드시 검고 누른 겉모습에서 준마의

---

22 허정묘(許丁卯) : 중국 만당(晩唐) 때의 시인 허혼(許渾, 791?~854?)이다. 강소성 단도현(丹徒縣)의 정묘교(丁卯橋) 근처 정묘장(丁卯莊)에 거주하였으므로 '허정묘'라고 부르며, 저서로 《정묘집(丁卯集)》이 있다.

23 설요영(薛瑤英) : 중국 당(唐)나라 때의 간신 원재(元載)의 애첩이다. 서시(西施), 녹주(綠珠), 조비연(趙飛燕) 등과 함께 미인으로 손꼽히며, 양귀비처럼 고운 눈썹에 몸에서는 아름다운 향기가 났다고 한다.

24 구방고(九方皐) : 중국 춘추 전국 시대 말을 잘 알아보던 사람이다. 백락(伯樂)의 추천으로 진나라 목공(穆公)을 위해 양마(良馬)를 찾아낸 다음 '색깔이 노란 암컷〔牝而黃〕'이라고 하였는데, 정작 목공이 보니 '색깔이 까만 수컷〔牡而驪〕'이었으므로 의심을 하면서 백락을 책망하자, 백락이 탄식하면서 "그는 말의 안에 들어 있는 본질적인 능력만을 볼 뿐, 바깥에 드러나 있는 모양이나 색깔은 보지 않기 때문에 그렇게 된 것이다."라고 찬탄을 했던 고사가 있다.

기골을 알 수 있을 것이라! 누가 손사막(孫思邈)이 될 것인가? 반드시 입에서 나는 향으로도 그 진룡(眞龍)을 구별할 수 있을 것이리라.

동갑 아우 고동산인(古東山人 이익회)이 쓰다.

詩可易言乎哉 詩有性靈 詩有才力 非夫人而能之者 許丁卯云 骨裏無詩莫浪吟 自李杜王孟韋柳錢劉 皆具此一副骨 譬如人入香海中 香水淪浹骨髓 發言吐辭 無非是香 又如薛瑤英 久服香屑 擧體皆香 此豈袖掠薰籠者所可一朝而襲得乎 石見攻詩六十年 斥聰黜明 以存其性靈 覃精致思 以養其才力 九轉已成 七竅皆香 詩家誰爲九方皐者 必能於驪黃之外 識其駿骨誰爲孫思邈者 必能以口氣之香 辨其眞龍矣 庚弟古東山人書

동쪽으로 해악(海嶽)을 유람한 지도 어느새 10년이 흐른지라 늙고 지쳐서 그저 꿈에서나 동쪽의 풍경을 떠올렸다. 이제 석견의 시를 읽어보니 그 경치들은 모두 내가 직접 가본 곳인데, 그 시어는 모두 내가 말하지 못한 것들이다. 그 시어는 높고 그 뜻은 묘하여 종종 마음을 얻은 곳은 심금을 울리고 우뚝 빼어나서 곧장 성당(盛唐)의 이름난 시인들과 아래위로 치달리니, 이러한 경치가 아니었다면 석견의 가슴속 산수를 능히 뽑아내지 못했을 것이다. 지난날 내가 유람할 때에 석견을 끌고 함께 갔더라면, 석견만 시를 짓게 하고 나의 입에서는 한 구절도 뱉어내지 못했을 것이다. 비로소 두릉(杜陵)의 노인〔두보〕이 후대에 생각을 베풀어주고 도잠과 사령운이 틈을 내어 생각을 짜낸 것인 줄을 알겠노라.

을해년(1815, 순조15) 초여름 어느 날에 죽석(竹石) 서영보(徐榮輔)[25]가 쓰다.

東遊海嶽居然十載 衰倦徒勞夢想 今讀石見詩 其境則皆余所足踐 其語則皆余所未道 其詞高 其旨妙 往往得意處 動盪英拔 直與盛唐名家 馳驟上下 非玆境不能寫石見胸中邱壑 曩余遊時 若携石見與俱徒 令他述作 而我口中 便不吐出一句 始知杜陵老子枉思異代 陶謝爲閒思量爾 乙亥首夏日竹石徐榮輔書

---

25 서영보(徐榮輔) : 1759~1816. 본관은 달성(達城), 자는 경세(慶世), 호는 죽석(竹石), 시호는 문헌(文憲)이다. 동부승지, 대제학, 호조 판서 등을 지냈으며, 저서에 《죽석관유집(竹石館遺集)》, 《풍악기(楓嶽記)》가 있다.

석견(石見)의 시를 본 이들은 걸핏하면 도잠과 위응물이라 하고, 이백과 두보라 하고, 초당(初唐)이라 하고, 대력(大曆 성당(盛唐))이라 하니 모두 잘못이다. 석견에게는 원래 자신만의 재학(才學)이 있고, 성조(聲調)가 있고, 구법(句法)이 있고, 장법(章法)이 있으니, 이것이 고금을 초월하여 사람들이 헤아려 가늠할 수 없는 점이다. 이렇지 않다면 어찌 '석견'이 될 수 있겠는가? 나는 석견과 교유한 지 가장 오래되었는데[26] 나의 시는 변했으나 석견의 시는 변하지 않았으니, 변한 것은 확고한 힘이 없어서이고, 변하지 않은 것은 홀로 간직한 것이 있어서이다.

내가 석견의 시에서 감복한 구절이 하나 있으니, "꾀꼬리 울음은 정해진 나무가 없고, 까치는 새끼 품어 가지를 떠나지 않네."[27]라는 것이다. 석견이 나의 시 중에서 또한 가장 높이 치는 구절이 있으니, 바로 "석류 열매 맺혔어도 꽃은 여전히 피고, 생강 뿌리 굵을수록 잎은 짐짓 더디 나네."라는 것이다. 이 두 구절에서 내가 석견에 미치지 못하는 곳을 또한 볼 수 있으니, 안목이 있는 사람이라면 마땅히 가려낼 것이다.[28]

석견의 시는 《황정경(黃庭經)》을 처음 베낄 때처럼 갈수록 담담하며

---

26 나는……오래되었는데 : 다른 글에서 신위는 자신이 이복현과 교유한 지 36년이 되었다고 하였다. 《경수당전고(警修堂全藁)》 20책 〈노석의 산해시권에 쓰다〔題老石山海詩卷〕〉 참조.

27 꾀꼬리……않네 : 83쪽에 나오는 〈삼청동 김 서방 집 동산에서 이 장작 익지와 함께 모여 꽃구경하며 시를 읊다〉의 세 번째 연을 가리킨다.

28 亦 : 원문에는 '이(二)'로 되어 있으나, 내용을 참작하여 '역(亦)'으로 고쳐 번역하였다.

갈수록 고아하다. 또 수선화를 닮아서 진흙을 알지 못하여 깨끗하고 향기로우니, 산반화(山礬花)나 매화를 가지고 감히 우열을 따지겠는가?

노하(老霞 신위)[29]가 쓰다.

見石見詩者 輒曰陶韋 曰李杜 曰初唐 曰大曆以前 皆非也 石見自有石見之才學也 聲調也 句法也 章法也 此所以超越古今人 不可以模捉也 不然何足爲石見 余與石見遊最久 余詩則變 而石見詩不變 變是無定力 不變是有獨稟也 余於石見詩 欽服者有一句 曰鶯啼無定樹 鵲乳不離枝也 石見於吾詩 亦有最許者 卽榴子花仍發 薑王葉故遲也 卽此二句 亦見其余不及石見處 具眼者當辨之

石見詩如初寫黃庭 彌淡彌古 又似水仙花 不識土壤 而又潔又香 山礬與梅何敢講以伯仲 老霞題

---

29 노하(老霞) : 신위(申緯, 1769~1847)의 호로, 본관은 평산(平山), 자는 한수(漢叟), 호는 자하(紫霞)·경수당(警修堂) 등이다. 1799년(정조23) 문과에 급제한 뒤 도승지, 대사간, 병조 참판, 이조 참판 등을 역임하였다. 시(詩)·서(書)·화(畫)에 모두 능해 삼절(三絶)이라 불렸으며, 저서로 《자하시집(紫霞詩集)》, 《경수당전고(警修堂全藁)》, 《분여록(焚餘錄)》 등이 있다.

석견은 평소에 성당 이후 시인들의 말투를 즐겨 짓지 않았으니, 때문에 그 간직한 흥취가 깊고 그 시재(詩材)를 취한 것이 검소하였다. 언제나 시 한 수를 엮어낼 때면 머리와 수염이 셀 듯하였으니, 그의 벗 자하생(紫霞生)이 "그대는 나이 60이 다 되었는데 어찌 송인(宋人)의 시어를 배워 손님을 마주하고 붓을 휘두름에 성정(性情)을 쏟아내어 만년을 즐기지 않는가?"라고 하였다. 석견이 대답하기를, "나의 이 성정에는 본래 송인의 노숙한 말투는 없다오. 쫓아서 배우려고 할수록 그 즐거움을 느끼지 못하니, 어느 겨를에 성정을 풀어놓기를 논하겠는가?"라고 하였다. 자하가 말하기를, "그렇다면 그대는 그대의 법을 쓰시게!"라고 하고서 서로 크게 웃으며 자리를 파하였다.

자하(紫霞) 신위(申緯) 한수(漢叟)가 짓다.

石見平生不肯作大曆以後人口氣 故其貯興深 其取材儉 每一詩出 頭鬚欲白 其友紫霞生曰 石見年且六十 何不學宋人語 對客揮毫 陶寫性情 以娛餘景 石見曰 吾一副性情 本無宋人鍊熟語 從欲學愈見其不樂 何暇議到於陶寫 紫霞曰 然則卿用卿法 相大笑而罷 紫霞申緯漢叟題

쟁쟁 울림은 봄날의 화려함이요 鏗鏗春麗
고운 결은 맑은 가을날이네 瑞錦秋晴
이러한 문장이라면 以此文章
소명도 중히 여기리[30] 重之昭明
마음을 기울여 나아가서 精心孤詣
그윽한 곳 찾아 홀로 가네 冥搜獨行
아름다운 덕을 숭모하였으니 克崇令德
바다를 생각하고 산을 그리워하네 海思山情

정축년(1817, 순조17) 늦여름에 황산거사(黃山居士) 김유근(金逌根)[31]이 석견루시권(石見樓詩卷)을 읽고서 삼가 짓다.

丁丑季夏 黃山居士 金逌根 讀過石見樓卷 謹題

---

30 이러한……여기리 : 글이 뛰어나서 《문선(文選)》에 수록할 만하다는 뜻이다. '소명'은 《문선》을 엮은 양(梁)나라 소명태자(昭明太子, 501~531)를 가리킨다.

31 김유근(金逌根) : 1785~1840. 본관은 안동, 자는 경선(景先), 호는 황산(黃山)이다. 1810년(순조10) 문과에 급제하여 홍문관 부제학, 대사헌, 병조 판서, 이조 판서 등 요직을 두루 역임하였다. 시・서・화에 모두 능하였으며, 유작으로 〈오주고목도(五株枯木圖)〉, 〈괴석도(怪石圖)〉, 〈연산도(硏山圖)〉 등이 있다.

한 자 한 자 자세히 보면 틀림없이 왕유(王維)나 맹호연(孟浩然)이 다시 살아난 것이고 사이사이에 노두(老杜 두보)의 말이 많으니, 대력(大曆) 이하의 시는 논할 것도 없다. 다만 아쉬운 것은 격률이 너무 높고 음조가 너무 까다로워, 영문(郢門)의 〈백설곡(白雪曲)〉[32]처럼 화답할 이가 없다는 점이다. 28수 별자리를 가슴속에 늘어놓고서도 불우하고 초라한 것이 예로부터 이와 같았으니, 옥천(玉川)과 한교(寒郊)와 장문창(張文昌) 등을 이루 다 손꼽을 수 없을 정도이다.[33] 〈낙가시(洛迦詩)〉는 치천(穉川)이 지은 시인데,[34] 색상이 영롱하여 정녕 사가(謝家)의 봉모(鳳毛)[35]로다. 우리나라의 문장이 석견루 집안에 유독 몰려 있으니 탄복하고 탄복하노라.

---

32 영문(郢門)의 백설곡(白雪曲) : 격조가 고아한 악곡 또는 시문을 비유하는 말이다. 전국 시대 송옥(宋玉)이 초나라의 수도 영(郢)에서 〈백설곡(白雪曲)〉을 불렀는데, 그 곡조가 너무 고상하여 화답한 자가 수십 명에 지나지 않았다는 고사에서 유래한다.

33 옥천(玉川)과……정도이다 : 세 명 모두 당(唐)나라 때의 유명한 시인들로, 각양각색의 빼어난 시가 많이 수록되어 있다는 뜻이다. '옥천(玉川)'은 〈다가(茶歌)〉로 유명한 노동(盧仝)의 호이고, '한교(寒郊)'는 한빈(寒貧)한 시풍으로 유명했던 맹교(孟郊, 751~814)를 가리키며, '장문창(張文昌)'은 악부시로 이름났던 장적(張籍, 766?~830?)으로, 문창은 그의 자(字)이다.

34 낙가시(洛迦詩)는……시인데 : '치천(穉川)'은 저자의 장남 이제은(李濟殷, 1784~1836)의 자로, 호는 잠재(潛齋)·잠정(潛亭)이다. 〈낙가시〉는 낙가산(洛迦山) 혹은 낙가사(洛迦寺)에서 지은 시로 짐작되나, 현재 남아 있는 이제은의 문집 《동유난고(東遊亂藁)》에는 수록되어 있지 않다.

35 사가(謝家)의 봉모(鳳毛) : 훌륭한 집안 출신으로 자손의 재능과 풍모가 선조를 이어 걸출한 것을 비유하는 말이다. '사가'는 진(晉)나라 때 큰 문벌을 이룬 사안(謝安)의 집안을, '봉모'는 진(晉)나라 왕소(王劭)의 용모와 위의(威儀)가 빼어난 것을 보고 환온(桓溫)이 그의 부친 왕도(王導)에게 봉모라고 칭찬한 말에서 유래한다.

임오년(1822, 순조22) 겨울 어느 날, 송하거사(松下居士) 이낙수(李洛秀)[36] 광중(光仲)이 세자익위사(世子翊衛司)의 숙직하는 곳에서 쓰다.

字字諦看 明是王孟復起 間多老杜語 大曆以下不足論 但恨格太高調太苦 郢門白雪 人無和者 二十八宿 羅之胸中 而潦倒淹屈 自古如此 玉川寒郊 張文昌不勝摟指也 洛迦詩稚川作 色相玲瓏 定是謝家鳳毛 東國奎華 偏在石樓之家 欽服欽服 壬午冬日 松下居士 李洛秀光仲書于衛司直廬

---

36 이낙수(李洛秀) : 1755~1833. 본관은 연안(延安), 자는 광중(光仲), 호는 송하(松下)이다. 1777년(정조1) 생원시에 합격하여 내직으로 의금부 도사, 공조 좌랑, 선혜청 낭청(宣惠廳郎廳), 돈령부 도정(敦寧府都正) 등을 역임하였고, 외직으로 금천 현감(衿川縣監), 의흥 현감(義興縣監), 장련 현감(長連縣監), 진주 목사(晉州牧使), 능주 목사(綾州牧使) 등을 지냈다.

구절마다 상상 속의 풍경이나 실제를 그려내었고, 이따금 속어(俗語)를 썼으나 고상한 운치를 간직하였다. 이 시를 꼭 완전히 당시(唐詩)와 같다고는 할 수 없더라도, 당시 이후에 다시 이런 시가 없음을 분명 알겠노라.

희곡(希谷) 이지연(李止淵)[37]이 짓다.

句句虛景 而寫實事 往往俗語 而存雅致 未必此詩全似唐 決知唐後更無此

希谷李止淵題

---

37 이지연(李止淵) : 1777~1841. 본관은 전주(全州), 자는 경진(景進), 호는 희곡(希谷), 시호는 문익(文翼)이다. 1805년(순조5) 문과에 급제하였고, 한성부 판윤과 예조 판서 등을 거쳐 1837년(헌종3) 우의정에 올랐다.

청(靑)과 백(白)을 문(文)이라 이르고, 적(赤)과 백(白)을 장(章)이라 이르니,[38] 문장(文章)의 시작이요 변려문의 근본이다. 소명태자(昭明太子)가 《문선(文選)》을 편집하여 그 규모의 모범을 보였고, 언화(彦和 유협(劉勰))가 《문심조룡(文心雕龍)》을 저술하여 그 법도를 전하였다. 이렇게 해서 훌륭한 문필이 당세에 크게 펼쳐지고 큰 원칙이 후세에 드리우지 않음이 없어서, 조정의 글은 문장을 이루었고 궁전 뜨락의 악기들은 '쟁' '쟁' 박자에 들어맞았다. 서유(徐庾)와 정시(正始)의 유파[39]를 거슬러 올랐고, 온정균(溫庭筠)과 이상은(李商隱)의 화려한 곡조를 드날렸으니 여기에 이르러서 문장이 극치를 이루게 되었다. 예전의 격조에서 차츰 멀어지고 그 풍조가 날로 무너져서 관각(館閣)의 사이에서 자구(字句)나 찾고 과거의 문체 사이에서 글귀를 연마하여, 풍기의 유행으로 보면 광경이 크게 변화하였다. 그러나 옷은 화려한 비단을 사양하여 포백(布帛)이 화사함을 잃고, 장인(匠人)이 조각하는 일을 마다하여 악기의 틀이 또 투박한 병폐가 있게 되었다. 비록 새로운 격식이 별도로 이루어졌으나 옛 뜻을 점차 잃어버려서 더 이상 삼당(三唐)의 옛 가락은 아니었다.

---

38 청(靑)과……이르니 : 《주례(周禮)》 〈고공기(考工記) 화회(畫繢)〉에 "청색과 적색이 섞인 것을 '문', 적색과 백색이 섞인 것을 '장', 백색과 흑색이 섞인 것을 '보', 흑색과 청색이 섞인 것을 '불', 다섯 채색이 갖추어진 것을 '수'라고 한다.〔靑與赤謂之文, 赤與白謂之章, 白與黑謂之黼, 黑與靑謂之黻, 五采備謂之繡.〕"라는 구절이 보인다.

39 서유(徐庾)와 정시(正始)의 유파 : '서유'는 중국 남조(南朝) 진(陳)의 서릉(徐陵, 507~583)과 북주(北周) 유신(庾信, 513~581)의 화려하기 그지없는 문체를 가리켜 부르는 말이다. '정시'는 삼국 시대 위(魏)나라 제왕(齊王) 방(芳)의 연호인데, 당시 사대부들이 다투어 청담(淸談)을 숭상하여 특히 혜강(嵇康)과 완적(阮籍) 등의 문체를 '정시체(正始體)'라고 부른 사실을 말한다.

석견(石見) 선생은 타고난 재주가 특출하고 일찍 지혜가 갖추어져 천오(天吳)와 자봉(紫鳳)[40]이 굽이굽이 종이 위에 옮겨졌고, 붉은 언덕과 푸른 절벽이 우뚝이 눈앞에 솟아났다. 고상한 흥취는 표일하게 흐르고 빼어난 정감은 구름 위로 피어올라 오악(五岳)에서 신명(神明)을 응축하고 삼소(三霄)[41]에서 밤이슬로 양치질하여, 한갓 향초의 꽃송이를 따고 푸른 용의 신이함에 올라탈 뿐이 아니었다. 칠요(七曜)와 오운(五雲)[42]에서 깊고 넓음을 고찰하고 주막의 푸른 깃발과 수양버들에서 우아함과 화려함을 빌려오니, 정감을 구사함에 있어서는 화려하면서도 유약하지 않고, 사물을 묘사함에 있어서는 주밀하면서도 섬약하지 않도다. 그러므로 능히 육범(六凡)을 넘어서고 오탁(五濁)을 뛰어넘어[43] 훌쩍 날아올라 운오(雲璈)[44]가 홀로 반주하고 천뢰(天籟 자연의 소리)가 절로 다른 것과 같으니, 진실로 노조린(盧照鄰)과 왕발(王勃)이

---

40 천오(天吳)와 자봉(紫鳳) : 신선 세상의 풍경을 의미한다. '천오'는 《산해경(山海經)》에 나오는 수신(水神)의 이름으로 해도(海圖) 위에 그려져 있고, '자봉' 역시 《산해경》에 나오는데 보랏빛을 띤 봉황이다. 두보(杜甫)의 시 〈북정(北征)〉에 "천오와 자봉의 무늬가 해진 저고리 위에 거꾸로 붙어 있다.〔天吳及紫鳳, 顚倒在裋褐.〕"라고 하였다.

41 삼소(三霄) : 삼청(三淸)과 같은 말로 신선이 사는 곳을 가리킨다. 옥청(玉淸)·상청(上淸)·태청(太淸)을 삼청이라 한다.

42 칠요(七曜)와 오운(五雲) : '칠요'는 일(日), 월(月), 화(火), 수(水), 목(木), 금(金), 토(土)를 말한다. '오운'은 다섯 가지 빛깔을 내는 상서로운 구름으로, 흔히 임금이 있는 곳, 신선이 사는 곳을 가리키는 말로 쓰인다.

43 육범(六凡)을……뛰어넘어 : '육범'은 불교에서 말하는 십계(十界) 안에 있는 여섯 가지 범부(凡夫)의 세계, 지옥(地獄)·아귀(餓鬼)·축생(畜生)·수라(修羅)·인간(人間)·천상(天上)을 말하고, '오탁(五濁)'은 속세의 다섯 가지 부정한 것, 겁탁(劫濁)·견탁(見濁)·번뇌탁(煩惱濁)·중생탁(衆生濁)·명탁(命濁)을 말한다.

44 운오(雲璈) : 구리로 만든 타악기의 이름으로, '운라(雲鑼)'라고도 한다.

지금 세상에 나와서 강물처럼 흘러서 그치지 않고 자운(子雲 양웅)이 후세에 나서 하늘의 해와 달처럼 걸려서 없어지지 않을 것임을 진실로 알겠노라.

장인(匠人)의 뛰어난 기술로 홀로 도달한 지혜를 운용하여 남은 모르고 자기만이 아는 신묘함이 있어서 나도 모르게 손이 춤추고 발이 구르게 되니, 안목이 없는 사람들은 이를 보고 크게 웃을 수밖에 없으리라.

미경서실(味經書室)의 스물네 번째 벼루를 사용하여 추사거사(秋史居士) 김정희(金正喜)가 삼가 〈음시처 상량문(吟詩處上樑文)〉 뒤에 쓰다.[45]

青與白謂之文 赤與白謂之章 文章之始起 而駢體之所本也 昭明勤選 範此規模 彦和著書 傳玆科律 莫不掞龍文於當時 垂鴻範於來裔 明堂斧藻 視畫績而成文 階戺笙鏞 聽鏗鏘而應節 溯徐庾正始之派 揚溫李繁縟之調 於斯爲極致焉 前調漸遙 斯風日墜 鉤抉館閣之際 鑽研科臼之間 以氣行則機抒大變 驅成語則光景一新 然而衣辭錦繡 布帛或致無華 工謝雕幾 簴業又傷樸鑿 雖新格別成 古意寢失 非復三唐之舊調也

---

45 미경서실(味經書室)의……쓰다 : '미경'은 본래 북경의 유리창에 있는 책방의 이름인데, 여기서는 김정희(金正喜, 1786~1856)가 글씨를 쓰던 서실을 가리킨다. 김정희의 본관은 경주, 자는 원춘(元春)이고, 호는 완당(阮堂)·추사(秋史) 등 무수히 많다. 1819년(순조19) 문과에 급제하여 성균관 대사성, 이조 참판 등을 역임하였고, 19세기를 대표하는 학자이자 서화가로 학문과 문예 분야에서 이룬 성취가 탁월하다. 〈음시처 상량문(吟詩處上樑文)〉은 이 책 맨 마지막에 수록된 글로, 《석견루시초》 뒤에 발문 형식으로 붙인다는 뜻이다.

石見先生天才特出 慧業夙該 天吳紫鳳 曲折移於紙上 丹厓翠壁 突兀起於眼前 雅興飈流 逸情雲上 鬱神明於五岳 漱沆瀣於三霄 非徒搴英香草 驣異翠虯而已 七曜五雲 考其沈愽 春旂楊柳 資之雅麗 其造情也華而不溺 其體物也 密而不纖 故能越六凡超五濁 飄飄乎 若雲璈之獨奏 天籟之自殊焉 固知盧王出於今時 流江河而不廢 子雲生於後世 懸日月而不刊者矣 以玄解之匠 運獨造之智 已所獨知之處 有人所不知之妙 自不覺其手之舞之足之蹈之 下士見之大笑之 試味經書室第二十四硯 秋史居士金正喜 恭題于吟詩處上樑文下

석견 노인의 60세 자서전

老石六十叟自傳

노인은 나이 스무 살에 벼슬을 시작하여 내직으로 들어와서는 낭관(郎官)이 되었고, 외직으로 나가서는 고을을 다스렸다. 고을을 다스릴 때 생각지도 않게 '능(能)'이라는 평가를 받아 임금께 알려졌으나, 나이 마흔네 살이 되어서는 '불능(不能)'이라는 평가를 받고 쫓겨났다. 쫓겨날 때 의금부에 나아가 심문을 받을 뻔하였으나 곧 다시 원직(原職)에 복귀하여 들어와 낭관이 되었으며, 임기를 채우고 다시는 벼슬하지 않았다. 나이도 예순이 다 되어가는데 술 마시는 것을 좋아하였지만 끊은 지가 33년이요, 시를 읊조리기 좋아하여 그만두지 못한 것이 43년이 되었다. 지방관으로 나가서 그때마다 좋은 산수를 만나 찾아가서 구경하기를 잘하여 스스로 싫증 내지 않은 것이 또한 수십 년이 되어간다. 시를 읊조리기 좋아하여 그만두지 못하는 것은 고질병이 되었다. 꿈속에서 벼루를 얻었기에 자칭 '석견루(石見樓)'라 하였고, 만년에는 또 자칭 '노석수(老石叟)'라 하였다.

叟年二十仕 入爲郎 出治邑 治或未期 以能聞 然至四十四 考以不能黜 黜且對吏 輒原復入爲郎 考滿不復仕 年且六十 嗜飮酒能止者 三十有三年 嗜吟詩不能止者 四十有三年 之邑輒有好山水 能貪看 不自厭倦者 亦且數十年 嗜吟詩不止癖也 夢得硯 自稱石見樓 晩而又自稱老石叟

시권의 끝에 쓰다[46]

書詩卷末

척강(陟降)과 옹숙(雝肅)[47]은 리(理)의 시작이요, 유유(呦呦)와 황황(皇皇)[48]은 의(義)의 시작이요, 오목(於穆)과 의나(猗那)[49]는 명(命)의 시작이요, 관저(關雎)와 인지(麟趾)[50]는 화(化)의 시작이다. 유월(六月)과 거공(車攻),[51] 판판(板板)과 탕탕(蕩蕩)[52]은 변아(變雅)의 시작이다. 패풍(邶風)에는 패의 음(音)이 있고, 위풍(衛風)에는 위의 음(音)이 있고, 용풍(鄘風)에는 용의 음(音)이 있으니,[53] 또한 변풍

---

46 시권의 끝에 쓰다 : 《시경》에 수록된 시를 통해 이(理)와 의(義), 명(命)과 화(化), 변아(變雅)와 변풍(變風)의 시작을 말한 다음, 그것의 정(正)과 변(變)·성(聲)과 음(音)에 대해 논한 것이다.

47 척강(陟降)과 옹숙(雝肅) : '척강'은 《시경》 〈대아(大雅) 문왕(文王)〉의 "문왕이 위에 계시어, 아 하늘에 밝게 계시니.〔文王陟降, 在帝左右.〕"라고 한 구절을, '옹숙'은 〈소남(召南) 하피농의(何彼襛矣)〉의 "어찌 엄숙하고 화락하지 않으리오, 왕희의 수레로다.〔曷不肅雝, 王姬之車.〕"라고 한 구절을 가리킨다.

48 유유(呦呦)와 황황(皇皇) : 각각 《시경》 〈소아(小雅)〉의〈녹명(鹿鳴)〉과 〈황황자화(皇皇者華)〉에 나오는 구절을 가리킨다.

49 오목(於穆)과 의나(猗那) : 각각 《시경》 〈주송(周頌)〉의 〈유천지명(維天之命)〉과 〈상송(商頌)〉의 〈나(那)〉에 나오는 구절을 가리킨다.

50 관저(關雎)와 인지(麟趾) : 각각 《시경》 〈주남(周南)〉의 〈관저(關雎)〉와 〈인지지(麟之趾)〉에 나오는 구절을 가리킨다.

51 유월(六月)과 거공(車攻) : 둘 다 《시경》 〈소아(小雅)〉의 편명이다.

52 판판(板板)과 탕탕(蕩蕩) : 각각 《시경》 〈대아(大雅)〉의 〈판(板)〉과 〈탕(蕩)〉에 나오는 구절을 가리킨다.

(變風)의 시작이다. 평이명백(平易明白)과 정대광명(正大光明)을 정(正)의 시작이라 일컫고, 예(禮)가 무너지고 속(俗)이 달라지며 충신(忠信)이 이지러지고 법도가 이지러지는 것을 변(變)의 시작이라 일컫는다. 대개 무취(無臭) 무성(無聲)[54]의 사이에서 사람에게 정(情)이 생기고 정이 마음에서 발하여 성(聲)이 나오니 '성'의 시작이요, 성이 무늬를 이루어서 음(音)이 되니 '음'의 시작이다. 하늘과 땅은 끝남이 없으니, 정(情)과 음(音)이 어찌 이와 다르랴? 내가 이 때문에 "평이명백과 정대광명은 성인이 아니면 말할 수 없고 또한 행할 수도 없다"고 말하는 것이다. 시작에서 변화로 가기는 쉬우나 변화에서 시작으로 되돌리기는 어려우니, 음률을 살펴서 청(淸)의 시작과 탁(濁)의 시작을 자세히 살핀다면 정(正)의 시작과 변(變)의 시작을 알 수 있다.

陟降雝肅理之始 呦呦皇皇義之始 於穆猗那命之始 關雎麟趾化之始 六月車攻 板板蕩蕩 變之始 邶有邶音 衛有衛音 鄘有鄘音 亦變之始 平易明白正大光明之謂 正之始 禮廢俗殊忠信缺法度缺之謂 變之始 夫無臭無聲之間 人有生情 情發中而發聲 聲之始 聲成文而成音 音之始 天地無終窮 情音安有異 予故曰 平易明白 正大光明 非聖人不能言 亦不能爲 始而變易變而反始難 按腔調審淸之始濁之始 可知正之始變之始

---

53 패풍(邶風)에는……있으니 : 패풍, 위풍, 용풍은 모두 《시경》 국풍(國風)의 하나로 〈주남(周南)〉과 〈소남(召南)〉에 이어 나오는 〈패(邶)〉, 〈위(衛)〉, 〈용(鄘)〉을 가리킨다.

54 무취(無臭) 무성(無聲) : 일반적으로 하늘의 지극한 이치를 표현할 때 쓰는 말이다.

석견루시초

상권 上卷

권경호 선의 일홍당 모임에서 함께 이태화 노원 를 송별하며[1]

權絅好禩日紅堂席上 同別李太華 魯元

애달퍼라 그대, 뜻을 얻지 못해　　憐君不得意
오늘 또 동쪽으로 가네　　今日又東之
조각배에 몸 싣고 훌쩍 떠나니　　好載扁舟去
서로 만날 것을 어디서 기약할까　　相逢何處期
산 꾀꼬리는 빽빽한 잎으로 숨고　　山鶯藏密葉
강 햇살은 아지랑이 속에 아른거리네　　江旭暗晴絲
백수의 〈장양부〉[2]를 지어나 볼까　　白首長楊賦
어찌해야 성군께서 아시도록 할까　　那由聖主知

---

1 권경호(權絅好)의……송별하며 : '경호'는 권상신(權常愼, 1759～1824)의 자로, 초명이 선(禩)이며, 본관은 안동, 호는 서어(西漁)·일홍당(日紅堂)이다. 병조 판서, 광주 유수, 대사헌 등 주요 관직을 역임하였으며, 저서로 《서어유고(西漁遺稿)》가 있다. '태화(太華)'는 이노원(李魯元, 1756～1811)의 자로, 본관은 덕수, 호는 백월당(柏月堂)이다. 평생 가난하게 지냈으며 헌릉 참봉, 태릉 직장 등을 지냈다. 《담정총서(藫庭叢書)》에 시와 글 약간이 전한다. 권상신이 1804년(순조4)에 개명(改名)의 소를 올린 것으로 보아 이 시는 그 이전 작으로 추정된다.

2 백수의 장양부(長楊賦) : 임금에게 충성스러운 간언을 올리는 것을 의미한다. 〈장양부〉는 원래 한(漢) 성제(成帝)가 짐승들을 잡아 장양궁(長楊宮)에 넣어놓고 호인(胡人)을 시켜 때려잡게 하고 이를 구경하곤 하자, 머리가 하얗게 센 양웅(揚雄)이 풍간(諷諫)을 담아 지었다고 한다.

해양 나 수조 열 와 구헌 심 사문 사동 두 선배가 함께 와서 운자를 뽑으시기에[3]

海陽羅水曹 烈 懼軒沈斯文 師東 二先輩聯枉命韻

기이한 운치는 상 상시요 奇致向常侍
청아한 시구는 하 수조라[4] 淸詩何水曹
현담의 풍류를 오늘날에 느꼈더니 玄風感異代
오늘은 요행히 한자리에 모였네 今日幸同遭
문밖에선 가을 하늘이 나직하고 戶外秋霄近
집 안에선 새벽 골짝이 높았네 家中曉峽高
소문산에 휘파람 소리 길게 울리니 蘇門長嘯響
마치 난새가 높이 나는 듯하네[5] 鸞鳥若翺翺

---

3 해양(海陽)……뽑으시기에 : '수조(水曹)'는 공조(工曹)의 이칭으로, 나 수조는 공조 정랑을 역임한 나열(羅烈, 1731~1803)을 가리킨다. 본관은 안정(安定), 자는 자회(子晦)이며, 호가 해양(海陽)이다. 구헌(懼軒)은 심사동(沈師東)의 호이며, 사문(斯文)은 유학 혹은 유학자를 지칭하는 말이다.

4 기이한……하 수조(何水曹)라 : 원래 '상 상시(向常侍)'는 남북조 시대 진(晉)의 상수(向秀, 230~280)를 가리키고, '하 수조'는 양(梁)나라 때 시인 하손(何遜, 472~519)을 가리키는데, 여기서는 각각 나열과 심사동을 칭송하여 일컬은 것이다.

5 소문산(蘇門山)에……듯하네 : 아름다운 시구를 비유한 말이다. 중국 죽림칠현의 한 사람인 완적(阮籍)이 소문산에서 은자 손등(孫登)을 만나 신선술을 물었으나 손등은 대답하지 않고 휘파람을 길게 불었는데, 마치 난새 소리와 같은 음향이 온 골짜기에 메아리쳤다 한다.

돌아가신 장헌세자를 현륭원으로 옮기는 날, 곡반에 참가하여 삼가 쓰다[6]

莊獻先世子遷園日 哭班恭書

운관[7]이 길일을 잡아 새 능원으로 옮기니	雲官卜吉遷新園
주상께서 친림하여 옛 무덤을 열었네	主上親臨啓舊阡
학을 타고 하늘로 가신 지 삼십 년	鶴去賓天三十禩
점괘도 길한 복된 땅에 억 년 천 년 이으리라	龜從福地億千年
칩습한 물에 놀랐다가 하례하며 기뻐하고	先驚嗆水欣相賀
장례 행렬 다시 봄에 저절로 눈물 흐르네	復覩因山涕自然
목욕하던 날 세자의 음성 옥 소리 같았다고	如玉睿音湯沐日
온양의 늙은이들 지금까지 전하네[8]	溫陽耆老至今傳

---

6 돌아가신……쓰다 : '장헌(莊獻)'은 사도세자(1735~1762)의 시호이다. 1762년(영조38)에 사도세자를 경기도 양주군 배봉(拜峯)에 장사 지낸 후, '수은묘(垂恩墓)'라고 하였다가 정조 즉위년(1776)에 '영우원(永祐園)'으로 고쳤고, 다시 1789년(정조13) 경기도 화성시 안녕동으로 옮긴 후 '현륭원(顯隆園)'으로 고쳤다. 저자의 나이 23세 때이며, '곡반(哭班)'은 국상 때 백관이 모여 곡하는 반열을 의미한다.

7 운관(雲官) : 관상감(觀象監)의 관원을 지칭하는 말로, 천문 현상을 관찰하여 길흉을 점치고 이를 기록하는 일을 맡았다.

8 목욕하던……전하네 : 《영조실록》 1760년(영조36) 7월 18일자 기사를 보면, 왕세자가 온양(溫陽)에 행차하여 온천에서 목욕하였다는 기록이 나온다.

악하 김 태복, 가일 노경 유당 사백께 부치다[9]

寄岳下金太僕 可一 魯敬 酉堂詞伯

해거름 되자 더운 기운 옅어지고	薄暮暑氣淺
숲속에는 저녁 어둠이 깔리네	中林生夕陰
흰 구름 피어났다 다시 걷히니	白雲舒復卷
성근 달빛 비로소 비치네	疏月照初臨
허공의 달빛 베개 맡에 어리고	空華結枕席
서늘한 빛이 하늘 복판에 펼쳐지네	涼光披天心
거문고 가락에 외로운 절개 담아	幽琴抱孤貞
스렁스렁 밤 내내 이어가네	泠泠遙夜尋
은은히 튕기는 소리 너머로	仿佛指絃外
고요히 산수의 음률을 들으시리	靜聽山水音
평소에 만나던 악하 선생이련만	平生岳下子
반가운 만남 어제오늘 어긋났네	良覿違昨今
그대가 옥처럼 아껴주지 않는다면	微君式如玉
무엇으로 나의 심회를 풀 수 있으랴	何以豁予衿

9 악하(岳下)……부치다 : 악하·태복(太僕)·가일(可一)·유당(酉堂)·사백(詞伯)은 모두 김노경(金魯敬, 1766～1837)에 대한 호칭이다. 그는 추사 김정희의 생부인데, '악하'는 그가 백악산(白岳山) 아래 살았기 때문에 붙인 별호이고, '태복'은 태복시(太僕寺)의 별칭인 사복시(司僕寺) 주부(主簿)로 재임하였기 때문이며, '가일'은 자이고 '유당'은 호이다. '사백'은 '문단의 우두머리'라는 뜻으로, 화가를 화백(畫伯)이라고 부르는 것과 같다.

장릉에서 숙직하며[10]

直宿章陵

보름 동안 집 떠나서 돌아가지 않으니	半月離家猶不歸
청산을 길이 마주했던 사현휘로다[11]	靑山長對謝玄暉
흰 구름 나와 더불어 한가히 오가고	白雲與我閒來往
누런 새 사람에게 다가오며 개의치 않네	黃鳥近人無是非
산골 마을 배꽃은 향기가 은은하고	野縣梨花香澹澹
강 다리 버드나무는 푸른빛이 어른거리네	江橋楊柳綠依依
이웃집의 새로 사귄 부처의 후예가	比隣新識竺師後
게송 가지고 부지런히 밤마다 사립문 두드리네	持偈申勤夜叩扉

---

10 장릉(章陵)에서 숙직하며 : '장릉'은 인조(仁祖)의 친아버지인 원종(元宗)과 그의 비 인헌왕후(仁獻王后)의 능으로, 경기도 김포시 풍무동에 있다. 저자는 1790년(정조 14) 10월 2일 장릉 령(令)에 임명되었으므로, 아마도 이 시는 1791년 봄에 지은 것이 아닐까 짐작된다.

11 청산을……사현휘(謝玄暉)로다 : 현휘는 중국 남제(南齊) 때의 시인 사조(謝脁, 464~499)의 자(字)이다. 그는 선성 태수(宣城太守)로 부임해서 높은 누대를 짓고 푸른 산의 경치를 감상한 것으로 유명한데, 바로 그러한 의취(意趣)를 연상한다는 뜻이다.

고시.[12] 아름다운 경치가 사계절을 따라 바뀌어 끝이 없으니 시상이 솟아나다

古詩 有媄斯景 遆四時以不竭 詩思湧出

채소밭이래야 겨우 반 이랑이라　蔬畦纔半畝
산 깊은 곳에다 씨를 뿌렸네　種之山深處
숨어 사는 이 단비 내리길 기대하며　幽人念時雨
밤낮으로 가시나무 베어야지 말하네　日夕言刈楚
때때로 청삽사리 짖어대며　時有靑犬吠
성긴 울타리 밑으로 나가네　走入荒籬去

가벼운 걸음으로 높은 산 오르니　坦步陟高岑
시냇물 맑고도 시원하여라　溪水淸冷然
저녁 해는 깊은 숲으로 옮겨가고　夕陽動深林
떨어진 꽃잎은 곱게 빛나네　落花光嬋娟
나의 감회 진실로 끝이 없으니　我感良無已
물가 따라 떨어진 꽃 줍네　拾花傍水邊

뭉게뭉게 푸른 계곡에 구름 맴도니　鬱鬱蒼磵雲

12 고시(古詩) : '고체시(古體詩)'의 준말로, 당(唐)나라 이후의 근체시(近體詩)와 대칭하여 쓰는 말이다. 운(韻)만 맞추고 글자의 평측(平仄)이나 자수에 일정한 제한을 두지 않는 비교적 자유로운 형태의 시체(詩體)를 가리킨다.

어느새 무더운 여름이로다 　冉冉朱夏日
집을 옮겨 남쪽 산기슭에 가까우니 　移家近南麓
그윽한 풍경, 숲 그늘을 마주하였네 　幽境對林樾
아는 이 찾아올 일 없고 　無人來相識
간간이 새소리만 맑기 그지없네 　號鳥間淸切

작은 다리 산기운과 통하니 　略彴通山氣
산기운이 날마다 아름다워지네 　山氣日復佳
몇 그루 대나무 새로 심으니 　新栽數叢竹
좋은 풍치 내 마음에 꼭 드네 　好風當我懷
온화한 군자의 덕을 지녀 　溫溫君子德
그 곧음이 내 마음과 어울리네 　貞哉與心諧

서늘한 바람 하늘 끝에 일더니 　涼風起天末
가을 들어 날마다 서리 내리네 　秋來日雨霜
붉은 단풍은 빈산에 가득하고 　紅葉滿空山
수많은 나무들 저녁 햇살에 섰네 　萬木立斜陽
그럭저럭 온갖 일 쉬게 되니 　厭厭百工休
울적한 나의 심사만 꼬였네 　鬱紆我心腸

흰 이슬 빈 뜰에 내리고 　白露下空庭
푸른빛 서쪽 숲에 가득하네 　蒼然滿西林
오동나무는 날마다 자라서 　梧桐日以長
창가에 맑은 그늘 드리우네 　戶牖逢淸陰

고요함의 이치 홀로 살피며 靜理獨自省
마주하여 거문고 울려보네 對此鳴枯琴

푸르고 푸른 시냇가 소나무 青青澗中松
산가의 울타리로 삼을 만하니 可作山家籬
때때로 소나무 아래로 와서 時來松樹下
솔방울 따다가 송진을 맛보네 采掇啖其脂
애오라지 지난겨울 떠올리니 聊想去年冬
도인과 함께하자 기약했었네 曾與道人期

겨울철은 짧은 해를 재촉하고 玄律催短景
흰 눈은 넓은 언덕을 덮었네 白雪覆平岡
토란을 구워 배를 채우며 煨芋充我腹
기나긴 겨울밤을 이어가네 以永冬夜長
고마워라, 저 두세 사람 惠彼二三子
기쁘거나 슬프거나 잊지 맙시다 懽虞莫相忘

김중수 이호 에게 부치다[13]

寄金仲綏 履祜

저녁 그늘진 여름 뜨락에　　夕陰起夏庭
안개 낀 나무가 아득히 섰네　　烟樹立蒼茫
둥근 달이 맑은 경치 토하니　　圓魄吐霽景
동쪽 산이 참으로 들쭉날쭉하네　　東山正低仰
푸른 구름 잔잔한 물결 만들고　　碧雲生微瀾
고운 달빛 중천으로 옮아가네　　晶彩轉中央
서성이며 약속이나 한 듯　　徘徊若有期
깜빡깜빡 고당에 빛을 뿌리네　　耿耿流高堂
언제나 고마우신 그대를　　常時惠好子
오늘은 바라볼 뿐이라　　今日限相望
어찌 알리오, 벗의 마음이　　安知故人心
저 밝은 달과 같은 줄을　　得如明月光
산뜻한 바람 혜초에 불어오니　　新風動蕙草
은은하게 그윽한 향기 끼쳐오네　　悠然發幽香

---

13 김중수(金仲綏)에게 부치다 : '중수'는 김이호(金履祜, 1762~1818)의 자로, 본관은 안동이다. 김재행(金在行)의 양자이며, 건원릉(健元陵) 참봉을 시작으로 공조 좌랑, 영덕 현령, 수원부 판관, 덕천 군수 등을 역임하였다.

진보현 관아에 막 부임하여[14]

初到眞寶縣衙

일찍 일어나 구름 낀 산을 읊으니	早起吟雲山
고을의 묘처임을 더욱 알겠네	尤知縣中妙
날마다 임울령[15] 위로 올라가서	日上林蔚上
동남쪽으로 바닷가 바라보네	東南見海徼

물가 정자에서 밤에 글 읽으니	水亭夜讀書
닭 우는 소리 봄 등불 속에 요란하네	鷄鳴春燈亂
퇴계의 사당을 돌아보니	回顧退老祠
달이 돋아 단청 빛깔 환하네	月出丹靑煥

14 진보현(眞寶縣)……부임하여 : 저자는 1798년(정조22) 9월부터 1801년(순조1) 4월까지 진보 현감으로 재임하였다.

15 임울령(林蔚嶺) : 황장재(黃腸岾)의 옛 이름으로, 경북 청송군 진보면 괴정리와 영덕군 지품면 황장리에 걸쳐 있는 고개이다. 저본에는 '울(蔚)' 뒤에 '고개이다〔嶺〕'라는 원주가 있다.

영양 군수 서경박 노수 이 달밤에 와서 묵다[16]

英陽徐侯景博 潞修 乘月來宿

남쪽으로 오니 맑은 달빛 좋아서　南來好淸月
그 찬란함을 홀로 잡아두기 어렵네　英英難獨攀
좋은 경치도 기다림이 있는 듯하여　雲物如相待
은자가 편안하여 돌아가지 않네　幽人憺不還
타향에서 밤 내내 담소 나누니　他鄉一夜話
좋은 계절이라, 구월의 가을 산이로다　佳節九秋山
소나무와 계수나무 아래 글 읽으며　松桂讀書味
궁벽한 고을에서 한가로이 노니네　優遊嵒邑閒

---

16 영양(英陽)……묵다 : '경박(景博)'은 서노수(徐潞修, 1766~1802)의 자로, 본관은 달성, 호는 홀원(笏園)이며, 영의정 서명선(徐命善)의 아들이다. 1796년(정조20) 12월에 영양 군수에 임명되었고, 1799년 1월에 일로 인해 체직되었다.

우교 조 지현에 대한 만사[17]

于郊趙知縣挽

우교가 죽고 장단의 산에 장례하니	于郊死葬臨湍山
이로부터 산수도 잠시 한가해지리[18]	從此風雲得暫閒
문장만 온통 단절되었을 뿐 아니라	不獨文章渾斷絶
후계[19]의 자손도 세상에서 끊어졌네	后溪孫子絶人間

---

17 우교(于郊)……만사 : '우교'는 조중현(趙重鉉)의 호로 추정되며, 본관은 풍양(豐壤)이다. 마지막 구에 나오는 후계(后溪) 조유수(趙裕壽)의 손자이다.

18 이로부터……한가해지리 : 시와 문장을 짓는 일도 드물어질 것이라는 뜻이다. 본래 시와 문장을 풍월(風月)이라 하는데, 여기서는 운자를 맞추기 위해 '풍운(風雲)'이라 한 것이다.

19 후계(后溪) : 조유수(趙裕壽, 1663~1741)의 호로, 본관은 풍양, 자는 의중(毅仲)이다. 1683년 생원시에 합격하여 옥천 군수, 회양 부사, 무주 부사를 역임하였으며, 판결사(判決事)에 이르렀다. 시에도 뛰어났으며, 문집으로 《후계집》이 있다.

정유 박 첨지 제가 의 무덤에 곡하다[20]

哭貞蕤朴僉知 齊家 墳

푸른 산에는 무덤도 많은데　　青山黃土多
깊고 깊은 곳에 박 첨지 장사 지냈네　　深深葬僉知
말에서 내려 한참을 흐느껴 우니　　下馬久嗟泣
나무꾼이 이상하게 쳐다보네　　樵人怪見之

---

20 정유(貞蕤)……곡하다 : '정유'는 박제가(朴齊家, 1750~1805)의 호로, 본관은 밀양, 자는 차수(次修)이며, 별호는 초정(楚亭)・위항도인(葦杭道人)이다. 북학파의 대표적인 인물이며, 저서로 《북학의(北學議)》, 《명농초고(明農草藁)》, 《정유집(貞蕤集)》 등이 있다.

구헌 심 효렴에 대한 만사[21]

懼軒沈孝廉輓

우수재[22]에 편안히 거처한 지 칠십 년에	雩水安居七十年
봉황새처럼 천 길을 날며 유유자적하였네	鳳飛千仞自悠然
치유에서 부지런히 육경을 강학한 뒤에는	緇帷綣綣六經後
위모관 높고 높아 삼대 이전의 모습이었네[23]	委貌峨峨三古前
지난 자취야 《기구전》에서 징험하겠지만	陳跡猶徵耆舊傳
이번 생에선 영원히 효렴선과 멀어졌네[24]	此生永隔孝廉船
선비의 처세는 시운과 관련 있으니	士之處世關時運
사관들이 먼저 달이 소미성을 범했다[25]고 썼네	太史先書月犯躔

21 구헌(懼軒)……만사 : '구헌'은 심사동(沈師東)의 호이며, '효렴(孝廉)'은 '효행과 청렴으로 추천받아 관리로 채용된 사람'을 일컫는 말이다.

22 우수재〔雩水峴〕: 서울 용산구 후암동에 있던 마을 이름으로, 흔히 '우수재〔牛首峴〕'라 불리던 곳이 아닌가 생각된다.

23 치유(緇帷)에서……모습이었네 : '치유'는 현사(賢士)가 강학하는 곳에 둘러친 검은 장막을 말한다. '위모관(委貌冠)'은 중국 주(周)나라 때 관리가 착용하던 관(冠)의 이름으로, 옛 의관을 지키던 모습을 형용한 말이다. '삼대'는 중국 고대의 하(夏)·은(殷)·주(周) 시대를 일컫는다.

24 지난……멀어졌네 : 《기구전(耆舊傳)》은 각 지방마다 원로(元老)들의 행적을 기록한 책인데, 여기서는 죽은 이를 원로로 추앙하여 이른 말이다. '효렴선(孝廉船)'이란 진(晉)나라 때 유담(劉惔)이 효렴으로 천거된 장빙(張憑)과 함께 배〔船〕를 타고 무군(撫軍)을 찾아가 그를 천거하자, 무군이 그의 재주를 인정하여 태상박사로 삼았다는 일화에서 유래한 용어이다.

25 달이 소미성(少微星)을 범했다 : 고매한 선비가 세상을 떠났음을 비유하는 말로, 소미성은 처사성(處士星)이라고 하여 선비를 상징하는 별이다.

송 학생 성기 희정 를 곡하다[26]

哭宋學生聖起 喜鼎

바라보면 곧장 날개 펼친 백로[27]와 같으니 望之直振鷺

티끌세상에선 그 맑음 용납되지 못했네 塵世不容淸

반함은 시 벗이 와서 하고 飯含來詩友

명정 들고 '학생'을 송별하네[28] 銘旌送學生

천년을 부질없이 학을 기다리건만 千年空待鶴

삼월에 다만 꾀꼬리 소리 들리네 三月但聞鶯

한낮에도 사립문 닫힌 채 白日蓽圭閉

오직 부인의 곡소리만 남았네 孺人惟哭聲

---

26 송 학생(宋學生)……곡하다 : '성기(聖起)'는 송희정(宋喜鼎)의 자로, 인왕산 근처 옥류동(玉流洞)에 살면서 그 집을 '낙소원(樂素園)'이라 불렀던 인물이다. '학생(學生)'은 벼슬하지 않은 처사를 일컫는 말이다.

27 날개 펼친 백로 : 조행(操行)이 있는 조정의 현인을 가리키는 말로 쓰인다. 원문에 나오는 진로(振鷺)는 《시경》 〈주송(周頌)〉의 편명으로, "떼 지어서 백로가 날아가니, 저 서쪽 못에서 날아가도다.〔振鷺于飛, 于彼西雝.〕"라고 한 데서 온 말이다.

28 반함(飯含)은……송별하네 : '반함'은 시신을 염습할 때 망자의 입에 구슬이나 쌀을 물리는 것을 말한다. '명정(銘旌)'은 망자의 성명과 벼슬을 쓴 깃발이다.

막내 조부 효단공 부군에 대한 만가[29]

季祖孝端公府君輓歌

왕실의 관례 · 혼례 주관하여 빈이 되었고　禮主冠昏儐
원과 묘와 능에서 거상하였네[30]　憂居園墓陵
천록각에 청려화 밝혀주는 일 막혀버렸고　阻燃天祿火
옥하관의 얼음물 마시기를 허락하였네[31]　許飮玉河氷
임금께서 만나실 땐 집안사람처럼 대했고　賜覲如私室
경연에서 하문하실 땐 정승과 같았네　詢筵等政丞
찬란하게 청사에 실리니　煌煌青竹史
아름다운 시호 후인의 귀감이 되네　令謚後人徵
기억하노니 수연 올릴 때만 해도　尙記奉歡壽
〈억시〉[32] 읊으며 자손들 경계하셨지　猶能戒抑詩

---

29 막내……만가 : '효단공(孝端公)'은 안춘군(安春君) 이륭(李烿, 1731~1805)의 시호로, 자는 형원(烱遠)이다.

30 왕실의……거상하였네 : 종친의 자격으로 왕실의 관례와 혼례에 빈객이 되고, 상례에 참여하여 장사를 치렀다는 뜻이다.

31 천록각(天祿閣)에……허락하였네 : 효단공이 생전에 책을 교정하는 일을 도와주고, 명나라에 사신으로 간 사실을 언급한 것이다. '청려화(青藜火)'는 한(漢)나라 유향(劉向)이 밤에 천록각에서 책을 교정하는데, 옆에서 한 노인이 청려장 끝에다 불을 켜서 비춰주면서 "나는 하늘의 태을성(太乙星)인데, 세상에 유(劉)란 선비가 책을 교정하므로 와서 도와주노라."라고 한 고사를 원용한 것이다. '옥하관(玉河館)'은 조선 사신이 북경에서 머무르던 객관으로, 효단공은 1785년 10월 동지 정사로 중국을 다녀왔다.

32 억시(抑詩) : 《시경》〈대아(大雅) 억(抑)〉을 가리킨다. 춘추 시대 위 무공(衛武

거문고 노래 일순간에 끊기고	琴歌一瞬斷
소고와 만장 바라보며 백신이 슬퍼하네[33]	簫輓百身悲
지는 해에 조카 손자[34]가 눈물 흘리고	落日韓湘淚
쓸쓸한 바람만 한강 가에 불어오네	凄風漢水湄
평생토록 대궐을 그리워하셨으니	平生戀闕志
성곽을 나가는 상여가 더디네	出郭素車遲

公)이 95세가 넘어서도 이 시를 지어 스스로를 경계하였다고 한다.

33 소고(簫鼓)와……슬퍼하네 : '소고'는 장례에 쓰는 피리와 북을, '만장(輓章)'은 만시를 적은 깃발을 의미한다. '백신(百身)'은 《시경》 〈진풍(秦風) 황조(黃鳥)〉에 나오는 '인백기신(人百其身)'이라는 구절을 원용한 것으로, 사람마다 대신 죽기를 바랄 정도로 슬퍼한다는 뜻이다.

34 조카 손자 : 원문의 '한상(韓湘)'은 당송팔대가의 한 사람인 한유(韓愈)의 종손(從孫)인데, 여기서는 효단공의 종손인 이복현 자신을 가리킨다.

해양 나 도정에 대한 만사[35]

海陽羅都正輓

부음이 봄날의 도성에 이르니	赴到春城裏
친지와 벗들 모두 다 슬픔에 잠겼네	親朋擧一哀
예전에 쇠한 봉황을 품었더니[36]	昔懷衰鳳歎
이제 갑자기 염백우의 재앙[37]을 맞았네	今遽伯牛災
서재에는 지으신 글 남았고	絳帳留玄草
벼루에는 푸른 이끼 피었으리	墨池生碧苔
누가 이분 계시던 곳을 그리워하랴	誰憐栖遁處
조문하는 학만이 홀로 배회하리	弔鶴獨徘徊

---

35 해양(海陽)……만사 : '나 도정'은 나열(羅烈, 1731~1803)을 가리킨다. 본관은 안정(安定), 자는 자회(子晦), 호는 해양(海陽)이며, 돈령부 도정(敦寧府都正)을 역임하였다.

36 예전에……품었더니 : 시대가 혼란스러워 훌륭한 인재가 쓰이지 못함을 탄식한다는 뜻이다. 춘추 시대 초(楚)나라의 광인(狂人) 접여(接輿)가 난세(亂世)에 도를 행하려고 애쓰는 공자를 못마땅하게 여긴 나머지, 공자의 곁을 지나면서 노래하기를 "봉이여, 봉이여. 어찌 그리도 덕이 쇠했느뇨. 지나간 일은 탓할 수 없지만 앞으로의 일은 고칠 수 있으니, 그만둘지어다, 그만둘지어다. 지금 정치하는 사람들은 위태로우니라.〔鳳兮鳳兮, 何德之衰. 往者不可諫, 來者猶可追. 已而已而, 今之從政者殆而.〕"라고 한 데서 온 말이다.

37 염백우(冉伯牛)의 재앙 : 병이 들어 죽는 것을 말한다. 염백우는 공문십철(孔門十哲) 중의 한 사람인데, 불치병에 걸려 일찍 죽었다.

절구. 동갑인 서윤중 유집 의 시에 차운하여[38]

絶句 次庚契徐允中 有執

내게 세 갈래 대숲 길 있으니	我有三徑竹
한 길로는 맑은 바람이 오고	一徑來淸風
한 길로는 주막을 가고	一徑酒家去
한 길은 꽃밭으로 통하네	一徑花園通
위는 대숲 길이다	右竹徑

뜰의 넓이 겨우 반 묘[39]인데	庭地纔半畝
못을 파서 연을 심었네	鑿塘種芰荷
그대는 연꽃에 비 떨어지는 것 안타깝겠지만	君惜荷花雨
나는야 잎사귀에 비 듣는 소리 사랑한다오	我愛葉聲多
위는 연꽃 연못이다	右荷沼

---

38 절구(絶句)……차운하여 : 절구는 율시(律詩)와 함께 당(唐)나라 이후 근체시(近體詩)의 대표적인 형식으로, 기(起)·승(承)·전(轉)·결(結)의 네 구로 이루어진 한시를 말한다. '윤중(允中)'은 서유집(徐有執, 1767~1814)의 자이다.

39 묘(畝) : 논밭의 넓이 단위로, 1묘는 약 30평에 해당한다.

김포군에서 조운선을 점검하고 저물녘에 돌아오다[40]

金浦郡檢漕晩歸

밀물 들 때 더불어 함께 와서	因與潮俱至
눈으로 조운선을 배웅하고서	目送漕船畢
서쪽 봉우리와 북쪽 호수 사이	西嶺北湖間
서성이며 지는 해를 바라보네	徘徊看落日
물 찰랑대는 소리만 듣다가	但聞水響澹
물기운 차가운 줄 깨닫지 못했네	不覺水氣寒
강가에 대숲 없음이 씁쓸하여	江干苦無竹
날마다 푸른 갈대 마주하네	日對靑蘆看
검암[41]은 높이가 수 척으로	黔巖高數尺
언제나 물결 치는 소리 들리네	常有打潮聲
이 길이 험하다 말하지 말라	莫言此路險
다시 어느 길로 간단 말인가	更從何路行

---

40 김포군(金浦郡)에서……돌아오다 : '조운선(漕運船)'은 조세(租稅)로 징수한 곡물을 실어 나르는 배를 말한다. 저자는 1801년(순조1)에 김포 군수로 부임하여 1805년(순조5)까지 재임하였다.

41 검암(黔巖) : 지금의 인천시 서구 검암동 일대를 가리킨다. '검암'은 검은 바위를 뜻하는 말로, 산에 검은 바위가 많은 데에서 유래하였다.

소나기가 강을 건너서 오기에

白雨渡江來

조각구름 숲을 건너가더니	片雲移樹去
뽀얀 비가 강을 건너 몰아치네	白雨渡江來
푸른빛은 일천 산을 씻어 들어오고	碧洗千山入
맑은 기운 몇 고을을 뒤흔들고 돌아오네	淸搖數郡回
세찬 물결에 배들은 모여들고	鳴波會舟楫
상쾌한 기운 누대에 불어오네	爽氣颯樓臺
허구한 날 공무가 전혀 없으니	許日無公事
관인에는 푸른 이끼 돋아나겠네	印文生綠苔

관아의 누각에서 홀로 묵으며

郡樓獨宿

근래엔 오래도록 나그네 신세 되니	近來長是客
벼슬살이 흥취가 다시 어떠한가	官興復如何
오늘 밤 강물은 처음 차가워지고	今夕江初冷
높은 가을 빗물이 잠시 스쳐가네	高秋雨暫過
하늘빛은 들판 멀리까지 열리고	天光開野遠
바람 소리는 나무숲을 요란하게 울리네	風響振林多
북쪽 기슭 천 척이나 깎인 것은	北岸崩千尺
남쪽의 임이 푸른 물결을 보내서라네	南人送綠波

청수촌[42]에 모여

集淸水村

가을 햇살 안개 낀 모래사장에 일렁이니	九秋日色動煙沙
강가에는 집 안에 머문 이가 드물다네	江上人人少在家
다행히 친한 벗 있어 좋은 계절 만나면	幸有親朋對佳節
술잔으로 하여금 국화꽃 저버리지 않게 하네[43]	免令杯酒負黃花
독도[44]로 돌아가는 돛배 가까이 보이고	帆歸獨島望中近
하늘은 만경창파 저 끝까지 펼쳐지네	天向滄波盡處賖
고깃배에 몸을 붙여 매일 곳 없으니	身着漁舟無定住
오늘 밤은 그대와 구름 노을 속에 묵으리	與君今夜宿雲霞

---

42 청수촌(淸水村) : 청수촌은 경기도 김포시 청수초등학교 인근을 가리킨다.

43 술잔으로……하네 : 국화주를 마신다는 뜻이다. 일반적으로 국화주는 중양절, 즉 음력 9월 9일에 마시는 술이다.

44 독도(獨島) : 김포시 걸포동의 바위섬이다. '김포 팔경'의 하나로 일산대교를 따라 김포에서 일산 방면으로 건너다 보면 오른쪽 강 한가운데쯤 외로운 바위섬이 하나 있는데, 일명 '독도'라고 하였다. 과거 이곳에는 걸포동까지 이어진 무성한 갈대밭이 장관을 이루었다고 한다.

청수촌에서 눈발에 막혀

水村阻雪

눈 덮인 강가에는 백로 발자국만 어지러우니	雪滿江潭鷺迹多
아침 햇살 비추는 사립문에 다시 누가 찾을까	竹門朝日更誰過
새벽녘 구레나룻은 달래 뿌리 붙인 듯하고	全欺曉鬢新添蒜
조복 입지 않는 건 오래 물든 연꽃 향이 좋아서라네[45]	不改朝衫舊染荷
술 거른 이웃집엔 산골 손님이 취하고	壓酒隣家山客醉
등불 켠 강촌엔 사공이 노래를 부르네	通燈水舍榜人歌
오늘 밤엔 벗들도 응당 나를 그리워하겠지만	仙郎今夕應同憶
자욱한 구름안개가 은하수를 가로막았네	渺渺煙雲隔絳河

45 조복(朝服)……좋아서라네 : '조복'이란 벼슬아치가 입는 관복이고, '연꽃 향이 물든 옷'이란 신선이나 은자가 입는다는 연잎으로 만든 하의(荷衣)를 의미한다.

동헌의 봄눈

東軒春雪

정월의 강가에 모래밭 보이지 않으니	正月江上不見沙
강남과 강북에 꽃 같은 눈 덮였네	江南江北雪如花
지난겨울 따뜻하여 돛배가 다니더니	去年冬暝行風帆
어젯밤 봄추위에 해마저 얼어붙었네	昨夜春寒凍日車
새벽에 빠진 썰물 흔적 옛 모습이 희미하고	曉落潮痕迷舊岸
저녁에 갠 산빛은 우리 집과 닮았네	晩晴山色似吾家
영락한 옛 벗들을 어디에서 찾을까	凋零故友覔何處
졸졸 맑은 물가에서 시 읊기 끊어졌네	吟斷涓涓淥水涯

관아의 누각에 모여
集官樓

에워싼 나무에선 매미 소리 시끄럽고	匝樹蟬鳴急
저녁 햇살은 푸른 이끼 위로 흩어지네	夕陽散綠苔
고요히 강물 기운 움직이니	寂然江氣動
멀리서 가을이 오는가 보다	知是遠秋來
그림 실은 배[46]는 어찌나 한가로운지	畵舸何容與
푸른 산은 이리도 아름답구나	靑山儘美哉
새로 지은 시는 고운 글자 엮었으니	新詩題錦字
가위로 마름질할 필요 없겠네[47]	安用剪刀裁

46 그림 실은 배 : 배에 서화를 싣고 다니는 호사로운 취미를 말한다. 북송(北宋) 시대 미불(米芾)이 많은 서화를 소장하였는데, 그것들을 배에 싣고 '미가서화선(米家書畫船)'이라는 패(牌)를 써서 걸고 다녔던 일화에서 유래한 말이다.

47 새로……없겠네 : 아름다운 시어를 쓴 것은 실제 풍경이 비단처럼 아름다워서이지 일부러 꾸며서 지어낸 표현이 아니라는 뜻이다.

화성에서 짓다

華城作

높은 성이 하늘 위로 흰 구름과 닿으니	軍城上與白雲合
특별히 개척하여 제일가는 고을 이루었네	特地開成第一州
궐리 사당[48]은 높아 제왕의 기운과 통하고	闕里祠高通御氣
신풍 나무[49]는 푸르러 망루가 간간히 보이네	新豊樹碧間譙樓
능행 날짜 가까우니 날씨도 맑아지고	拜陵日近淸黃道
연로에는 풍년 들어 맑은 가을 펼쳐졌네	沿路年登橫素秋
이곳은 모두 선왕의 행궁이라	總是先王行在所
금천의 동쪽 가에 서쪽으로 물 흐르네[50]	禁川東畔水西流

48 궐리(闕里) 사당 : 공자를 봉향하는 사당으로, 오산시 매홀로 궐동에 있다. 원래 '궐리'는 공자가 살던 마을로 산동성 곡부(曲阜)에 있는데, 1792년(정조16) 10월 3일 수원부의 궐리에 집을 지어 공자 상을 안치하고, 편액을 내려 봄가을로 제사를 모시게 하였다.

49 신풍(新豊) 나무 : 수원 화성을 중국의 신풍에 빗대어 표현한 말로, 수원시 팔달구에 신풍동이라는 지명이 있다. 원래 '신풍'은 한(漢) 고조(高祖)가, 고향 땅 '풍'이 그리워 돌아가기를 원하는 부친 태상황(太上皇)을 위하여 새로 만든 고을이다. 정조가 아버지 사도세자를 위하여 화성을 쌓는 데 주력하였으므로 이렇게 말한 것이다.

50 금천(禁川)의……흐르네 : '금천'은 대궐의 정문 안을 흐르는 냇물을 뜻한다. '서쪽으로 흐르는 물'이란 지금의 '수원천'을 가리키는 것으로 보인다.

영화역의 저녁 풍경[51]

迎華驛晩望

여의교[52] 머리에서 말발굽 흩어지더니	如意橋頭散碧蹄
역마를 고르느라 버들 가가 소란하네	爭調驛馬柳邊嘶
어느덧 남쪽 성곽 길 처음 들어서니	倏忽初從南郭路
말은 다시 깎아지른 봉우리 서쪽으로 들어가네	驂驔復入斷峯西

51 영화역(迎華驛)의 저녁 풍경 : 1796년(정조20) 8월 29일에 서울의 양재역(良才驛)을 수원 화성으로 옮기고 나서, 역참(驛站)의 이름이 지명과 맞지 않는다고 하여 '영화역'으로 바꾸었다. 위치는 화성의 북문 밖에 있었다.

52 여의교(如意橋) : 정조가 둔전(屯田)을 경영하기 위해 수원 북쪽에 만석거(萬石渠)라는 인공 저수지를 축조하고, 그곳에 놓았던 다리 이름이다.

통진에서 짓다
通津作

백 리 길에 남은 땅이 없으니	百里無餘地
관아의 문이 바다 입구에 닿아 있네	官門臨海門
눈여겨 바라보니 외로운 섬의 형세요	貪看孤島勢
돌아보니 다시 성난 파도 흔적일세	回復怒潮痕
강물은 처음 이름이 '조강'이었고	江水始名祖
강화 나루는 본래 성이 '손'이라[53]	沁津本姓孫
해 떨어지고 검은 자염[54] 연기 흩어지니	日落黑烟散
이곳이 소금 파는 마을인 줄 알겠네	知是賣鹽村

---

53 강물은……손(孫)이라 : 강화로 흐르는 물길은 원래 한강 하류 끝에서 임진강과 합쳐지는 '조강(祖江)'이고, 강화도로 건너가는 나루는 본래 '손돌목〔孫突項, 김포시 대곶면〕'이라는 말이다.

54 자염(煮鹽) : 바닷물을 끓여서 만든 소금을 말한다. 지금 흔히 쓰는 천일염(天日鹽)은 1907년경 일본인에 의해 처음 만들기 시작하였다고 한다.

군에서 남쪽으로 2리 되는 곳에 샘이 다시 솟다. 김포에 부임한 지 2년 되던 해에 옛 관아의 동쪽 공자 사당이 있던 자리에서 샘이 솟았다. 그 물은 돌 틈에서 나와서 고질병을 낫게 하고 막히고 체하거나 갈증을 멎게 하는 데 특히 효험이 있었는데, 묻혀버린 지 100년이 다 되어 이제 큰물이 지고 산사태를 만나서 처음처럼 회복되었다. 풍고 김 태사 사원 조순 이 쓰기를 "샘물이 김포군에 돌아오니, 그 신이함 100년 만에 다시 듣게 되었네. 태수께서 맑은 흥취 있어, 물병에 담아 애써 멀리 나누어주네. 비장에 들면 화기를 없애주고, 눈을 씻으면 뿌옇던 것 걷어주네. 종유석이 영릉에서 되살아난 듯, 나의 글이 유자후에게 부끄러울 뿐이네.[55]"라고 하였다.

去郡南二里復泉 莅金二年 泉出舊治東夫子廟址 其水由石間出 痊沉痾尤利導滯止渴 埋沒故廢 遠且百年 今澇駛山汰 復如初 楓皐金太史士原 祖淳 書之曰 泉還金浦郡 靈異百年聞 太守有清趣 軍持勞遠分 入脾除伏火 洗目潑輕雲 鍾乳零陵事 吾慚子厚文

---

55 종유석이……뿐이네 : 김포군에서 샘이 다시 솟아난 것을 유종원(柳宗元, 773~819)의 〈영릉복유혈기(零陵復乳穴記)〉의 일화에 견주어 칭송하면서, 자신의 문장이 유종원에 미치지 못함을 말한 것이다. 그 일화란 '영주(永州) 영릉현(零陵縣)에서 석종유(石鍾乳)가 생산되는데, 국가에서 그것을 공물로 받았기 때문에 채취하는 것이 힘들어 석종유가 바닥이 났다고 보고하였다가, 5년 후에 최민(崔敏)이 영주 자사로 부임하여 선정을 베풀자 석종유가 되살아났다고 보고하였다'는 내용이다. 자후(子厚)는 유종원의 자(字)이다.

종유석은 신선들의 별미인데	石髓上仙味
샘물 다시 솟았다는 말 처음 들었네	山泉湧始聞
멀리서 떠온 물, 길에 고인 것과 다르니	泂將行潦別
그 갈래는 예천에서 나뉜 것이네[56]	派即醴源分
승로반[57]에 고인 이슬 받아 마신 듯	如吸掌中露
가슴속 구름을 흩어버릴 수 있네	能澆胸裏雲
여기에 신령한 자취 채록해두어서	采玆靈異迹
역도원의 《수경주》[58]를 보충하네	以補酈元文

56 멀리서……것이네 : 《시경》 〈대아(大雅) 형작(泂酌)〉에 “저 멀리 길바닥에 고인 물을 퍼다가 저기에 붓고 여기에 쏟아도 선밥 술밥을 지을 수 있도다.〔泂酌彼行潦, 挹彼注玆, 可以餴饎.〕”라고 한 구절을 원용한 것이다. ‘예천(醴泉)’은 감미로운 물이 솟아난다고 하는 신비의 샘을 가리킨다.

57 승로반(承露盤) : 이슬을 받는 그릇이다. 옛날 제왕들이 장수를 위해 이 기구를 만들어서 이슬을 받아먹었다는 고사에서 유래한다.

58 수경주(水經注) : 북위(北魏)의 역도원(酈道元)이 중국의 하천을 기록한 《수경》에 주석을 달아 펴낸 책이다.

풍고 사백이 담장 아래 빈 땅에 몇 칸 대나무 정자를 짓고, 글을 써서 보여주기에[59]

楓皐詞伯於墻下隙地 起數椽竹榭 以書相示

옥동[60]은 푸른 하늘과 가까워서	玉洞靑霄近
띠풀 집이 세상과 멀리 떨어졌네	茅茨逈絶群
이름난 산을 태사가 차지하였고	名山掌太史
큰 나무 아래엔 장군이 앉아 계시네[61]	大樹坐將軍
작은 집은 원래 전해오는 가풍이요	斗室元遺俗
마음 비운데다 정자도 대나무라네[62]	虛心況此君
무르익은 봄날, 날마다 활쏘기 익히고	春深日講射
《시경》〈채빈〉을 노래한다네[63]	歌以采蘋文

---

59 풍고(楓皐)……보여주었기에 : '풍고'는 김조순의 호이고, '사백(詞伯)'은 그의 문장을 높여서 부르는 호칭이다. '대나무 정자'는 김조순이 1804년(순조4)경 삼청동 서편 산중턱에 지은 옥호정사(玉壺精舍)의 부속건물이었던 죽정(竹亭)으로 짐작된다.

60 옥동(玉洞) : 본래는 신선이나 은자가 사는 곳을 의미하는데, 여기서는 김조순이 거처하던 삼청동을 가리킨다.

61 이름난……계시네 : 태사(太史)와 장군(將軍)은 모두 김조순을 가리킨다. 그가 양관 대제학을 역임하였기에 '태사'라 하였고, 훈련대장과 금위대장 등을 역임하였기에 '장군'이라 한 것이다. 원문의 '대수장군(大樹將軍)'은 후한 광무제의 신하 풍이(馮異)의 고사에서 유래한 표현으로, 자기 공을 내세우지 않는 이를 지칭하는 말이다.

62 작은……대나무라네 : 청렴한 가풍에 더하여 절개의 상징인 '대나무' 정자를 지었다는 뜻이다.

63 무르익은……노래한다네 : 문무를 겸전하였다는 뜻이다. 〈채빈(采蘋)〉은 《시경》〈소남(召南)〉의 편명인데, 여기서는 시냇가로 나가서 한가로이 논다는 뜻이다.

흰머리 처음 돋아 풍고 사백께 화답시를 구하며

白髮始生 要和楓皐詞伯

이 늙음은 어찌 이리 갑작스러운지	吾衰胡遽甚
반평생을 괴롭게 시 읊조린 탓인가	苦詠半生疑
반백의 머리야 그래도 견디겠지만	可堪悲二色
온통 백발로 희어지면 어찌할꼬	爭奈化千絲
어린 딸은 놀라서 족집게 가져오고	幼女驚來鑷
철부지 손자는 알지도 못하고 잡아 당기네	稚孫挽不知
더욱 두려워라, 내년으로 넘어가면	更恐明年後
이빨도 다시 빠지고 말겠지	齒牙復落之

견산루에서 파서 이공 집두 · 우교 조공 중현 · 헌적 여 춘영 등 여러 선배들을 모시고 새로 옮긴 대나무를 읊어보다[64]

見山樓陪琶西李公 集斗 于郊趙公 重鉉 軒適呂 春永 諸先輩 賦得新移竹

산을 보다 마음 잠시 느슨해져	見山心暫緩
대나무 곁으로 옮겨 앉았네	移坐竹君傍
꼿꼿이 솟아 근본이 곧은 줄 알거니와	凌雲知本直
비에 젖으니 새로 자라난 듯하네	潤雨如新長
소뿔과 양뿔, 죽순을 바라보니	會看牛羊角
햇빛과 달빛, 여러 번 받았네	屢更烏兎光
이제부터 대자리에 누워서	從今枕簟上
소상강 대나무를 꿈꾸지 않으리[65]	不復夢瀟湘

64 견산루(見山樓)에서……읊어보다 : 견산루는 남산에 있던 누각의 이름이다. 이집두(李集斗, 1744~1820)는 본관이 경주, 자는 중휘(中輝), 호는 파서(琶西) · 구학(臞鶴)이다. 조중현(趙重鉉)은 본관이 풍양, 호가 우교(于郊)이고, 여춘영(呂春永, 1734~1812)은 호가 헌적(軒適)이다.

65 이제부터……않으리 : 이곳의 대나무가 너무 사랑스러워, 반죽(斑竹)으로 유명한 중국 호남성의 소상강(瀟湘江)을 더는 그리워하지 않겠다는 뜻이다.

여러 선배들을 모시고 다시 견산루에 모여, 천추절을 맞은 기쁜 마음을 시로 읊어보다[66]

陪諸先輩復集見山樓 賦得千秋節志喜之詞

즐거워라, 천추절이여	於樂千秋節
삼가 백복의 근본이 되네	恭惟百福根
탄생하신 달과 날이니	誕生月日子
장수하는 모친에 성스러운 신손일세[67]	壽母聖神孫
하늘이 보우하사 강릉의 노래가[68]	天保岡陵頌
우레처럼 기쁘게 대궐 문에 울려 퍼지네	雷歡閶闔門
하늘도 길한 조짐을 보이니	皇穹會吉故
연일 비 내리다 상서로운 아침 해가 솟았네	積雨開祥暾

---

66 여러……읊어보다 : 천추절(千秋節)은 본래 중국의 황제나 황태자, 황후의 생일을 일컫는 말인데, 여기서는 아마도 순조의 생일인 6월 18일이 아닐까 생각된다.

67 장수하는……신손(神孫)일세 : 모친은 혜경궁 홍씨(1735~1815)를, 신손은 순조를 지칭한 것이 아닐까 생각된다.

68 하늘이……노래가 : '강릉(岡陵)의 노래'란 《시경》〈소아(小雅) 천보(天保)〉장의 "언덕(岡)과 같고 구릉(陵)과 같다.〔如岡如陵.〕"라는 구절을 원용한 것으로, 수복(壽福)이 산과 같이 크고 오래기를 축원하는 말이다.

남한산성의 객점에서 서 명부 임세 경보 의 시에 화운하여[69]

南漢邸舍 和徐明府任世 耕輔

산봉우리 저녁 해는 솔가지를 비추는데	中峯夕日照松枝
사방을 에워싼 산성에 한 필 말이 더디네	四匝曾城匹馬遲
객점의 밤 등불 아래 원님을 마주하고	夜店燈花對明府
산중의 어지러운 눈바람 속에 맑은 시구 읽네	亂山風雪讀淸詩
만나서는 도리어 헤어졌던 날 떠오르니	相逢卻憶數年別
늙지도 않고 세어버린 귀밑머리 어이하리	未老如何兩鬢衰
원님 노릇 본디 큰 현인의 길 아니니	百里元非大賢路
아, 그대는 곧게 앉아 거문고 줄 고르네	嗟君端坐撫桐絲

69 남한산성의……화운하여 : 서경보(徐耕輔, 1771～1839)는 자가 임세(任世), 호가 묘옹(卯翁)이다. '명부(明府)'는 지방관에 대한 경칭으로, 서경보는 1808년(순조8) 경 경기도 광주 판관으로 재임하였다. '화운(和韻)'이란 그가 지은 시와 동일한 운자를 써서 화답시를 지었다는 뜻이다.

한성부의 아일에 서 서윤 낙수 의 시에 차운하다[70]

京兆衙日 次徐庶尹 洛修

담소 나누면서 온갖 회포 풀어지니	一談一笑百懷寬
둘이 함께 벼슬하니 어찌 즐겁지 않으리오	安得同官不喜歡
두 사람 다 반악처럼 양쪽 귀밑머리 희어지니	總是潘仁雙鬢髮
우연히 상산사호의 모양을 이루었네[71]	偶成商皓四衣冠
반가운 눈길 시원스런 성격, 나이도 비슷한데	眼青神爽年相似
센머리에 한미한 벼슬로 추운 시절 함께하네	頭白郎潛歲共寒
훗날에 동서남북으로 흩어져 떠난다면	他日東西南北去
날마다 책상 마주하고 바라볼 길 없으리라	無由日日對床看

---

70 한성부의……차운하다 : '아일(衙日)'은 임금과 신하가 조회를 하고 정무를 보고하는 날이다. 저자는 1812년(순조12)경 한성부 판관으로 있었는데, 서낙수는 1811년 8월에 한성부 서윤에 임명되었다. 서낙수(徐洛修, 1756~?)는 자가 여원(汝源)으로, 1789년(정조13) 진사가 되었다. '차운(次韻)'이란 서낙수가 지은 시의 운자를 따라서 시를 짓는 것을 말한다.

71 두 사람……이루었네 : 두 사람의 귀밑머리가 똑같이 세었다는 뜻이다. 반악(潘岳, 247~300)은 중국 서진(西晉) 때의 시인으로 자가 안인(安仁)이다. 그가 지은 〈추흥부(秋興賦)〉에 "내 나이 서른두 살에 처음으로 이모(二毛)를 보았다.〔余年三十二, 始見二毛.〕"라는 구절이 있으므로 이렇게 말한 것이다. '상산사호(商山四皓)'는 진시황(秦始皇) 때 난을 피하여 섬서성 상산(商山)으로 들어가서 숨은 동원공(東園公), 기리계(綺里季), 하황공(夏黃公), 녹리 선생(甪里先生) 네 사람을 가리킨다. 당시 이들이 모두 눈썹이나 수염이 흰 노인이었으므로 이렇게 말한 것이다.

극원 이 태사 만수 께서 강가의 집에서 운을 내었다. 때는 임신년(1812, 순조12) 가을 9월 27일, 돌아가신 대행대왕의 회갑 탄신년이 돌아와서 우리 성상 전하께서 특별히 추념하여 61세가 된 남은 구신들을 돌아보셨다. 신은 한성부 판관으로 명을 받들어 태사 이공을 문안하니, 공께서 삼가 명을 받들어 절을 마친 뒤에 나를 맞아 시와 술로 옛정을 펴시기에 삼가 짧은 율시를 지어 기쁜 마음을 기록하였다.[72]

展園李太史 晩秀 江館命韻 時壬申秋九月二十有七日 先大行大王回甲誕辰載回 我聖上殿下特追恩顧于六十一歲舊臣在者 臣以府郎 承命存問太學士李公 公祗奉拜稽訖 接余敍舊款以詩酒 恭疏短律庸志欣契云

태사께서 안타깝게 침체되어 계시니	太史嗟濡滯
군왕께서 안부를 물어보라 하셨네	君王問起居
가을바람은 단풍나무 언덕에 불고	西風動楓岸
남극성[73] 별빛은 숲속 오두막을 비추네	南極映林廬
하늘빛 붉은 구름에 가까이 내려앉고	天色絳雲近

---

72 극원(展園)……기록하였다 : 이만수(李晩秀, 1752~1820)는 이 시집의 서문을 쓴 인물로, 이즈음 유배에서 풀려나 복직하였고 이후 다시 파직되었다. 이만수가 대제학을 역임했기에 태사(太史)라 한 것이다. 7쪽 주9 참조. '대행대왕(大行大王)'은 임금이 승하한 뒤 시호를 올리기 전의 호칭으로, 여기서는 정조를 가리킨다. '율시(律詩)'는 절구(絶句)와 함께 당나라 때 정립된 근체시(近體詩)의 대표적인 형식으로, 8구로 구성되며 5언과 7언의 구분이 있다.

73 남극성 : 일명 노인성(老人星). 인간의 수명을 관장하는 별로 일컬어진다.

강물 빛 푸른 대나무에 성글게 비치네 江光綠竹疏
부옹[74]께선 나와 함께 말씀 나누시지만 涪翁應與語
그 심정은 다시 어떠하실까 心想復如何

74 부옹(涪翁) : 유배객의 신세를 의미한다. 원래 부주(涪州)로 유배 갔던 송(宋)나라 정이(程頤)를 가리키는데, 여기서는 이만수를 의미한다.

옛 사를 흉내 내어[75]

效古詞

봄 비단 잘라 옥 글씨 써서 부치노니	剪春羅寄玉字
화려한 누각 가장 깊은 곳으로	紅綺樓最深處
백룡을 타고 오시려나 마시려나	騎白龍來未來
복사꽃은 그저 웃을 뿐 말이 없다오	桃花笑而不語

75 옛 사(詞)를 흉내 내어 : 여인이 그리워하는 남자에게 부치는 송대 원사(怨詞)를 흉내 낸 것으로, 3구의 '백룡(白龍)'은 낭군을, 4구의 '복사꽃'은 여인을 의미한다.

패랭이꽃

石竹花詠

강랑의 붓 마구 뽑아 들고	亂抽江郎筆
다투어 오색 꽃을 머금었네[76]	爭含五色花
본래는 방초처럼 어디나 있기에	本同芳草遍
스스로 야인의 집에서 피었다네	自發野人家

76 강랑(江郎)의……머금었네 : 좋은 솜씨로 여러 가지 색의 패랭이꽃을 다투어 읊었다는 뜻이다. '강랑'은 양(梁)나라 문장가 강엄(江淹)을 말한다. 문장으로 크게 이름을 떨쳤으나, 야정(冶亭)에서 잠을 자다가 꿈에 곽박(郭璞)이라는 노인이 와서 자기 붓을 돌려달라고 하므로 품속에서 오색 붓을 꺼내어 그에게 돌려주었는데, 그 후로는 좋은 시문을 전혀 짓지 못했다고 한다. 《南史 卷59 江淹列傳》

영덕현으로 부임하는 김중수를 보내며[77]

送金仲綏之任盈德縣

새벽이면 호각 소리 산마을에 울리고	曉角鳴山郭
아침이면 근무하러 수루에 오르리라	朝衙上水樓
딱하여라, 그대 백발의 나이로	憐君今白首
관리 되어 또 바닷가 고을로 가네	爲吏又滄洲
해가 목욕하니 자라의 몸[78] 드러날게고	日浴鰲身露
봄이 맑으니 신기루가 뜨리라	春淸蜃氣浮
관아에는 한가한 시간 넘쳐서	琴堂豊暇豫
시 짓느라 온 생각을 짜내리	嘯咏費冥搜

77 영덕현으로……보내며 : 중수(仲綏)는 45쪽에 나온 김이호(金履祜)의 자(字)이다. 《승정원일기》 1811년(순조11) 12월 18일자 기록을 보면, 김이호를 영덕 현령에 임명하였다는 기록이 나온다.

78 자라의 몸 : 동해의 삼신산(三神山)을 떠받치고 있다는 전설 속의 자라를 말한다.

경모궁에서 숙직하며 짓다[79]

直宿景慕宮作

적막한 단청의 안이요	闃寂丹青裏
높고 깊기는 임금님의 곁이라	崇深日月傍
엄숙하기는 대궐과 같고	有嚴同大內
일 없으면 빈 행랑만 쓰네	無事掃空廊
공작선은 쌍 깃털 푸르고	雀扇雙翎翠
제기에는 양쪽 고리가 누렇네	彝罇兩目黃
엊저녁 납향 제사[80] 밤을 새우니	前宵祀臘徹
음악 소리 아직도 양양하여라	懸律尙洋洋

한낮의 사당은 예스럽고	白日祠宮古
푸른 봄의 꽃나무 싱그러워라	青春花木淸
-결락-	
때때로 주렴 내리는 소리 들리네[81]	時有下簾聲

79 경모궁(景慕宮)에서 숙직하며 짓다 : 저자는 1812년(순조12) 11월 26일 경모궁 참봉으로 임명되었는데, 이 시는 아마 이때 지은 것으로 보인다.

80 납향 제사 : 납일(臘日), 즉 동지 뒤의 셋째 미일(未日)에 한 해 동안 지은 농사 형편과 그 밖의 일을 여러 신에게 고하는 제사이다.

81 때때로……들리네 : 이 연을 《석견루시권》의 같은 시 〈봄날 숙직하면서 또 읊다〔春日直中又賦〕〉에서 찾아보면, "전각의 주렴 걷자 울림 있으나 궁 안의 냇물은 목메여 소리 없네.〔殿簾收有響, 溝水咽無聲.〕"로 되어 있다. 아마도 시를 수정하는 과정

어로가 솔숲 사이로 나 있으니　御路松間出
선왕께서 금원으로 가시던 길이네　先王苑裏行
풍악 소리 들려오지 않고　不聞鼓吹入
저녁 구름만 하늘에 비꼈네　惟見暮雲橫

에서 이 구절이 빠진 것으로 보인다.

상방에서 당직 중에 풍고의 시에 화답하다[82]

尙方直中 和楓皐韻

성근 종소리 도성 안으로 흩어지고	疏鍾散九陌
자물쇠는 궁궐 문에 겹겹이 채워졌네	金鑰下重闈
빗기운이 찌는 더위 날려버리니	雨氣消朱暑
궁궐 그늘에 서늘한 산빛 들어오네	宮陰入翠微
센머리로 벼슬함은 못나서가 아니니	白頭窟非拙
천상에서 묵느라 귀가하지 못했네	天上宿無歸
오늘은 바로 천추절이라	政屬千秋節
신새벽에 어의를 올렸네[83]	淸晨進御衣

---

82 상방(尙方)에서……화답하다 : '상방'은 상의원(尙衣院)의 별칭으로 왕의 의복과 장신구를 제작하던 부서이다. 저자는 1813년(순조13) 4월 5일 상의원 첨정(僉正)에 제수되었으며, 같은 해 10월 9일 고성 군수에 제수되었다. '풍고(楓皐)'는 김조순(金祖淳)의 호이다.

83 오늘은……올렸네 : 저자가 상의원에 근무했던 기간을 감안하면, 여기서 '천추절'은 순조의 생일인 6월 18일이 아닐까 짐작된다. 즉 전날 밤 숙직을 하고 6월 18일 아침에 어의(御衣)를 해 올리고 지은 시로 볼 수 있다.

광나루 배 위에서 서 대감 공미 미수 에게 써서 드리다[84]

廣津舟題贈徐台公美 美修

가벼운 갈매기 모래톱에서 해를 희롱하는데　輕鷗弄日上汀洲
봄물결 강은 굽이쳐 광주로 흐르네　江轉春波走廣州
동풍에 저녁밥 먹으며 꽃 아래서 얘기하니　晩飯東風花下語
행인은 출발하지 않고 배를 다시 대네　行人不發更停舟

84 광나루……드리다 : 광나루는 지금의 서울 광진구 광장동에 있던 나루터이다. 서미수(徐美修, 1752~1809)는 본관이 달성이고, 자는 오여(五汝)·공미(公美), 호는 담포(澹圃)이다. 1780년(정조4) 식년시에서 급제한 후 승정원 승지, 충청도 관찰사 등을 지냈으며, 1799년(정조23) 동지사은사의 부사로 연경에 다녀왔다.

삼청동 김 서방 집 동산에서 이 장작 익지 우신 와 함께 모여 꽃구경하며 시를 읊다[85]

三清金婿家園 與李匠作益之 友信 同集 翫花賦詩

동산의 풍광 어찌나 아늑한지	園光何窈窕
물가에는 엄나무가 울타리 쳤네	臨水刺桐籬
삼월 삼짇날이 윤달에 드니	青節月猶閏
붉은 꽃 피는 날이 짐짓 더디네	紅花日故遲
꾀꼬리 울음은 정해진 나무가 없고	鶯啼無定樹
까치는 새끼 품어 가지를 떠나지 않네	鵲乳不離枝
홀로 이 징군과 함께 왔으니	獨與徵君至
은거할 곳에 다시 기약 있으리[86]	白雲還有期

---

85 삼청동……읊다 : 이우신(李友信, 1762~1822)의 본관은 덕수(德水), 자는 익지(益之), 호는 문원(文原)・수산(睡山)・죽장(竹莊)이다. 김양행(金亮行)의 제자로 학문이 깊고 지식이 해박하여 많은 사람의 존경을 받았으며, 저서로 《수산유고》가 있다. '장작(匠作)'은 장작감(匠作監), 즉 선공감(繕工監)의 이칭으로 이우신은 1810년(순조10) 4월 8일 선공감 부봉사가 되어 1812년 7월 3일까지 재직하였다. 위의 내용으로 보아 이 시는 1811년(순조11) 3월에 지은 것으로 짐작된다.

86 홀로……있으리 : '징군(徵君)'은 임금이 불러도 가지 않는 선비를 고상하게 일컫는 말이다. 원문에 나오는 '백운(白雲)'은 '청운(青雲)'과 대비되어, 은자가 거처하는 곳에 한가로이 떠 있는 구름을 의미한다. 은자가 사는 곳에 다시 임금의 부르심이 있을 것이라는 의미이다.

삼청동 동산에서 앵두를 보내오니

淸園櫻桃之送

숲속에서 앵두를 보내오니	林下含桃送
산중에 한여름이 찾아왔네	山中半夏來
쟁반에 쏟으니 구슬이 멈추지 않고	寫盤珠不定
햇살 비치니 꽃들이 시샘하네	映日花相猜
고마워라, 그대가 손수 막 딴 것이라	感子手新摘
내 눈을 번쩍 뜨이게 하네	令人眼忽開
시큼한 맛이야 비록 같겠지만	雖同酸酢味
국 맛 내는 매실을 드리지 못하였네[87]	未薦和羹梅

87 시큼한……못하였네 : 앵두를 선물 받고 보답으로 매실 드리는 것을 깜빡하였다는 뜻이다. 매실은 소금과 함께 국의 간을 맞출 때 쓰였던 것으로, 《서경》에 은(殷)나라 고종(高宗)이 부열(傅說)에게 "국의 간을 맞추면 그대가 소금과 매실이 되어다오.〔若作和羹, 爾惟鹽梅.〕"라고 한 구절이 있다.

박 정언 효성 에게 부치다[88]

簡朴正言 孝成

외로운 배 훌쩍 떠나가니	孤棹彯然去
봄바람에 노 젓는 소리 울리네	東風響軋鴉
오두막은 저 멀리 대숲에 들고	林廬逈入竹
마는 어지러이 싹이 돋았네	山藥亂生芽
말술로 꽃 계절을 반기고	斗酒歡芳節
맑은 시로 예쁜 꽃에 아양 떠네	淸詩媚好花
봄날의 새들은 곧은 혀가 많으니	春禽多直舌
간관의 집 주위에서 재잘거리리[89]	啼繞諫官家

---

88 박 정언(朴正言)에게 부치다 : 박효성(朴孝成)은 1805년(순조5) 윤6월 29일 사간원 정언에 제수되었고, 1806년 7월 22일 충청도 도사에 제수되었다. 이 시는 그 사이에 쓴 것이다.

89 봄날의……재잘거리리 : 박효성이 정언(正言), 즉 임금께 충직한 간언을 올리는 직책에 있었기 때문에 이렇게 말한 것이다.

가을밤, 광주 이 충의위의 집에 묵으며[90]

秋夕宿廣州李忠衛

허약한 말로 여러 번 돌길 만나고	劣馬屢逢石
물길 다한 곳에서야 마을을 찾았네	水窮始得村
농가에서 나그네는 달을 바라보고	田家客看月
가을밤에 술이 단지에 가득하네	秋夕酒盈罇
푸른 울타리엔 국화가 피어나고	菊吐青籬落
참대나무 뿌리엔 벌레가 우네	蟲鳴苦竹根
머리가 허연 충의위도	白頭忠義衛
모두가 우리 태종대왕 자손일세	皆我太宗孫

90 가을밤……묵으며 : 김이도(金履度)가 〈발문〉에서 칭찬했던 시이다. '충의위(忠義衛)'는 조선 시대 공신의 자손으로 구성된 군대 조직으로 궁궐을 지키는 일을 맡았는데, 이 충의위가 누구인지는 미상이다.

판교에서 새벽에 길 떠나며

板橋曉行

이슬 내려 옷 젖는 맑은 새벽에	衣露沾淸曉
추위 가르며 낙생역[91]을 떠나네	凌寒發樂生
말 위에서 이야기 나눌 사람 없어도	無人馬上語
달빛 속에 가야 할 길은 나 있네	有路月中行
어느새 판교를 건너서니	不覺板橋度
오직 들리는 건 물소리뿐	惟聞流水聲
구름안개 속에 닭이 우니	鷄鳴雲霧裏
광주 산성에 다 왔나보다	知是廣州城

91 낙생역(樂生驛) : 경기도 광주목 남쪽 45리 되는 지점에 있던 역원으로, 지금의 경기도 성남시 판교 동쪽 부근이다.

고성군 관아에 갓 부임하여 시험 삼아 쓰다[92] 8수
初到高城郡衙試書 八

강 남쪽 위아래가 모두 긴 수풀이니　江南上下總長林
빽빽한 푸른 숲을 강물이 휘돌며 흐르네　林立江回搖碧森
개벽 이래 산은 옛 모습 그대로인데　自從開闢山終古
물이 쌓인 바다는 처음과 끝을 분간치 못하겠네　莫辨端倪水積陰
봉래산을 찾아가서 구름 형세도 살펴보고　試尋蓬島看雲勢
부상의 뽕나무 곁에서 태양의 마음도 받드노라　長傍桑枝捧日心
붉은 잎 닦고 시 지으니 매끈도 하여　摩挲絳葉題詩滑
만 번 다듬이질한 종이에 못지않네　不讓剡牋擣萬砧

기달산 수려한 그늘 구불구불 이어지고　怾怛秀陰斜復斜
군옥대 눈 내린 기슭에 한 해가 밝으려 하네[93]　玉臺雪麓歲將華
토박이 노인은 나루에 뗏목을 띄우고　根因老宿津浮筏
길 끊어진 중향성엔 나무꾼도 다니지 못하네　路絶香城山不槎
서늘한 바람 숲에 가득한데 멀리서 풍경 울리고　涼籟滿林浮遠磬
드문 종소리 물을 건너 맑은 피리에 호응하네　疏鍾渡水應淸笳
목란 삿대로 남강[94] 물길 느리게 돌아가니　蘭橈緩轉南江水

---

92 고성군……쓰다 : 저자는 1813년(순조13) 10월 9일 강원도 고성 군수로 임명되었다.

93 기달산(怾怛山)……하네 : '기달산'은 금강산의 별칭이고, '군옥대(群玉臺)'는 고성(高城)에 있는 바위 이름인데, 금강산 산줄기가 뻗어 나간 것으로 많은 시인들이 시재(詩材)로 삼아 작품을 남긴 곳이다.

물결에 놀란 원앙새 물보라 일으키며 날아가네　　觸起元央出浪花

진홍빛 일만 나무에는 햇살 빗기고　　殷紅萬木立斜暉
어젯밤 맑은 서리가 푸른 산에 내렸네　　昨夜淸霜落翠微
모래톱 북쪽엔 찰랑찰랑 푸른 물결 일렁이고　　颯沓沙陰滄水入
푸른 하늘 서성이며 흰 구름 흘러가네　　徘徊空碧白雲飛
예스러운 지장암[95]은 깊숙하여 인적 없고　　地藏菴古深無跡
높다란 천일대[96]는 적막하여 변함없네　　天逸臺高寂不違
해마다 고기 낚는 동해에는　　漁釣年年東海上
맛 좋은 고래가 이 가을에 살이 오른다오　　長鯨好膾正秋肥

물가엔 정자와 누대가 바둑돌처럼 늘어섰고　　臨水亭臺列置棋
급한 물살은 화살 같아 사람을 슬프게 하네　　急流如箭使人悲
모래밭은 천 리 길 바다를 따라 울리고　　沙鳴沿海一千里
조수는 밤낮 없이 외로운 성에 들이치네　　濤打孤城十二時
산중의 시간은 확연히 모든 것이 다르니　　甲子山中判俱別
나무 끝에 꽃의 정령 내리는 일 사뭇 더디네　　花神木末降殊遲

---

94 남강(南江) : 강원도 고성군 수동면 삼치령(三峙嶺)에서 발원하여 북동쪽으로 흐르다가 삼일포 남쪽에서 신계천과 합류하고, 해금강 남쪽을 돌아 동해로 흘러드는 강이다.

95 지장암(地藏菴) : 금강산 장안사 북쪽 기슭에 있는 극락암(極樂菴)을 지나 업경대(業鏡臺)로 가는 도중에 있는 암자 이름이다.

96 천일대(天逸臺) : 금강산 표훈사에서 정양사로 가는 길 중간에 있는 암봉(巖峰)으로, 금강산을 두루 조망할 수 있는 곳이다. '天一臺'로 표기하기도 한다.

술랑[97]이 떠난 뒤론 소식 없으니	述郎去後無消息
오시는가 마는가, 부질없이 그리게 하네	來不來兮空所思
좋구나, 벼슬살이 덕에 산수를 가까이하니	卻喜因官得近山
여염집은 대개 바다와 산 사이에 자리하였네	閭閻一半海山間
붉은 수유 언덕에 울긋불긋 밤경치요	參差夜色紅茱岸
궁색한 고을[98]에 완연한 가을 소리라	宛轉秋聲白版關
백천동[99]이 온통 바뀐 소리 내지 않는다면	不有百川皆變響
수많은 골짝 모두 다른 얼굴인 줄 어이 알리오	焉知衆壑總殊顔
구룡연 아래에서 단비 내리길 기원하며	九龍淵下祈甘雨
삼경에 패옥 울리며 반열을 가지런히 하네	鳴佩三更齊整班
개골산이 아득한 백두산에서 내려오니	皆骨茫茫降白頭
봉우리마다 몇천 년을 지나왔는가	頭頭經歷幾千秋
한 주먹 돌이 커다랗게 비로봉 형세 이루고	一拳石大毘盧勢
만 리 흐르는 강은 부질없이 뜬세상 시름 담았네	萬里流空浮世愁
궁벽한 고을 산속에 자리하니 삼백 장이 넘고	嵒邑蟠山過百雉

97　술랑(述郎) : 신라 효소왕 때의 화랑으로, 영랑(永郎)·남석랑(南石郎)·안상랑(安詳郎)과 함께 '사선(四仙)'이라 불린다. 총석정, 삼일포 등지에 그들이 노닐었다는 일화와 흔적이 전해진다.

98　궁색한 고을 : 원문에 나오는 '백판관(白版關)'은, 왕유의 〈전가(田家)〉 시에 나오는 '흰 널빤지 사립〔白板扉〕'을 차용한 것으로, '궁색한 지방 고을'을 의미한다.

99　백천동(百川洞) : 금강산 내금강 지역 명경대 구역에 있는 골짜기로, 석가봉과 십왕봉 사이로 뻗어 있다. 옥경담과 명경대, 영원문과 계마석 등 명소들이 있다.

관아의 문 물가에 임하니 갈매기 쌍쌍이 모이네　縣門臨水集雙鷗
시절은 섣달이 되었는데 샘물 얼지 않으니　時將臘矣不泉凍
예맥의 시대에는 탕목의 고을[100]이었다오　濊貊年間湯沐州

소나무 다리 백 척이라 강을 건너게 해주니　松橋百尺濟川功
우뚝 일어선 소나무가 물속에 비치네　走起蒼龍見水中
강가 제비 나는 때라, 밥 짓는 연기 일고　江鷰飛時熟食火
산누에 잠잔 후라, 꽃잎 떨구는 바람 부네　山蚕眠後落花風
구름 이는 하늘가엔 자라 몸이 푸르고　雲雲天畔鰲身碧
햇살 비추는 물결 속에 물고기 눈이 붉네[101]　日日波心魚眼紅
무선대 위에서 한참을 바라보니　舞仙臺上長相望
청색 뼈에 녹색 골수 늙은이는 누구인가[102]　骨青髓綠阿誰翁

뭉게구름은 아침나절에 느릿느릿 피어나고　雲族崇朝迤復迤
비 뿌리는 용은 자취 없이 동쪽 언덕에 내리네　雨龍無跡降東陂

100　탕목(湯沐)의 고을 : 온천이 나오는 곳이라는 뜻이다. 보통 '탕목읍(湯沐邑)'이라고 하며, 천자가 제후에게 그곳에서 거둔 세금을 '탕목', 즉 목욕 비용으로 쓰라고 준 데서 유래한 말이다.

101　구름……붉네 : '자라'는 동해의 삼신산(三神山)을 떠받치고 있다는 전설 속 동물이다. '물고기 눈'은 파도 속에 일어나는 기포를 뜻하는 것이 아닐까 생각된다.

102　무선대(舞仙臺)……누구인가 : '무선대'는 금강산 해금강 지역 삼일포 구역 사선정 북동쪽에 있는 바위섬으로, 신라 때 네 신선〔四仙〕이 취하여 이곳에서 춤을 추었다고 전한다. '청색 뼈에 녹색 골수'는 불로장생하는 신선을 뜻하는 표현이다. 이백(李白)의 〈산인권주(山人勸酒)〉에 "뼈는 청색이요 골수는 녹색으로 늘 아름답고 좋으니, 진나라 때 속세를 피해 숨은 사람이라 하네.〔骨青髓綠長美好, 稱是秦時避世人.〕"라고 하였다.

연꽃은 솟아올라 형상이 금빛으로 드러나고	蓮花拔地現金相
솔 그림자 하늘에 닿고 가지는 물에 잠겼네	松影參天蘸水枝
모래 빛은 반짝반짝 붉은 햇살 흩어지고	沙色鱗鱗紅日散
탑신에는 얼룩덜룩 녹음이 옮겨왔네	塧身乙乙綠陰移
우뚝이 온 고을을 남면하여 자리하니	兀然南面百城坐
계절의 풍광이 억년 세월을 이어왔네	節物風光億祺垂

양사언의 〈천불동기〉를 읽고, 만물초[103] 골짜기로 찾아 들어가다[104]

讀楊士彦千佛洞記 尋入萬物肖之洞

일천 불성을 모두 머금고	俱含千佛性
이 산의 동쪽에 섰네	乃立此山東
만 가지 물상 절로 닮았으니	萬物自相肖
뭇 봉우리들 제각기 다르네	群峯總不同
잔설 쌓여 그림자 이루더니	疊成殘雪影
돌아봄에 흰 구름 가운데 있네	回望白雲中
옛날의 양사언을 생각하며	遠想楊應聘
〈천불동기〉를 한 차례 읽어보네	記文讀一通

103 만물초 : 저본에는 '초(肖)' 뒤에 "어떤 판본에는 초(草)로 되어 있다.〔一作草.〕"라는 원주가 있다.

104 양사언(楊士彦)의……들어가다 : 양사언(1517~1584)은 조선 전기 4대 서예가의 한 사람으로 본관은 청주, 자는 응빙(應聘), 호는 봉래(蓬萊)·완구(完邱)·창해(滄海)이다. 회양 군수 시절 자주 금강산을 찾았으며 〈천불동기〉를 남겼다. '만물초(萬物肖)'는 외금강 지역 온정마을의 서쪽 끝 오봉산의 남쪽 사면 일대로, 층층절벽에 만 가지 생김새를 가진 기암괴석이 줄지어 서 있어 흔히 '만물상'이라고 부른다.

해금강에서 배를 타다

海金剛舟行

큰 파도가 가로질러 일렁이니	巨波橫曩窕
어느 곳에서 하늘과 땅을 찾으리	何處覓坤乾
괴이한 바위에는 봄 구름이 지나고	怪石春雲度
빈 물가에는 밤비가 걸렸네	虛汀夜雨懸
하릴없이 자라 낚을 길 찾아	漫尋釣鼇路
무소뿔 태우며 뱃전에 기대어보네[105]	徒倚爨犀船
축관이 말방울 울리며 들어와	太祝鳴珂入
한밤에 해신에게 제사 드리네	三更祭水仙

105 하릴없이……기대어보네 : '자라'는 동해의 삼신산을 떠받치고 있다는 전설 속의 동물을 가리키고, '무소뿔'은 물 아래를 비출 수 있는 횃불을 의미한다. 진(晉)나라 때 온교(溫嶠)가 우저(牛渚)라는 못가에 이르러 무소뿔을 태워 물속을 비추어보았더니 괴물들이 모조리 정체를 드러냈다는 고사에서 나온 말이다.

배를 타고 삼일호로 들어가다[106]

乘舟入三日湖

빈 배에 파도 없고 안개도 없는데	空舟無浪復無煙
외로운 섬 널찍하여 사방이 아득하여라	孤嶼盤陀四渺然
산과 바다와는 구불구불 기세를 다투지 않고	不與海山爭迤邐
따로 만든 호수에 물결이 찰랑거리네	別成湖水競淪漣
신선들이 그 옛날 대 위에서 춤추었으니	仙人曾向臺中舞
신령스런 그 풍경 천상에도 전해졌으리	靈境應與天上傳
수없는 봉우리 물들인 듯 푸르러	數盡峯峯靑似染
저녁 햇살 아래 목란 배 옮겨 매네	夕陽移繫木蘭船

106 배를……들어가다 : '삼일호(三日湖)'는 외금강 입구에 있는 호수로, 신라 화랑들이 사흘간 머물고 갔다고 하여 붙여진 이름이다. 삼일포(三日浦) 또는 삼지(三池)라고도 한다. 호수 가운데 와우도・송도・단서암 등 바위섬이 있고, 화랑들이 머물렀던 자리에는 사선정・무선대가, 양사언과 관련된 장소에는 봉래대・천서암・비래정 터가 있다.

이어서 사선정에 올라

因上四仙亭

오롯이 솟은 붉은 정자를	兀兀紅亭子
사흘 동안 노닐다 신선 되어 올라갔네	登仙三日纔
동해는 얼마쯤 떨어졌나	東溟去幾許
남석랑[107]은 다시 오지 않는구나	南石不重來
물가에 내려 그윽한 근원 따라가다	下渚幽源轉
숲 가운데서 길을 찾아 돌아왔네	中林覺路回
물길 오르내림도 한 갈래 아니니	沿洄非一趣
봄물이 사방으로 통해 있다네	春水四邊開

107 남석랑(南石郎) : 신라 시대에 삼일포에서 노닐었다고 하는 네 명의 화랑, 즉 영랑(永郎)・술랑(述郎)・남석랑・안상랑(安詳郎) 중 한 사람이다. 삼일포 남쪽 산봉우리의 북쪽 석벽에 '영랑도남석행(永郎徒南石行)'이라는 여섯 글자가 붉은 글씨로 새겨져 있었다고 한다.

남강에서 달빛 아래 낚시하고 돌아오다 2수

南江帶月漁歸 二

현성의 남쪽 비탈 강을 향해 열렸고	縣城南陀向江開
강물은 동으로 흐르다 비탈 북쪽으로 돌아가네	江水東流陀北回
푸른 이끼는 낚시터 바위를 절로 덮고	碧蘚自封釣磯石
채색 구름은 무선대를 떠나지 않네	彩雲不散舞仙臺
사람은 옥토끼 따라 달빛 속으로 떠나고	人從玉兎光中去
하늘은 금자라 봉우리 향해 내려오네	天向金鼇頂上來
이 모두 바다와 산이 아름다운 곳인데	總是海山佳麗地
봄바람마저 살랑살랑 불어줌에랴	春風況復繞徘徊

강가 버들 늘어진 곳에 비가 지나니	江柳鬖鬖江雨過
푸른 강 가히 없이 새로 닦은 거울일세	碧江無際鏡新磨
옛 고을 산도 많아 벼슬살이 나쁠 것 없으나	山多古郡宦非薄
타향에 봄이 드니 늙음을 또한 어이할까	春入他鄕老復何
그저 만년에 금빛 인장 찬다 말할 뿐	只道殘年佩金印
도리어 오늘 밤엔 은하수 아래 잠을 자겠네	還疑今夜宿銀河
뜨락에는 푸른 이끼 돋아 공무가 적으니	庭苔生綠小公事
선보 원님은 대청에서 노래만 불렀다네[108]	單父中堂歌復歌

108 선보(單父)……불렀다네 : 공자의 제자 복자천(宓子賤)이 선보의 수령으로 부임하여 당 아래로 내려오는 일 없이 거문고만 연주했는데도 고을이 잘 다스려졌다고 한다.

해산정 위에 판제하다[109]

海山亭上板題

아득히 하늘로 솟은 백 척 누각	縹渺飛空百尺樓
올라서 바라보니 모든 것이 그윽하네	登臨搜索總幽幽
봉우리는 서쪽에서 다하여 흰 구름과 합치고	峯巒西盡白雲合
천지는 동쪽에서 없어져 물 위에 떠 있네	天地東無積水浮
숲 사이로 희미하게 외딴 포구 보이고	樹裏依微生別浦
관아 앞은 말끔하여 가을 하늘 비치네	縣前瀟灑映高秋
봉래산 위에는 신선 찾는 길 있으려니	蓬萊上有尋仙路
세모엔 빈산에서 한번 머물러보리라	歲暮空山一滯留

---

109 해산정(海山亭) 위에 판제(板題)하다 : '해산정'은 강원도 고성군 관아 뒤편에 있던 정자로, 해금강과 외금강이 만나는 지점에 위치하여 그곳에서 바라보는 경관이 빼어난 것으로 알려져 있다. '판제'란 목판에 새겨서 걸어두기 위해 시문을 짓는 것을 말한다.

신계사 계곡을 찾아가다[110]

神溪溪上行

신계사가 어디인 줄 모르고	不知溪寺近
몇 리를 솔숲 사이로 들어갔네	數里入松間
물 가운데 바위에 반듯이 앉아	端坐水中石
하늘가에 산을 우러러보네	仰看天畔山
길게 노래하며 짧은 지팡이 지고서	長歌負短策
저무는 햇살에 겹겹 물굽이 건넜네	斜日渡重灣
바닷가에는 쌍 깃발이 젖는데	海上雙旋濕
교외에서 비를 기원하고 돌아오네	郊前乞雨還

110 신계사(神溪寺) 계곡을 찾아가다 : '신계사'는 강원도 고성에서 서쪽으로 30리 떨어진 외금강에 있는 유점사(楡岾寺)의 말사로, 금강산 4대 사찰 중 하나이다.

감호 호숫가를 거닐다[111]

鑑湖湖上行

양씨 가문의 옛집[112]은	楊家舊地館
영락하여 청산의 언덕 되었네	零落青山丘
푸른 물은 지금도 남아 있어	綠水至今在
슬픈 바람 예로부터 수심을 자아내네	悲風自古愁
자취는 먹물 연못에 황량하고	迹猶荒墨沼
넋은 상수를 건너지 못하였네[113]	魂不渡湘流
푸른 기와에 '비(飛)' 자 글씨는	碧瓦一飛字
채염에게 전하여 남았네[114]	傳之蔡琰留

111 감호(鑑湖) 호숫가를 거닐다 : '감호'는 금강산 해금강 지역 해만물상구역에 있는 호수로, 맑고 고요하여 하늘의 선녀가 내려뜨린 거울과 같다 해서 붙여진 이름이다.

112 양씨 가문의 옛집 : 양사언과 양만고(楊萬古, 1574~1655) 부자가 살던 곳을 가리킨다. 양사언은 감호 가에 '비래정(飛來亭)'을 짓고 살았으며, 양만고는 호가 '감호(鑑湖)'이다.

113 자취는……못하였네 : 본래 '먹물 연못〔墨沼〕'은 벼루를 씻은 먹물에 물들어 검게 변한 연못을 뜻하고, '상수(湘水)'는 참소를 입고 쫓겨난 초나라 굴원이 빠져 죽은 비극적 장소이다. 여기서는 명필로 유명했던 양사언의 불행했던 생의 마지막을 빗대어 말한 것이다. 양사언은 1582년 안변 도호부사로 있을 때 이성계의 증조부 묘인 지릉(智陵)에 일어난 화재 사건에 대한 책임을 지고 황해도로 유배되었고, 2년 뒤에 유배가 풀렸으나 병이 들어 그곳에서 세상을 떠났다.

114 푸른……남았네 : 양사언의 빼어난 글씨가 아들 양만고에게 전해졌다는 뜻이다. 양사언이 비래정에 큰 글씨로 '비(飛)' 자를 써서 벽에 붙였는데, 유배지에서 죽던 날 바람 불고 우레가 치더니 글씨가 날아서 바다로 갔다는 전설이 있다. 채염(蔡琰)은

한(漢)나라 말년의 유명한 문사(文士) 채옹(蔡邕)의 딸인데, 아버지의 재능을 이어받아 거문고와 문장에 뛰어났다.

유점사에 묵으며[115]

宿楡岾寺

멀고 먼 천축국에서 온	茫茫天竺國
금부처는 석가모니의 재현이라	金佛是瞿曇
서쪽으로 몇천 리 떨어진 곳에서	西去幾千里
동쪽으로 오십삼 구 부처가 왔네[116]	東來五十三
흰 구름은 새벽 골짝을 적시고	白雲濕曉洞
불법의 햇살이 가람에 펼쳐졌네	法日布伽藍
지금 나는 선방의 고요함에 싸여	今我縛禪寂
먼저 반야의 감실로 오르네	先登般若龕

115 유점사(楡岾寺)에 묵으며 : '유점사'는 강원도 고성군 서면 백천교리 금강산에 있었던 절로 31본산 중 하나이다.

116 멀고……왔네 : 유점사의 창건 설화를 모티브로 읊은 것이다. 석가모니가 입적한 뒤 생전에 부처님을 보지 못한 것을 애통해하던 인도 사위성(舍衛城) 사람들이 금을 모아 53구의 불상을 조성하여 바다에 띄우면서 유연국토(有緣國土)에 갈 것을 발원하였는데, 이것이 월지국(月支國)을 거쳐 900년 동안 여러 나라를 떠다니다가 신라의 안창현(安昌縣) 포구에 닿아서 마침내 유점사를 창건하게 되었다고 한다. 광복 전까지 53불 중 50불이 남아 있었다고 한다.

안문령을 통해 내금강으로 들어가며 짓다[117] 4수

由雁嶺入內山作 四

아침에는 사자령에 오르고	晁登獅子嶺
저녁에는 안문 고개에서 묵었네	夕宿雁門岡
멀리 십주 가에 이르러	遠到十洲上
아득히 여러 상제 곁에 통하였네[118]	遙通群帝傍
새벽 바다에 해가 솟고	五更生海日
유월의 숲에 서리가 내리네	六月落林霜
작은 고을이라 보잘것없다지만	斗邑雖云薄
이 산을 어찌 잊을 수 있으랴	玆山安可忘

봉우리 하나하나 구분하기 어려워	一一峯難別
억지로 이름하여 일만이천 봉이라	强名萬二千
천지가 개벽한 그날로부터	自從開闢日
세상의 난리 들어온 적 없었네	不入亂離年
새와 짐승 원래 모두 끊겼으니	飛走元俱絶
속세의 먼지 아득히 멀어졌네	塵埃相望懸

117 안문령(雁門嶺)을……짓다 : '안문령'은 내금강에서 외금강으로 넘어가는 고개 이름으로, 여기서 바라보는 비로봉의 모습이 장관이라고 한다.

118 멀리……통하였네 : '십주(十洲)'는 신선이 산다는 바닷속 10개의 섬으로, 보통 선경(仙境)을 가리킨다. '여러 상제'란 오방(五方)에 있다고 하는 천제(天帝)들을 가리킨다.

크게는 산 밖에 땅이 없고 大無山外地
작게는 골짝 안의 하늘이 있네 小有洞中天

접때는 구름 노을 위에 있더니 向是雲霞上
이제는 지팡이와 신발 앞으로 왔네 今親杖舃前
솔바람 시원스레 그치지 않으니 松飄灑不歇
나그네 마음은 갈수록 한가해지네 客意轉悠然
개골산은 첩첩이 봉우리요 皆骨重重嶂
봉우리 갈래갈래 샘물일세 分頭一一泉
아, 이번 유람 외려 늦었으니 玆遊嗟未早
헛되이 보낸 꽃다운 시절 얼마런가 虛擲幾芳年

절기는 동쪽과 남쪽이 다르니 甲子東南異
삼월에도 봄빛이 더디기만 하네 春光三月遲
구름 산은 안과 밖이 달라서 雲山有表裏
꽃나무들 저마다 어긋나게 피네 花木發差池
늙은 나무 어린 나무 서로 뒤섞여 相錯古今樹
한두 가지 먼저 붉었네 先紅一兩枝
하늘 끝이라 벗이 적으니 天涯故人少
그윽한 뜻 누구와 기약하리 幽意與誰期

숙 스님의 산방에 묵으며

宿淑上人山房

아득한 안개 끝자락에	渺渺煙霞末
야윈 스님의 염불방 있네	枯僧念佛房
좋구나, 반석에 앉아 밥 먹고	好依磐石飯
향긋한 폭포수로 입가심하네	因飮瀑泉香
짙푸른 나무는 속된 모습 없고	濃樹無塵相
향로 연기는 법당에 엉겼네	薰罏凝法堂
달빛보다 먼저 관솔불 밝히니	松燈先夜月
대자리 침상에 서늘함 감도네	竹榻借疏涼

마하연에 판제하다[119]

摩訶衍板題

산에 들어와 그저 부처를 좋아하니	入山只貪佛
밤이면 밤마다 승방에서 자네	夜夜宿僧房
금빛 시내는 홀로 은하로 통하고	金澗流通漢
아름다운 절 양나라 때 비롯되었네[120]	琳宮創自梁
높은 처마는 산과 함께 솟았고	飛檐幷嶽起
늙은 나무는 구름 헤치고 뻗었네	老木拂雲長
더없는 대승의 요체를	無上大乘諦
향불 사르며 법왕께 구하네[121]	燒香證法王

119 마하연(摩訶衍)에 판제하다 : '마하연'은 금강산 만폭동 끝자락에 있는 암자로, 유점사의 말사이다.

120 아름다운……비롯되었네 : 양 무제(梁武帝, 464~549) 때 달마대사(達磨大師)가 인도에서 중국으로 들어와 선종을 전파한 사실을 말한 것으로 보인다. 마하연 암자는 661년(신라 문무왕1) 의상대사가 창건하였다.

121 더없는……구하네 : '마하연'은 마하연나(摩訶衍那)의 약칭으로, 본래 '대승(大乘)'을 뜻하는 말이다.

팔담의 위아래를 서성이다가 해 기우는 줄 모르고[122]

八潭上下徘徊 殊不知日側

여덟 굽이 맑은 연못 한 줄기가 나뉜 것이라	八曲空潭一派分
벽하니 분설이니 여러 곳으로 휘날리네	碧霞噴雪百紛紛
숲 끝에서 길을 찾아 푸른 물에 다다르고	林頭覓路躡蒼水
소나무 아래 스님 만나 흰 구름에 예를 하노라	松下逢僧禮白雲
바다로 돌아가는 물의 근원 생기 모여 넘치니	歸海眞源活總發
산으로 들어가는 첫 땅에서 소리 먼저 울리네	入山初地響先聞
서늘한 물 흩어지니 구슬이 천 섬이요	清泠散作珠千斛
동쪽으로 끝없이 흐르는 곳에 석양빛 저무네	不盡東流西日曛

122 팔담(八潭)의……모르고 : '팔담'은 금강산 만폭동 북쪽의 8개 연못인 흑룡담(黑龍潭), 비파담(琵琶潭), 벽하담(碧霞潭), 분설담(噴雪潭), 진주담(眞珠潭), 구담(龜潭), 선담(船潭), 화룡담(火龍潭)을 가리킨다.

시를 읊으며 만폭동에서 돌아오다
由萬瀑咏歸

맑은 물과 흰 바위가 이 가운데 있어	清流白石此中間
물에 비친 중향성을 거울 속에서 올라보네[123]	倒影香城鏡裏攀
잔잔히 흐르는 동서남북의 물줄기	細浪東西南北水
본래 근원은 일만이천 봉에서 나왔다네	本源一萬二千山
다른 물줄기 밤낮으로 허공에 걸려 떨어지건만	他皆日夜掛長落
너만 천지 사이에 홀로 떠서 절로 한가하여라	爾獨乾坤浮自閒
지척인데 까마득히 아득하여 다가서기 어려우니	咫尺茫然淼難卽
나루를 묻지 못한 채 돌아올 줄 알겠네[124]	心知不得問津還

123 물에……올라보네 : 물이 맑아서 마치 중향성이 거울에 비친 모습 같다는 뜻이다. '중향성(衆香城)'은 비로봉과 함께 내금강의 주봉을 이루며 마하연의 뒤를 병풍처럼 에워싸고 있는 하얀 바위 봉우리이다.

124 나루를……알겠네 : 중향성에 오르지 못할 줄을 알겠다는 의미이다. '나루를 묻는다'는 말은 보통 인생이나 학문의 가르침을 구한다는 뜻으로 쓰인다.

감로천 샘물을 마시고 만회암에 묵고, 백운대에 올라 중향성을 바라보다[125]

飮甘露泉 宿萬灰庵 上白雲臺 望見衆香城

아침에는 중향성 바위 빛 우러러보고	朝瞻衆香色
저녁에는 중향성 그늘 속에 묵었네	暮宿衆香陰
어제는 감로천 샘물 속에 있었는데	甘露水中昨
오늘은 백운대 위에 올라갔네	白雲臺上今
서로 바라봄에 산은 멀지 않건만	相看山不遠
이르지 못함은 바다만큼 깊어서라오	未到海同深
눈도 아닌 것이 옥도 아닌 것이	非雪復非玉
앞 봉우리 뒤 봉우리로 이어졌네	前岑與後岑

125 감로천(甘露泉)……바라보다 : 금강산 내금강의 백운동 일대를 둘러본 것이다. '감로천'은 불지암(佛地庵) 골짜기에 있는 샘물이고, '만회암(萬灰庵)'은 표훈사(表訓寺)에 딸린 암자이며, '백운대(白雲臺)'는 중향성의 진면목을 조망하기에 좋은 곳으로 알려져 있다.

중향성에 판제하다

衆香城板題

하늘 가득히 문득 눈발 흩날리니	漫空忽作雪交橫
마치 산음 길 들어가 걷는 듯하네[126]	似入山陰道上行
인간 세상에 응당 만물초 있으니	合有人間萬物草
하늘가에 어찌 중향성이 없을런가	詎無天畔衆香城
거령이 스스로 염부계를 나와서	巨靈自出閻浮界
억겁의 세월 부질없이 법기의 이름 전하였네[127]	浩劫空傳法起名
부여잡고 오를 길 끊어져 쓸쓸히 바라보니	路絶攀躋一悵望
어찌해야 두 겨드랑에 날개 돋아날꼬	何由兩腋羽翎生

126 마치……듯하네 : 눈 내린 경치를 이루 다 볼 수가 없다는 뜻이다. 진(晉)나라 왕휘지(王徽之)가 벗 대규(戴逵)를 찾아 산음(山陰) 길을 다니며, "산음 길을 가노라면, 산천의 경치가 좌우에서 영발하여, 사람으로 하여금 이루 다 구경할 겨를이 없게 한다.〔從山陰道上行, 山川自相映發, 使人應接不暇.〕"라고 한 일화를 원용한 것이다.

127 거령(巨靈)이……전하였네 : '거령'은 본래 화산(華山)을 쪼개어 황하를 곧게 흐르게 했다는 하신(河神)의 이름이다. '염부계(閻浮界)'는 염부제(閻浮提)와 같은 말로 원래 수미산 남쪽 바다 가운데 있다는 땅 이름인데, 인간 세상 곧 이승을 의미한다. '법기(法起)'는 담무갈(曇無竭) 혹은 다모드가타(Dharmodgata)라고 부르는 보살로, 《마하반야경(摩訶般若經)》에서 중향성(衆香城)에 이 보살이 산다고 하였다.

길 위에서 급히 쓰다[128]
道上率書

사람들 감히 침 뱉지 못하도록	不敢令人唾
맑은 빛 선명하게 다시 돌아왔네	淸光濃復回
구름 일어나 별천지로 들고	雲根入殊境
바람 불어와 뜬 먼지를 끊었네	風馭絶浮埃
신의 솜씨 드러난 것 보지 못했다면	不覩神工顯
귀신이 도끼로 쪼갠 것을 어찌 알았으랴	焉知鬼斧開
은근한 이 좋은 경치를	殷勤此勝地
내가 가고 나면 뉘 다시 오랴	我去復誰來

128 길……쓰다 : 금강산 유람을 마치고 돌아오는 길에 쓴 것으로 보인다.

남쪽을 독려하여 북쪽으로 곡식을 옮기느라 뱃길로 양양으로 들어가 그곳에서 묵다[129]

督南移北穀 乘水入襄陽止宿

문득 양양으로 갈 일 생겨	忽得襄陽路
한가로이 양양의 물가를 거닐었네	閒行襄水濱
우연히 사슴 우는 땅을 만나니	偶逢鳴鹿地
성이 방씨인 사람 있을 듯하네[130]	疑有姓龐人
바닷가에는 관음을 본 새벽이요	海水觀音曉
강산에는 현수산의 봄 풍경일세[131]	江山峴首春
어이 알았으랴, 배 띄우는 일 맡아	那知泛舟役
외려 뗏목 탄 신선이 될 줄을	翻作泛槎身

129 남쪽을……묵다 : 《승정원일기》 순조 14년 5월 28일자 강원 감사가 올린 장계에서 고성 군수 이복현이 백성을 진휼하였다는 보고가 있는 것으로 볼 때, 아마도 1814년 춘궁기에 양양(襄陽)의 곡식을 고성으로 옮길 때의 일을 시로 읊은 것이 아닌가 짐작된다.

130 우연히……듯하네 : '지금 이곳이 은자가 사는 곳이 아니겠는가?'라는 뜻이다. 중국 후한 때 방덕공(龐德公)이 처자식을 데리고 '녹문산(鹿門山)'에 올라가 약초를 캐다가 돌아오지 않았다는 일화를 빗대어 말한 것이다.

131 바닷가에는……풍경일세 : '관음'은 양양 낙산사(洛山寺)의 해수관음(海水觀音)을 가리킨다. '현수산(峴首山)'은 원래 중국 호북성(湖北省) 양양현(襄陽縣) 남쪽에 있는 산 이름인데, 진(晉)나라 양호(羊祜)가 양양 태수로 있으면서 선정을 베푼 것으로 유명하다. 그곳을 강원도 양양에 빗대어 말한 것이다.

아우 김사홍 선 과 김사순 황, 이생 경눌 민행 이 함께 왔기에 운자를 뽑다[132]

金弟嗣鴻 鐥 士純 鎤 李生景訥 敏行 同來命韻

좋은 시절 손을 잡고 함께 오니	良辰携手忽同行
백합꽃 피고 반하가 돋는 때라오	百合花開半夏生
천 겹 구름 산에 여러 아우들 이르니	千疊雲山羣從至
새벽 관아의 촛불에 술 한 단지 맑았네	五更官燭一樽淸
본래 만 리 제후가 될 관상은 못 되나	本無萬里封侯相
우연히 몇 그루 작은 고을의 관리 되었네[133]	偶寄數株傲吏名
〈천태산부〉 속 흥취가 황홀하게 있으니	恍有天台賦裏興
땅에 던지면 뎅그렁 쇳소리 나리라[134]	鏗然擲地作金聲

---

132 아우……뽑다 : 김선(金鐥, 1772~1833)은 본관이 연안(延安), 자가 사홍(嗣鴻・士鴻), 호는 서원(犀園)이다. 김황(金鎤)은 그의 동생으로 자가 사순(士純)이다. 이민행(李敏行, 1787~?)은 앞서 나온 이우신(李友信)의 아들로, 본관이 덕수(德水), 자가 경눌(景訥)이다.

133 본래……되었네 : 왕유(王維)의 〈망천칠원시(輞川漆園詩)〉에서 "우연히 미관에 몸을 붙이어 몇 그루 나무 밑에서 배회하네.〔偶寄一微官, 婆娑數株樹.〕"라는 구절을 원용한 표현이다.

134 천태산부(天台山賦)……나리라 : 함께 지은 시가 훌륭하여 자부할 만하다는 뜻이다. 진나라 손작(孫綽)이 시문을 잘했는데, 〈천태산부〉를 짓고 나서 벗인 범영기(范榮期)에게 보이며 "자네 시험 삼아 땅에 던져보게. 금석의 악기 소리가 날걸세.〔卿試擲地, 當作金石聲.〕"라고 자부한 일화를 원용한 것이다.

권생 자유와 중휘의 초당에서 운을 짚다[135] 3수

權生子由仲輝草堂命韻 三

강어귀 빗발이 사람을 따라서 빗기니	江門雨脚逐人斜
관마를 채찍질하여 모래밭 어지럽게 달리네	官馬鳴催亂踏沙
일백 냇물 모두 우임금의 치적으로 통하니	百水亦應通禹迹
일만 산 어느 곳에서 신선의 집을 찾으랴[136]	萬山何處覓仙家
초록 단지에는 십순주가 맑은 빛 더하고	兼淸綠甕十旬酒
현도관에는 삼월 봄꽃이 활짝 피어났네[137]	開盡玄都三月花
대낮에 글 읽는 소리 빈 골짝에 가득하니	白日書聲滿空谷
이름난 선비가 구름 노을 속에서 늙는 줄 알겠네	可知名士老烟霞

복자천의 마루에 홀로 앉아 거문고 울리다가	獨坐鳴琴宓賤堂
조각배에 술을 싣고 심양을 찾아가네[138]	扁舟載酒過潯陽

---

135 권생(權生)……짚다 : 자유(子由)와 중휘(仲輝)는 아마도 고성의 선비인 권씨 형제를 지칭한 것이 아닐까 짐작되나, 자세한 것은 미상이다.

136 일백……찾으랴 : 권생의 초당이 빼어나게 아름답다는 뜻이다. 이곳의 냇물도 태곳적 우임금이 튼 것이요, 주변 경치가 곧 신선의 집이라는 말이다.

137 초록……피어났네 : '십순주(十旬酒)'는 손님을 맞기 위해 100일 전에 담근 술이고, '현도관(玄都觀)'은 당나라 장안에서 복사꽃으로 유명했던 도관(道觀)의 이름인데, 여기서는 권생의 초당을 의미한다.

138 복자천(宓子賤)의……찾아가네 : 공무의 여가에 은자의 거처를 찾는다는 뜻이다. '복자천'은 공자의 제자로, 그에 대해서는 97쪽 주108 참조. '심양(潯陽)'은 도잠(陶潛)이 살던 곳으로 '은자의 거처'를 의미한다.

하늘가엔 계절 바뀌어 꾀꼬리 새로 나오고　天涯換節鶯新出
도성으로 편지 전하러 기러기 북으로 나네　日下傳書鴈北翔
바닷가 봄빛은 땅에 먼저 이르고　海國春光先到地
강랑의 쇠한 머리 서릿발에 가만히 놀라네[139]　江郎衰髮暗驚霜
봄바람 불고 가랑비 내릴 제 복어가 올라오고　東風細雨河豚上
물쑥에는 점점 향기 그득 풍겨오네[140]　漸看蔞蒿滿匊香

맑은 냇물로 입 헹구니 저절로 향기롭고　淸溪嗽口自然香
철쭉꽃 핀 곳에 저녁 햇살 비추네　躑躅花開照夕陽
신선의 골짜기 어느 해에 티끌세상 피해왔는가　仙洞何年避塵世
완씨 집안에는 오늘도 술잔을 받드네[141]　阮家今日奉壺觴
구름 속 하늘은 태고의 봄빛으로 들어가고　雲中天入古春色
거울 속 사람은 맑은 물가를 걸어가네　鏡裏人行淥水傍
타향에서 이런 모임 다시 갖기 어려우니　此會他鄉難再得
다만 서로 잊지 말자 마음으로 허락하네　寸心只許莫相忘

---

139 강랑(江郎)의……놀라네 : '강랑'은 본래 양(梁)나라 문장가 강엄(江淹)을 말하는데, 여기서는 권생 형제를 가리킨다. 강엄에 대해서는 77쪽 주76 참조.

140 봄바람……풍겨오네 : 소식(蘇軾)이 〈혜숭의 봄 강 해질녘 풍경〔惠崇春江晩景〕〉에서 "물쑥은 땅에 가득하고 갈대 싹은 막 자라나니, 지금이 바로 복어가 올라올 때로다.〔蔞蒿滿地蘆芽短, 正是河豚欲上時.〕"라고 한 구절을 원용한 표현이다.

141 신선의……받드네 : '신선의 골짜기'란 권생 형제가 사는 마을을 가리킨다. '완씨 집안'은 본래 죽림칠현의 일원인 완적(阮籍)과 그의 조카인 완함(阮咸)을 이르는 말인데, 여기서는 권생 형제를 가리킨다.

관아에서 짓다[142]

官衙賦成

다만 오리가 멀리 날았다고 하리니 只道鳧飛遠
낭관이 이제야 상방에서 나갔네[143] 郎今出尙方
하늘은 낮게 늙은 나무로 드리우고 天低櫕老樹
땅은 다하여 동쪽 바다로 향하네 地盡向扶桑
판잣집은 진나라의 옛 풍속이니 板屋秦風古
도화원에서 한나라의 세월이 길었네[144] 桃花漢日長
아득히 봄물 차서 흐르니 茫茫春動水
타향에 와 있음을 잊었어라 忘却在他鄕

바닷가 고을에 송사를 없애니 水郡使無訟
송사하는 뜰이 물처럼 맑았네 訟庭如水淸

---

142 관아에서 짓다 : 저자는 고성군을 다스린 실적이 제일 좋다고 보고되어 1815년(순조15) 청풍 부사(淸風府使)로 임명되었는데, 이 시는 이즈음 고성 군수로 재임한 일을 회상하면서 지은 것이다.

143 다만……나가네 : '오리가 날았다'는 말은 지방관이 정사를 잘하여 승진하거나 임지를 떠나는 것을 의미한다. '낭관이……나가네'는 상의원 첨정(僉正)에서 고성 군수로 나온 사실을 말한 것으로 보인다.

144 판잣집은……길었네 : 도잠(陶潛)의 〈도화원기(桃花源記)〉에 나오는 무릉도원(武陵桃源)의 전설을 원용한 것이다. 진(晉)나라 때 무릉의 어부가 물길을 거슬러 도화원에 이르렀는데, 그곳 사람들은 진(秦)나라 때 난리를 피해 들어왔다가 한(漢)이 있었는지도 모르고 살고 있었다고 한다.

흰머리로 처자식을 거느리자니　白頭挈妻子
붉은 인끈에 평생을 얽매였구나　朱紱累平生
옛 고적 찾아 신령한 경계에 들어　訪古入神境
향불 올리고 절간에서 자곤 하였네　焚香宿化城
말 타고 나가는 일 드물고　罕於騎馬出
명아주 지팡이 짚는 일 많았네　多以杖藜行

관아는 티끌세상과 떨어졌으니　官家隔塵世
도성과는 몇 일 길인가　天去幾由旬
흰 돌은 초나라보다 많고　白石多於楚
붉은 꽃은 진나라를 피한 것 아니랴[145]　紅花非避秦
반평생을 벼슬길 나그네 되어　半生官是客
천 리 길에 사람도 따라 늙었네　千里老隨人
한밤의 물속에 어룡이 잠잠하니　夜水魚龍落
고향의 봄이런가 화들짝 놀라네[146]　飜驚故國春

주방의 술에 얼큰히 취하니　長醉廚間酒
완적보다 더 광기를 부리네[147]　更狂阮步兵

---

145 흰……아니랴 : '흰 돌'은 유명한 완벽(完璧) 고사에 나오는 초나라 형산(荊山)보다 많고, '붉은 꽃'은 도잠(陶潛)의 〈도화원기(桃花源記)〉에 나오는 복사꽃이 만발한 무릉도원과 같다는 뜻이다.

146 한밤의……놀라네 : 두보(杜甫)의 〈추흥팔수(秋興八首)〉 중 제4수에서 "어룡이 적막해진 가을 강은 썰렁도 해라, 고국 장안은 평소에 사모하는 바이로다.〔魚龍寂寞秋江冷, 故國平居有所思.〕"라고 하였다.

온통 세월을 잊고 살았더라도 縱渾忘甲子
분수 지키는 일을 폐할 수는 없다오 不可廢由庚
일 없으니 항상 늦게 일어나고 無事起常晏
산길 오르며 때로 홀로 걸었네 上山時獨行
괴롭게 읊조림에 온갖 오묘함이 들어오니 苦吟衆妙入
한 구절 한 구절에 술병을 기울이네 一一金壺傾

147 완적(阮籍)……부리네 : 완적은 죽림칠현의 한 사람인데, 그가 불평한 심사를 술로 풀어내느라 여러 가지 기행을 일삼은 사실을 자신의 술주정에 비유한 것이다.

절구 100수

絶句百

군이 열린 지 얼마나 오래되었는가 開郡何茫然
아득한 옛날 예맥에서 다스렸다오 茫然濊國除
강산은 태곳적 하후씨를 생각하고 江山思夏后
풍속은 진나라의 자취를 기억하네 民物憶秦餘

푸른 구름 바다로 들어가고 碧雲入海去
붉은 해 산을 비추며 오네 紅日照山來
성안 삼백 호에 城中三百戶
일시에 봄이 돌아온 것 바라보네 一時望春回

강가에 꽃은 화사하게 웃고 宛宛江花笑
강가에 풀은 무성하게 돋았네 離離江草生
강가가 어둑한 것 애석하겠지만 君惜江雨暗
나는야 강가에 비 듣는 소리 사랑한다오 我愛江雨鳴

배를 타고 강 남쪽으로 가고 去乘江南舟
고기 낚으러 강 북쪽으로 오네 來釣江北魚
강물은 깊이 몇 척이 겨우 되지만 江深數尺纔
물고기는 크기가 몇 척이 넘는다오 魚大數尺餘

나루 어귀에 버드나무 두 그루	渡口雙柳立
푸르고 푸르게 사람을 향하였네	靑靑欲向人
누런 새는 꽃을 물어와서	黃鳥含花至
다시 물가의 봄을 희롱하네	復弄湖上春
굽은 다리에는 산닭이 울고	曲梁鳴山鷄
오래된 절벽에는 황새가 둥지를 트네	古壁巢水鸛
봄바람에 핀 목련꽃은	東風木筆花
그 빛깔 연꽃과 닮았네	色與荷蕖亂
고요히 강물 소리 들리니	靜聞江鳴響
이곳에 마음을 일깨우는 오솔길 있네	也有醒心徑
간들간들 예쁜 마름연꽃이	嫋嫋菱芡花
물고기 뛰놀자 쉼 없이 흔들리네	魚跳搖不定
물은 맑고 맑아 바닥이 보이니	水水淸見底
물속 생물들을 헤아릴 만하네	可數水中族
복사꽃은 물에 닿을 듯 드리웠고	桃花壓水低
햇살 따뜻하여 원앙새 잠을 자네	影暖元央宿
어제는 무서리가 물을 건너더니	水霜昨渡水
붉은 정자 시원하여 춥지 않네	紅亭凉不寒
서쪽의 고개와 북녘의 호수를	西嶺與北湖
돌아보고 다시 또 돌아보네	回看復回看

모래밭 푸르게 마르지 않고 沙痕碧未乾
바다에 파도 일지 않는 날 없네 海無不波日
밤새워 해신께 제사 올리는데 夜祭水仙徹
밝은 달이 모래톱 위로 나왔네 月明洲渚出

배로 만경창파를 순식간에 도니 舟回萬頃瞥
세상에서 바다 사나이가 제일로 호방하여라 人間海夫豪
한 터럭만큼의 티끌 먼지도 風塵一毫釐
구석진 이곳까진 이르지 않는다오 不到短蓬蒿

그대는 매화가 옥을 닮았다지만 君言梅似玉
나는 옥이 매화 닮은 줄로 아노라 吾知玉如梅
바닷가 산의 눈보라 속에서도 海山風雪中
봄빛 띠고 사람 좇아 온다네 春色逐人來

마음속에서 사현휘를 떠올리며 心憶謝玄暉
그저 무수한 산봉우리 헤아려보네[148] 坐數無數峯
소나무를 심고 떠나신 이 누구신가 何人種松去
나에게 노송을 보게끔 하셨네 使我看古松

---

148 마음속에서……헤아려보네 : 남제(南齊) 때 시인 사조(謝朓)를 떠올리며 산 경치를 바라본다는 뜻이다. 현휘(玄暉)는 사조의 자(字)로, 선성 태수 시절 누대를 짓고 앞산의 경치를 감상한 것으로 유명하여 그 누대를 '사공루(謝公樓)'라고 불렀다고 한다.

호수 가운데 한 덩이 바위 있으니	中湖一點石
배를 매는 데는 어디든 상관없다네	維舟無南北
꽃 핀 가지 예쁘기도 하니	花發可憐枝
이월이면 익혀 먹을 수 있으리[149]	二月當熟食

스님이 시냇가로부터 이르러	僧從溪上至
어젯밤에 시냇가는 서늘했다 하네	溪上昨夜凉
새벽의 가을 냇물 소리 들으며	五更秋澗響
어둑어둑한 법당을 오르네	沈沈上法堂

시냇물 사십 리를 흐르며	通溪四十里
완연히 가을 물 소리 내네	宛轉秋水響
사람 없이 홀로 듣기 어렵지만	無人難獨聞
뜻이 있어 문득 홀로 찾아가네	有意便獨往

태곳적의 비탈길 위 비탈길을	萬年磴上磴
오르고 올라도 해가 아직 남았네	登登日未斜
적적한 가운데 혼자 웃음 짓나니	寂寂發孤笑
붉은 칡넝쿨에 누런 꽃 피었구나	紫葛蔓黃花

앞으로 올라 몇 굽이 거치니	前登歷數曲

149 꽃……있으리 : 화전(花煎)을 만들어 먹는다는 뜻이다. 봄에는 찹쌀가루를 부쳐서 진달래로 장식하는 것이 일반적이다.

쓰러질 듯한 바위 쓰러지지 않네	將傾未傾石
폭포 떨어지는 모습 놓칠까봐	恐失飛流勢
몸 돌려 푸른 벼랑 붙들었네	側身捫青壁
바위 골짝은 형세가 가지가지라	巖谷勢多端
샘물 소리 나는 곳을 찾을 수 없네	莫辨泉鳴處
요란한 물이 산을 흔들며 들어와	亂水搖嶂入
다시 돌아서 구름 그늘로 사라지네	復轉雲影去
푸른 하늘에 밝은 달 걸렸으니	青天掛皓月
지금도 비추고 옛날에도 비췄네	照今復照古
누구는 달을 보고 수심 짓고	何人見月愁
누구는 달을 보고 춤을 추네	何人見月舞
엊저녁에도 다시 오늘 아침에도	昨夕復今朝
불상의 곁을 떠나지 않고	不離佛王側
향불 사르며 금부처를 향하니	燃香向金身
생전에 알지 못한 것 한스러워라	恨未生前識
곧바로 물소리 마주하여 서 있어도	直當水聲立
용 한 마리 보지 못하고 돌아섰네[150]	不見一龍歸

150 용……돌아섰네 : 가을이면 용이 잠을 자러 돌아온다고 하는데, 전혀 보이지 않는다는 뜻이다.

어제 저녁엔 비바람도 없었으니	昨夜無風雨
어찌 옷 젖을 줄 근심했으랴	寧愁濕生衣
하늘 나는 신선의 근골 아니니	不有飛仙骨
어찌 비선대를 오를 수 있으랴	寧上飛仙臺
골짝의 문에는 자물쇠도 없건만	洞門無鎖鑰
속인들은 아무도 이르지 않네	俗人曾不來
산 위에는 다시 산이 있고	山上更有山
땅은 말라서 티끌조차 없네	地瘦因無塵
옥 봉우리 맑은 물에 비치니	玉峯照鏡水
그림 같은 두 눈썹 거기에 있네	如畵兩眉人
꽃이 웃으면 나도 웃으니	花笑我亦笑
웃는 모습 꽃과 서로 닮았네	笑與花相似
달려와 묵은 가지 잡고서	爭來把古枝
찬찬히 새 꽃송이 들여다보네	取次看新蕊
꽃나무 아래로 다시 꽃나무 아래로	花底復花底
성근 머리에 끊임없이 꽃잎 날리네	短髮彩未已
말이 없고 또한 웃음도 없으니	不言亦不笑
정녕 그림 속과 다름없네	丁寧畵中似
구름 밖이 환히 개고	雲表明霽色

산사에 종소리 떨어질 때	鍾落上方時
이따금 딴 세상에 앉았으니	往往坐殊境
마음으로 느낄 뿐 남들은 모른다오	心知人不知

가을빛이 등불 그림자 어지럽힐 제	秋光亂燈影
공손히 부처님 앞에 재를 올리네	端拱佛前齋
한마디 말을 나눌 길은 없으나	無因接一言
평생의 회포를 다 털어놓았네	吐盡平生懷

무성한 숲에 밤비 떨어져	夜雨滴林繁
요란한 소리 새벽까지 이어지네	聲亂也到曉
하늘 끝까지 시름을 가져가려니	天末將愁去
말똥말똥 나그네 잠 못 이루네	耿耿客睡少

만 갈래 물 외로운 풍경과 어우러져	萬水應孤磬
등불 밝히자 일시에 소리 들리네	明燈一時喧
깊고 깊은 가을은 멀리서 들고	深深秋遠入
풀벌레 소리 대 뿌리에서 울리네	草虫鳴竹根

간밤에 동쪽 숲에 내린 눈이	前夜東林雪
겨울 소나무를 소복이 덮었으리	也應封寒松
날이 밝자 산길 향해 가니	平明向山路
흰 구름이 천 겹 만 겹이로다[151]	白雲千萬重

잠 깨어 두리번거리다 睡起一彷徨
새벽 잎사귀에 비 듣는가 하였더니 曉葉如鳴雨
솔숲 정자 곁에서 무시로 不時松堂側
스산한 바람이 나무 흔드는 소리였네 酸風颯搖樹

절풍건[152]에 꽃 장식하고서 金華折風帽
돌난간에 기대어 섰네 徙倚石欄干
손에 산국화를 들었으니 手持山菊花
늙은 중과 함께 보리라[153] 當與老僧看

사람들 단풍 숲 북쪽으로 가고 人行紅葉北
사람들 단풍 숲 동쪽으로 가네 人行紅葉東
사람들 단풍 숲 남쪽으로 가니 人行紅葉南
사람들 단풍 숲만 다니는구나 人行紅葉中

수미탑[154] 곧게 솟구쳤는데 須彌直峨峨

---

151 흰……겹이로다 : 흰 구름에 흰 눈이 어우러져, 천 겹 만 겹으로 흰빛을 띤다는 뜻이다.

152 절풍건(折風巾) : 삼국 시대부터 썼다고 하는 고깔형의 관모로, 좌우로 새 깃털을 꽂아서 장식하였다.

153 손에……보리라 : 석가가 영취산에서 설법할 때 꽃을 들어 보이자 오직 가섭만이 그 뜻을 알아차리고 미소를 지었다는 '염화미소(拈華微笑)'의 고사를 원용한 표현이다.

154 수미탑(須彌塔) : 내금강 수미봉(須彌峯) 아래에 자리한 암석 봉우리로, 돌을 쌓아놓은 것처럼 생긴 자연 석탑이다.

가운데가 조금씩 울퉁불퉁하네　中邊漸乙乙
아래로는 저녁 빛 점점 옮겨가고　下漸夕陽移
위로는 아침 해가 점점 솟아오르네　上漸朝日出
　위는 수미탑이다　右須彌塔

달빛 아래 못 물 마주하니　與月當潭水
한 조각 하늘이 천고의 봄을 즐기네　片霄樂千春
사람이 달을 처음 보는 것이면　人如初見月
달도 사람을 처음 비추는 것일세　月如初照人

편편한 너럭바위 하나가　盤盤一盤陀
그 속에 일만 물결 받아들였네　容受萬水於
흰 구름 뿌리를 말해 무엇 하리　何論根白雲
이것으로 하늘을 기울 수도 있다오[155]　也使補紫虛
　위는 만폭동이다　右萬瀑洞

푸른 하늘가에서 해가 떠오르니　白日青冥際
은연중 바위 자태 드러나 보이네　隱窺巖姿露
물가엔 적막하게 사람이 없어　水上靜無人
그림자와 짝 이뤄 함께 돌아보네　乃共影雙顧

---

155 흰……있다오 : 산 위에 있는 바위를 구름이 그곳에 부딪쳐서 일어난다고 하여 '구름의 뿌리', 즉 운근(雲根)이라고 한다. '하늘을 기운다'는 말은 만폭동(萬瀑洞)에 비친 하늘이 실제 하늘을 도와서 대신할 만큼 아름답다는 뜻이다.

머리 감고 다시 머리 말리니　澡髮復晞髮
소나무 끝에 해는 짐짓 더디 가네　松梢日故遲
날다람쥐는 달려가 돌아보지 않고　鼯鼠走不顧
기생하는 가지에 거꾸로 매달리네　倒懸寄生枝

단청의 솜씨로도 형용하지 못하는 건　丹青所未到
밤낮으로 골짝 울리는 옥 같은 물소리　日夜琮琤穴
멀리 유람 나온 바닷새가 이르니　遠引海禽至
맑은 하늘에 날리는 두어 점 눈빛 같네　數點翻晴雪

산골짝 물소리 울림 서로 다르니　山澗非一響
옥을 씻고 다시 옥을 울리네　漱玉復鳴玉
응당 알리라 냇물 아래쪽 사람이　應知澗下人
푸르고 맑게 흐르는 물 사랑한다는 것을　亦愛流碧淥

새벽이 되도록 불공 소리 울리니　徹曉佛供響
육진[156]은 참으로 존재하는 것 아니네　六塵卽非有
한 번 노래할 때마다 세 번 쉬나니　一唱輒三休
소리의 기세가 마음에서 나온다네　聲勢出心口

때때로 늙은 소나무 아래에 와서　時來古松下

---

156 육진(六塵) : 불교 용어로, 마음을 더럽히고 번뇌를 일으키게 하는 색(色), 성(聲), 향(香), 미(味), 촉(觸), 법(法)을 말한다.

멀리 흰 구름 사이를 바라보노라 遙望白雲間
그윽한 저 빛이 언제 바뀐 적 있으랴 幽色何曾改
내 마음 내내 절로 한가롭네 余心長自閒

굽 높은 나막신 한 쌍이 高齒一兩屐
이 몸과 함께 배회하누나 與我共徘徊
뉘 알랴 바위 위를 또각이다가 誰知石上響
다시 물가의 이끼를 밟는 줄을 復入水邊苔

한낮에 참깨를 심고 日中種胡麻
산 위에서 덤불을 태우네 山上燒梗草
심을 것 많다고 말할 뿐 但言所種多
험한 길 괘념치 않네 不念涉險道

동해엔 겨울에 언제나 눈 내리고 東海冬常雪
북풍 불어 날씨는 참으로 차구나 北風天正寒
서쪽 남쪽 북쪽이 일시에 막히니 三邊一時阻
예나 지금이나 길 가기 험난하네 古今行路難

혼돈 상태 어느 해에 구멍 뚫었나 混沌何年鑿
노래하고 웃는 건 한 마리 파리 소리일 뿐[157] 歌笑一蠅聲

---

157 혼돈(混沌)……뿐 : 아름답고 웅장한 산에 비해 보잘것없는 자신을 표현한 말이다. '혼돈'은 천지가 개벽하기 이전의 상태를 말하고, '구멍을 뚫었다'는 것은 천지가

신선이 되는 것 기대할 수 없으니 神仙不可望
이 부딪어도 또한 우레가 울린다지 叩齒亦雷鳴

가을 날씨 오락가락하더니 秋陰不定度
밤비가 솔가지를 적시고 있네 夜雨壓松枝
이처럼 그윽한 연못 소리를 如此潭聲也
어찌 버리고 갈 때 있으랴 那有抛去時

흰 구름 위를 오고 가자니 往來白雲上
나는야 구름길 걷는 신선과 같네 我似雲路人
알겠나니 구름길 걷는 고관(高官)이 應知雲路人
지금의 이 몸을 부러워할 것임을 羨我此時身

겹겹이라 이 높은 천을궁[158]에 重重天乙宮
달빛을 벗 삼아 올라왔네 月與共上之
아전들아 공문일랑 아뢰지 말라 吏人休報牒
선경에서 유람 시 지어야 하니 吾作遊仙詩

봄 파도에 씻긴 해 올라 안개 걷힘을 日浴春濤碧霧消

개벽할 때 조물주가 금강산을 만들었다는 말로 보인다. '파리 소리'는 저열한 시문을 비유하는 말이다.

158 천을궁(天乙宮) : 금강산 정양사(正陽寺) 근처의 천을대(天乙臺)를 말한다. 천일대(天一臺)라고도 한다. 89쪽 주96 참조.

해산정[159] 위에서 아침마다 보노라　　海山亭上望朝朝
산호수같이 뻗친 햇살 모두 하늘 향하니　　珊瑚樹直枝皆上
조정 향한 이 몸의 붉은 충정과 같네　　似我丹心向本朝
　위는 '정자 위에서 일출을 보다'이다　　右亭上看日出

빗소리 같은 연못 울림 노을 속에 흩어지고[160]　　淵鳴如雨散成霞
옥 같은 물줄기는 동구의 모래밭을 지나네　　縱橫玉流洞口沙
백 번 천 번 굽이돌아 삼십 리를 흐르며　　百曲千回三十里
홍련화 봉우리가 백련화 봉우리 마주했네　　紅蓮花對白蓮花

중원[161]의 솔바람은 물소리를 배웠나　　中院松飈學水聲
쫘아아 한번 웃으니 온 산이 맑아지네　　啞然一笑萬山晴
황금 태양 완연히 중천에 올랐는데　　金輪宛宛上黃道
봄 든 성엔 아직도 닭이 울지 않네　　猶是春城鷄未鳴

골짝을 타고 나는 듯한 누각 일백 칸이　　駕壑飛樓一百間
천궐을 배회하며 몇 겹을 굽이돌았나　　徘徊天闕幾重灣

---

159 해산정(海山亭) : 강원도 고성에 있던 정자로, 해금강과 외금강이 만나는 지점에 위치하고 있었다. 지금은 터만 남아 있다.

160 빗소리……흩어지고 : 내금강의 만폭동(萬瀑洞) 입구에 있는 명연(鳴淵)을 형용한 구절로 보인다.

161 중원(中院) : 금강산의 특정한 구역을 지칭한 말로 보인다. 《연려실기술(燃藜室記述)》 〈지리전고(地理典故)〉에 "상원(上院), 중원(中院), 내원(內院), 만경대를 이리저리 다니면 동해의 뛰어난 경치를 시원스럽게 볼 수 있다."라는 기록이 있다.

차가운 종에선 월지국 소리 울리니	寒鍾掀動月支響
모든 물 모든 산 모든 절에 메아리치네[162]	諸水諸山諸寺還
달빛 속에 누런 낙엽이 쓸쓸히 울어	月明黃葉颯然鳴
초경부터 이경까지 쉬지를 않네	鳴徹初更到二更
물 건너 푸른 산 모습 서로 비슷하니	隔水青山影相似
낙엽 울음 어느 산에서 나는 것일까	不知何處覓秋聲
은선대 위에서 신선 만나길 기다리자니	隱仙臺上待仙期
십이 폭포 가로놓여 그리움도 부질없네[163]	十二瀑橫空所思
괴이타 숨은 신선 참으로 아니 오고	卻怪隱仙故不至
늙은 신하는 언제나 태평 시대 못잊음이여	老臣終是戀明時
한 바위를 떠나지 않고 콰르르 쏟아지니	不離一石瀉當當
이 같은 연못 소리 견줄 데가 없어라	如此潭聲不可方
만 번 꺾고 천 번 돌며 온갖 변화 이루면서	萬折千回總是變

162 골짝을……메아리치네 : 금강산 유점사(楡岾寺)를 읊은 시이다. 고려의 민지(閔漬)가 지은 〈유점사기(楡岾寺記)〉에 의하면, 서역(西域)의 월지국(月支國)에서 53불(佛)이 철종(鐵鍾)을 타고 와 강원도 고성의 안창현(安昌縣) 포구에 내린 뒤 금강산으로 들어가 느릅나무에 종을 매달고 앉아 있었는데, 현감 노춘(盧偆)이 이 사실을 왕에게 아뢰어 53불이 앉았던 자리에 유점사를 창건하였다고 한다. 《新增東國輿地勝覽 卷45 江原道 高城郡》 '천궐(天闕)'은 궁궐을 말하는데, 여기서는 유점사를 지칭한 말이다.

163 은선대(隱仙臺)……부질없네 : 은선대는 은신대(隱神臺)라고도 하는 바위 이름이다. 십이 폭포는 은선대와 마주 보고 있는데, 12층의 계단을 이루면서 떨어진다.

또한 여울이 아니면 서두르지 않네　　也非渦曲莫蒼黃

가을 햇살 유유하고 가을 나무 선명한데　　秋日悠悠秋樹明
가을 깊은 불당엔 풍경이 먼저 울리네　　秋深何殿磬先鳴
홀로 단풍잎 들고 함박웃음 지으며　　獨攀絳葉一含笑
푸른 구름에 기대 떠나려 하지 않네　　斜倚綠雲不肯行

산사에 종 울리고 밤은 정녕 길기만 하니　　山寺鍾鳴夜故遲
방광대 위에서 광채 뿌릴 때라오[164]　　放光臺上撒光時
노승이 나를 향해 껄껄 웃으며　　老僧向我囅然笑
인간 세상 일이지만 사람들은 모른다 하네　　事在人間人不知

만수의 근원은 만산에서 나오니　　萬水之源出萬山
누군들 여기 와 한가롭지 않았으랴[165]　　何人到此不曾閒
내일 아침 또 수미[166]를 향해 가면　　明朝且向須彌去

---

164 산사에……때라오 : '산사'는 정양사(正陽寺)를, '방광대(放光臺)'는 정양사의 뒤쪽 언덕을 말한다. 고려 태조가 금강산에 올랐을 때 담무갈보살(曇無竭菩薩)이 바위 위에 몸을 나타내어 광채를 발하니, 태조가 정양사를 창건하고 그 뒤 언덕에 방광대라는 이름을 붙였다고 한다. 《新增東國輿地勝覽 卷47 江原道 淮陽都護府》

165 만수의……않았으랴 : 내금강의 가장 깊은 골짜기인 영원동(靈源洞)과 그곳에 있는 영원암(靈源菴)을 읊은 것으로 보인다. 영원암은 신라 때 영원조사(靈源祖師)가 수도하다가 입적한 곳으로, 인적이 거의 미치지 않는 암자라고 한다.

166 수미(須彌) : 내금강의 높고 가파른 봉우리인 수미봉을 말하는 것으로 보인다. 그 근처에 돌을 쌓아놓은 듯한 자연 석탑인 수미탑이 있다.

그 길로 해 넘기며 아니 돌아가고 싶으리	便欲從年遂不還

주렴 걷자 흰 비단 같은 새벽 은하 선명한데	捲簾氷綃落曉河
나무다리 동쪽 가로 다시 누가 지나가나	板橋東畔更誰過
들쭉날쭉 원경(遠景)이 모랫길 따라 도는데	參差遠勢延洲轉
다정한 울음소리 기러기 떼 날아가네	宛轉寒聲起雁多

이른 아침 혼자서 망춘대에 오르니	平明獨上望春臺
구불구불 푸른 시내 휘돌아 흐르네	曲曲青川巴字回
부엌 흰 단지의 새로 빚은 진한 술이	廚間白甕新濃酒
강 속의 푸른빛을 먼저 빼앗아왔네	先奪江中綠色來

푸른 산빛 짙을 때 초록 난간에 오르니	山翠沈沈上綠欄
화창한 이 날씨 누굴 위해 무르익었나	好晴天氣爲誰闌
갑자기 고기 낚고픈 맘 견디지 못해	猝然不耐釣魚興
어부 집 청죽 낚싯대 잠시 빌리네	暫借漁家青竹竿

구름 갔다 구름 오니 나도 함께 와	雲去雲來我共來
백화암 아래에서 비석 읽고 돌아왔네	白華庵下讀碑回
봄빛이 북해의 술동이 속에 들어오니	春光北海樽中入
흐드러진 꽃이 서왕의 나무 위에 피었네[167]	花爛西王樹上開

167 구름……피었네 : 내금강의 사찰인 마하연(摩訶衍)에서 읊은 시로 보인다. '백화암(白華庵)'은 마하연에 딸린 암자로, 이곳에는 4개의 비석이 있다고 한다. '북해(北海)'

모르겠네 어젯밤 누가 먼저 취했는지　不知昨夜誰先醉
냇물 소리 잘못 듣고 땅이 우는가 했네　錯把溪鳴訝地鳴
이 절경을 먼 훗날 내게 기억케 하려는지　絶境他年敎我認
하늘에 한 조각 은혜로운 구름 일어나네　空中一片慈雲生

향 사르며 홀로 앉아 산을 보는 늙은이　焚香獨坐看山翁
사람 대하는 마음과는 사뭇 다르네　心與看人頗不同
아까워라 오늘 아침 눈썹같은 푸른 산 못 보고　可惜今朝靑黛狀
취중에 작은 평상에서 헛되이 보냈음이여　醉中虛度半床中

우뚝 솟은 설산 머리 참으로 어여뻐라　兀兀白頭正可憐
기나긴 세월 동안 검은색과 인연 없었지　天長地久黑無緣
우연히 신선 골에서 꽃구경하는 날에　偶然玉洞看花日
앉아서 천도복숭아 열릴 해 헤아려보네　坐筭瑤桃結子年

붉은 구름 올라가 낭풍전(閬風巓)과 가지런하니　彤雲上與閬風齊
향진은 쓸지 않고 진흙만 말끔히 씻었네　不掃香塵淨掃泥
곧장 동쪽 향해 올 때 백록을 탔으리니　直向東來騎白鹿
묻노니 참으로 하늘 오르는 사다리가 있는지[168]　問君眞有上天梯

는 후한(後漢) 때 북해 상(北海相)을 지낸 공융(孔融)을 가리키는데, 선비를 좋아해 빈객이 항상 집에 가득했다고 한다. 563쪽 주659 참조. '서왕(西王)'은 중국 신화에 나오는 선녀 서왕모(西王母)이다. 서왕모가 심은 복숭아나무는 3천 년에 한 번 꽃이 피고 3천 년에 한 번 열매를 맺는다고 한다.

168 붉은……있는지 : 흰색 바위로 병풍처럼 펼쳐진 중향성(衆香城)을 읊은 것으로

철쭉꽃 앞에서 향긋한 술 거르는데　躑躅花前芳醑篘
강 남쪽 봄물에 고깃배가 가득하네　江南春水滿漁舟
붉은 구름이 길을 막고 동풍이 세차니　紅雲塞徑東風緊
아직 남은 산비가 걷히지 않을까 걱정되네　山雨餘痕憺不收

강물에 시 지어 던지며 해신에게 인사하고　投璧中流揖海神
기암괴석 보려고 바다로 들어갔네　因貪怪石入滄津
천상에 뉘 사는지 알지는 못해도　不知天上何人住
선상의 사람이 참으로 천상의 사람이리라　船上人眞天上人

물 건너는 가벼운 구름은 다리가 필요 없지　渡水輕雲不用橋
동에서 오고 서에서 모여 가지를 반쯤 가렸네　東來西集半遮條
연못가 고요한 밤에 나방이 날아드니　池塘靜夜飛蛾入
바람 없어도 붉은 촛불 그림자 흔들리네　紅燭無風影動搖

이처럼 우는 샘물 다시 만나기 어렵고　似此鳴泉難再當
물처럼 맑은 가을 하늘 밤은 정녕 깊었네　秋天如水夜殊央
낙산사 관음굴 이보다 좋은 곳 없으리니　洛迦觀世定無上
사흘 밤 묵으며 노승의 방을 떠나지 않네　三宿不離老宿房

보인다. '낭풍전(閬風巔)'은 곤륜산(崑崙山) 꼭대기에 있는 산으로, 중국의 선녀인 서왕모(西王母)가 산다고 한다. '향진(香塵)'은 여인이 걸을 때 이는 먼지를 말하며, '백록(白鹿)'은 신선의 수레를 끌고 다니는 사슴을 말한다.

가을 깊은 불당에 밤은 아직 덜 깊은데　金榜深秋夜未央
염불하는 야윈 스님 얼굴빛 빛나네　枯僧念佛色張皇
다섯 음으로 우는 냇물 소리 모두 다르니　五音皆別諸溪響
나는 본래 조정의 협률랑이었지[169]　我本中朝協律郎

성근 주렴으로 은은히 달빛이 엿보고　疏簾隱映月華窺
감실[170]엔 바람 없는 한가로운 밤이로다　龕室無風閒夜時
한 번 스님과 술을 마신 뒤로는　一自與僧許飮後
스님과 술 논하고 시를 논하지 않네　共僧論酒不論詩

학계[171]의 비단 종이에 작은 양털 붓으로　鶴溪絹紙小羊毫
나에게 가을 산 가을 물 곡조 써주었네　寫我秋山秋水操
희끗한 눈썹 흰머리에 가사 두른 사람이　龐眉皓髮袈裟者
오른 어깨 반을 드러낸 모습 얼마나 호방한지[172]　半露右肩何太豪

---

169 나는……협률랑(協律郎)이었지 : '협률랑'은 음악을 연주하는 일을 담당한 장악원(掌樂院)의 관원을 말하는데, 저자가 1811년(순조11) 11월 27일에 장악원 주부(主簿)에 임명된 기록이 보인다. 《承政院日記》

170 감실(龕室) : 벽면을 오목하게 파서 불상을 모셔두는 작은 공간을 말한다.

171 학계(鶴溪) : 비단 종이가 생산된 곳의 지명으로 보인다.

172 희끗한……호방한지 : 거문고 곡조를 써준 스님을 형용한 말로 보인다. 참고로, 두보(杜甫)의 시에 "소나무 뿌리엔 조용히 쉬는 서역 스님, 희끗한 눈썹 흰머리에 집착하는 마음 없네. 오른 어깨 드러내고 두 발도 맨발인데, 솔잎 속 솔방울이 스님 앞에 떨어졌네.〔松根胡僧憩寂寞, 龐眉皓首無住著, 偏袒右肩露雙脚, 葉裏松子僧前落.〕"라는 구절이 보인다. 《杜少陵詩集 卷9 戲韋偃爲雙松圖歌》

머리 희도록 풍진세상 예순 해를 살았는데　　頭白風塵六十霜
어찌 회계의 인장 차길 구할 필요 있으랴[173]　　何須乞佩會稽章
농어회를 올가을에 가서 먹을 수 있으니[174]　　魚膾今秋去可食
낚싯배로는 삼판이 여황보다 낫네[175]　　釣舟三版勝艅艎

새 시는 그저 마음을 안정시키면 그만이니　　新詩只許定風神
정신이 조금이라도 세속에 물들까 두렵네　　神采分毫恐犯塵
술에서 깨어 낭랑하게 시 읊기 그치지 않나니　　起醉珊珊咏未已
흰머리 되도록 괴로이 읊는 시인일 뿐이네　　白頭終是苦吟人

맑은 물 유유하고 돌 비탈길 가파른데　　白水悠悠百磴危
술기운 올라 귀 화끈거리고 발걸음은 더디네　　酒酣耳熱步行遲
중향성 맑은 빛 똑똑히 보았나니　　衆香秀色分明見
만폭동 물소리에 가로누웠을 때였지　　萬瀑聲中橫臥時

나무 끝과 나무 아래에 푸르고 붉은 구름[176]　　樹梢樹底綠紅雲

---

173 어찌……있으랴 : 벼슬살이에 매일 필요가 없다는 말이다. '회계(會稽)의 인장'은 한(漢)나라 때 회계 사람 주매신(朱買臣)이 젊은 시절에 고생하며 공부하다가 50세가 되어서야 회계 태수에 임명된 고사를 말한다. 《漢書 卷64上 朱買臣傳》

174 농어회를……있으니 : 임기가 끝나 고향으로 돌아갈 수 있다는 말이다. 진(晉)나라 장한(張翰)이 낙양(洛陽)에서 벼슬하다가, 가을바람이 불자 고향인 오중(吳中)의 순챗국과 농어회가 생각나 곧장 사직하고 돌아간 고사가 있다. 《晉書 卷92 張翰列傳》

175 낚싯배로는……낫네 : '삼판(三版)'은 삼판선(三版船)으로 작은 배를 말한다. '여황(艅艎)'은 오(吳)나라 왕이 탄 큰 배의 이름이다.

하늘까지 거리 삼등분하여 둘까지 갔네	天去三分去二分
한번 가마에 오르면 못 갈 곳 없으니	一上藍輿無不去
호척이며 용문보다 더 빠르다오[177]	捷於虎脊與龍文

급한 구름이 비가 되어 뭇 산을 흔들며	急雲化雨衆山搖
남에서 선봉대 건너가고 북으로 다리를 침범하네	南渡先鋒北犯橋
이러한 날 이러한 때 온갖 회한 사라지니	此日此時除萬恨
파초에 울리는 성근 빗소리 마루에 가득하네	滿堂疏響上芭蕉

바위 위 온 산에서 모두 물을 보내고	石上萬山皆送水
물은 홀연히 온 산을 띄워 보내네	水中忽送萬山浮
참으로 삼천 육백 개의 축이 될 만하니[178]	可是三千六百軸
그저 하늘빛을 논할 뿐 물을 논하지 않네	只論天色不論流
위는 '만폭동'에 대해 읊었다	右萬瀑洞

여윈 스님의 석굴이 산머리에 있는데	枯僧龕室着山椒

---

176 푸르고 붉은 구름 : '신선의 경광'을 의미한다. 신선의 거처에는 항상 푸른 구름과 붉은 구름이 감싸고 있다고 한다.

177 호척(虎脊)이며……빠르다오 : '호척'은 털빛이 호랑이와 같다는 준마를 말하며, '용문(龍文)' 역시 준마의 이름이다.

178 참으로……만하니 : 만폭동 계곡 물속에 금강산의 여러 봉우리가 비친 모습을 곤륜산의 모습에 비유한 말이다. 《하도괄지상(河圖括地象)》에, 하늘을 떠받치는 곤륜산 아래에 8개의 기둥이 있는데 그 기둥에 묶인 3,600개의 축이 온 세상의 명산과 대천(大川)에 통한다고 한다.

측백나무 두세 가지 겨울에도 푸르네　側栢冬青三兩條
샘물 울음 그치지 않고 사람 소리 없으니　泉鳴不已無人響
한 점 등불 빛만 쓸쓸히 깜빡이네　一點燈光照寂廖

봄이 어디서 일어나 오는지 몰라　不知何處起春來
하루에도 몇 번씩 다 둘러보았네　一日三時盡看回
물 북쪽엔 맑은 빛이 초목에 흔들리고　水北淸光搖草樹
물 남쪽엔 멋진 경치가 누대에 오르네　水南佳景上樓臺

연루[179]의 물소리 그윽하고 따뜻한 해 기우는데　蓮漏沈沈慧日斜
깊은 절간 복층 전각엔 용과 뱀 그려졌네　深宮複殿畫龍蛇
불두화 흐드러져 봄이 비단 같은데　佛頭花爛春如繡
스님이 앉아 항하의 모래를 세고 또 세네[180]　坐筭恒河沙復沙

푸른 적삼에 나무 홀(笏) 본래 좋아하지 않으나[181]　青衫木版本非好

---

179 연루(蓮漏) : 진(晉)나라의 고승 혜원(惠遠)이 연꽃 모양으로 만들었다는 물시계 연화루(蓮花漏)를 말한다.

180 불두화(佛頭花)……세네 : 봄날 절에서 스님이 불경을 왼다는 말이다. '불두화'는 수국의 일종으로, 부처의 머리처럼 생겼다고 하여 붙여진 이름이다. '항하(恒河)'는 인도 갠지스강의 한자식 표현이며, 불교에서 많은 수량을 말할 때 흔히 '항하의 모래'에 비유한다. 이백의 〈승가가(僧伽歌)〉에, "불경을 몇천 번 읽었는지 물으니, 항하의 모래처럼 셀 수 없이 읽었다 하네.〔問言誦咒幾千徧, 口道恒河沙復沙.〕"라는 구절이 있다. 《李太白文集 卷6》

181 푸른……않으나 : 벼슬살이를 좋아하지 않는다는 말이다. '푸른 적삼'은 하급 관원의 복장을 말하고, '나무 홀(笏)'은 하급 관원이 조정에 들어갈 때 지니는 홀을 말한다.

우연히 외로운 구름 따라 잠시 이웃 고을 의탁했네 偶逐孤雲暫托隣
산승이 나를 신령하다고 의심할 법도 하지 山僧疑我有神異
좌석에 항상 수백 명이 찾아온다네 座上常登數百人

대들보 위에 뚜렷이 보통 연호 적혔으니[182] 特書樑上普通年
오래된 사찰이 하늘 궁궐 가에 드높네 寺古巋然天闕邊
봄바람 속 향기로운 나무 아래 가만히 앉으니 牢坐春風香樹下
바람 타고 오는 향기, 바람 없어도 향긋하네 香聞風後聞風前

봄날이 흐려 누대 못 올랐다 애석해 말라 莫惜春陰未上臺
이 때문에 느긋이 부처를 찾을 수 있었으니 故能婀娜傍如來
대웅전의 향연은 박쥐 춤에 흔들리는데 正殿香搖蝙蝠舞
절간의 등불은 활짝 핀 모란 비추네 上方燈照牧丹開

푸른 시내 길 끊어진 곳 이끼가 어지럽고 青谿路絶散莓苔
석양빛이 산허리에 이를 제 쓸쓸히 돌아오네 影到中峯落落回
길 가다 진창 만날까 나막신 신고서 行或愁泥乘木屐
꽃 꺾어 읊조리며 물가 동쪽 대에 섰네 折花吟立水東臺

굽은 솔 몇 그루 연기와 서리에 늙어가고 虯虯數松老煙霜

182 대들보……적혔으니 : 절이 창건된 것이 보통(普通) 연간이라는 말이다. '보통'은 중국 양(梁)나라 무제(武帝) 때의 연호로, 520년에서 526년까지 사용하였다. 강원도 고성의 건봉사(乾鳳寺)가 신라 법흥왕 7년인 520년에 창건된 것으로 알려져 있다.

파도처럼 울리는 솔바람에 온 마루가 서늘하네　響過波濤涼滿堂
못 견디겠네 호탕히 취해 잠만 자노라니　不耐巃豪醉只睡
꿈속에서 원래 마른 뽕나무 이야기하는 것을[183]　夢中元是話枯桑

감호에서 양사언을 다시 생각하나니　復憶鑑湖楊士彦
바다와 산 읊은 빼어난 구절 관동에 가득하네　海山秀句滿東州
'비래'라는 그 정자 지금은 영락하였고　飛來亭子今零落
오색의 물새가 옛 언덕에 모여 있네[184]　五色水禽集故丘

반짝이는 흰 이슬 수정 같으니　白露光光如水晶
가을 신이 이 밤에 베풀었다고 스님이 말하네　僧言金帝夜持衡
품속에서 붉은 잎 시첩 꺼내 들고서　擎出懷中紅葉牒
시내 너머 깊은 가을 소리에 함께 웃네　隔溪相笑半秋聲

소나무 누각엔 술 익고 밤은 춥지 않은데　酒熟松樓夜不寒
깊은 가을 맑고 깨끗해 구름 속인 듯 편안하네　高秋宛宛似雲安

---

183 못……것을 : 간절한 고향 생각을 견디기 힘들다는 말이다. 뽕나무는 가래나무와 함께 고향을 상징하는 말로 쓰인다.

184 감호(鑑湖)에서……있네 : '감호'는 현재 강원도 고성군 해안의 군사분계선 바로 너머 구선봉(九仙峯) 아래에 있는 호수이다. 봉래(蓬萊) 양사언(楊士彦)은 48세 때인 1564년(명종19) 감호 가에 정자를 짓고 비래정(飛來亭)이라는 글씨를 써 붙였다. 그 후 양사언은 강릉 부사·회양 군수 등을 역임하였으며, 회양 군수로 있을 때 금강산을 자주 유람하였다. 만폭동 바위에는 아직도 '봉래풍악 원화동천(蓬萊楓岳元化洞天)'이라는 그의 글씨가 남아 있다. 《蓬萊詩集 卷3 附 飛字記》《林下筆記 卷37 蓬萊秘書》

강물 속 푸른 물결이 그대를 전송하리니 江中綠浪送君去
강가의 청산을 객과 함께 바라보네 河上青山與客看
위는 '강에서 송별함'에 대해 읊었다 右江中送別

참대 자란 언덕 위에 아름다운 누각 서 있고 苦竹岡頭起畫樓
푸른 마름 떠 있는 나루엔 소나무 배 기다리네 青菱渡口駐松舟
배는 물결이 일 때 서둘러 떠나야 하니 舟到波生須早發
오늘 밤 밝은 달은 누굴 위해 머물까 今宵明月爲誰留
위는 '송별'에 대해 읊었다. 위와 같다 右送別 同上

드넓은 하늘이 바다 위 산과 통하니 天海通於海上山
신선은 다만 바다와 산 사이에 있네 仙人只在海山間
비룡 몰고 왔다가 학 타고 떠났으니 來御飛龍去御鶴
옛 단에 상서로운 구름은 어느 때에 돌아올까 古壇雲氣幾時還

첩첩한 산세가 친근하게 다가오니 乍掩乍重肺腑通
산마다 물마다 공(空)의 이치 깨닫네 山山水水悟空空
바위 위에 바보처럼 오래 누워 있던 건 石上臥多癡似病
내 눈 속에 모두 다 들어오기 때문일 뿐 只緣總入仰看中

달빛 같은 촛불이 불당 가득 붉나니 寶燈如月遍堂紅
게송[185]이며 불경을 한번 송독해보네 禪偈禪書讀一通

---

185 게송(偈頌) : 부처의 공덕이나 가르침을 찬탄하는 노래를 말한다.

뜰 가득한 낙엽을 아무도 쓸지 않는데	山葉滿庭人不掃
홀연히 소나무 위로 오경의 바람 지나네	忽然松上五更風

담담히 서쪽 누각 쓸면서 구름은 쓸지 않아	憺掃西樓不掃雲
어지러이 비 내리는가 잘못 알게 한다네	錯教人看雨紛紛
이 없는 노승이 염불 소리 열심이라	老僧無齒猶供佛
웃음인 듯 노래인 듯 새벽까지 들리네	乍笑如歌徹曉聞

맑고 밝은 달이 세 번째 소나무에 오르니	涓涓月上第三松
솔 그림자는 들쭉날쭉 달빛도 짙어라	松影參差月影濃
물동이 앞으로 가 거듭 얼굴 씻고서	却向盆頭重洗面
조용히 갓을 고쳐 쓰고 또 봉우리 보네	憺然整帽更看峯

배불뚝이 항아리에 술구더기 떠 있고	中寬瓦甒螘浮浮
만고의 큰 이름 술지게미 언덕이라네[186]	萬古鴻名糟一丘
벽도화 향해 웃으며 꽃 아래 서서	笑向碧桃花下立
비단에다 옥 글자 써 신선들 초대하네[187]	春羅玉字邀仙儔

---

186 배불뚝이……언덕이라네 : 금강산에서 술을 마신다는 말이다. '술구더기'는 걸러 놓은 술에 뜬 밥알을 말한다. '술지게미 언덕'은 술 찌꺼기를 쌓아놓은 것이 언덕을 이루었다는 말로, 여기서는 금강산을 의미한다. 이백의 〈월하독작(月下獨酌)〉 제4수 "술지게미 언덕은 봉래산이라네.〔糟丘是蓬萊.〕"라는 구절에서 나왔는데, 봉래산은 신선이 산다는 산으로 금강산의 이칭으로 쓰인다.

187 비단에다……초대하네 : 좋은 종이에 편지를 써 친구를 부른다는 말이다.

천년 뒤에 알아줄 자운만 부질없이 기다리며 千年空待子雲知
만호후 벼슬을 천 수의 시보다 가벼이 여겼네[188] 萬戶侯輕千首詩
다 빠진 늙은 수염을 시 짓느라 꼬고 꼬니 老禿無髭撚復撚
올망졸망 마을 아이들이 배꼽 잡고 웃네 參差笑殺郡中兒

---

188 천년……여겼네 : 후대에 자신의 시를 알아줄 사람이 있을 것이라 믿으며 부단히 시를 지었다는 말이다. '자운(子雲)'은 한(漢)나라의 학자 양웅(揚雄)의 자인데, 사람들이 자신이 지은 책의 내용을 이해하지 못하자 "나는 후세의 자운을 기다린다."라고 하였다. 《漢書 卷87 揚雄傳》 '만호후(萬戶侯)'는 높은 벼슬아치를 말한다.

청풍부 쇠잔한 고을에 부임하여 번민을 풀며 짓다[189]

之任淸風府弊邑 撥悶之作

애절한 하소연 조용히 듣노라니　靜聞哀痛語
밝은 해도 빛을 잃으려 하네　白日欲無光
밤비는 빈산 속에 내리고　暝雨空山裏
가을꽃은 가파른 바위 곁에 피었네　秋花危石傍
인가의 연기 어디나 썰렁하고　人煙一蕭瑟
군적에는 도망친 사람이 절반이라오　軍籍半流亡
황공탄[190] 머리에 서 있노라니　惶恐灘頭立
두렵고 참으로 두렵다네　恐惶誠恐惶

강가에 쓸쓸히 남은 집들　江上蕭殘戶
텅 비어 칠십 가구 남았네　空餘七十家
황혼녘에 북소리 다하지 않고　黃昏鼓不竭
푸른 골짝에 달이 막 비끼네　蒼峽月初斜
객사에는 박쥐가 날아다니고　客舍飛仙鼠
숲속 나무엔 모과 열매 맺혔네　林枝結木瓜
아직도 전해지니 구루의 수령이　尙傳句漏令

189 청풍부(淸風府)……짓다 : 충청도 청풍 부사로 부임하여 지은 시이다. 저자는 1815년(순조15) 5월 8일 청풍 부사에 임명되었는데, 당시 나이 49세였다. 《承政院日記》

190 황공탄(惶恐灘) : 청풍의 남한강에 있던 여울로 뱃길이 험했다고 한다. 지금은 충주호에 잠겼다.

때때로 단사를 구웠다 하네[191] 往往煉丹砂

늙은이가 공문거의 추천을 받고서 老懷文擧剌
임금 뵙고 공손히 돌아왔다네[192] 槃辟雅容還
물길은 황우의 물가로 가고 水去黃牛渚
봉화는 주조의 산에서 오네[193] 火來朱鳥山
당당해라 백리 고을의 수령이요 堂堂百里宰
우뚝해라 남한강의 관문이로세 兀兀一江關
아직도 완 보병의 술이 있으니 尙有步兵酒
부엌 사이 그 빛깔 정녕 붉다네[194] 廚間色正殷

---

191 아직도……하네 : 청풍의 경치가 선경(仙境)이라는 말이다. 진(晉)나라의 갈홍(葛洪)이 구루(句漏) 지방에 좋은 단사(丹沙)가 난다는 말을 듣고 단약(丹藥)을 만들기 위해 구루의 수령을 자청했다는 고사가 있다. 구루는 현재의 베트남 북부지역이다. 《晉書 卷72 葛洪傳》

192 늙은이가……돌아왔다네 : 추천을 받아 청풍 부사에 임명되어 임금을 뵙고 부임했다는 말이다. '문거(文擧)'는 후한 공융(孔融)의 자인데, 공융이 예형(禰衡)을 인재로 추천했던 고사가 전한다. 1814년(순조14) 5월 28일에 강원도 관찰사 조홍진(趙弘鎭)이 고성 군수 이복현의 치적을 보고하자 순조가 승진시켜 발령하게 한 기록이 보인다. 《承政院日記》

193 물길은……오네 : '황우(黃牛)'는 물길이 향하는 방향을 말하는데, 우(牛)는 축방(丑方)이므로 북방을 지칭한 것으로 보인다. '주조(朱鳥)'는 남방의 주작(朱雀)을 상징하는 것으로, 여기서는 남쪽의 산을 가리킨 것으로 보인다.

194 아직도……붉다네 : '완 보병(阮步兵)'은 진(晉)나라 때 죽림칠현(竹林七賢)의 한 사람으로 보병교위(步兵校尉)를 지낸 완적(阮籍)을 가리킨다. 보병영(步兵營)의 부엌에 좋은 술이 있다는 말을 듣고 자청하여 보병교위가 되어 날마다 그 술을 마셨다는 고사가 있다. 《晉書 卷49 阮籍列傳》

외종제 김사홍 선 이 배를 타고 멀리 왔기에 함께 짓다[195]

金從嗣鴻 鐥 乘舟遠來 共作

필마 타고 외로운 구름처럼 정한 기약 없다가 疋馬孤雲無定期
하늘 끝에서 오늘 밤 이별의 회포 위로하네 天涯一夕慰離思
어찌 알았으랴 형제간에 높이 오르는 날이 那知兄弟登高日
참으로 갈바람에 기러기 나는 때일 줄 正值秋風賓雁時
천하의 문장에는 따라올 자 없고 海內文章無後輩
상자 속 경서에는 스승으로 모시는 분 있네 篋中經卷有前師
염여퇴 같은 풍파 거듭 지나와 重過灩澦堆邊劫
다시 못가의 꿈속 구절 이어가네[196] 還續池塘夢裏詩

수레 타고 오는 건 천 리 먼 길도 마다 않으니 命駕非關千里遙
맑은 강은 더구나 또 온갖 근심 사라짐에랴 澄江況又百憂消
흐르는 세월 객로에서 쑥대처럼 유랑하다 流年客路隨蓬轉
석양 비추는 찬 성에서 버들가지 마주했네 夕照寒城對柳條

---

195 외종제……짓다 : 청풍 부사로 있을 때 지은 시이다. '사홍(嗣鴻)'은 김선(金鐥)의 자로 저자의 외종제(外從弟)이다. 김선에 대해서는 12쪽 주16 참조.

196 염여퇴(灩澦堆)……이어가네 : '염여퇴'는 양자강 상류에 있는 험난한 협곡을 말하는데, 여기서는 김선이 배를 타고 고생하며 온 것을 빗댄 말이다. '못가의 꿈속 구절'은 친척 형제를 만나 시를 짓는 것을 의미하는 말로 쓰였다. 남조(南朝) 송(宋)나라 때 시인 사령운(謝靈運)이 좋은 구절이 떠오르지 않다가, 꿈에 족제(族弟) 사혜련(謝惠連)을 만나서 "못가에 봄풀이 난다.〔池塘生春草.〕"라는 절묘한 시구를 얻었다는 고사가 있다. 《南史 卷19 謝惠連列傳》

선달 되어 벼슬 나갈 날 진정 머지않았고	先達彈冠定有日
상방에서 신을 하사받는 아침 어찌 없으랴[197]	尙方賜履詎無朝
그대를 멀리서 보니 마치 신선의 짝이	而君望若神仙疋
신선의 깃발 들고 하늘에서 내려온 듯하네	絳節依然降紫霄

높은 누각 솟아 금병산[198]과 나란하고	高樓上與錦屛齊
고을 감싼 구름 산이 동서로 이어졌네	繞郡雲山東復西
이슬이 물가 꽃에 맺히니 기러기 처음 날고	露滴渚花初雁起
바람이 관아의 나무 흔드니 늦매미 울어대네	風搖官樹老蟬啼
새 가을 든 오하 땅에 생선국 맛나고	新秋吳下魚羹美
요사이 회남 땅엔 쌀값도 싸다네[199]	近日淮南米價低
고깃배 구경하느라 멀리 온 줄 몰랐더니	看弄漁舟不知遠
휘영청 밝은 달빛이 시내에 가득하네	萬千明月萬千溪

명승으론 결코 큰 고을에 양보 않나니	名區判不讓雄州

---

197 선달(先達)……없으랴 : 문과에 급제하기를 바라는 말이다. '선달'은 문무과에 급제한 사람을 말하고, '상방(尙方)'은 상의원(尙衣院)을 말한다. '신을 하사받는 것'은 지방관으로 임명되는 것을 의미한다.

198 금병산(錦屛山) : 청풍부 북쪽에 위치한 산으로, 병풍산(屛風山)이라고도 불린다.

199 새……싸다네 : 배를 타고 청풍 주변을 유람한 것을 표현한 말이다. '오하(吳下)'는 중국 절강성(浙江省)의 소주(蘇州)를 말하는데, 여기서는 '청풍'을 의미하는 말로 쓰였다. 진(晉)나라 오군(吳郡) 사람 장한(張翰)이 낙양에서 벼슬하다가 가을바람이 불자 고향의 순챗국과 농어회가 생각나서 벼슬을 그만두고 고향으로 돌아갔다는 고사가 있다. 《晉書 卷92 張翰列傳》 '회남(淮南)'은 중국 회수(淮水) 남쪽 지역을 말하는데, 여기서는 '청풍의 장회(長淮) 남쪽'을 의미하는 말로 쓰였다.

흰머리 되어 먼 유람 온 것 한탄스럽네	頭白堪嗟成遠遊
누런 인끈[200]은 끝내 헛되이 버릴 날 아니고	黃綬竟非虛擲日
푸른 산은 그 어딘들 가을답지 않으랴	靑山何處不宜秋
종소리 들으며 물 건너니 골짝에 서늘함 일고	疏鍾渡水涼生壑
푸르름 속에 숲으로 가니 누각에 달빛 가득하네	積翠歸林月滿樓
기주의 여울[201]처럼 험한 곳 다시 지나니	灘似夔州險更過
성상의 은혜여 맑은 물결 관장하길 허락하셨네	聖恩只許管淸流

200 누런 인끈 : 지방 수령이 차는 황색의 끈을 말한다.

201 기주(夔州)의 여울 : 중국 기주의 양자강 구당협(瞿塘峽) 입구에 있는 험한 여울인 염여퇴(灩澦堆)를 말한다.

절구로 함께 짓다[202]

絶句 共作

동남쪽에서 세찬 비가 물풀을 때리며	東南黑雨打稗蒲
쏴아쏴아 날아서 청초호[203]를 건너오네	飛渡沈沈青草湖
산빛이 옅었다가 푸르러짐도 모른 채	不覺山光皺復碧
호수 위에 빗방울이 구슬 이룸만 좋아하네	貪看水上滴成珠
비단 절벽이 천 겹에 다시 만 겹이니	錦壁千重復萬重
복사꽃 핀 강가에 옥부용이 솟았네	桃花江上玉芙蓉
강바람이 언뜻 누각 그늘을 돌아서 나가니	水風乍轉樓陰去
십 리 밖 무림사(霧林寺)[204]의 종소리가 들려오네	十里浮來林寺鐘
서풍에 삐걱삐걱 상앗대로 물결 가르니	伊軋西風翦水槳
물보라 흩날리고 원앙새가 날아가네	浪花散亂起元央
푸른 도롱이에 초록 삿갓 그 누구인가	青簑綠箬者誰子
술 취해 배에서 자며 추운 줄도 모르네	醉宿方舟不覺涼

202 절구로 함께 짓다 : 외종제 김선(金鐥)이 저자가 수령으로 있는 청풍을 찾아오자 그와 함께 지은 시로 보인다.

203 청초호(青草湖) : 청풍부 금병산(錦屛山) 아래에 있던 호수이다.

204 무림사(霧林寺) : 충청도 제천(堤川)에 있는 무암사(霧巖寺)로, 통일신라 때 의상대사(義湘大師)가 창건했다.

유량의 누각 가운데 달이 반쯤 비끼었고	庾亮樓中月半橫
보병의 부엌 아래에 술이 새로 맑다네[205]	步兵廚下酒新清
구름 뚫고 물 건너 제천의 수령[206]께서	穿雲渡水堤川宰
강나루에 바람 소리 먼저 보내주셨네	先送江津颭沓聲

205 유량(庾亮)의……맑다네 : '유량'은 진(晉)나라 때의 재상으로, 일찍이 정서장군(征西將軍)이 되어 무창(武昌)에 있을 때 장강(長江) 가에 누각을 세워 남루(南樓)라 하고 밝은 달밤에 풍류를 즐겼던 고사가 있다. 여기서는 청풍에 있는 누각을 말한 것으로 보인다. 《晉書 卷73 庾亮列傳》 '보병(步兵)'은 진(晉)나라 죽림칠현의 한 사람으로 보병교위를 지낸 완적(阮籍)을 말한다. 147쪽 주194 참조.

206 제천(堤川)의 수령 : 당시 제천 현감으로 있던 김기서(金箕書, 1766~1822)를 말한다. 김기서의 본관은 청풍(淸風), 자는 치규(稚圭), 호는 죽하(竹下)·이호(梨湖)·낭간거사(琅玕居士) 등이며, 사계(沙溪) 김장생(金長生)의 7세손이다. 1817년(순조17) 12월 14일 제천 현감에 제수되어 1819년 4월까지 재임하였다.

여울을 거슬러 올라가는 배 위에서 함께 짓다[207]

溯舟上灘同作

우연히 둥지 튼 학과	偶與巢水鶴
함께 부용성[208]에 섰네	共立芙蓉城
배가 멈추면 산도 멈추고	舟止山亦止
배가 가면 산도 가네	舟行山亦行
십 리 길에 오 리는 모래밭	十里五里沙
곳곳에 달빛이 깨끗한 모래 비추네	往往明沙月
문득 물가에서 만났다가	却從水頭見
다시 물가 향해 이별하네	還向水頭別
이참에 모래톱에서 밥을 먹으니	因從沙頭飯
인가에서 묵고 싶지 않네	不肯人處宿
뱃전 치는 소리 잃을까 하여	恐失打船響
여울 가 나무에 밧줄 묶었네	繫纜灘上木
종일 달려 한 여울씩 지나니	窮日歷一灘
열흘 만에 장회탄[209]에 올랐네	十日上長淮

207 여울을……짓다 : 청풍을 찾아온 외종제 김선과 함께 지은 시로 보인다.

208 부용성(芙蓉城) : 전설 속의 선경인데, 여기서는 눈앞에 보이는 산을 빗댄 말이다.

뱃전 치며 자주 물살 가르니 榔鳴劈水屢
여기저기 마름 잎들 다 기울어지리 亂荇葉當乖

209 장회탄(長淮灘) : 단양(丹陽)에 있는 여울 이름이다.

장회 나루에 정박하여 함께 짓다[210]

泊長淮同作

저물녘에 장회 나루에 배를 대니	晩泊長淮上
정해진 거처 없이 일엽편주로 왔네	扁舟無定居
내일 아침 영월로 들어갈 길손이	明朝入越客
어제 강 건너오며 편지 보냈네	昨日渡江書
옛 벼랑엔 새매가 둥지 틀었고	古壁巢蒼隼
맑은 연못엔 큰 물고기 숨었네	空潭潛巨魚
명산에 오늘 이미 이르렀으니	名山今已到
더 이상 광려[211]를 꿈꾸지 않으리	不復夢匡廬

210 장회(長淮)……짓다 : 청풍을 찾아온 외종제 김선과 함께 지은 시로 보인다.

211 광려(匡廬) : 중국의 명산인 여산(廬山)의 별칭이다.

시냇가 윤 세마 선용 의 전장에 묵으며[212]

宿川上尹洗馬 善用 莊

물가 마을에 푸른 단풍 우거지고　水郭青楓暗
산초가 어지러이 처마에 걸렸네　山椒亂屋懸
무릉도원 있으나 피난해온 곳 아니고　有源非避地
어느 골짝도 하늘 보이지 않는 골짝이 없네[213]　無洞不回天
해가 지니 천 개 봉우리 합해지고　日落千峯合
가을 깊으니 온갖 형상 충만하네　秋高萬象圓
그대의 맑고 깨끗함 사랑하여　愛君淸又潔
흰 달이 앞 시내를 비추네　白月照前川

---

212 시냇가……묵으며 : 청풍을 찾아온 외종제 김선과 함께 윤선용(尹善用, 1762~1835)의 집을 방문하고 지은 것으로 보인다. 윤선용의 본관은 파평(坡平), 자는 진여(進如)이다. 1817년(순조17) 8월 10일에 음직으로 세자시강원 세마(世子侍講院洗馬)에 임명된 기록이 보인다. 《承政院日記》

213 무릉도원……없네 : 윤선용의 거처가 태평 시대의 선경(仙境)이라는 말이다. 도잠(陶潛)의 〈도화원기(桃花源記)〉에, 진(晉)나라 때 무릉(武陵)의 어부가 복사꽃이 흘러 내려오는 물길을 따라갔다가 진(秦)나라의 난리를 피해 들어온 사람들을 만났다는 내용이 있다. '골짝〔洞〕'은 선경을 의미하는 '동천(洞天)'을 말한다.

옥순봉을 지나며 배 위에서 함께 짓다[214]

玉筍舟上同作

작은 배로 선경을 느긋하게 돌아가니 扁舟緩轉洞中天
첩첩의 푸른 산에 사방은 고요하네 合沓青山寂四邊
옥순봉은 표연히 북두성에 높이 꽂혔고 玉笋飄然高插斗
은하수가 아마도 쏟아져 강물이 된 듯 銀河疑是瀉爲川
장회 남쪽 잎 지는 곳에 누런 구름 오르고 淮南木落黃雲上
강물 북쪽 솔 깊은 곳에 지는 해 걸렸네 江北松深斜日懸
무암사[215]의 풍경 소리 날아서 들려오는데 飛入霧巖寺裏磬
나무 끝이 가지런히 강바람 앞에 섰구나 樹梢齊立水風前

---

214 옥순봉(玉筍峯)을……짓다 : 청풍을 찾아온 외종제 김선과 함께 지은 시로 보인다. 옥순봉은 단양 팔경의 하나이다.

215 무암사(霧巖寺) : 충청도 제천에 있는 절로, 무림사(霧林寺)로도 불렸다. 통일신라 때 의상대사(義湘大師)가 창건했다.

마음껏 놀고 즐기니 흥에 겨워 피곤한 줄도 모르다[216]

以敖以遊 叩興不疲

청량한 하늘에 뿔소 소리 울리고	涼天叫兕響
고목엔 갈까마귀 떼 모였네	老木集鴉群
이와 같은 강 남쪽의 물에	如此江南水
산 위에는 구름도 많아라	復多山上雲
가을꽃이 바위 곁에 나란히 피고	秋花石離立
길가 나무는 길 양쪽에 나뉘어 섰네	官樹路雙分
밤 되어 여울 가 주막에 묵는데	夜宿灘頭店
찬 기러기 소리 차마 듣지 못하겠네	寒聲不可聞
노 버리고 가벼운 지팡이 짚으니	舍棹扶輕策
과연 전생의 인연이 있는 듯하네	果然諧夙因
오늘 아침 구름 속을 노니는 나그네	今朝弄雲客
어제는 배를 타던 그 사람이라네	昨日漾舟人
앉으니 스님 닮은 바위 사랑스럽고	坐愛僧同石
걸으니 가을이 봄보다 나음 알겠네	行知秋勝春
세 신선 끝내 보이지 않으니	三仙竟不見

216 마음껏……모르다 : 청풍 부사로 있을 때 지은 시이다.

바위 위에서 홀로 머뭇거리네[217] 巖上獨逡巡

사람 말소리 새벽 주막에 들리고 人語天明店
말은 가을 가득한 둑에서 우네 馬嘶秋滿堤
곧장 와서 생선회 만들어 먹고 直來爲魚膾
한가로이 앉아 물오리를 보네 閑坐看鳧鷖

늙은 나무는 산과 함께 오래되었고 老木山同古
싸늘한 하늘은 물을 향해 나지막하네 涼空水向低
흠뻑 취해 몸 가누지 못하는데 如泥醉不起
해는 습가지 서쪽으로 지누나[218] 日落習池西

---

217 앉으니……머뭇거리네 : 단양의 삼선암(三仙巖)을 읊은 시로 보인다. 삼선암은 상선암(上仙巖), 중선암(中仙巖), 하선암(下仙巖)의 합칭이다. '스님 닮은 바위'는 하선암을 비유한 것으로 보이는데, 둥글고 큰 바위의 형상이 미륵과 같다고 하여 부처바위로 부른다고 한다.

218 흠뻑……지누나 : '습가지(習家池)'는 진(晉)나라 산간(山簡)이 양양(襄陽)에 있을 적에 항상 찾아가 만취했던 곳으로, 흥겨운 주연을 펼친 곳을 비유하는 말로 쓰인다. 《世說新語 任誕》

약헌 홍 부마 세숙 현주 이 와서 머물며 시를 지어주기에 화답하다[219]

約軒洪副馬世叔 顯周 來宿惠詩拚和

귀한 객이고 참으로 좋은 손님을 貴客眞嘉客
남한강 가에서 기쁘게 만났네 欣逢江漢間
수레 소리는 흐르는 물 따라 움직이고 車音轉流水
말 머리는 푸른 산을 향하니 馬首向青山
좋은 풍광이 우리를 기다린 듯하고 雲物若相待
여울 소리는 잠시도 쉬지를 않누나 灘聲不暫閑
동암에서 노 저어 거슬러 올랐다가[220] 東巖沂舟揖
가득히 달빛 싣고 돌아온다네 滿載月輪還

219 약헌(約軒)……화답하다 : 홍현주(洪顯周, 1793~1865)가 청풍을 찾아와 함께 지은 시로 보인다. 홍현주의 본관은 풍산(豐山), 자는 세숙(世叔), 호는 약헌·해거재(海居齋), 시호는 효간(孝簡)이다. 정조의 둘째딸 숙선옹주(淑善翁主)와 혼인하여 영명위(永明尉)에 봉해졌다. 제목 원문의 '부마(副馬)'는 임금의 사위를 뜻하는 '부마(駙馬)'와 같은 의미이다.

220 동암(東巖)에서……올랐다가 : 동암은 단양의 남한강 가에 있던 큰 바위이다. '거슬러 올랐다'고 번역한 부분의 원문은 '기(沂)'인데, 문맥상 '소(泝)'의 오자로 보아 수정해 번역하였다.

옥순봉 앞의 강을 순행하는 사백 연천 홍성백 석주 을 영접하니, 약헌이 함께 배를 타고 수행원도 모두 배에 올랐다. 관찰사의 시에 삼가 화답하다[221]

迎淵泉詞伯洪成伯 奭周 巡節于玉筍之水 約軒同舟 差員畢登 恭拚巡相惠詩

외람되이 이천께서 방문하신 은혜 입으니　猥蒙二天寵
구름 하늘 사이에서 옥 부절 내려왔네[222]　玉節雲霄間
좌우에는 맑은 강물 흐르고　左右淸江水
동남에는 옛 골짝 산이라네　東南古峽山
할미새는 그 울음 정녕 급하고[223]　鶺鴒鳴正急
원추새와 백로는 한가로이 모였네[224]　鵷鷺集如閑

---

221 옥순봉(玉筍峯)……화답하다 : 충청도 관찰사 홍석주(洪奭周, 1774~1842)가 청풍부(淸風府)를 순행하러 왔을 때 함께 지은 시이다. 홍석주는 앞의 시에 나오는 홍현주(洪顯周)의 형으로, 성백(成伯)은 자, 연천(淵泉)은 호이다. 1815년(순조15) 7월 4일 충청도 관찰사에 임명되어 1817년 2월까지 재임하였다. 《純祖實錄》 사백(詞伯)은 시문에 뛰어난 사람을 높여 부르는 말이다.

222 외람되이……내려왔네 : 충청도 관찰사 홍석주가 저자의 임소인 청풍을 방문했다는 말이다. 이천(二天)은 '두 번째 하늘'이라는 뜻으로 관찰사를 비유하며, 옥 부절〔玉節〕은 천자의 명을 받은 사신이 지니는 부절을 말한다. 여기서는 관찰사의 부절을 받든 홍석주를 지칭한 말이다.

223 할미새는……급하고 : 청풍에 유람 온 홍현주를 홍석주가 불러서 함께 배를 탔다는 말이다. 《시경》 〈소아(小雅) 상체(常棣)〉에 "할미새가 언덕에 있으니, 형제가 급할 때 구원하도다.〔鶺鴒在原, 兄弟急難.〕"라는 구절을 원용한 표현이다.

224 원추새와……모였네 : 원추새와 백로는 날아가는 모습이 질서정연하므로 조정

또 삼선암 찾아보고 돌아오시니	也訪三仙返
백성을 장수시키려 구환단을 가져왔네[225]	壽民丹九還

에 늘어선 백관을 비유하는 말로 쓰이는데, 여기서는 홍석주의 수행원을 비유한 말로 보인다.

225 또……가져왔네 : 삼선암(三仙巖)은 단양에 있는 바위이다. 159쪽 주217 참조. 구환단(九還丹)은 도가(道家)에서 아홉 차례 고아서 만든 단약을 말하는데, 이를 복용하면 신선이 된다고 한다.

짧은 고시[226]

短古

산누에는 첫 잠에서 깨고 山蠶一眠起
시내 버들은 들쭉날쭉 푸르네 溪柳綠參差
적막한 봄날에 이웃 없으니 春寂寂無隣
어디서 마음 맞는 이 찾을까 何處會心期
서성이다 외로운 그림자 돌아보며 徘徊顧孤影
고운 햇살 비추는 시절 아쉬워하네 歎惜艷陽時

맑은 강이 나그네 마음 비춰주니 清江照客心
나그네 마음 공연히 슬퍼지네 客心徒傷悲
이 강은 깊은 곳 얕은 곳 있지만 此江有深淺
이 마음은 변함이 없다오 此心無改移
박달나무 베는 사람과 함께 因與伐檀者
지는 해에 잔물결을 노래하노라 落日歌漣漪

홀로 서서 옥 비파 연주하자니 獨立泛瑤瑟
솔바람이 참으로 쏴아아 부네 松風正颼飀
잘못해 천고의 일을 하느라 誤爲千古故
진실로 마음의 걱정에 괴롭다네[227] 亮勞寸心憂

---

226 짧은 고시 : 청풍 부사로 있을 때 지은 시이다.

고요함 속에 맑은 소리 나오니　寂裏生淸聽
나의 감흥은 어느 때에 그칠까　予感何日休

남쪽 산에는 흰 범이 휘파람 불고　南山嘯白虎
북쪽 산에는 검은 뿔소가 우니　北山叫靑兕
에고, 저 나뭇짐 진 사람들이　唉彼馱蘖人
험난한 길 날마다 헤쳐 다니네　險艱日歷披
이 길 비록 지긋지긋하지만　此路雖可惡
생계를 어이 그만둘 수 있으랴　生理焉得止

---

227 잘못해……괴롭다네 : '천고의 일'은 시를 짓는 일로 보인다. 두보(杜甫)의 〈우제(偶題)〉에, "문장은 천고의 사업이라, 득실은 마음으로 안다네.〔文章千古事, 得失寸心知.〕"라는 구절이 있다.

절구[228]

絶句

동쪽 나루서 서쪽으로 건너 모래 밟고 돌아오니	東津西涉踏沙迴
사흘 장맛비에도 진창길 한 번 없었네	三日霖無一日濘
도르래 흰 줄로 우물물 길어올 필요 없어라	不用轆轤素綆引
맑은 새벽에 푸른 강물을 손수 긷네	淸晨手汲綠江冷
떡갈나무 거친 울타리 강쪽으로 나 있는데	槲樹荒籬水向開
붉은 꼬리 흔드는 개는 구름 보고 짖으며 오네	犬搖紅尾吠雲回
강선대[229] 위에서는 아무 소식이 없고	降仙臺上無消息
봄 깊은 돌길엔 푸른 이끼만 자랐네	石逕春深長碧苔

228 절구 : 청풍 부사로 있을 때 지은 시이다.

229 강선대(降仙臺) : 단양군 가은암산(加隱巖山) 아래에 있던 큰 바위이다. 지금은 충주댐 건설로 수몰되었다.

한벽루의 저녁 풍경[230]

寒碧晩眺

예로부터 지금까지 풍경 좋은 고을이지	古往今來上游州
봄 성에 꽃 우거지고 간밤 비는 걷혔네	花暗春城宿雨收
흰머리와 푸른 물결은 본래 공평한 도리요[231]	白髮滄浪本公道
붉은 산과 옥빛 물은 한 척의 빈 배로다[232]	丹山碧水一虛舟
관직은 낮아 우연히 몇 그루 나무에 기대지만[233]	微官偶寄數株樹
뜻은 원대하여 한가히 백 척 누각에 올랐네	遠意閑登百尺樓
풍경은 예전처럼 시를 읊을 땅이니	風景依然辭賦地
한가한 날 앉아서 시름이나 달랠쏘냐	非徒暇日坐銷憂

---

230 한벽루(寒碧樓)의 저녁 풍경 : 청풍 부사로 있을 때 지은 시이다. 한벽루는 제천군(提川郡) 청풍면(淸風面)에 있던 누각인데, 충주댐 건설로 지금은 청풍문화재단지 안으로 이전되어 있다.

231 흰머리와……도리요 : 당(唐)나라 두목(杜牧)의 시 〈송은자(送隱者)〉에, "세간에 공정한 것은 오직 백발뿐, 귀인의 머리라 해서 봐준 적이 없다오.〔公道世間惟白髮, 貴人頭上不曾饒.〕"라는 구절이 있다.

232 붉은……배로다 : 산과 물이 평온하게 펼쳐져 있다는 말이다. '빈 배'는 물욕 없는 마음을 상징한다.

233 관직은……기대지만 : 청풍 부사의 직분을 수행한다는 말이다. 당(唐)나라 왕유(王維)의 시 〈칠원(漆園)〉의 "우연히 낮은 관직에 몸을 붙여, 몇 그루 나무 밑에서 배회하네.〔偶寄一微官, 婆娑數株樹.〕"라는 구절을 원용한 표현이다.

제천 현감인 죽하 김치규 기서 가 찾아와 하룻밤 묵다[234]
竹下金稚奎 箕書 枉宿 堤川使君也

옥과 같은 무재[235]와 茂宰式如玉
타향에서 나란히 이웃 되었네 他鄕比作隣
오늘날 세자궁의 서자관이요[236] 東宮今庶子
옛 남국의 시인이라네[237] 南國舊詞人
같이 천 봉우리 산빛을 대하고 共接千峯色
함께 두 고을의 봄을 보네 同看兩縣春
관청 주방의 음식 대접 담박한데 官廚淡供億
멋진 시구로 좋은 인연 내려주시네 佳句贈良因

---

234 제천(堤川)……묵다 : 청풍 부사로 있을 때 제천 현감 김기서(金箕書)를 만나 지은 시이다. 김기서에 대해서는 152쪽 주206 참조.

235 무재(茂宰) : 지방관을 일컫는 말로, 제천 현감 김기서를 지칭한다.

236 오늘날 세자궁(世子宮)의 서자관(庶子官)이요 : 김기서는 세자익위사(世子翊衛司)의 시직(侍直)과 부솔(副率)을 역임한 바 있다. '서자관(庶子官)'은 세자궁의 관리를 통칭하는 말로 쓰였다.

237 옛 남국(南國)의 시인이라네 : '남국'은 김기서의 고향인 충청도 결성(結城)을 지칭한 것으로 보인다. 결성은 지금의 홍성(洪城)이다.

산골 주막에서 죽하에게 써서 보이다[238]

山店書示竹下

고을 원님을 오늘 만나니	地主逢今日
하늘 끝이 고향보다 낫네	天涯勝故鄉
쇠한 두 늙은이 서로 만났으니	相看兩衰老
한 병 술을 어이 아끼랴	何惜一壺觴
산골 주막엔 구름이 객을 맞고	山店雲迎客
관아 누대엔 달빛이 상에 가득하네	官樓月滿床
훗날 순리 열전에	他年循吏傳
그대 성명 들어가 향기로우리[239]	同入姓名香

238 산골……보이다 : 청풍 부사로 있을 때 제천 현감 김기서를 만나 지은 시이다.

239 훗날……향기로우리 : 김기서가 어진 수령으로 영원히 이름이 남을 것이라는 말이다. '순리(循吏)'는 법을 지키면서 성실하게 근무하는 관리를 말하는데, 주로 어진 고을 수령을 지칭한다.

죽하와 여울 가에서 함께 배를 타다[240]

與竹下灘上同舟

뱃사공의 백발이 여울머리 비추니	篙師白髮映灘頭
칠십 평생 여울머리서 목숨 걸었네	判命灘頭七十秋
아무리 세찬 여울인들 어이 두려워하랴	卽是鳴瀾何足畏
그대여 건너시고 걱정하지 마시게	勸君且渡莫漫愁
작은 배는 남국에서 말처럼 부리고	扁舟南國使如馬
돛단배는 봄바람에 갈매기처럼 가볍네	一帆東風輕似鷗
만 겹 산안개 낀 강에 달빛 싣고 들어오니	萬疊煙江載月入
지금까지 거친 협곡 옛날부터 유명한 고을이네	至今荒峽古名州

---

240 죽하(竹下)와……타다 : 청풍 부사로 있을 때 제천 현감 김기서를 만나 지은 시이다.

죽하가 다시 배를 타고 와서 만나다[241]

竹下復以舟楫相見

하늘빛 물과 같고 나무는 산과 같은데 天光如水樹如山
명월이 산과 물 사이로 동쪽에서 오네 明月東來山水間
물결 속 외로운 객로 헤쳐온 이 한 번 마주하고 一揖波濤孤客路
시 지어 큰 강의 관문 진동시킴에 거듭 놀라네 重驚辭賦大江關
종소리는 급한 여울 소리에 반쯤 섞여 울리고 鍾聲半雜急灘響
골짜기 빛은 괴석에 어울려 창연하네 峽色蒼然怪石顔
아름다운 이 밤이 어찌 이리 맑을까 今夕嬋娟何澂霽
비 신과 바람 신이 새벽에 물러가서라네 雨師風伯退晨班

---

241 죽하(竹下)가……만나다 : 청풍 부사로 있을 때 제천 현감 김기서를 만나 지은 시이다.

누각 위에서 치규가 먼저 읊기에[242]

樓上稚奎先唱

한수에 반쯤 잠긴 삼나무 소나무 숲에	半沈寒水杉松林
선현의 사당이 참으로 엄숙하네[243]	先正祠堂正凜森
골짝 벼랑엔 아침되자 누런 돌에 비 내리고[244]	峽岸朝懸黃石雨
은하수는 밤새 푸른 누각의 그늘에 머무네	天河夜宿碧樓陰
천 그루 나무의 산 모습은 하늘을 찌를 기세요	千章山色干霄勢
만 리의 강물 소리 바다로 돌아갈 마음일세	萬里江聲歸海心
가지런히 가늘게 썬 모양 눈을 흩뿌린 듯하니	細下離離若散雪
회를 올린 도마의 종이가 젖은 적이 있었던가	何曾紙濕膾鮮砧

242 누각……읊기에 : 청풍 부사로 있을 때 제천 현감 김기서를 만나 지은 시이다.

243 한수(寒水)에……엄숙하네 : 한수재(寒水齋) 권상하(權尙夏, 1641~1721)를 모신 수암사(遂庵祠)를 묘사한 것으로 보인다. 권상하가 청풍의 남한강변에 한수재를 짓고 후학을 양성하다가 세상을 떠난 뒤, 1726년(영조2)에 유림에서 서원을 건립해 송시열(宋時烈)·권상하·한원진(韓元震)의 위패를 모셨고, 1727년에 황강서원(黃江書院)으로 사액되었다. 수암사는 황강서원 옆에 있었다. 황강서원은 1871년(고종8) 서원철폐령에 따라 황강영당(黃江影堂)으로 개칭되었고, 1983년에 충주댐이 건설되자 제천시 한수면 송계리 현재의 위치로 옮겨졌다.

244 골짝……내리고 : '누런 돌'은 청풍에 있던 황석리(黃石里)를 말한 것으로 보인다. 마을에 큰 돌이 있어서 '한똘'이라고 불렀는데, 이것이 변하여 황석(黃石)·황도(黃道)·황두라 부르게 되었다고 한다.

죽하가 나를 생각하는 시를 보내왔기에[245]

竹下垂寄見憶

함께 노쇠한 나이이니 세월을 아껴야 하지만	共屬頹齡當惜暉
관리로서 공경함 알고 식견도 뛰어나네	一官知敬又知微
강좌에서 높은 풍모 뵙는 은혜 문득 입었고[246]	忽蒙江左高風挹
회남에서 백일 승천 하려던 약속 일찍 저버렸네[247]	早負淮南白日飛
고상한 관리께서 청산에 흥을 우연히 붙이시니	傲吏青山興偶寄
백성에게 복 내릴 비결 그 도가 어긋나지 않았네	壽民丹訣道無違
가련타 다섯 말 쌀에 와서 허리 굽히니[248]	可憐五斗折腰至
어찌 꼭 쌀밥에 고기반찬 먹어야 하리[249]	何必持粱刺齒肥

---

245 죽하(竹下)가……보내왔기에 : 청풍 부사로 있을 때 제천 현감 김기서의 시를 받고 답한 시이다.

246 강좌(江左)에서……입었고 : 청풍에서 김기서를 만나게 되었다는 말이다. '강좌'는 양자강 하류의 동쪽 지역을 말하는데, 여기서는 청풍의 남한강을 뜻한다.

247 회남(淮南)에서……저버렸네 : 김기서를 찾아가 만나려 한 약속을 지키지 못했다는 말이다. '회남'은 청풍의 장회(長淮) 남쪽을 가리킨다. '백일 승천(白日昇天)'은 대낮에 신선이 되어 하늘로 올라간다는 뜻으로, 신선 같은 유람을 의미하는 말로 쓰였다.

248 가련타……굽히니 : 녹봉 때문에 벼슬하는 신세를 한탄한 말이다. 진(晉)나라 도잠(陶潛)이 팽택 현령(彭澤縣令)으로 있을 때 독우(督郵)의 시찰을 받게 되자, "내가 쌀 다섯 말 때문에 허리 꺾어 향리의 아이에게 굽실거릴 수 없다.〔我不能爲五斗米折腰向鄕里小兒.〕"라며 곧장 고향으로 돌아간 고사가 있다. 《晉書 卷94 陶潛列傳》

249 어찌……하리 : 원문의 '지량(持粱)'은 잘 지은 쌀밥을 먹는다는 뜻이고, '자치비(刺齒肥)'는 기름진 고기반찬을 먹는다는 말이다.

죽하와 잠시 격조했는데 또 시찰을 받았기에 나의 졸렬함을 헤아리지 않고 각별한 은혜에 답하다[250]

乍阻竹下 又奉詩札 不揆鄙拙 答殊私

그대 고을 내 고을 바둑돌마냥 놓여서	君縣吾州置似棋
울리는 여울에 나그네 상심 함께 쏟아내네	灘鳴共瀉客傷悲
어진 수령 되어서 여러 고을 다스릴 때요	賢候南面百城日
우리 도가 동으로 와 한 번 변화시킬 때라오	吾道東來一變時
보살펴 주심에 기뻐함이 천리마에 붙은 것과 같아	眷戀懽心同驥附
흩날리는 백발로 둔마를 채찍질하네[251]	飄颻素髮策駑遲
강나루 막히지 않아 편지가 들어가니	江津不隔郵筒入
강 남쪽과 강 북쪽에서 그리움 부치네	江北江南寄所思

---

250 죽하(竹下)와……답하다 : 청풍 부사로 있을 때 제천 현감 김기서의 시를 받고 답한 시이다. 시찰(詩札)이란 시를 지어 동봉한 편지를 말한다.

251 보살펴……채찍질하네 : 고명한 김기서가 시를 보내주어 자신의 명성까지 높아졌으므로, 졸렬한 솜씨지만 화답시를 지어 보낸다는 겸사이다. '천리마에 붙은 것'은 파리가 천리마의 꼬리에 붙어 천 리를 가는 것처럼 다른 사람의 훌륭함에 의지해 명성을 얻은 것을 비유하는 말이다.

죽하가 나를 초대해 함께 의림지에서 묵으며[252]

竹下邀余同宿義林池

다림질한 맑은 물결에 모래는 더욱 푸르니	熨貼淸波碧漲沙
의림지가 그윽하게 한 줄기로 비끼었네	義林窈窕一橫斜
산간처럼 연못가에서 말 타고 돌아오는데	騎回山簡池邊馬
하양 고을에 피었던 꽃이 활짝 피었구나[253]	開盡河陽縣裏花
비는 순채 적시다 물가 마을에 이어지고	雨濕蓴絲通水郭
봄은 버들빛 따라 어부 집에 다다랐네	春隨柳色到漁家
원님께서 나더러 신선 배에 머물라 하고	主人勸我留仙舸
웃으며 달이 오르는 솔밭을 가리키네	笑指松間生月華

252 죽하(竹下)가……묵으며 : 청풍 부사로 있을 때 김기서가 다스리는 제천을 방문하여 지은 시이다. 의림지(義林池)는 제천에 있는 저수지로, 신라 진흥왕 때 우륵(于勒)이 처음 쌓았다고 하며, 그 뒤 약 700년 뒤에 박의림(朴義林)이 다시 쌓았다고 한다.

253 산간(山簡)처럼……피었구나 : 복사꽃과 오얏꽃이 핀 의림지를 유람하며 술을 마셨다는 말이다. '산간'은 죽림칠현(竹林七賢)의 한 사람인 산도(山濤)의 아들로, 양양(襄陽)을 다스릴 때 습가지(習家池)에서 자주 놀며 늘 크게 취해 모자를 삐딱하게 쓰고 말을 타고 돌아갔다는 고사가 있다. 《晉書 卷43 山簡列傳》 또 진(晉)나라 반악(潘岳)이 하양 현령(河陽縣令)이 되어 복사꽃과 오얏꽃을 심자 사람들이 "하양은 온 고을이 꽃이다.〔河陽一縣花.〕"라고 했다는 고사가 있다. 《白氏六帖 卷21 縣令》

죽하와 함께 못가에서 관찰사를 맞이하여 배 안에서 운을 불러 짓다[254]

同竹下迎巡使于潭上 舟中命韻

옥순봉 앞에 붉은 해가 기우는데	玉筍峯前紫日斜
홀연 우리 귀한 손님 광채를 보이셨네	於焉上客動光華
성대할사 한나라 때의 이천석께서	皇皇漢代二千石
둥실둥실 황하 근원 찾는 만 리 길 뗏목 타셨네[255]	泛泛河源萬里槎
관찰사의 깃발은 구름 사이 돛대보다 높고	綵纛高于雲際颿
푸른 물결은 달빛 속 피리 소리 막지 않았네	滄波不隔月中笳
금병산[256] 봄물에 동으로 흘러가는데	錦屛春水東流去
배 앞으론 복사꽃 오얏꽃 흐드러졌네	開盡舟前桃李花

254 죽하(竹下)와……짓다 : 못은 제천과 단양 장회리(長淮里)에 걸쳐 있는 구담봉(龜潭峰) 아래의 강물을 말한 것으로 보인다. 관찰사는 홍석주(洪奭周)를 말하는데, 1815년(순조15) 7월 4일 충청도 관찰사에 임명되어 1817년 2월까지 재임하였다. 《純祖實錄》

255 성대할사……타셨네 : 배를 탄 홍석주의 모습을 형용한 말이다. '이천석(二千石)'은 한(漢)나라 때 군수(郡守)의 녹봉이므로 군수를 가리키는 말인데, 여기서는 관찰사인 홍석주를 지칭한 말로 쓰였다. '황하의 근원을 찾는 뗏목'은, 한(漢)나라 때 장건(張騫)이 서역(西域)에 사신으로 가는 길에 뗏목을 타고 황하의 근원을 찾아 올라가다가 견우와 직녀를 만났다는 고사를 원용한 것이다.

256 금병산(錦屛山) : 청풍부 북쪽에 위치한 산으로, 병풍산(屛風山)이라고도 불린다.

청풍현 잡시[257]

淸風縣雜詩

한수는 고금에 변함없이 흐르고	寒水無今古
강가 사당[258]엔 가을이 깊었네	秋深江上祠
봉함 내려온 날 담장 따라 달아났고[259]	循墻鳳銜日
기린의 슬픔 있을 때 도를 지켰네[260]	衛道麟悲時
희생(犧牲) 매는 빗돌 보며 덕을 기리고	崇德繫牲石
하마비 앞에서 현인을 생각하노라	懷賢下馬碑
봄바람에 근엄한 화상을 대하니	春風儼遺像
백세토록 우리의 스승이로세	百世吾先師

257 청풍현 잡시(淸風縣雜詩) : 청풍 부사로 있을 때 지은 시를 모아 이 제목을 붙인 듯하다.

258 강가 사당 : 한수재(寒水齋) 권상하(權尙夏)를 모신 수암사(遂庵祠)를 가리킨다. 수암사에 대해서는 171쪽 주243 참조.

259 봉함(鳳銜)……달아났고 : 권상하가 벼슬을 사양했다는 말이다. '봉함'은 임금의 조서(詔書)를 뜻한다. '담장을 따른다'는 것은 길의 중앙을 피해 갓길로 가는 것으로 지위가 높아질수록 겸손히 처신하는 것을 말하는데, 여기서는 벼슬을 사양하고 나가지 않았다는 말로 쓰였다.

260 기린의……지켰네 : 난세에 도를 지켰다는 말이다. '기린의 슬픔'은 성왕(聖王)의 시대에 출현하는 기린이 난세에 나와 사람들에게 잡힌 것으로, 《춘추(春秋)》 애공(哀公) 14년에 "서쪽으로 사냥을 나가 기린을 잡았다.〔西狩獲麟.〕"라는 구절을 끝으로 공자가 절필(絶筆)했던 고사에서 나왔다.

양 언덕 사이 물결이 가득한데 兩岸波瀰滿
배 매니 봄날이 더디 가누나 維舟春日遲
뭇 봉우리엔 봉황이 깃들 만하고 衆巒配朱鳥
늙은 바위엔 검은 거북 서렸네 老石蟠玄龜
땅은 낮거나 습하지 않고 地不居卑濕
사람은 일찍이 난리 피해 왔었지 人曾避亂離
어찌 괴롭게 말 몰아 내달려 何勞馳馬迹
만 리 먼 요지[261]를 구경할쏘냐 萬里賞瑤池

진나라 난리 피했던 곳 어드메련가 不識避秦地
오늘에야 별천지를 찾게 되었네[262] 今知有別天
구름 낀 산은 푸른빛 끝이 없고 雲山綠未已
골짜기의 물은 맑고도 시원해라 澗水淸冷然
초가집 새로 이루어진 날이 茅屋新成日
복사꽃 처음 심은 해리라 桃花初種年
봄 든 강 남쪽 북쪽 언덕에 春江南北岸
낚싯배 자주 매어둔다네 頻繫釣魚船

관청 문은 물길에 임했고 官門臨水道

---

261 요지(瑤池) : 곤륜산(崑崙山) 꼭대기에 있다는 신화 속의 연못 이름이다.

262 진(秦)나라……되었네 : 청풍이 무릉도원(武陵桃源)과 같은 선경이라는 말이다. '진나라 난리를 피했던 곳'은 무릉도원을 말하는데, 도잠(陶潛)의 〈도화원기(桃花源記)〉에, 진(晉)나라 때 무릉(武陵)의 한 어부가 선경을 만나 들어가보니 그곳에 예전 진(秦)나라 때의 난리를 피해 들어간 사람들이 살고 있었다고 한 데서 나온 말이다.

관청 길은 산을 만나 돌아가네 官路觸山回
한강 물에 닿으니 뗏목이 움직이고 接漢丁槎轉
모래톱에 이어져 해시[263]가 열렸네 連沙亥市開
배 타고 절간에 이르렀다가 乘舟到僧舍
말 타고 신선대 찾아가노라 騎馬訪仙臺
사월에야 붉은 꽃이 피어나니 四月丹英發
강가의 봄은 정녕 재촉을 않네 江春正不催

어지러운 골짜기 천 겹 물결 위로 亂峽千波上
이름난 누각 한 고을에 전해지네 名樓一邑傳
숨어 있는 어룡이 많기도 하고 魚龍潛蟄蟄
목욕하는 해오라기 곱기도 하네 鳧鷺浴娟娟
휘도는 물길은 강 햇살에 넘실대고 巴水殷江日
진나라 도원(桃源)은 한나라를 몰랐네[264] 秦源隔漢年
뱃사공이 익숙히 여울을 지나니 蒿師歷灘熟
영춘[265]의 배에서 태어나 늙었다네 生老永春船

---

263 해시(亥市) : 하루걸러 열리는 장터를 말한다. 일설에는 이틀 걸러 한 번씩 인(寅)·신(申)·사(巳)·해(亥)일에 서는 장이라고 한다.

264 진(秦)나라……몰랐네 : 세상과 떨어진 선경이라는 말이다. 도잠(陶潛)의 〈도화원기〉에 의하면, 무릉도원에 사는 사람들은 진(秦)나라 때 화를 피해 그곳에 들어와 살면서 한(漢)나라가 있었던 사실도 몰랐다고 한다.

265 영춘(永春) : 충청도 충주목(忠州牧)에 있던 옛 현(縣)으로, 지금은 단양군에 편입되었다.

이월에 굿을 마치고 나니 二月賽神罷
물가에 까마귀 흩어지누나 水邊散黑鴉
강변의 봄은 먼저 땅에 이르고 江春先到地
길가의 풀은 다시 모래톱에 이어지네 徑草復連沙
여울 굽은 곳 없어 물결은 고요하고 浪靜無灘曲
버들 심긴 집 있어 마을은 깊네[266] 村深有柳家
가난한 작은 고을 수령 되어서 酸寒斗邑宰
모과꽃을 다섯 번 보았네[267] 五見木瓜花

---

266 버들……깊네 : 은자(隱者)의 집이 있다는 말이다. 진(晉)나라 도잠(陶潛)이 은거하며 집 앞에 버드나무 다섯 그루를 심고 '오류선생(五柳先生)'이라 자칭했던 고사가 있다.

267 가난한……보았네 : 저자는 1815년(순조15) 5월 8일 청풍 부사에 임명되어 1819년 6월까지 재임하였다. 《承政院日記》

교외의 거처[268]

郊居

울창한 나무 가을 숲 아래에서　　亂木寒林下
글 읽는 소리 마루에 가득하네　　讀書聲滿堂
낚싯바늘 두드려 초승달 꼴로 만들고　　釣鉤學新月
거문고 뜯으며 맑은 곡조 연주하네　　琴曲引清商
부사에서 파직되어[269] 모두들 비웃지만　　罷縣人皆笑
산 보는 생활이라 나는 개의치 않네　　看山我不妨
교외에 살고자 한 일 오래전 계획이라　　郊居且久計
시골 막걸리 새로 맛보려 하네　　村酒試新嘗

가는구나 하늘 지나는 해여　　去矣經天日
서늘해라 땅에 가득한 서리여　　凄哉滿地霜
강 구름이 모이지도 않았는데　　江雲不待族
산비가 천 줄기로 변해 내리네　　山雨化千行
어느덧 상쾌한 가을날 되었으니　　宛轉素秋爽
서늘한 새벽에 서성인다네　　徘徊白曉涼

---

268 교외의 거처 : 내용으로 보아 청풍 부사에서 물러난 1819년(순조19) 6월 이후에 지은 시로 보인다.

269 부사(府使)에서 파직되어 : 저자는 1819년 6월에 청풍 부사에서 교체되었는데, 환곡(還穀) 사무의 실적이 불량하여 옥에 갇혔다가 곧 풀려난 기록이 보인다.《承政院日記 純祖 19年 9月 21日 · 28日》

베개 속에 《홍보》를 감춰두고서[270] 枕中鴻寶秘
공손히 신선의 비방 읽노라 長跪讀仙方

마당을 쓰니 거울처럼 깨끗하고 掃地明如鏡
가을 숲에 햇살이 밝게 비추네 秋林殷日輪
문에는 수레 탄 손님 없지만 門無車騎客
이웃에 마병 지낸 사람 있다네 隣有馬兵人
천고의 지기(知己)를 생각하고 緬賞音千載
십순주[271]의 맑은 풍미 음미한다오 兼淸味十旬
누각 앞에 곧게 선 두 그루 나무 當樓雙樹直
잎은 잣나무요 줄기는 소나무라네[272] 柏葉靑松身

그럭저럭 남의 집 빌려서 머무노라니 便借人家住
집 없다고 남들이 다 가련해하네 無家人共憐
의심스런 문장은 하오처럼 제쳐두고 疑文闕夏五
잘못된 글자는 오언처럼 변별하네[273] 訛字辨烏焉

---

270 베개……감춰두고서 : 《홍보(鴻寶)》는 신선이 되기 위한 연단술(鍊丹術)을 기록한 책으로, 한(漢)나라 회남왕(淮南王) 유안(劉安)이 베개 속에 감추어두었다는 기록이 전한다. 《漢書 卷36 劉向傳》

271 십순주(十旬酒) : 10순, 즉 100일 만에 만든 술을 말한다.

272 잎은……소나무라네 : 전나무를 형용한 말이다. 《서경》 〈우공(禹貢)〉의 채침(蔡沈) 주에 "전나무는 잣나무 잎에 소나무의 몸이다.〔栝木, 柏葉松身.〕"라는 내용이 보인다.

273 의심스런……변별하네 : 독서하며 공부한다는 말이다. '하오(夏五)'는 의심스러운 점은 억측하지 않고 그냥 비워둔다는 의미로, 《춘추(春秋)》 환공(桓公) 14년 조에

식사로 농어 반찬 먹는 나날이니 頓食鱸魚日
어찌 견마의 수고 재촉할 나이이랴[274] 爭催犬馬年
임금의 은혜 바다처럼 넓기에 天恩海同大
오호의 안개 거느리길 구했다네[275] 乞領五湖煙

백 갈래로 샘물줄기 터져 나오니 百道疏泉脈
졸졸졸 땅이 유난히 시끄럽네 琮琮地特喧
어찌 알았으랴, 도성 밖에서 寧知鳳城外
완연히 녹문의 마을 얻을 줄을[276] 宛得鹿門村
개미굴에 와서 꿈꿀 일은 있지만 有蟻來成夢
양의 뿔 울타리에 걸릴 일 없네[277] 無羊去觸藩

나오는 글귀이다. '하오월(夏五月)'에서 '월' 자가 빠진 것이 분명하지만 함부로 유추해 첨삭하지 않는다는 원칙에 의거해 지금까지 그대로 전해지고 있는 데서 나왔다. '오언(烏焉)'은 글자 모양이 서로 비슷하므로, 착각하기 쉬운 글자의 비유로 쓰인다.

274 식사로……나이이랴 : 은퇴할 나이가 되었다는 말이다. '농어를 먹는 것'은 관직에서 물러난 삶을 의미하는 말로, 진(晉)나라 장한(張翰)이 가을바람이 부는 것을 보고 고향의 순챗국과 농어회가 그리워져 벼슬을 버리고 돌아갔던 고사에서 나왔다. 《晉書 卷92 張翰列傳》 '견마의 수고'는 임금을 위해 힘을 다하는 것을 말한다.

275 오호(五湖)의……구했다네 : 자신의 뜻으로 은퇴하게 되었다는 말이다. '오호의 안개'는 은퇴하여 사는 것을 비유하는 말로, 춘추 시대 월(越)나라 대부(大夫) 범려(范蠡)가 월왕(越王) 구천(句踐)을 보좌하여 오(吳)나라를 멸망시키고 나서 거룻배를 오호에 띄워 타고 떠났다는 고사에서 나왔다.

276 어찌……줄을 : 자신의 교외 거처가 훌륭한 은자의 거처라는 말이다. '녹문(鹿門)의 마을'은 후한(後漢) 말엽의 은사 방덕공(龐德公)이 처자를 데리고 들어가 은거했던 녹문산(鹿門山)을 말한다. 《後漢書 卷83 逸民列傳 龐公》

277 개미굴에……없네 : 교외의 생활에 한바탕 꿈같은 일만 있고, 진퇴양난의 어려움

내년 봄엔 어구를 손질해	明春理漁具
강가에서 복어를 먹으리라	江上食河豚

은 없을 것이라는 말이다. '개미굴의 꿈'은 남가일몽(南柯一夢)의 고사로, 당(唐)나라 때 순우분(淳于棼)이 술에 취해 홰나무 아래에서 잠을 잤는데, 꿈에 대괴안국(大槐安國)의 남가군(南柯郡)을 다스리며 부귀를 누리다가 깨어나서 보니 남가군은 바로 홰나무 남쪽 가지 아래에 있는 개미굴이었다고 한다. 《南柯記》 '양의 뿔이 울타리에 걸린다'는 것은 진퇴양난의 곤경에 처한 것을 말하는데, 《주역》 〈대장괘(大壯卦) 상육(上六)〉의 "숫양의 뿔이 울타리에 걸려 물러가지도 못하고 나아가지도 못한다.〔羝羊觸藩, 不能退, 不能遂.〕"라는 말에서 나왔다.

또 읊다[278]

又賦

푸른 강이 어젯밤에 얼어붙더니	滄江昨夜合
고드름이 사람 허리춤까지 자랐네	氷柱等人腰
모래밭은 한결같이 눈에 가득한데	沙際一彌望
물결 소리는 고요히 적막하여라	波聲憺寂寥
삼성[279]은 먼동 틀 때 옮겨가고	參星移遠曙
한 쌍 까치는 추운 아침에 일어나네	雙鵲起寒朝
교외의 눈이 하얗게 눈에 가득하니	郊雪皓盈目
청아한 즐거움에 절로 노래하네	淸歡我自謠
모든 일 한가한 외진 우리 마을	事事吾村僻
이웃집에서 밤중에도 찾아온다네	隣家犯夜過
등불 걸고 야객과 이야기할 제	懸燈野客語
강 건너 뱃사공의 노래 들리네	隔水榜人歌
추운 날이라 구름은 항상 적고	寒日雲常少
끝나가는 밤이라 별은 더욱 많네	殘宵星更多
본래 재목 중에 빠진 존재와 같아	本同闕材木

278 또 읊다 : 앞의 시를 이어 지은 것으로, 청풍 부사에서 물러난 1819년(순조19) 6월 이후에 지은 시로 보인다.

279 삼성(參星) : 별 이름으로, 오리온좌(座)에 속한 남쪽 3개의 별과 그 부근의 별들을 가리킨다. 겨울에 가장 선명하게 보이는 별자리이다.

홀로 서서 그림자만 너울거리네 獨立影婆娑

쌓인 눈이 깊은 골목 이루고 積雪成深巷
흰 구름은 나의 집을 비추네 白雲光弊廬
야인은 한밤의 사립문 두드리고 野人叩夜戶
산의 달은 차가운 도랑을 건너누나 山月渡寒渠
눈앞의 경치가 천변만화 만드니 卽景長千變
새로운 시 한 편으로 끝나지 않네 新詩不一書
지평에 사는 이 자의가 砥州李諮議
때때로 편지를 부쳐준다네[280] 時或寄雙魚

---

280 지평(砥平)에……부쳐준다네 : '이 자의(李諮議)'는 이우신(李友信)을 말한다. 1818년(순조18)에 승정원 가주서(假注書)로 기용되었고, 1819년에 세자시강원 자의(世子侍講院諮議)를 지냈다. 이우신에 대해서는 83쪽 주85 참조. 지평(砥平)은 현재의 경기도 양평(楊平) 지역인데, 이우신이 은거하던 곳이다. 원문의 '쌍어(雙魚)'는 두 마리의 잉어로 서신을 뜻한다. 친구에게 잉어 두 마리를 선물 받았는데 배 속에서 서신이 나왔다는 고사가 있다.

또 읊다[281]

又賦

비 개니 강빛이 드러나 雨晴江色出
홀로 서서 봄 하늘 바라본다네 獨立望春空
하늘 기운 좋기가 이와 같으니 氣候憺如許
어제와 오늘이 어쩜 이리 다른지 昨今殊不同
달빛 속엔 살구꽃이 눈처럼 피고 月中杏當雪
땅 위엔 버들가지 바람에 날리누나 地上柳行風
대 심어 한 해 지나 올라온 죽순이 種竹經年發
여기 한 무더기 또 저기 두 무더기 一叢還兩叢

정월이라 하늘의 구름 엷은데 正月天雲薄
물기운 속에서 봄이 피어나네 生春水氣中
강은 두미[282]의 북쪽에서 울리고 江鳴斗尾北
배는 광주의 동쪽으로 내려가네 舟下廣州東
대나무는 맑은 바람 끌어오고 竹有淸風引
이끼는 작은 틈도 없이 덮였네 苔無隙地空
한 쌍의 흰나비 날아왔다가 飛來雙白蜨

---

281 또 읊다 : 앞의 시를 이어 지은 것으로, 청풍 부사에서 물러난 1819년(순조19) 6월 이후에 지은 시로 보인다.

282 두미(斗尾) : 한강 상류에 있는 팔당(八堂)의 옛 이름으로, 협곡이 있다.

꽃떨기 찾아서 날아가네 飛去花叢叢

푸르고 푸른 버들빛이 青青楊柳色
종일토록 시골집을 비추네 長日映村家
가벼운 지팡이 짚고 교외로 나가니 輕策野中出
너른 들판이 성곽 너머 펼쳐졌네 荒原郭外斜
어여빼라 모래사장의 햇살이 可憐沙上旭
물가 꽃을 반쯤 비춘 모습이여 半入水邊花
강가의 산기슭 갈라진 곳에 江畔山根裂
물 불어난 흔적이 들쭉날쭉하네 漲痕大錯牙

남쪽 포구에 비가 막 개어 南浦新晴雨
봄바람에 먼지가 일지 않네 東風不起塵
멀리 버들 가 길 바라보니 遠望柳邊路
물 위의 사람들 앞다퉈 건너네 爭渡水中人
강 햇살이 세 오솔길[283]에 통하니 江日通三徑
교외의 봄날을 사방 이웃과 함께하네 郊春共四隣
누가 알았으랴 팽택의 관리가 誰知彭澤吏
노년에 갈천씨의 백성 될 줄을[284] 老作葛天民

---

283 세 오솔길 : 은자의 거처를 형용한 말이다. 전한(前漢) 때 장후(蔣詡)가 고향인 두릉(杜陵)에 은거하면서 정원에 세 오솔길을 만들어놓고 오직 양중(羊仲)과 구중(求仲) 두 사람하고만 어울렸다는 고사에서 나왔다. 《三輔決錄 逃名》

284 누가……줄을 : 벼슬하던 자신이 순박한 백성으로 살게 되었다는 말이다. '팽택(彭澤)의 관리'는 팽택 령(彭澤令)을 지내다가 벼슬을 버리고 고향으로 돌아간 진(晉)

나라 도잠(陶潛)을 말한다. '갈천씨(葛天氏)'는 상고 시대 전설상의 제왕으로, 태평성대를 이루어 백성들이 순박하고 아무런 걱정이 없었다고 한다. 도잠의 자서전인 〈오류선생전(五柳先生傳)〉에 "거나히 술 마시고 시 읊으며 내 뜻을 즐기니, 무회씨의 백성인가, 갈천씨의 백성인가.〔酣觴賦詩, 以樂其志, 無懷氏之民歟, 葛天氏之民歟.〕"라는 말이 있다. 《陶淵明集 卷6》

또 짓다[285]

又作

파직된 뒤 비로소 관직 떠남 늦었다 말하니	罷官始道去官遲
남들 의아해함 어이 이상하랴 나도 의아한데	無怪人疑我亦疑
문득 텅 빈 숲 바라보니 흰 사슴이 돌아오고[286]	忽見空林歸白鹿
어느 나무일까 노란 꾀꼬리 지저귀네	不知何樹囀黃鸝
청춘 시절에 〈장양부〉 바치지 못했고[287]	青春未獻長楊賦
늘그막에 단이의 시 더욱 공교해지네[288]	皓首愈工短李詩
봄날에 옥피리 부는 마음 누가 알아줄까	玉笛陽和誰知者
산 숲에서 홀로 구름과 함께 기약하네	山樊獨與雲相期
위수[289] 북쪽 맑은 햇살 아침마다 비추고	渭北晴光朝復朝

---

285 또 짓다 : 앞의 시를 이어 지은 것으로, 청풍 부사에서 물러난 1819년(순조19) 6월 이후에 지은 시로 보인다.

286 문득……돌아오고 : 눈앞에 선경(仙境)이 펼쳐졌다는 말이다. 흰 사슴은 신선의 수레를 끌고 다니는 사슴을 말한다.

287 청춘……못했고 : 임금에게 충간을 올리지 못했다는 말이다. 〈장양부(長楊賦)〉는 한(漢)나라 양웅(揚雄)이 황제에게 올린 작품으로, 사냥에 빠진 황제를 풍간(諷諫)한 내용이다. 장양은 장안(長安) 부근의 궁궐 이름으로, 황제가 사냥할 때 머물던 곳이다.

288 늘그막에……공교해지네 : 못난 몰골로 시만 짓는다는 말이다. '단이(短李)'는 당(唐)나라의 시인 이신(李紳)으로, 키가 아주 작고 시에 뛰어났기에 이렇게 불렸다고 한다.

289 위수(渭水) : 중국 장안(長安) 근방의 강인데, 여기서는 한강을 지칭한다.

원룡의 백 척 누각[290] 푸른 하늘에 솟았네　元龍百尺聳青霄
버들 늘어진 촌락에 원앙 기와[291] 보이고　垂楊村落鴛鴦瓦
물 흐르는 호수 머리엔 무지개다리 걸렸네　流水湖頭螮蝀橋
산빛은 서로 마주해 험한 곳으로 향하고　嶽色相當要處向
빗자국은 흔적 없이 불시에 사라졌네　雨痕無迹不時銷
지난날 스물네 살 때를 돌이켜 생각하니　回憶昔年二十四
말 타고 곧장 들어가 새벽 조회 압반했네[292]　乘騣直入押晨朝

남쪽 물가엔 갠 구름이 비단 물결을 덮고　南浦晴雲覆碧紗
강 버들은 무성하여 반쯤 갈까마귀 숨겼네　江楊菀菀半藏鴉
정원에는 천 그루 귤나무 심지 않았고[293]　園中不種千頭橘
들판에서 한가로이 백 그루 꽃나무를 보네　野外閑看百本花
술 익으니 노인들과 기꺼이 함께 마시고　酒熟許同諸老喫
산 높으니 멀리 처마 끝까지 비끼었네　山高遠到一簷斜

---

290 원룡(元龍)의 백 척 누각 : 높은 누각을 말한다. '원룡'은 후한(後漢) 사람 진등(陳登)의 자인데, 원룡의 백 척 누각은 장쾌한 심정을 펴는 높은 누각의 비유로 쓰인다.

291 원앙 기와 : 금실 좋은 원앙처럼 짝을 이루어 놓인 암키와와 수키와를 비유한 말이다.

292 지난날……압반(押班)했네 : '압반'은 관리들이 임금에게 조회할 때 위차에 따라 반열을 정돈하는 것으로 사헌부 감찰의 임무 가운데 하나였는데, 이 임무를 맡은 감찰을 압반감찰(押班監察)이라고 한다. 저자는 24세 때인 1790년(정조14) 1월 장흥고 주부(長興庫主簿)로 벼슬을 시작하여 4월 사헌부 감찰에 임명되었다. 《承政院日記》

293 정원에는……않았고 : 물욕을 부리지 않았다는 말이다. 삼국 시대 이형(李衡)이 재산을 늘려 자식에게 물려주기 위해 무릉(武陵) 땅에 몰래 귤나무 천 그루를 심어두었다는 고사가 있다. 《三國志 卷48 吳書 三嗣主傳》

해오라기 비오리와 날로 가까워지니　鵁鶄鸂鶒日親近
잊기 어렵고 찾기 쉬운 곳 나의 집이라오[294]　難忘易知是我家

집 북쪽 집 남쪽에 강이 사랑스러워　舍北舍南江可憐
새벽에 수레 타고 나가 목란나무 배를 탔네　平明駕出木蘭船
노년 생활 곰곰이 생각하며 총총히 늙어가고　細思晩計悤悤老
진부한 시어 힘써 없애느라 오롯이 앉았네　務去陳言兀兀然
빗물이 고루 적시니 호수는 거울 같고　雨澤均霑湖似鑑
구름 산 사고프나 주머니에 돈이 없네[295]　雲山欲買囊無錢
담장 곁에 반도나무 손수 심어놓고서　墻邊手植蟠桃樹
꽃 피고 열매 맺을 날 앉아서 따져보네[296]　坐算花開子結年

교외 동쪽에 겨우 이르러 씨 뿌리고 돌아오니　郊東纔及種田還
벼슬 없는 석 달 동안 모든 근심 사라졌네　三月無官百慮刪
비 내리는 한강 남쪽에 봄기운 돋아나고　宛轉春生漢陰雨

---

294 잊기……집이라오 : 악부시(樂府詩) 〈상봉행(相逢行)〉에 "그대 집은 참으로 알기 쉽구려. 알기 쉽고 잊기 어렵다오.〔君家誠易知, 易知復難忘.〕"라는 구절이 있다.

295 구름……없네 : 은거할 산을 사기 위해 필요한 돈을 매산전(買山錢)이라고 한다. 당(唐)나라의 우적(于頔)이 양양(襄陽)을 진무(鎭撫)할 때, 여산(廬山)의 부대산인(符戴山人)이 매산전 100만 전을 빌려달라고 청하자 우적이 즉시 빌려주었다는 고사가 있다. 《雲溪友議 卷上》

296 담장……따져보네 : 반도(蟠桃)는 3천 년에 한 번 열매를 맺는다는 신선의 복숭아인데, 여기서는 복숭아나무를 말한다. 서왕모(西王母)가 준 반도를 먹은 한 무제(漢武帝)가 그 씨를 심으려 하자, 서왕모가 "그 복숭아는 3천 년에 한 번 열매를 맺는다."고 말했다는 전설이 있다. 《博物志 卷8》

석양 비치는 산에 흐드러지게 꽃 피었네 汗漫花發夕陽山
농사일에 날 헤아림은 모두 급함을 다투지만 農功計日總爭急
세상사야 뜬구름 같으니 무슨 상관이리오 世事浮雲何足關
쓸모없는 늙은 신하라 하늘이 버렸을 터 無用老臣天必棄
병든 몸 부축해 용안 뵙는 일 감당하지 못하네 不堪扶病拜龍顔

내 머리털이 온통 은빛 되고부터 自吾鬢髮總成銀
아무리 생각해도 술 한 잔 먹음보다 나을 게 없네 百念無過酒入唇
촌아이들 깔깔대며 속객에게 까불고 呵呵村兒慢俗客
어부는 손짓하며 새 이웃을 친근히 대하네 招招漁叟比新隣
복사꽃은 모두가 한껏 멋 낸 소년이요 桃花盡屬繁華子
풀빛은 온전히 득의한 사람이라오 草色全如得意人
남쪽 물가 꽃 핀 정원 편히 쉬는 곳에 南汜芳園休沐地
푸른 나귀 히힝 울며 춘흥을 못 이기네 青驪颯沓不勝春

교외에 서늘한 기운이 순간 더해지다[297]

郊上新涼乍緊

들 성곽과 교외 사립문에 푸른 산빛 모이니	野郭郊扉合翠微
밭 갈아 옥 심음은 본래 기심 잊기 위함이라네[298]	耕田種玉本忘機
숲 소리 잠깐 들으니 찬 가을바람 되어 이르고	稍聞林籟颯秋至
시내 구름 한가히 보니 비 되어 돌아오네	閑看溪雲化雨歸
차조로 빚은 술엔 완연히 봄빛 가득 떠 있는데	秫酒宛浮春盎盎
배춧국엔 오히려 이슬 기운 머금었네	菘羹猶帶露霏霏
작은 다리 동쪽 곁에 인가가 가까워	小橋東畔人煙近
대숲 너머 이따금 다듬이 소리 들려오네	隔竹時傳夜擣衣

297 교외에……더해지다 : 앞의 시를 이어 지은 것으로, 청풍 부사에서 물러난 1819년(순조19) 6월 이후에 지은 시로 보인다.

298 밭……위함이라네 : '옥을 심는 것'은, 양백옹(楊伯雍)이라는 사람이 3년 동안 무종산(無終山)에서 목마른 행인들에게 물을 길어다 마시게 해준 결과, 이에 감동한 선인(仙人)으로부터 한 말의 옥 씨를 받아 수많은 미옥(美玉)을 생산하여 부유하게 되었다는 전설에서 나온 말이다. '기심(機心)'은 자신의 사적인 목적을 이루기 위하여 교묘하게 꾀하는 마음을 말한다.

건릉을 개장할 때의 만사[299]

健陵改葬輓

남기신 은택이 동해보다 깊으니　遺澤深東海
동해는 말라도 은택은 무궁하리　海枯澤不窮
요순이 이룬 태곳적 태평성대가　唐虞三古上
이십사 년 치세 속에 있었네　二十四年中
우리 임금 다스림 보지 못했다면　未睹吾王日
어찌 알았으랴 태평성대의 풍도를　焉知晟代風
동궁 시절 타고난 저 왕의 모습이여　東宮天日表
오히려 옛날의 순임금을 닮았네[300]　尙類昔重瞳

크나큰 효성은 하늘처럼 넓어서　大孝天同大
남은 신하들이 그려내기 어렵네　遺臣畫亦難
평생을 하루같이 즐겁게 해드리니　平生一日樂
모친에게 축수하여 만년의 기쁨 드렸네　壽母萬年歡

---

299 건릉(健陵)을……만사 : 저자가 55세 때인 1821년(순조21)에 지은 것이다. 건릉은 정조와 효의왕후(孝懿王后) 김씨의 능으로, 경기도 화성에 있다. 1800년 6월에 정조가 승하하자 11월 6일에 사도세자의 능인 현륭원(顯隆園) 동쪽에 장례하였다가, 1821년(순조21) 효의왕후가 세상을 떠난 뒤 9월 13일에 현륭원 서쪽으로 이장하여 합장하였다.

300 동궁(東宮)……닮았네 : 동궁 시절부터 성군(聖君)이 될 모습을 지녔다는 말이다. 원문의 '중동(重瞳)'은 하나의 눈에 눈동자가 2개씩 있는 것을 말하는데, 순(舜)임금이 중동이었다는 고사에서 유래하여 제왕의 의미로 쓰인다.

공을 새긴 옥책(玉策) 끝내 물리치시고[301] 竟却鏤功策
덕을 새긴 반명(盤銘) 더욱 빛나게 했네 彌光銘德盤
솜이불 덮은 건 검소함에서 나온 것이니 綿衾由儉素
위나라 문공의 의관에 못지않네[302] 不讓衛文冠

옛 봉분에서 나무 관을 꺼내어 梓棺舊封啓
오산[303]의 새 묘역으로 옮기니 梧山新兆移
뭇 신하들 한 번 뵙는 날이라 群臣一見日
만복의 터전을 거듭 점쳤네 重卜萬安基
옛 장지가 천년의 복지가 아니라 非昔千秋樂
오늘 구월의 슬픔으로 돌아왔네 還今九月悲
서풍 속에 피리 소리 오열하니 西風笳吹咽
지난날 연향할 때의 연주와 참으로 다르네 殊異奏韶時

---

301 공을……물리치시고 : 정조가 신하들이 자신에게 존호(尊號)를 올리기를 청하자 물리친 것을 말한다. '옥책(玉策)'은 옥 조각을 엮어 만든 책으로, 제왕이나 황후의 존호를 올리는 데 사용하였다. 정조는 1783년(정조7) 4월 1일에 아버지 장헌세자(莊獻世子, 사도세자의 시호)에게 '수덕돈경(綏德敦慶)'이라는 존호를 올렸는데, 그다음 날 신하들이 정조에게도 존호를 올릴 것을 청하였으나 정조는 자신의 불효를 이유로 물리쳤고 이후 세상을 떠날 때까지 존호를 받지 않았다. 《正祖實錄》《正祖大王行狀》

302 위(衛)나라……못지않네 : 위나라 문공(文公)은 나라가 어려울 때 초구(楚丘)에 성을 쌓아 위나라를 다시 세웠으며 거친 삼베로 만든 옷을 입고, 거친 삼베로 만든 갓을 쓰고, 백성과 고락을 함께하여 위나라를 부흥시켰다고 한다. 《春秋左氏傳 閔公 2年》

303 오산(梧山) : 임금의 무덤을 일컫는다. 원래 중국 호남성(湖南省)의 창오산(蒼梧山)을 말하는데, 이곳에 순(舜)임금의 무덤이 있었다고 한다.

하늘이 만든 새 언덕 비밀스럽고　天作新岡秘
하늘이 행한 옛 능호 그대로 따랐네[304]　天行舊號仍
안석에 기대어 하신 말씀[305] 서글피 다시 생각하니　愀然憑几復
화성 땅 일찍이 배알했을 때와 완연히 같네[306]　宛若覲華曾
혼령의 길이 서로 통하는 땅이요　神道相通地
선친의 동산이 매우 가까운 능이네[307]　仙園密近陵
백발의 신하 아직 죽지 못하고　白頭臣未死
저녁 구름 오를 제 통곡한다네　痛哭暮雲升

---

304 옛……따랐네 : 정조의 묘를 이장하고 건릉(健陵)이라는 능호를 그대로 사용했다는 말이다.

305 안석에……말씀 : 제왕의 유명(遺命)을 말한다. 주(周)나라 성왕(成王)이 임종할 때 안석에 기대어 대신들에게 유명을 내렸던 데서 나왔다. 《書經 顧命》

306 화성(華城)……같네 : 정조의 묘를 이장하고 나니, 예전에 사도세자의 능을 배알할 때와 그 광경이 같다는 말이다.

307 혼령의……능이네 : 사도세자의 능과 나란히 묻혔다는 말이다.

사직서에서 숙직하며[308]

直宿社稷署

백발의 낭관이 이곳에 이르니	頭白郎潛至
깊고 엄숙한 사직단이 청정하네	深嚴右社淸
관서엔 사람만 홀로 머무는데	省中人獨宿
솔가지 위로 달빛이 여기저기 비끼네	松上月交橫
새벽 잎은 제단에 떨어져 소리 내고	曉葉落壇響
저녁 종은 빗장 내릴 제 울리네	昏鍾下鑰聲
능원 옮기려 택한 날짜 다가오기에	遷陵卜日近
어젯밤에 기청제를 올렸네[309]	昨夜祭祈晴

308 사직서(社稷署)에서 숙직하며 : 사직서는 사직단(社稷壇)을 관리하는 일을 맡아 보던 관아이다. 저자는 55세 때인 1821년(순조21) 9월 1일에 사직서 영(令)에 임명되었다.

309 능원(陵園)……올렸네 : '능원'은 정조의 무덤인 건릉(健陵)을 말한다. 바로 앞의 시 〈건릉을 개장할 때의 만사〔健陵改葬輓〕〉 참조. '기청제(祈晴祭)'는 비가 계속될 때 나라에서 날이 개기를 빌던 제사를 말한다.

안동으로 부임하는 동갑 고동 이좌보 익회 와 이별하며[310]

別古東庚契李左輔 翊會 之任安東

남국에 꽃 피어 봄이 한창일 제	南國花開春正闌
두 깃발에 오마 타고 멀리 부임하네[311]	雙旌五馬遠之官
아, 그대 오늘 고을 원님 귀한 분 되었으나	嗟君今日專城貴
더는 지난날 임명장 받들었던 기쁨 아니네[312]	非復當年奉檄歡
천 리의 푸른 나무가 산빛을 드러내고	綠樹千里呈嶺色
백 척의 이름난 누대는 강변을 압도하리	名樓百尺壓江干
영가의 빼어난 풍광이 정녕 이와 같으니	永嘉形勝正如此
강락의 풍류를 다시 볼 수 있으리[313]	康樂風流得再看

---

310 안동으로……이별하며 : 저자가 57세 때인 1823년(순조23) 2월에 지은 시이다. 이익회(李翊會, 1767~1843)의 본관은 전의(全義)이고, 고동(古東)은 호, 좌보(左輔)는 자이다. 1811년(순조11) 문과에 급제하였고, 1823년 2월 2일 안동 부사(安東府使)에 임명되었다. 《承政院日記》

311 두……부임하네 : 지방관으로 나간다는 말이다. '두 깃발'은 당(唐)나라 때 절도사 및 자사의 의장(儀仗)이다. '오마(五馬)'는 한(漢)나라 때 태수(太守)가 다섯 필의 말을 탔던 고사에서 유래하여 태수의 미칭(美稱)으로 쓰인다.

312 더는……아니네 : 안동 부사로 부임해 녹봉이 생겼지만 봉양할 부모가 계시지 않는다는 말이다. '임명장 받들었던 기쁨'은 벼슬에 나가 부모를 봉양할 수 있게 된 기쁨을 말한다. 후한(後漢) 때 효성이 지극했던 모의(毛義)가 현령에 제수하는 임명장을 받고 기뻐했다가, 모친이 세상을 떠나자 즉시 벼슬을 버리고 돌아왔다는 고사가 전한다. 《後漢書 劉平等 傳序》

313 영가(永嘉)의……있으리 : 안동에서 시를 지으며 풍류를 즐길 것이라는 말이다. '영가'는 안동의 옛 이름이다. '강락(康樂)'은 남조(南朝) 송(宋)나라의 문인 사령운(謝

靈運)의 봉호(封號)로, 사령운이 영가 태수(永嘉太守)가 되어 산수 좋은 석문산(石門山)에서 시를 지으며 노닐었던 고사가 있다. 《宋書 卷67》

봄날 관서에서[314]

春日省中

고운 풀빛 푸르름이 적삼에 가득한데	纖纖草色綠盈衫
꽃 아래서 사람 만나 자주 손을 맞잡네	花下逢人手屢摻
연이은 숙직은 원래 사흘 밤을 보내야 하니	儤直元經三夜宿
낭관에 머물러 십 년 직함 변함없네	潛郎未改十年銜
천 산에 내린 비로 말발굽 축축하고	馬蹄行濕千峯雨
만 리의 돛배는 봄빛 끌고 돌아왔네	春色携回萬里帆
떠날 때 이 태사[315]를 만나지 못해	不見去時李太史
봄바람에 옛 시 봉투 펼쳐 읽노라	東風展讀舊詩緘

314 봄날 관서에서 : 이 시의 앞뒤에 수록된 시로 보아, 저자가 사도시 첨정(司䆃寺僉正)으로 있던 1823년(순조23)경에 지은 것은 것으로 보인다. 당시 저자의 나이 57세였다.

315 이 태사(李太史) : 누구를 지칭한 것인지 분명하지 않다.

대자리 하나를 받고서 네 운의 율시를 지어 바꾸다
竹紋簟一枚以四韻換之

늙은이의 꿈이 소상강[316]과 통하나니 老夫夢與瀟湘通
촘촘한 고운 문양에 뛰어난 솜씨라 생각하네 織織纈紋思巧工
서릿발 칼날은 수많은 대나무를 자주 만나고[317] 霜刃屢迎萬竿碧
수바늘은 다섯 송이 꽃을 수놓지 않았네[318] 繡針不刺五花紅
성대히 차군의 뜻 곧장 보내주시니[319] 猗猗便贈此君意
공손히 벗의 풍도 길이 생각한다오 肅肅長懷故友風
때때로 오고 가며 함께 앉아 취하세나 時去時來醉同坐
가만히 함께 앉으면 속진이 사라지리 坐同兀兀俗塵空

---

316 소상강(瀟湘江) : 중국의 동정호(洞庭湖)로 흘러 들어가는 강 이름이다. 강 주변에 자줏빛 반점이 있는 대나무인 반죽(斑竹)이 자라는데, 순(舜)임금의 두 비(妃)인 아황(娥皇)과 여영(女英)이 순임금이 승하하자 눈물을 흘려 대나무에 뿌렸더니 얼룩이 생겼다고 전한다.

317 서릿발……만나고 : 서릿발 같은 칼날로 대나무를 가늘게 쪼개 엮었다는 말이다.

318 수바늘은……않았네 : 대자리에 꽃을 수놓지 않았다는 말이다.

319 성대히……보내주시니 : 대자리를 보내주어 감사하다는 말이다. 차군(此君)은 대나무의 이칭이다.

겸재의 화첩에 대해 짓다[320]

謙齋幅畫題

청랑한 솔바람 맞고 서서	淸蹈松風立
상관에게 절하려 하지 않네	不肯拜上官
한 조각 마음 본래 단련하지 않아	寸心本不鍛
두 뺨은 단사처럼 곱기만 하네	兩輔嬿如丹
소매 속에 〈수초부〉[321] 넣어두고서	袖中遂初賦
그림자 돌아보며 마음 달래네	顧影以自寬
왼손으론 송엽주 따르고	左手斟松葉
오른손으론 꽃가지를 꺾네	右手折花枝
앉기도 하고 서기도 하며	或坐而或立
바라만 볼 뿐 말은 짐짓 더디네	脈脈語故遲
바람 불어 그치지 않으니	天風吹不已

320 겸재(謙齋)의……짓다 : 겸재 정선(鄭敾, 1676～1759)의 여러 그림에 대한 단상을 읊은 시이다. 정선의 본관은 광산(光山), 자는 원백(元伯)이며, 겸재는 호이다. 한미한 양반 출신으로 김창집(金昌集)의 도움으로 벼슬을 시작해 청하 현감(淸河縣監), 양천 현령(陽川縣令) 등을 지냈으며, 1756년(영조32)에는 지중추부사(知中樞府事)에까지 올랐다. 진경산수화의 화풍을 수립한 화가로 유명하다.

321 수초부(遂初賦) : 벼슬을 그만두고 숨어 살겠다는 뜻의 노래를 말한다. 진(晉)나라 손작(孫綽)이 10여 년 동안 산수를 유람한 뒤에, 산림에 은거하려고 마음먹은 처음의 뜻을 마침내 이루게 되었다는 내용으로 〈수초부〉를 지은 고사가 있다. 《晉書 卷56 孫綽列傳》

어찌 포규선[322]을 잡으랴　　安用捉蒲葵

좋은 벗이 지팡이 짚고 오기에　　良友杖策至
주인이 사립문 앞을 쓰네　　主人掃荊扉
마주 앉아 산빛을 보나니　　接膝看山色
어떤 사람이 자가 현휘일까[323]　　何者字玄暉
일찌감치 세상사에 입을 다물고　　括囊於世早
열 아름 소나무와 동갑이라네　　壽幷松十圍

동쪽 이웃에게 누렁 송아지 빌려　　東隣借黃犢
남쪽 산에서 자갈밭 가는데　　南山耕惡石
새는 뽕나무 위에서 우나니　　鳥鳴桑樹上
짹짹 찍찍 짹짹 찍찍　　喈喈與嘖嘖
멀리서 일천 기병처럼 소리 울리며　　遠聞千騎響
쏴아아 물가 역참 건너간다네　　颯沓渡水驛

걸으며 좋은 날 생각하고　　行以懷良辰
앉아서 저 멀리 눈길 보내니　　坐以延遠目
속마음은 난초처럼 향기롭고　　中心芳似蘭
따순 바람에 날은 맑고 온화하네　　惠風日淸穆

---

322 포규선(蒲葵扇) : 종려나무 잎으로 만든 부채를 말한다.

323 어떤……현휘(玄暉)일까 : 현휘는 중국 남조(南朝) 제(齊)나라 사조(謝朓)의 자(字)이다. 일찍이 청산(靑山) 남쪽에 집을 짓고 살았다고 한다.

우리 그 님 볼 때가 언제이런가	何時見余美
우선 잔 속 맑은 술을 마시누나	且覆杯中淥
날갯짓하는 하얀 해오라기가	搖裔白鷺鷥
울며 날아 냇가 집으로 향해 오니	鳴飛向溪堂
나와 어쩌면 그리도 닮았을까	與我頗相似
하늘 밖에서 마음껏 날아다니네	天外恣飄揚
향긋한 바람에 줄지어 나는	不羨香風列
일흔 두 마리 원앙이 부럽지 않네[324]	七十二元央
강을 건너 향긋한 풀을 캐는데	涉江采芳菲
그림 같은 배가 강 속으로 나왔네	畫舫江中出
그대는 강남의 봄을 즐기고	君弄江南春
나는 강북의 햇살을 사랑한다오	我愛江北日
흰 구름은 다시 오고 가는데	白雲復來去
나는 새는 어찌 저리 빠를꼬	鳥飛何迅疾
한 칸 초가집 말끔히 청소하고	淨掃一茅茨
다시 봄 풍경을 맞아들이네	復邀韶光入
오얏꽃 복사꽃 피기엔 이르지만	李桃開尚早

324 향긋한……않네 : 고악부(古樂府) 〈좁은 길에서 서로 만나다〔相逢狹路間〕〉에 “원앙새 일흔두 마리가, 늘어서서 절로 줄을 지었네.〔鴛鴦七十二, 羅列自成行.〕”라는 구절이 보인다.

향긋한 초록 풀 날로 눈에 보이네 芳綠日可拾
꾀꼬리 소리 참으로 어여뻐라 鶯鳥舌太巧
봄을 못다 누릴까 걱정하는 듯 弄春如不及

현재의 화첩에 대해 짓다[325]

玄齋幅畫題

대 그림자 어슴푸레 낮은 사립문 감싸고 竹影朦朧擁短扉
연꽃 바람 시원하게 은자의 옷에 부네 荷風澹蕩吹山衣
시냇가에 홀로 와서 비오리 바라보며 獨來溪上看鸂鶒
함께 벗을 기다리다 달빛 안고 돌아오네 共待同人帶月歸

모래톱 가에 세 집 다시 두 집 沙上三家復兩家
집집마다 물가요 물가엔 모래밭 이어졌네 家家臨水水頭沙
몇 리에 연꽃 피고 못은 거울 같으니 數里荷花潭似鏡
연꽃이 아까워 배 돌려 못 떠나네 回船不去惜荷花

산비가 소리 없이 온 숲 가득 내리니 山雨無聲落滿林
어젯밤 동남쪽의 동정호가 흐렸었지 東南昨夜洞庭陰
그저 울타리 너머 작은 배 매게 할 뿐 但令籬外扁舟繫
강물 깊이 얼마인지 상관치 않네 不道江中幾丈深

참대 자란 언덕 위에 그림 누각 서 있고 苦竹岡頭起畫樓

---

325 현재(玄齋)의……짓다 : 현재 심사정(沈師正, 1707～1769)의 여러 그림에 대한 단상을 읊은 시이다. 심사정의 본관은 청송(靑松), 자는 이숙(頤叔)이고, 현재는 호이다. 증조부 심지원(沈之源)은 영의정까지 지냈으나, 조부 때 역모의 집안으로 몰려 몰락하였다. 평생 관직에 나가지 못하고 일생을 그림으로 지냈다.

푸른 마름 뜬 나루엔 조각배 머물렀네	青菱渡口駐扁舟
배는 조수가 들 때 서둘러 떠나야 하니	舟到潮生須早發
오늘 밤 밝은 달도 그대 위해 머물러주네	今宵明月爲君留
동쪽 누각에 술 익고 밤은 춥지 않으니	酒熟東樓夜不寒
깊은 가을 완연히 구름에 앉은 듯 편안하네	高秋宛似坐雲安
강물 속 푸른 물결이 그대를 전송하리니	江中綠浪送君去
강가의 청산을 객과 함께 바라보네	河上青山與客看
앵두는 열매 맺고 벽도화는 향기로워라	含桃子結碧桃香
석 달 동안 관직 없어 봄에도 한가롭네	三月無官春不忙
날아오는 강가의 봉우리 앉아서 헤아리니	坐數飛來河上嶂
석양 속 푸른 산빛이 노을빛으로 변했네	夕陽彩翠化丹光
봄바람이 불어와 꽃비가 흩날리니	東風吹散雨瀟瀟
두세 가지에 어지러이 구슬 꽃이 피었네	亂入璚華三兩條
조수 막는 누각 가의 눈인가 의심스럽더니	錯比射潮樓畔雪
누가 알았으랴 봄빛이 진교 건너온 줄을[326]	誰知春色渡秦橋

326 조수……줄을 : 흰 매화가 핀 것을 눈보라가 치는 것으로 착각했다는 말이다. 원문의 '사조(射潮)'는 활로 조수를 쏘아 물러가게 한다는 말인데, 오대(五代) 때의 오월왕(吳越王) 전류(錢鏐)가 제방을 축조할 적에 조수가 주야로 밀려오자, 3천 개의 대전(大箭)을 만들고 강노(强弩) 5백 인에게 명하여 조수를 쏘게 하니 조수가 동쪽으로 물러났으므로 마침내 제방을 쌓을 수 있었다고 한다. 《吳越備史 武肅王》《十國春秋 武肅王世家下 引 昭勛錄》 '진교(秦橋)'는 진시황(秦始皇)이 해 뜨는 곳을 보기 위해

위는 '매화'에 대해 읊었다 右梅花

이 꽃은 본래 낙양에서 성대히 피니[327] 此花本自洛中盛
봄바람 가득 맞으며 모두가 구경하지 領袖春風衆所傾
도리어 자은사[328] 향해 가서 하룻밤 묵었을 때 却向慈恩寺裏宿
짙붉은 한 떨기 꽃이 사람을 놀라게 했네 殷紅一朶使人驚
위는 '모란화'에 대해 읊었다 右牧丹花

만들었다는 석교(石橋)인데, 여기서는 봄이 동해를 건너 찾아온 것을 비유한 말이다.

327 이……피니 : 모란은 중국 낙양(洛陽)의 대표적인 꽃인데, 특히 송(宋)나라 때 낙양의 요씨(姚氏) 집에서 나는 요황(姚黃)과 위상 인부(魏相仁溥)의 집에서 나는 위자(魏紫)가 유명하다. 구양수(歐陽修)는 《낙양모란기(洛陽牡丹記)》라는 책을 짓기도 하였다.

328 자은사(慈恩寺) : 섬서성(陝西省) 장안(長安)의 곡강(曲江) 북쪽에 있던 당(唐)나라 때의 사찰로, 당나라 고종(高宗)이 모친인 문덕황후(文德皇后)를 위해 지은 절이다. 여기서는 저자가 방문했던 우리나라의 어떤 절을 지칭한 것으로 보이는데, 미상이다.

낙향하여 짓다[329]

落鄕試作

달빛 받으며 쓸쓸한 객점에 묵고	帶月投荒店
바지 걷고서 푸른 물결을 건넜네	褰裳渡碧瀾
이어서 세 오솔길[330] 열고 들어와	因開三徑入
조용히 뭇 봉우리 바라보노라	靜與百峯看
큰 도성의 웅장함 본래 보았으니	本睹鴻都壯
오두막집의 넓음을 어이 논하랴	何論蝸舍寬
우연히 좌보덕[331]을 만나니	偶逢左輔德
잠깐 동안 서울에 있는 듯하네	暫似坐長安
멀리멀리 양지로 내려와	遙遙下陽智
아득히 도성을 떠나왔네	漠漠去京師
물가 역참은 촌락에 닿아 있고	水驛臨村落
구름 산은 갈림길에 걸쳐 있누나	雲山歷路岐

---

329 낙향하여 짓다 : 저자는 1821년(순조21) 11월 18일에 사도시 첨정(司䆃寺僉正)에 임명되어 58세 때인 1824년 4월까지 재직한 기록이 보이는데, 이 시는 그 이후에 지은 것으로 보인다. 둘째 수 첫 구절의 '양지(陽智)로 내려와'라는 표현으로 보아 낙향한 곳은 양지로 보인다. '양지'는 경기도 용인의 옛 지명이다.

330 세 오솔길 : 은자의 거처를 말한다. 187쪽 주283 참조.

331 좌보덕(左輔德) : 세자시강원(世子侍講院)의 종3품 관직인데, 여기서는 누구를 지칭한 것인지 미상이다.

꾀꼬리가 떡갈나무에서 울 때요	鶯鳴槲樹際
사람이 널다리를 건널 때라오	人渡板橋時
백 리 길 아무리 멀다 하지만	百里雖云遠
그래도 경기도를 벗어나지 않았네	王畿猶不離

또 짓다[332]

又作

백 리 길에 양식 찧어 이르니 百里舂糧至
집에 도착해도 땅거미 지기 전이네 至家日未曛
돌개바람은 풀빛을 휘감고 回風交草色
가랑비는 소나무 위 구름에 모이네 零雨斂松雲
청신함은 유 개부의 시와 같고[333] 淸或庾開府
썰렁하기는 정 광문보다 더 하네[334] 冷於鄭廣文
날아오는 한 쌍의 흰 새여 飛來雙白鳥
응당 나와 함께 어울리리라 應共我爲群

정답게 이웃과 왕래하나니 款曲通隣曲
호호백발 시골 늙은이라네 皤皤田舍翁
농사일은 참으로 점치듯 분명하지만 於農信龜策

---

332 또 짓다 : 앞의 시와 마찬가지로 낙향하여 지은 시이다.

333 청신함은……같고 : '유 개부(庾開府)'는 개부의동삼사(開府儀同三司)를 지낸 남북조 시대 북주(北周)의 유신(庾信)을 말한다. 두보(杜甫)의 〈봄날 이백을 그리워하며〔春日憶李白〕〉에 "청신함은 유 개부의 시와 같고, 준일함은 포 참군의 시와 같네.〔淸新庾開府, 俊逸鮑參軍.〕"라는 구절이 있다.

334 썰렁하기는……같네 : '정 광문(鄭廣文)'은 광문관 박사(廣文館博士)를 지낸 당(唐)나라의 정건(鄭虔)을 말한다. 그는 몹시 가난하였는데, 두보가 장난삼아 정건에게 지어준 시 〈희간정광문……(戲簡鄭廣文……)〉에 "재주 명성은 삼십 년을 날렸으되, 빈객은 추워도 앉을 방석이 없네.〔才名三十年, 坐客寒無氈.〕"라는 구절이 있다.

다른 일은 모두 흐리멍덩하다네　　餘事總鴻濛
맞닿은 골목이라 푸른 산 함께 보고　　接巷青山共
나뉜 밭두둑에 맑은 물 함께 쓰네　　分畦白水同
술을 즐기지 않는 사람 없지만　　無人不耆酒
누가 호리병 속으로 뛰어들어갈까[335]　　誰跳入壺中

---

335 술을……뛰어들어갈까 : 시골 사람이라 아무도 선경(仙境)인 줄 모른다는 말이다. 원문의 '호중(壺中)'은 '호중천(壺中天)'의 준말로, 호로(壺蘆) 속에 있는 신선의 세계를 말한다. 후한(後漢)의 비장방(費長房)이 호공(壺公)이라는 신선을 따라 호로 속으로 들어가 별천지를 만났다는 고사가 있다. 《神仙傳 壺公》

절구[336]

絶句

아침 비는 북풍을 따르고	朝雨隨北風
저녁 비는 남풍을 좇으니	暮雨逐南風
한 달 삼십 일 동안	一月三十日
비바람 속에 문을 닫고 있네	杜門風雨中
간밤에 광풍이 불어와	昨夜狂風入
강 머리의 나무를 꺾으니	吹折江頭樹
반은 강가의 다리처럼 걸쳤고	半支江上橋
반은 강 속의 상앗대 되었네	半作江中艕
달빛이야 쓸어낼 수 있어도	月色儻可掃
나의 근심은 삭일 길이 없네	儂愁不可歇
꿈에서 그리워한들 무슨 소용이랴	煩夢思何益
말없이 짧아진 머리를 빗노라	脈脈理短髮
북쪽 시내로부터 비가 오더니	雨從北澗入
점점 숲속 고개 위로 향해 가네	漸向林嶺上
당연히 가뭄 위해 쓰여야 하니	當爲旱天用

336 절구(絶句) : 앞의 시와 마찬가지로 낙향한 뒤 지은 시로 보인다.

산중의 감상을 어이 논하랴　何論山中賞

우연히 와서 맑은 물 희롱하자니　偶來弄淸淺
어이 알았으랴 배에 달빛 가득할 줄을　那知月滿舟
가는 낚싯대에 낚싯줄 하늘거리니　竹弱絲嫋嫋
어느 놈이 낚싯바늘 삼켜줄까나　何者定呑鉤

지난해에는 잡초 제거에 힘썼고　去歲務祛草
올해에는 깊이 밭 가는 걸 권하네　今年勸深耕
사람이 다만 밭에서 늙어가니　人但田中老
봄에도 한가한 삶이 없네　春無閑處生

남쪽 산 무덤에는 시든 쑥 덮이고　南山黃蒿草
북쪽 산 무덤에는 백양나무 가지로세　北山白楊枝
옛사람이 죽지 않았다면　古人倘不死
지금 사람이 무엇을 슬퍼하랴　今人何所悲

잠깐 동안 졸음이 조수처럼 밀려와　短睡似潮水
한낮 못 되어 그 사나움 못 이기겠네　未午不勝驕
가랑비가 연못에 들어오나니　細雨入池塘
실 같은 빗줄기에 적막함 면했다오　絲絲免寂寥

꽃 위에서 연연해하는 해가　戀戀花上日
반쯤 담장 넘어와 비추네　半壓過牆輝

쌍쌍이 날아다니는 나비 있어서　雙去雙來蜨
쌍쌍이 나는 그림자 함께했다오　因共影雙飛

냇물 빛이 붉은 햇살 속에 흔들리고　川光搖紫日
산 그림자는 초가집에 올라왔네　山影上茅茨
나그네가 봄 찾아 들어와서는　客子尋春入
말 매느라 꽃가지를 흔드는구나　繫馬動花枝

짧은 지팡이를 어디에 머물까　短策於何住
흰 구름처럼 정해진 기약이 없네　白雲無定期
세상만사 모두 다 잊더라도　萬事都相忘
벗과 만날 기약을 어이 잊으랴　寧忘待友期

머리 늘어뜨린 올망졸망 아이들　髧髧大小兒
두 줄기 꽃나무 앞에 서 있네　雙行花樹前
이 나무는 내가 심은 것이니　此樹我所種
장차 그늘 의탁할 해를 기다리네　且待托陰年

크고 작은 인간 세상의 일을　巨細人間物
잠시 제쳐두고 다시 말하지 말라　且置勿復道
손자와 증손이 어리석건 아니건　孫曾愚不愚
늙은이 마음엔 하나같이 걸리네　老懷一挂到

솔가지 사이로 아름다운 햇살 비치고　松欄復殊色

흰 구름이 낮게 강을 건너가네	白雲低渡水
푸른 연기가 아직도 일지 않으니	青煙猶不起
부엌에는 다람쥐가 잠자고 있네	竈間宿鼯子

칠언절구로 또 쓰다[337]

七絶又書

시냇가에서 내 모습 물에 비춰보니 照水臨溪自寫眞
소탈한 한 자태가 바로 나의 모습이라네 疏狂一態定風神
천지간에 몸 붙인 낙향한 나그네여 側身天地落鄕客
이 정도면 세상에서 뜻을 얻은 사람이라네 果是人間得意人

산으로 통한 비낀 오솔길로 신발을 끄니 曳履通山一徑斜
오색의 단산 빛[338]이 구름 노을에 섞였네 丹光五色雜雲霞
그저 가양주 단지 기울여 마시면 되니 但傾家釀甕間飮
굳이 동대문께나 성북동에 꽃이 있어야 하나 何必東城北陌花

높은 밭두둑에 청량미[339] 가득 널렸고 上壟靑粱滿地斜
누각에 기대 웃음 머금고 유하주[340]를 따르네 憑軒含笑酌流霞
이웃집 흰 송아지 내내 한가로이 뛰놀며 隣家白犢長閑放
시냇가 붉은 칡꽃을 다 먹어 치우네 喫盡溪頭紫葛花

---

337 칠언절구로 또 쓰다 : 앞의 시와 마찬가지로 낙향한 뒤 지은 시로 보인다.

338 오색의 단산(丹山) 빛 : 단풍이 든 산빛을 비유한 말로 보인다. 단산은 원래 전설 속의 산으로, 그곳에 오색 무늬의 봉황이 산다고 한다.

339 청량미(靑粱米) : 차조의 하나인 생동쌀을 말한다.

340 유하주(流霞酒) : 신선이 마시는 좋은 술을 말한다.

벼 이삭에 까끄라기 나고 기장 이삭 드리워　禾穗生芒粱穗垂
동쪽 남쪽 이랑에 온통 주렁주렁 달렸으니　南東其畝總離離
변방의 오랑캐야 쫓아낼 수 있다지만　寧驅塞下天驕子
밭 사이의 참새 떼 쫓아버리기 어렵네　難逐田中黃雀兒

내 모습 그려낸 초상화 전혀 닮지 않았으니　寫照風神全不似
촌스러운 자태요 용렬한 모습이로다　山姿野態貌悤悤
훗날 이 초상화가 은자(隱者) 열전에 들어가　他年恐入逸民傳
주남의 태사공으로 잘못 알까 두렵네[341]　悔識周南太史公

흰 갈매기 날아 흰 구름 사이로 향하는데　白鷗飛向白雲間
나는 날지 못해도 진정 절로 한가롭네　我不能飛眞自閑
온 식구 마주해 다른 말 하지 않고　擧家相對無他語
시내 남쪽 몇 고을의 산을 다 헤아리네　數盡溪南數郡山

남으로는 달을 보고 북으로는 산을 보니　向南看月北看山
누굴 위해 오늘 밤 솔가지 사립문을 열까　爲誰今夜闢松關
흰 구름이 나의 어지러운 근심 걷어가서　白雲卷我亂愁去
멀리 푸른 하늘로 들어가 돌아오지 않네　遠入靑天遂不還

341 훗날……두렵네 : 전체의 의미는 정확하지 않다. '주남(周南)의 태사공(太史公)'은 한 무제(漢武帝) 때 태사공을 지낸 사마담(司馬談)을 말한다. 사마담이 일찍이 병으로 주남 땅인 낙양(洛陽)에 체류하고 있다가 무제가 태산(泰山)에 봉선(封禪)하는 의식에 참여하지 못했다는 고사가 전한다.

남쪽 동산에서 취해 자며 짐짓 더디 깨니	醉宿南園醒故遲
꽃 피고 꽃 지는 걸 또 어찌 알랴	花開花落且安知
나처럼 한가한 사람 끝내 얻기 어려워라	閑如我者終難得
쌍쌍이 나는 백로를 조용히 그려내네	靜畫雙飛白鷺鷥
동해에 사는 청동 신선을 만날 기약 없고	海上青童無見期
하늘가 푸른 나무만 들쑥날쑥 울창하네	天邊綠樹鬱參差
걸음마 익히고 말 배우는 증손녀 덕에	扶床學語曾孫女
애오라지 얼굴 펴고 한 바탕 웃네	聊與開顔一笑之
원앙이 연못 가운데서 짝지어 나니	元央雙起水中央
연꽃이 흔들리며 줄기마다 향기롭네	搖動蓮花柄柄香
곱디고운 붉은 해에 그림자 자꾸 바뀌어	紫日姸姸影百變
만 가지 구름 모습 푸른 하늘에 선명하네	萬端雲勢劃青蒼
봄날의 맑은 기운 절로 사심이 없고	春天一氣自無私
두구나무 가지 끝에 붉은 해는 더디네	荳蔻梢頭紫日遲
우연히 꽃밭에 나비와 함께 이르니	偶與花間蝴蜨至
꿈속의 나비인가 지금도 의심스럽네	夢中蝴蜨至今疑
술 깨고 일어나지 않다가 맑은 못에 임하니	酒醒不起臨淸池
거울같이 맑은 물에 연꽃이 피었네	鏡水涓涓產水芝
비오리 한 쌍이 날아가고 난 뒤요	鸂鶒一雙飛去後
석양녘 꽃 그림자 몸에 가득한 때라오	滿身花影夕陽時

하늘 향해 크게 웃으니 이 한 몸 가벼워라	仰天大笑一身輕
사람 만나도 이름일랑 말하고 싶지 않네	不肯逢人道姓名
저기 구름 봉우리를 나누어 팔더라도	若個雲峯判應賣
곧장 사서 솔 기둥 집 세울 돈이 없다네	無錢卽賣起松楹
오묘한 뜻이 십이궁[342]에서 생겨나는데	妙指生於十二宮
바른 소리 쏟아내니 옛사람의 마음과 통하네	中聲直瀉古心通
한밤에도 집에서 잠을 이루지 못하고	夜中不放家中睡
잠시 대 난간 동쪽에서 달을 보네	一時看月竹欄東
이따금 아이 데리고 산에 올랐다 돌아오고	時携幼稚上山回
도연명의 귀거래 그린 그림을 보네	看畫淵明歸去來
옥당(玉堂)에서 벗들이 무한히 웃고 있으니	玉局諸仙無限笑
늙은 신하 끝내 속진으로 달려갈까 두렵네	老臣終恐走塵埃
음식 받긴 어렵지 않고 거절하긴 어려워	受饋非難辭饋難
돼지 간으로 폐 끼친 일[343] 취중에 망각했네	醉中忘却累猪肝
성곽에 비 내릴 때 편지를 보내면서	軍城細雨發書日
하늘 받친 높은 봉우리 손뼉 치며 바라보네	天柱高峯抵掌看

342 십이궁(十二宮) : 동양 음악의 열두 음인 십이율(十二律)을 말한다.

343 돼지……일 : 후한(後漢)의 민공(閔貢)이 안읍(安邑)에 가난하게 우거하며 날마다 돼지 간 한 조각만을 사서 먹자, 안읍의 현령이 관리를 시켜 항상 돼지 간을 민공에게 주도록 하였다. 이에 민공이 "내가 어찌 먹는 것 때문에 안읍에 폐를 끼칠 수 있겠는가." 라며 그 고을을 떠났던 고사가 있다.

동갑인 좌보가 찾아와 밤새 즐겁게 이야기하다[344]

左輔庚契歷訪 竟夜劇話

그대 관직 우승지에 올랐음을 내가 아노니[345]	知君官屬右承旨
나를 찾아 좌찬성 고개[346] 들러주었네	尋我行過左贊成
적막한 청산에서 귀한 손님 맞이해	漠漠青山迎貴客
쓸쓸한 백발로 평소의 속정을 전하네	蕭蕭白髮贈平生
지위는 측근이니 성상을 가까이 모시고	地分切於九天近
시론이 함께 추대하니 성균관이 맑아졌네[347]	時論同推半水清
옥 같은 시 황금 시축을 다 읽고 나니	繙閱玉編金軸畢
초당 속에 등불 하나 밝게 빛나네	草堂中有一燈明

---

344 동갑인……이야기하다 : 좌보(左輔)는 이익회(李翊會)의 자이다. 이익회에 대해서는 198쪽 주310 참조.

345 그대……아노니 : 안동 부사로 있던 이익회가 1824년(순조24) 12월에 우부승지로 복귀하고, 1825년 1월에 동부승지에 오른 기록이 보인다. 《承政院日記》

346 좌찬성 고개 : 원문은 '좌찬성(左贊成)'인데, 저본에 '고개 이름이다〔嶺名〕'라는 원주가 있다. 현재 경기도 용인시의 양지면과 원삼면에 걸친 고개를 '좌찬 고개〔佐贊峴〕'라고 부른다. 조선 정종 때 제1차 왕자의 난을 진압하는 데 큰 공을 세운 좌찬성 박포(朴苞)가 논공행상에 불만을 드러냈다가 용인으로 유배되었는데, 이로 인해 그가 유배된 마을을 좌찬리라 하고 그곳의 고개를 좌찬 고개로 불렀다고 한다.

347 시론이……맑아졌네 : 원문은 '반수(半水)'인데, 성균관(成均館)을 의미하는 '반수(泮水)'의 뜻이다. 이익회는 1825년 4월에 성균관 대사성이 되었다. 《承政院日記》

옛 관복을 전당 잡히다[348]

典舊官服

예전에는 몸에 맞더니 지금은 뜻에 맞아	昔稱於身今稱意
미련 없이 술과 바꾸니 더욱더 빛나네	飄然換酒益光輝
우리 집 아낙네 웃으며 돌아보고	家中匹婦笑相顧
꽃 아래 현자들은 취해서 돌아가지 않네	花下群賢醉不歸
다만 선왕께서 하사하신 옷을 추억할 뿐	但憶先朝宣賜服
어찌 훗날에 사은하러 갈 옷 생각하랴	寧思他日謝恩衣
쪽빛 염색 빛이 바래 싫증 났으니	生憎藍染龍鍾色
봄옷 새로 만들어 기수로 목욕 가리[349]	單袷新成去浴沂

348 옛……잡히다 : 이 시 역시 낙향한 뒤에 지은 것으로 보인다.

349 봄옷……가리 : 기수(沂水)는 노(魯)나라 도성 남쪽에 있는 물 이름이다. 공자(孔子)가 제자들에게 포부를 묻자 증점(曾點)이 "늦봄에 봄옷이 이미 이루어지면, 관을 쓴 어른 대여섯 명과 동자 예닐곱 명과 함께 기수에서 목욕하고, 무우(舞雩)에서 바람 쐬고 노래하면서 돌아오겠습니다."라고 대답하여 칭찬을 들은 고사가 있다. 《論語 先進》

푸른 봄날[350]

青春

푸르름 일렁이는 날 술잔을 당겨 드니	青春灩灩引飛觴
가까운 초가집마다 햇살을 비춰주네	不隔茆茨捧日光
섬돌 곁에 푸른 대 옮겨 심어 한참을 바라보고	新移綠竹長看砌
아침 구름 말끔히 걷혀 평상에 홀로 앉았네	淨掃朝雲獨坐床
가는 버들 푸른빛은 들판을 나눌 만하고	細柳碧堪分野郭
작은 복사꽃 붉은빛은 담장에 오르려 하네	小桃紅欲上墻匡
일하지 않고 늙어가니 곳간 속 쥐와 같아	空空老似倉中鼠
일백 두(斗)의 세금이 한 달 치 양식이라네[351]	十斛官租一月糧

350 푸른 봄날 : 이 시 역시 낙향한 뒤에 지은 것으로 보인다.

351 일백……양식이라네 : 관청에서 세금으로 걷은 곡식을 지원받아 생계를 유지한다는 말로 보인다.

이웃 노인이 자주 찾아줌을 사례하며[352]

謝隣叟頻訪

물가 객점 동쪽 머리에 주막 깃발 날리고	水店東頭酒幔斜
일시에 팥배나무 꽃이 활짝 피었네	一時開盡野棠花
굽이진 시내를 가벼운 지팡이로 익숙히 건너오니	曲溪輕策尋常渡
몇 리 걸친 깊은 솔밭에 두세 집이 있다오	數里深松三兩家
서늘한 곳 찾아 먼저 거처를 쓸어내니	好借疏涼先掃石
근력을 자랑하며 물가 땅 반쯤 일궜다 하네	自言筋力半耕沙
구태여 손바닥 치며 치국의 도를 논하랴	何須抵掌論皇道
가슴 열고 저녁놀 읊어도 무방하리라	不妨開懷詠晚霞

352 이웃……사례하며 : 이 시 역시 낙향한 뒤에 지은 것으로 보인다.

서후 임세가 과거에 급제한 뒤 서울로 돌아가는 길에 들러주었기에[353]

徐侯任世登第還京歷訪

늘그막에 예천에서 성인에 취해 앉았다가	老向酒泉中聖坐
감천궁에서 어느 날 장원급제 호기롭네[354]	甘泉一日壯元豪
성명은 반평생 동안 흘러 전한 지 오래요	姓名半世流傳久
문장은 조정에서 촉망받음 높았다네	文采中朝屬望高
천 겹의 고개 나무에 황색 인끈 걸어두고	嶺樹千重卦黃綬
오색의 궁궐 구름이 붉은 관복 비추리	宮雲五色映緋袍
달려갈 길 없다가 왕림해주심에 감사하니	無緣趨走謝光顧
중울의 대문에 쑥대가 몇 자나 자랐다오[355]	仲蔚之門數尺蒿

353 서후(徐侯)……들러주었기에 : 저자가 59세 때인 1825년(순조25)에 지은 시이다. '서후 임세(任世)'는 서경보(徐耕輔, 1771~1839)로, 임세는 자이다. 본관은 달성(達城), 호는 묘옹(卯翁)이며, 이조 판서를 지낸 서영보(徐榮輔)의 아우이다. 서경보는 음보로 관직에 나간 뒤 1822년(순조22) 10월 3일에 예천 군수(醴泉郡守)로 부임하였으며, 1825년 55세의 나이로 알성시에 장원급제하였다.

354 늘그막에……호기롭네 : 예천 군수로 재임 중에 서울의 알성시에 장원급제했다는 말이다. 원문의 '주천(酒泉)'은 서경보가 군수로 있던 예천(醴泉)의 옛 이름이다. '성인에 취했다'는 것은 술에 취했다는 말인데, 위(魏)나라의 서막(徐邈)이 금주령을 어기고 술을 마시다 적발되자 "성인에게 취했다.〔中聖人.〕"라고 한 고사에서 나왔다. 감천궁(甘泉宮)은 한 무제(漢武帝)의 별궁인데, 여기서는 대궐의 의미로 쓰였다.

355 중울(仲蔚)의……자랐다오 : 중울은 후한(後漢)의 은자(隱者) 장중울(張仲蔚)을 말한다. 학문에 박통하였으며 시문을 잘 지었는데, 늘 궁핍하게 사는 가운데 쑥대가 자라나 사람 키가 넘도록 집을 덮었다고 한다. 여기서는 저자 자신의 집을 말한다.

병을 털고 일어나다[356]

病起

비결 속에 숨겨진 글로 소원 이루고 싶어	秘訣隱文結願果
향 사르고 단정히 앉아 베개 속 책[357]을 읽네	焚香跪讀枕中書
칠십 일 동안 용렬한 의원에게 몸을 맡겼어도	身付庸醫七十日
미치광이 옛 버릇은 끝내 고치기 어렵네	狂奴故習故難除
베개에 엎드린 날 많았는데 좋은 계절로 바뀌니	伏枕多端令節換
버들개지 눈처럼 날리고 달은 쟁반 같구나	楊花如雪月如盤
이내 몸이 천억 개로 변할 수만 있다면	若爲化作身千億
한 달 동안 볼 꽃을 하루 만에 볼 터인데	一月看花一日看
사기대접에 목숙 나물 푸르게 널렸으니[358]	磁盆苜蓿綠闌干
수정 쟁반에 담긴 흰 생선 자랑하지 말라	素鱗休詫水晶盤
점심에 먹는 밥이 재계할 때의 밥[359]과 같으니	午時飯學齋時飯

---

356 병을 털고 일어나다 : 이 시의 마지막 수 마지막 구절의 "육십 년 세월 허송했구나"라는 말로 미루어, 저자가 60세 때인 1826년(순조26)경에 지은 것으로 보인다.

357 베개 속 책 : 한(漢)나라 회남왕(淮南王) 유안(劉安)이 베개 속에 감추어두고 읽었다는, 신선이 되는 비서를 말한다. 181쪽 주270 참조.

358 사기대접에……널렸으니 : '목숙(苜蓿) 나물'은 거여목(개자리)이라는 소채(蔬菜)로, 빈약한 식생활을 비유할 때 흔히 쓰인다.

359 재계할 때의 밥 : 간소한 밥을 말한다.

머리 한 올만큼씩 변하는 해 그림자 보노라　日影爭於一髮看

새로 심은 장미가 한바탕 피었으니　新植薔薇一度開
만발한 꽃송이가 돌아와 가지를 누르네　花繁袞袞壓枝回
소와 양 지나간 길 까닭 없이 애석해지니　無端坐惜牛羊徑
문 아래와 울타리 곁에 모두 이끼 끼었다네　門底籬傍都是苔

긴 여름 내내 시 보내주는 이 없으니　長夏無人辱贈詩
금옥 같은 구절을 누구에게 부탁할까　南金璚玖屬之誰
농부가를 하나하나 귀로 익히 듣다 보니　田謳一一耳聞熟
김매는 작은 일까지 두루 다 알겠네　袪草分毫錯總知

깃털 보송한 해오라기 눈보다 더 흰데　鷺鷥褵褷白勝雪
초가집으로 가까이 나니 정녕 사랑스럽네　飛近茅茨也可憐
물 깊어 고기 많은 곳으로 향하지 않고서　不向魚多水深處
짝지어 와 나를 벗해 한가한 낮잠 배우네　雙來伴我學閑眠

두각화 피어나고 반하가 돋으니[360]　荳殼花開半夏生
동쪽 비탈 몇 이랑에 깊은 밭갈이 시작하네　東屯數頃起深耕
늙은 오동 뿌리 위에 새 오동이 서 있으니　故桐根上新桐立
내년엔 거문고 되어 소리 내리라 생각하네　只道明年琴作聲

---

360 두각화(荳殼花)……돋으니 : 두각화는 투구꽃을 말하는 것으로 보인다. 반하(半夏)는 천남성과의 여러해살이풀로 끼무릇이라고 한다.

글 읽기 시들해 일곱 성인처럼 길을 헤매고[361] 稍倦於書七聖迷
은빛처럼 시든 머리 빗질도 못 이기네 如銀衰髮不勝篦
이웃집 대숲 보자니 가마가 이르는데 借看隣竹藍輿至
새가 두 날개 나직이 빨리 나는 듯하네 似鳥翩翩兩翮低

산새는 앵두나무 가까이에서 날고 山鳥含桃相近翔
해당화 꽃은 떡갈나무 울타리 곁에 떨어졌네 海棠花下槲籬傍
세상에 오솔길 아무리 많다 해도 世間蹊徑雖無數
이끼 낀 길 푸르고 대숲 길이 서늘하지 苔徑青青竹徑涼

바로 썼다 삐딱이 썼다 한번 두건 젖히니 乍正乍欹一岸巾
두건은 검은 각건 같고 머리털은 은과 같네 巾如烏角髮如銀
남산이며 한강을 자주 돌아보자니 終南渭水頻回望
나귀 타고 육십 년 세월 허송했구나 枉度騎驢六十春

361 일곱……헤매고 : 《장자(莊子)》〈서무귀(徐无鬼)〉에, 황제(黃帝) 등 일곱 성인이 대외(大隗)를 만나러 길을 떠났다가 양성(襄城)의 들판에서 길을 잃었다는 내용이 보인다.

웃으며 읽다
笑讀

웃으며 현인의 전기를 읽나니	笑讀先民傳
그 누가 나처럼 한가하랴	伊誰似我閑
각건 쓰고 귀향한 뒤로는	角巾歸去後
오두막 집 두세 칸에 산다오	蝸舍兩三間
좌우에는 번갈아 울리는 시내요	左右交鳴澗
눈앞에는 곳곳마다 산이 보이네	飛來觸處山
어린 손자는 곡속장을 외고	童孫誦觳觫
딸아이는 면만장을 왼다네[362]	女子詠綿蠻

서늘한 날씨에 푸른 소가 울고	涼天叫青兕
지는 해에 찬 솔개가 휘파람을 부네	落日嘯寒鴟
고목 사이로 다른 오솔길 없고	古木無他徑
인적 없는 숲을 홀로 걸어가는 때라오	空林獨往時
고개 돌려 유난히 붉은 잎 보니	回看特紅葉
가장 긴 가지에 먼저 올라왔구나	先上最長枝

---

362 어린……왼다네 : '곡속장(觳觫章)'은 《맹자》 〈양혜왕 상(梁惠王上)〉의 마지막 장으로, 제(齊)나라 선왕(宣王)이 제사에 희생으로 쓸 소가 벌벌 떨며〔觳觫〕 끌려가는 것을 보고 양으로 대신하게 한 내용이 보인다. 여기서는 《맹자》를 공부한다는 말로 쓰였다. '면만장(綿蠻章)'은 《시경》 〈소아(小雅) 면만〉의 시를 말하는데, 면만은 꾀꼬리의 울음소리를 형용한 말이다. 여기서는 《시경》의 시를 왼다는 말로 쓰였다.

남쪽 산에 사는 노인과 만나서　因與南山老
오뚝이 앉아 한잔 술 기울이노라　兀然傾一巵

이 시냇가에 살지 않았다면　不向此溪住
어찌 이 길을 따라 다녔으랴　寧從此路行
외로운 연기에 두 나무는 곧고　孤煙雙樹直
기우는 햇살에 온갖 새가 우네　斜日百禽鳴
다만 원하는 건 인생 말년에　但願桑榆末
피고 지는 초목을 오래도록 보는 것이라오　長奉卉木榮
어찌하면 오석을 단련하여서　何由鍊五石
안기생의 장수를 누릴 수 있을까[363]　同壽安期生

한번 취함은 천금의 값어치라　一醉千金敵
새 술 빚어 묵은 술을 이었네　新釀續舊釀
밤 베틀 소리에 벽 등불이 매달리고　壁燈懸夜織
새벽 절구[364] 소리에 산 달이 지네　山月下晨春
솔 사이 오솔길에 사람이 서 있고　人立松間徑
숲 너머 봉우리에 하늘은 높아라　天高林表峯
홀연히 누이동생의 소식 들리는데　忽聞弟妹信

---

363 어찌하면……있을까 : '오석(五石)'은 다섯 가지 광석으로, 도교에서 불로장생을 위해 단약을 만들 때 사용하는 재료이다. '안기생(安期生)'은 진시황(秦始皇) 때 동해에 은거했던 신선 이름인데, 매우 장수하여 천년옹(天年翁)으로 불렸다고 한다.

364 절구 : 저본의 원문은 '춘(春)'으로 되어 있는데, 운자와 내용을 고려하여 '용(春)'으로 고쳐 번역하였다.

지아비가 과연 대과 급제했다 하네[365] 夫婿果登龍

365 홀연히……하네 : 저자의 첫째 누이동생은 김필(金鏴, 1782～?)에게 출가하였는데, 김필이 1829년(순조29) 문과에 장원급제한 기록이 보인다. 김필의 본관은 연안(延安), 자는 앙여(仰如)이다. 460쪽 주434 참조.

아내에게 보이다

示內

그저 산에 은거할 때라고 여겨　只道棲山日
온 식구 이끌고 한강 건넌 그해부터　傾家渡漢年
발걸음을 거두어 벗들과 단절하고　疏蹤絶儔侶
손을 내저으며 잔물결만 희롱했네　揮手弄淪漣
많은 책 읽어 기억력 자못 좋고　博籍頗强記
맑은 시는 함부로 전하지 않았네　淸詩莫浪傳
주남의 문사에 대한 부탁을 받았으니[366]　周南文史託
큰 붓은 아직도 서까래만 하다오[367]　洪筆尙如椽

온 산의 형세를 응접하면서　應接千山色
턱 괴고 사방을 바라보니　支頤四望之
솥에는 죽이 있든 없든　鬵中有粥未
책상 위의 서책을 천천히 보노라　床上卷書遲

---

366 주남(周南)의……받았으니 : 전체의 의미는 정확하지 않다. '주남의 문사'는 태사공(太史公)과 같은 뛰어난 문학과 역사 실력을 말한다. 사마천(司馬遷)의 부친인 태사공 담(談)이 주남 땅에 유체(留滯)되어 조정의 정사에 참여하지 못했던 고사가 있으며, 사마천 자신이 부친에 대해 문사(文史)에 뛰어났다고 평한 기록이 또한 전한다.

367 큰……하다오 : 문장 솜씨는 여전히 뛰어나다는 말이다. 동진(東晉)의 왕순(王珣)이 어느 날 꿈속에서 서까래처럼 큰 붓을 받았는데, 얼마 뒤에 효무제가 죽자 애책(哀冊)과 시의(謚議)를 모두 맡아서 짓게 되었다는 고사가 전한다. 《晉書 卷65 王珣列傳》

한 자 되는 옥구슬도 가는 세월보다 가벼워라	尺璧輕徂歲
한 치의 짧은 시간을 이때에 아껴야 하네[368]	寸陰惜此時
나의 마음 바다처럼 넓어서	余心海同大
만 갈래 물길에 모두 물이 넘실댄다오	萬穴俱瀰瀰

368 한 자……하네 : 《회남자(淮南子)》 〈원도훈(原道訓)〉에 "성인은 한 자나 되는 옥구슬을 귀하게 여기지 않고 한 치의 짧은 시간을 소중히 여기나니, 때를 얻기는 어렵고 잃기는 쉽기 때문이다.〔聖人不貴尺之璧而重寸之陰, 時難得而易失也.〕"라고 하였다.

조 완화 가의 전장에서 급히 쓰다

趙 完和 家莊率書

가로놓인 다리 끝에 들판 주막이 있고	野店橫橋盡
강 건너자 구름 낀 숲[369]이 그윽하네	雲林渡水幽
다시 찾아오니 붉은 배[370] 익었고	重來紫梨熟
몇 겹이런가 푸른 산엔 가을이 들었네	數疊碧山秋
석양녘 매미 소리 나무를 흔들고	落日蟬搖樹
서풍 속에 사람은 누각에 기대었네	西風人倚樓
낚시터에 초승달이 올라오기에	魚臺上初月
숨긴 가락지 찾은 듯 손뼉 치고 웃네[371]	拍手笑藏鉤

369 구름 낀 숲 : 은자의 거처를 형용한 말이다.

370 붉은 배 : 천 년에 한 번 꽃 피어 열매를 맺는다는 배의 이름이다. 여기서는 배를 이렇게 표현하였다.

371 낚시터에……웃네 : 초승달을 갈고리처럼 생긴 낚싯바늘에 비유해, 잃어버린 갈고리를 하늘에서 찾았다고 농담한 것이다. 원문의 '장구(藏鉤)'는 가락지를 한 손에 감춘 뒤 어느 손에 있는지를 맞히는 놀이이다.

저녁에 취했다가 일어나 또 쓰다
既夕醉起又書

누각을 내려오니 구름이 함께 일어나고	下樓雲共起
길을 나서자 달이 같이 건네	上路月同行
밤 사슴 울음소리 때때로 들리니	夜鹿時聞響
가을 산 어디서 울고 있는지	秋山何處鳴
사립문엔 사람 말소리 가깝고	蓽門人語近
솔밭 길엔 말발굽이 가뿐하네	松徑馬蹄輕
옷이 이슬에 젖는 걸 깨닫고서	但覺衣沾露
비녀장 던진 그대 정에 감격하네[372]	感君投轄情

372 옷이……감격하네 : 낮에 술을 마시고 밤에 집으로 돌아간다는 말이다. 한(漢)나라 진준(陳遵)이 주연을 벌이고서 손님들이 돌아가지 못하도록 문을 잠그고 수레바퀴에서 비녀장을 빼내 우물 속에 던졌다는 고사가 전한다. '비녀장'은 바퀴가 빠지지 않도록 굴대 머리 구멍에 지르는 큰 못이다.

사촌인 증수 홍 노영 이 찾아와 반갑게 만났는데, 문희 현감이다[373]

喜見曾叟洪從 魯榮 來見 聞喜宰也

문희 현감인 홍노영을 반갑게 만나니	喜見洪聞喜
못난 형이 현명한 아우를 기뻐하네	兄愚喜弟賢
풍상이 한 번 겁을 지나서	風霜一過劫
이십사 주년 되는 해가 되었네[374]	二十四回年
남은 삶은 지루한 노년이고	後死支離老
지난 세월은 꿈처럼 아득하네	前生夢寐然
누가 알랴 상수 가에도	誰知湘水上
해와 달이 예나 지금이나 걸려 있음을[375]	日月古今懸

373 사촌인……현감이다 : 홍노영(洪魯榮, 1782～?)의 본관은 풍산(豊山), 자는 노수(魯叟)인데, 제목처럼 '증수(曾叟)'로도 썼던 것으로 보인다. 문희(聞喜)는 경상북도 문경(聞慶)의 옛 이름이다. 홍노영은 1824년(순조24) 6월에 문경 현감(聞慶縣監)에 임명되어 1827년 3월까지 역임한 기록이 보인다.

374 풍상이……되었네 : 훌쩍 세월이 흘러 24년 만에 만났다는 말로 보인다.

375 누가……있음을 : 문경이 궁벽하지만 임금의 관심이 있는 곳이니, 실망하지 말고 부지런히 임무를 수행하라는 말로 보인다. '상수(湘水)'는 초(楚)나라의 충신 굴원(屈原)이 나라를 걱정하다가 몸을 던져 죽은 곳인데, 여기서는 문경을 지칭한 것으로 보인다.

고기잡이를 끝내고 저물녘에 돌아오다
漁罷晩歸

울타리 이지러져 두 나무로 메우니	籬缺補雙樹
매미 울음소리가 내 집을 찾아왔네	蟬聲覓我家
지는 햇살은 섬돌의 대나무에 오르고	斜暉上階竹
붉은 과일은 정원의 풀에 떨어지네	朱果落庭莎[376]
그저 가까운 냇물 소리 따라갔다가	但逐溪鳴近
고기잡이 가는 길 먼 줄 몰랐네	不知漁路遐
가을꽃이 붉게 하늘거리며	秋花紅嫋嫋
저 멀리 물가에 반쯤 잠겼네	半入水邊賒

376 莎 : 저본에는 이 아래에 "어떤 판본에는 '사(沙)'로 된 곳도 있다.〔一作沙.〕"라는 원주가 있다.

박옹 이 명오 가 처음 옥관으로 벼슬하여 수십 일 동안 숙직하다가 벗어나 돌아왔기에 향산의 운자를 뽑아 함께 시를 짓고 이어 축하하다[377]

泊翁李 明五 初仕獄官 僝直數十日脫還 共拈香山同作 因以賀之

이군의 아름다운 시구 옥 가지보다 좋은데	李君佳句甚璚枝
칠십 평생 영락하여 때를 만나지 못했네	七十栖栖不遇時
어느 날 갓끈 날리며 참으로 홀로 고생하니	一日飄纓良獨苦
수십 일을 옥 살피며 퇴근은 더디기만 하네	數旬監獄下番遲
흰머리 검게 변할 방법은 슬프게도 없고	白頭還黑嗟無路
교지에서 단사 나옴은 정녕 기약이 있네[378]	交趾出丹定有期
동루에 달빛 가득해 잠들지 못하다가	月滿東樓人不寐
이웃에서 술 거르는 걸 먼저 알고 맛보네	隣家壓酒味先知

---

377 박옹(泊翁)……축하하다 : 이명오(李明五, 1750~1836)의 본관은 전주(全州), 자는 사위(士緯)이며, 박옹은 호이다. 1816년(순조16) 진사시에 합격하였고, 69세 때인 1818년 6월에 전옥서 참봉(典獄署參奉)으로 벼슬을 시작하였다. 제목의 '옥관(獄官)'은 이를 말한 것으로 보인다. 따라서 이 시는 저자가 52세 때인 1818년에 지은 것으로 보이는데, 앞에 수록된 시들과는 지은 시기에 차이가 많다. '향산(香山)'은 당(唐)나라 백거이(白居易, 772~846)의 호이다.

378 교지(交趾)에서……있네 : 장수하여 신선이 될 기약이 있다는 말이다. '교지'는 현재의 베트남 북부 지역인데, 진(晉)나라 갈홍(葛洪)이 교지에 단사(丹沙)가 난다는 말을 듣고 그곳의 영(令)이 되기를 자원하여 나부산(羅浮山)에 들어 연단(煉丹)했다는 고사가 전한다. 147쪽 주191 참조.

담정 김형 려 및 김오여 우순 와 함께 〈소석화도편〉에 화답하다[379]

與藫庭金兄 鑢 金吾與 愚淳 和小石和陶之什

젊은 시절 예림에 노닐며　　夙齡遊藝林
태평성대에 뜻을 두었으니　　乃心在黃虞
푸른 등불 아래 평소의 뜻 지니고　　青燈將素志
고금의 책에 큰 눈길 돌렸네　　回英今古書
빛나는 영광이 한성에 가득하고　　榮光塞漢口
훌륭한 영재들 홍도에 빛났는데[380]　　材英蜚鴻都
흰 해는 서산으로 달려가　　皓日馳濛汜
흐르는 세월 서로 함께 보내버렸네　　流景互相踰
솜씨는 같으나 곡조는 다르니　　同工亦異曲
솜씨 좋은 장인도 만드는 수레는 다 다르네　　巧匠殊輪輿
가랑비가 때맞춘 비를 내리더니　　微雨滋時澤
갑자기 따뜻한 바람이 함께 불어오네　　忽與惠風俱

---

379 담정……화답하다 : 담정(藫庭) 김려(金鑢)에 대해서는 10쪽 주14 참조. 김우순(金愚淳, 1760~1835)의 본관은 안동이고, 오여(吾與)는 자, 소석(小石)은 호이다. 김우순의 〈소석화도편(小石和陶編)〉이 김려의 《담정총서(藫庭叢書)》에 실려 있는데 자신의 거처로 김려와 이복현이 찾아와 기뻐서 지었다고 되어 있다. 〈화도편〉은 진(晉)나라 도잠(陶潛)의 시에 화답한 시를 말한다.

380 훌륭한……빛났는데 : '홍도(鴻都)'는 한(漢)나라 궁궐의 문 이름인데, 영제(靈帝) 때 홍도문에 학교를 설치하고 인재를 양성하였다. 여기서는 성균관을 말한 것으로 보인다. 김우순은 1813년(순조13)에 성균관 대사성을 역임하였다.

좋은 천리마는 빠른 발을 떨치나니	良驥奮逸足
어이하여 다시 머뭇거리리오	胡事復踟躊
참으로 아름다운 좋은 옥 품었으니	亮懷黎綠美
가는 걸음 어찌 방황하리오	躞蹀焉所如
봄빛이 산골에 들어와	春容入墟曲
무성히 꽃다운 풀에 입김을 부니	蔥蒨噓芳蕪
항아리 술로 아름다운 달 아래 취하고	罇醪陶嘉月
화락하여 넉넉한 즐거움 있네	侃侃有餘娛
뜨락 앞에는 연리수[381]가 있어	庭前連理樹
가지와 잎이 유독 무성하다오	枝葉獨扶疏
다만 바라는 건 아름다운 덕 높여서	但願崇令德
정을 머금고 어울려 사는 것이라오	含情以卷舒

381 연리수(連理樹) : 서로 다른 나무의 가지가 붙어서 하나의 가지가 된 것을 말한다.

함양으로 부임하는 담정을 전송하며[382]

送藫庭之任咸陽

두류산이 홀연 다 끝나는 곳	頭流山忽盡
물결이 그 아래로 넘실거리네	其水下瀰瀰
멀리서 한 쌍의 오리 신발 보내고	遠送雙鳧舃
일두 선생 사당을 찾아가리라[383]	言過一蠹祠
겨울에도 땅에 내리는 눈이 없고	冬無墮地雪
봄에는 남쪽 향해 피는 매화 일찍 보리라	春早向南枝
이제부터 시내 임한 고을로 가니	從此臨川郡
응당 강락의 시 전해지리라[384]	應傳康樂詩

---

382 함양(咸陽)으로……전송하며 : 저자가 54세 때인 1820년(순조20)에 지은 시이다. 담정(藫庭) 김려(金鑢)는 1820년 12월 5일 함양 군수에 임명되었으며, 이듬해인 1821년 9월 16일 임지에서 세상을 떠났다.

383 멀리서……찾아가리라 : 함양 군수로 부임하여 정여창(鄭汝昌, 1450~1504)의 사당을 찾아볼 것이라는 말이다. '오리 신발'은 지방관으로 부임한 것을 뜻한다. 후한 명제(明帝) 때 선인(仙人) 왕교(王喬)가 섭현 령(葉縣令)으로 있으면서 매월 초하루와 보름이 되면 수레도 없이 조회에 참석하였는데, 이를 괴이하게 여긴 명제가 그 내막을 알아보게 한 결과, 그가 올 때마다 오리 두 마리가 동남쪽에서 날아오기에 그물을 쳐서 잡으니 바로 왕교의 신발이었다는 고사에서 온 말이다.《後漢書 卷82 方術列傳 王喬》'일두(一蠹) 선생 사당'은 함양 출신인 정여창의 위패를 모신 남계서원(灆溪書院)을 말한다. 정여창의 본관은 하동(河東), 자는 백욱(伯勗)이며, 일두는 그의 호이다.

384 응당……전해지리라 : 지리산을 찾아 풍류를 즐길 것이라는 말이다. '강락(康樂)'은 남조(南朝) 송(宋)나라의 문인 사령운(謝靈運)의 봉호(封號)이다. 사령운이 영가 태수(永嘉太守)가 되어 산수 좋은 석문산(石門山)에서 시를 지으며 노닐었던 고사가 있다.

안협 현감 홍 희인 을 전송하며[385]

送安峽使君洪 羲人

그저 검서관[386] 출신이라 하지만 只道檢書出
그대 같은 이 몇이나 될까 似君能幾人
두 깃발 만경산을 향하니 雙旌指萬景[387]
한 고을 아주 가난하진 않으리 一縣未全貧
동쪽 정자엔 바위 위로 달이 오르고 巖吐東亭月
옛 골짝엔 봄 강물이 소리 내며 흐르리 江鳴古峽春
보병영 부엌처럼 술이 있을 터 步兵廚下酒
더구나 그 색깔 은빛임에랴[388] 況復色如銀

385 안협(安峽)……전송하며 : 저자가 54세 때인 1820년(순조20)에 지은 시이다. 홍희인(洪羲人, 1787~?)의 본관은 풍산(豐山), 자는 명여(明汝)이다. 1820년 12월 22일 강원도 안협 현감에 제수되어 1825년(순조25) 12월까지 재임하였다.

386 검서관(檢書官) : 규장각의 실무를 담당한 관원으로, 서얼 가운데 학식과 재능이 탁월한 자들을 임명하였다. 홍희인은 1814년(순조14) 검서관에 임명되었다.

387 萬景 : 저본에는 이 뒤에 "산 이름이다.〔山名.〕"라는 원주가 있다.

388 보병영(步兵營)……은빛임에랴 : 진(晉)나라 때 죽림칠현의 한 사람인 완적(阮籍)이 보병영의 부엌에 좋은 술이 있다는 말을 듣고 자청하여 보병교위(步兵校尉)가 되어 날마다 그 술을 마셨다는 고사가 있다. 《晉書 卷49 阮籍列傳》

부임한 치문 아우를 그리워하며[389]

思稚文弟上官

어량[390] 놓인 나루에서 발걸음 서로 재촉하는데	魚梁渡口正相催
둥둥 울리는 큰 북은 우렛소리 일으켰네	縣鼓殷殷響起雷
길은 호수와 산을 따라 몇 고을을 다 지나고	路逐湖山數郡盡
봄은 안개 낀 나무에 깊어 모든 성에 들었네	春深煙樹百城開
말의 울음은 강물 소리에 반쯤 섞여 떠나가고	騶鳴半雜江聲去
거북이의 돌아봄은 바닷빛 만나 비춰오리[391]	龜顧因逢海色來
예전에 사원에서 기른 말 타고서	何似昔乘沙苑馬
붉은 난간 이십사교 유람한 것에 비해 어떠하랴[392]	紅欄二十四橋回

---

389 부임한……그리워하며 : '치문(稚文)'이 누구인지는 미상이다.

390 어량(魚梁) : 물살을 가로막고 물길을 한 군데로만 터놓은 다음에 거기에 통발이나 살을 놓아 물고기를 잡는 장치를 말한다.

391 거북이의……비춰오리 : 관원의 인장이 바닷빛에 비친다는 말로 보인다. '거북이가 돌아본다'는 것은 관직에 임명되어 인장을 주조한다는 의미로 쓰인다. 진(晉)나라의 공유(孔愉)가 거북이를 방생하자 거북이가 고맙다는 뜻으로 물속에서 몇 차례나 왼쪽을 돌아보고 사라졌는데, 공유가 나중에 여부정후(餘不亭侯)에 봉해져 인장을 주조할 때 인장에 새겨진 거북이가 세 번이나 왼쪽을 돌아보았다는 고사가 전한다.《晉書 卷78 孔愉列傳》

392 예전에……어떠하랴 : 지방관의 생활이 도성의 생활만 못하지 않을 것이라는 말로 보인다. '사원(沙苑)'은 섬서성(陝西省) 위수(渭水) 부근을 가리키는 지명인데, 그 일대는 모두 목축하기에 아주 알맞은 곳이라 한다. '이십사교'는 강소성(江蘇省) 양주(揚州) 강도현(江都縣)에 있던 24개의 교량을 이른다. 이곳이 당대(唐代)에 번화한 명승지로 유명했으므로, 도성 거리의 번화함을 비유한 표현이다.

북평사로 가는 서원의 행차를 이별하며[393]

別北評事犀園之行

변방의 달과 구름 노래하고 노래하며	塞月塞雲歌復歌
펄럭이는 깃발이 바람 안고 지나가네	旗旛獵獵掣風過
조금도 백성 범하지 않아 세 변방이 기뻐하니	秋毫不犯三邊悅
이미 이전의 명성이 서수라[394]에 알려졌네	已報先聲西水羅
전쟁 북소리 요하(遼河) 북동에 울리지 않고	鐵鼓不鳴河北東
황지[395]의 절반이 푸른 하늘 속에 있네	黃池一半碧虛中
조정에서 선춘령을 떼어서 주었으니[396]	王家割與先春嶺
아득한 천 리에 큰 벌판이 비었네	千里茫茫大野空
친기위[397] 오백 명이 범처럼 굳세고	親騎半千健似虎

---

393 북평사(北評事)로……이별하며 : 저자가 58세 때인 1824년(순조24)에 지은 시이다. 서원(犀園)은 김선(金鐥)의 호로, 김선에 대해서는 12쪽 주16 참조. 김선은 1824년(순조24) 7월 29일 북평사에 임명되었다. 북평사는 함경도 병마평사(兵馬評事)의 이칭이다.

394 서수라(西水羅) : 함경북도 경흥군(慶興郡)에 있는 우리나라 최북단 항구이다.

395 황지(黃池) : 함경남도 철령(鐵嶺) 북쪽에 황지원(黃池院)이라는 지명이 보인다.

396 조정에서……주었으니 : 선춘령(先春嶺)은 두만강 북쪽 700리에 있는 고개인데, 고려 예종 때인 1108년에 윤관(尹瓘)이 이곳까지 진출하여 '고려의 국경'이라고 새긴 비석을 세웠으며, 1109년에 여진족이 강성해지자 다시 돌려주었다.

397 친기위(親騎衛) : 1684년(숙종10) 국경 지대를 지키기 위해 무예에 뛰어난 600인

모두 철갑 울리고 모두 총마를 탔네 盡鳴金甲盡乘驄
호위하고 길 물리며 일시에 들어오니 後擁前排一時入
마천령 이북이요 거문령 동쪽이라네 磨天以北巨門東[398]

변방 계책 완비하여 묵묵히 운용할 터 齊整邊籌默運機
불함산[399]의 눈이 하늘을 찌르며 날리리라 不咸山雪刺天飛
한낮에 시장 감독하는 군대 위용 엄숙하여 日中監市軍容肅
모래밭 가득한 차가운 빛이 관복을 비추리[400] 滿磧寒光照繡衣

맑은 눈물 무단히 만 줄기로 떨어지니 淸淚無端落萬絲
영주의 느릅나무 잎이 다 시들 때라오[401] 寧州楡葉盡黃時
형제고개 앞을 어찌 차마 지나가랴 忍過兄弟陂前否
지는 해에 부질없이 옛 시를 읊조리네 斜日空吟擬古詩

을 선발해 함경도에 설치했던 기병 부대이다.

398 以北 : 저본에는 이 아래에 "어떤 판본에는 '북으로 꺾이고'로 된 것도 있다.〔一作北折.〕"라는 원주가 있다.

399 불함산(不咸山) : 백두산(白頭山)의 옛 이름이다.

400 한낮에……비추리 : 북평사의 임무 가운데 하나가 청나라와의 국경 무역인 북관개시(北關開市)를 관리하고 감독하는 것이었다.

401 영주(寧州)의……때라오 : 영주는 함경도 영변(寧邊)을 말한다. 느릅나무는 북쪽 변방에 많이 자라므로, 변방을 뜻하는 말로 쓰인다.

풍고 태사가 편지를 보내 관서지방을 유람하게 된 일을 알리며 나를 데리고 함께 가지 못함을 한스러워하기에 이별시 두 수를 지어 생각해주신 은혜에 사례하다[402]

楓皐太史書報西遊 恨不拉余共之 以陽關二作 聊謝眷云

서풍 불자 웃으며 명산 향해 떠나시니	西風笑向名山去
육십 평생 명산을 저버릴까 걱정하셨네	恐負名山六十秋
세상의 먼지 같은 무수한 일일랑은	世間塵土無窮事
구름 걷히듯 쓸고서 남겨두지 마시길	掃却如雲不少留

곧장 원룡의 백 척 누각[403]에 올라	直上元龍百尺樓
풍류와 문장을 평양에 떨치시리라	風流文範振箕州
이러할 제 대동강 위에 달이 뜨면	如此大同江上月
한가로이 곧 오가는 배에 눈길 보내시리라	等閑曾屬往來舟

---

402 풍고(楓皐)……사례하다 : 저자가 58세 때인 1824년(순조24)에 지은 시로 보인다. '풍고'는 김조순(金祖淳)의 호이고, '태사(太史)'는 김조순이 대제학을 지냈으므로 존칭한 말이다. '관서지방을 유람하게 된 일'은 김조순이 60세 때인 1824년 9월에 휴가를 얻어 평안도의 묘향산(妙香山)을 유람한 일을 말한다.

403 원룡의 백 척 누각 : 높은 누각을 말한다. 190쪽 주290 참조. 여기서는 대동강변의 부벽루(浮碧樓)를 일컬은 것으로 보인다.

추운 날의 풍경

寒望

싸락눈이 한창 분분하니　　霰雪正紛糾
며칠이 되도록 음기가 성하네　　縱陰歷屢日
하염없이 흩어져 눈꽃이 되고　　綿綿散而華
무성히 흩날려 열매가 되었네　　撲撲緐而實
비스듬히 내리고 곧게도 내리며　　或斜而或直
느리게도 내리고 빠르게도 내리네　　或徐而或疾
쓸쓸한 골짝에 때로 울림 들리니　　哀壑時聞響
빙 두른 숲에 세찬 바람 사납네　　回林厲肅飂
자욱이 덮여 그윽한 유람에 통하고　　羃歷通幽覽
아리따워 그 빛깔 더욱 사랑스러우니　　窈窕光彌昵
가까이 다가가면 별다른 모습 없는데　　逼之無異色
멀리서 바라보면 더없이 곱네　　曠望逾纖悉
벼랑의 솔잎은 기름 바른 머리요　　厓松似膏髮
모여 있는 바위엔 더욱 많이 쌓였으니　　叢石轉蒙密
잔나비와 새는 또한 어디에 의지할까　　猿鳥亦何依
둥지 잃고 날아가며 소리치네　　飛叫其所失
조물주가 현명[404]의 차례를 깨닫고서　　造物悟玄緒
닿는 곳마다 흰색 눈을 남겼네　　觸境存素質

---

404 현명(玄冥) : 겨울을 맡은 신(神)의 이름이다.

더군다나 황종의 소리가 울림에랴 況乃黃鍾響
이 엄동의 음률을 기록하네[405] 紀此玄冬律
오래전부터 마음에 바람이 있었는데 夙昔心有尙
오늘에야 흡족히 구경함을 마쳤네 翫賞玆焉畢
내 고운 님 더디 오시나 보이지 않으니 予美遲不見
그저 앉아서 옥 비파를 퉁기는데 但坐汎瑤瑟
한 번 타고 두 번 세 번 타니 一彈再三彈
예스런 곡조가 손가락에서 흘러나오네 古樂指中出
멀리 높은 산의 자취를 찾고 遙尋高山躅
아득히 백운 속 은자를 그리워하네 緬思白雲逸
양춘의 곡조[406] 끝없이 연주하니 脈脈陽春徽
회포 안고 사는 생활 곧고 길하게 되었네 幽抱遂貞吉

405 더군다나……기록하네 : 동지가 되었다는 말이다. '황종(黃鐘)'은 음력 11월을 가리킨다.

406 양춘(陽春)의 곡조 : 고상한 곡조를 말한다.

정해년 달력에 쓰다[407]

書丁亥年歷書

애써 지팡이 짚고 일어나 배회하니	强扶靈壽起徘徊
황금 잔에 술은 맑고 옥 같은 봄 돌아왔네	金罇酒淥玉春回
육십일 년 내 인생이 어제 같은데	六十一年如昨日
과연 오늘이 어느새 찾아왔네	果然今日兀然來

407 정해년 달력에 쓰다 : 저자가 61세 때인 1827년(순조27)에 지은 시이다.

오늘[408]

今日

오늘 환갑 맞은 이 몸이	今日六甲子
지난날엔 한 살배기였지	昔日一歲兒
지난날엔 말도 할 줄 몰랐는데	昔日未學語
오늘은 시를 지을 줄 아네	今日能言詩

408 오늘 : 저자가 61세 때인 1827년(순조27)에 지은 시이다.

금 같고 옥 같은 먹 하나를 추사 김원춘 정희 이 보내주고 또 시도 보내주었기에 답하여 짓다

如金如玉墨一錠秋史金元春 正喜 惠送又惠詩 答之

황금 같고 옥 같은 이여　　式如金如玉
마음을 같이하여 교유하는 때로다　　同人截利時
평소에 먹을 함께 갈았는데　　居常共研墨
먹을 부쳐와 이별을 슬퍼하네　　寄墨感相離

시골 사람이 나막신을 보내주다

野人送贈木屐

발꿈치 들자 높고 반듯하니　　擧趾高方方
이제부터 나막신 신을 날이네　　自今乘屐日
올연히 속진 밖으로 와서　　兀然塵外來
먼저 진흙 속 향해 나가네　　先向泥中出
흰 바위에 또각또각 울리고　　白石響雙雙
푸른 이끼에 한일자로 흔적 남기네　　碧苔痕一一
그윽한 거처에 갑자기 소리와 흔적 가득하니　　幽棲思忽盈
좋은 선물이란 참으로 질박함이 많다네　　嘉貺良多質

절구로 또 짓다

絶句又作

한번 나막신 신고 거닐자마자	試乘木屐徘徊纔
또 나막신 신고 오는 이웃 사람을 보네	又見隣人乘屐來
다만 고상한 정취를 땅에서 일게 하니	但使高風着地起
어찌 가랑비에 진흙길 겁내 돌아서랴	何曾細雨刼泥迴

굳게 닫힌 사립문에 어지러운 눈 덮이는데	密掩柴門擁亂雪
깊고 얕은 발자국이 잔뜩 널렸네	迹深迹淺量紛紛
선왕의 늙은 태사 극원[409]의 나막신이여	先朝老史屐園屐
나막신 소리 높고 높아 하늘가에 들렸었네	屐響高高天上聞

409 극원(屐園) : 이만수(李晩秀)의 호이다. 이만수에 대해서는 7쪽 주9 참조.

시골 사람들이 우연히 모이다

村人偶集

이 적막함과 기쁨을 누구와 논할까	蕭寥心賞與誰論
머리 희어 공연히 사람들의 존대를 받네	頭白空爲衆所尊
다들 농사일로 세월 보내며 늙었으니	總老於農送歲月
하늘과 땅에 물어볼 일 무어 있으랴	不知何事問乾坤
사람들은 눈 쌓인 산속 길로 돌아가고	人歸積雪山中路
집은 해 기우는 언덕 위 마을에 있네	家在斜陽原上村
그저 한 통의 〈유렵부〉만 남았으니	只有一通游獵賦
늘그막에 홀로 무릉원을 지키네[410]	殘年獨守茂陵園

410 그저……지키네 : 임금에게 풍간(諷諫)을 올릴 충정을 간직한 채 고향에 은거한다는 말로 보인다. 〈유렵부(游獵賦)〉는 한(漢)나라 때 사마상여(司馬相如)가 지은 〈상림부(上林賦)〉를 말하는데, 천자의 수렵에 관한 일을 서술하며 풍간의 뜻을 담은 작품이다. '무릉원(茂陵園)'은 사마상여가 물러나 은거했던 곳인데, 여기서는 자신의 고향을 말한 것으로 보인다.

서울로 가는 이를 전송하다

送人之京

강변길 아득하고 양쪽 언덕은 모래이니	江路茫茫兩岸沙
슬프게도 불우한 그대 서울로 달려가네	悲君不遇走京華
산으로 통한 먼 형세 눈이 처음 걷히고	通山遠勢雪初霽
물에 뜬 차가운 햇살 해가 막 기우네	浮水寒光日正斜
진나라 땅에서 행인은 납절을 맞이하리니[411]	秦地行人迎臘節
한강 물가엔 봄빛이 매화에 이르렀으리	漢濱春色到梅花
재주 지닌 채 운은 없지만 어찌 끝내 버려지랴	有才無命豈終棄
하늘에 달린 일이니 원망하지 마시기를	事在皇天莫怨嗟

411 진(秦)나라……맞이하리니 : '진나라 땅'은 진나라의 수도인 장안(長安)을 말하는데, 서울의 의미로 쓰인다. '납절(臘節)'은 납향(臘享)을 지내는 날인데, 동지 후 셋째 미일(未日)인 납일(臘日)에 한 해의 농사 작황 등을 고하는 제향(祭享)이다.

옛 곡조를 모방하다
效古曲

이월이라 봄바람 한창일 제	二月東風闌
파릉[412]으로 가는 그대 전송했는데	送君下巴陵
팔월이라 가을바람 일어날 제	八月西風起
붉은 마름 따던 그대 그리워지네	憶君采紫菱
산에는 부드러운 뽕잎이 있고	山有柔桑葉
들에는 마른 뽕나무 가지만 많네	野多枯桑枝
산에 올라 뽕잎 따기 괴롭지만	上山采雖苦
나는 배고프나 누에 어찌 주리게 하랴	妾饑蠶忍饑
맑은 얼음은 파리에 더러워지지 않고	淸氷蠅不點
좋은 옥은 불에도 타지 않네	良玉火不爇
곱디고운 하얀 얼굴의 사내여	嬿嬿白面郎
물과 비교해도 마음이 더욱 깨끗하네	水比心更潔
남들의 걸음은 화살처럼 빠른데	人行疾如矢
나의 길은 가시밭처럼 힘드네	我行澁如棘
응당 길이 험해서가 아니라	應是路非險
그저 내 힘이 부족해서리라	只關力不足

---

412 파릉(巴陵) : 지금의 서울 양천구(陽川區) 지역인 양천현의 옛 이름이다.

봄날 새벽에 일어나 이른 봄 풍경을 보다. 시를 지어 희곡이 대감 경진[413]에게 부쳐 화답을 청하다

起眺春早 寄示希谷李台景進要和

쌓인 눈 점차 녹지만 봄은 아직 덜 깊은데	積素漸消春未闌
나는 까마귀 몇 마리가 새벽 추위에 우네	飛鴉數點噪朝寒
누런 해가 떠오르자 구름 모습 막 변하고	轉開黃道雲初變
푸른 진흙 처음 풀리니 길은 마르지 않았네	新裂靑泥路不乾
숲의 곁 들판 주막에선 객을 멀리 전송하고	野店樹邊遙送客
대숲 속 어부 집엔 울타리가 반쯤 기울었네	漁家竹裏半橫欄
무슨 수로 허현도를 만나볼 수 있을까	何因由接許玄度
밝은 달과 맑은 바람 홀로 보기 어렵구려[414]	明月淸風難獨看

413 이 대감 경진(景進) : 이지연(李止淵)을 말한다. 이지연에 대해서는 27쪽 주37 참조.

414 무슨……어렵구려 : 허현도(許玄度)는 동진(東晉)의 허순(許詢)을 말하는데, 현도는 그의 자(字)이다. 유담(劉惔)이 허순에 대해 "맑은 바람과 밝은 달을 대하노라면, 문득 현도가 생각난다.〔淸風朗月, 輒思玄度.〕"라고 한 고사가 전한다.

언덕 위의 갠 날 풍경

皐上晴望

언덕에 올라 한가히 보니 갠 햇살 어여쁜데
까치 한 쌍이 둥지 살피며 높고 낮게 나네
뭇 산에 나타나는 검푸른 빛 점차 보이니
모를레라 비 흔적이 어디로 돌아갔는지
동남쪽 구름 빛은 두 번 세 번 바뀌고
구불구불 봄 숲은 천 번 만 번 빛나네
우연히 어부가 시냇가에 다다랐다가
얼음 난간 부러져 옷을 한 번 걷는 걸 보았네

登高閑望愛晴暉
雙鵲眄巢高下飛
稍見諸山黛色出
不知何處雨痕歸
東南雲物二三換
委曲春林千萬輝
偶與漁人溪上至
氷欄中折一褰衣

실재 신 대감 현 에 대한 만시[415]

實齋申台 絢 挽

고대의 서적에 통달하고	上代通墳典
마음가짐 성실하고 깊으니	中心秉塞淵
명망 높은 동양의 가문에서	東陽地望重
북두성이요 문성처럼 빛났네[416]	北斗文星懸
다행히 태평성대 만나고	幸遇聖人日
신하 예우하는 성군 오랫동안 모셨네	長逢禮使年
부질없이 강관의 자리만 남았으니	空留講官席
누가 복생의 현명함을 이을까[417]	誰繼伏生賢
조문 온 이들 날아온 학과 같으니[418]	來弔飜同鶴

---

415 실재(實齋)……만시 : 저자가 61세 때인 1827년(순조27)에 지은 시이다. 신현(申絢, 1764~1827)의 본관은 평산(平山), 자는 수지(受之), 호는 실재, 시호는 효헌(孝憲)이다. 신대우(申大羽)의 아들이며, 석천(石泉) 신작(申綽, 1760~1828)의 아우이다. 1794년(정조18) 문과에 급제하여 강화 유수(江華留守), 이조 참판, 좌승지, 오위도총부 도총관 등을 역임하였다.

416 명망……빛났네 : '동양(東陽)'은 평산(平山)의 옛 이름이다. '문성(文星)'은 문운(文運)을 주관한다는 문창성(文昌星)을 말한다.

417 부질없이……이을까 : 학문이 뛰어난 신현의 죽음을 슬퍼하는 말이다. 신현은 1803년(순조3)에 경전의 강독을 맡은 강관(講官)을 역임한 바 있다. '복생(伏生)'은 한(漢)나라 때의 뛰어난 학자인 복승(伏勝)을 말한다.

418 조문……같으니 : 평소 잘 알지 못하던 사람들도 조문하러 와서 슬퍼한다는 말이

그대의 죽음을 원로를 잃음에 비유하네	云亡況失龜
공사 간에 오늘 애통해하니	公私今日痛
황천에서 담소 나눌 일 몇 년이나 남았을까	言笑幾年期
오래된 상자에서 보내준 편지 살피고	古篋檢遺札
새봄에 보내준 시를 생각하네	新春憶贈詩
슬프다 형이 아우를 곡함이여[419]	所嗟兄哭弟
저승과 이승 사이에 영원한 슬픔 남았네	幽隔永齎悲

다. 진(晉)나라의 도간(陶侃)이 모친상을 당했을 때 두 사람이 찾아와서 조문을 하고 갔는데, 도간이 그 뒤를 따라가보니 두 마리의 학으로 변해 공중으로 사라졌다는 고사가 전한다.

419 형이 아우를 곡함이여 : 신현의 형인 신작이 아우의 죽음을 슬퍼한다는 말이다.

석견루시초

하권 下卷

시 詩

광주 가는 길에 갑자기 풍고 태사를 만나 격조했던 회포를 기쁘게 풀고 즉석에서 운자를 불러 함께 짓다[1]

廣州路 猝遇楓皐太史 欣紓阻懷 卽席命韻同作

봄기운 가득한 인왕산은 옛 관문인데	春滿仁王是故關
고개 돌려 채색 구름 사이 서울을 바라보네	鳳城回首彩雲間
옷을 걷고 곧장 우두천을 건너 묵으니	褰衣直涉牛頭[2]宿
한식날 말안장 위로 돌아왔네	寒食因於馬上還
계곡 입구의 석양은 비스듬히 물을 건너고	溪口夕陽斜渡水
능 앞 푸른 나무는 점차 산을 가리네	陵前綠樹漸無山
소싯적 서울 유학 지금도 어제인 듯한데	童年遊學今猶昨
문득 만나니 둘 다 귀밑머리 희끗하네	忽漫相逢鬢各斑

---

1 광주(廣州)……짓다 : 저자가 61세 때인 1827년(순조27)에 경기도 광주로 가는 길에 풍고(楓皐) 김조순(金祖淳)을 만나 지은 시이다. 태사(太史)는 김조순이 대제학을 지냈으므로 존칭한 말이다.

2 頭 : 저본에는 이 뒤에 '시내 이름이다.〔川名〕'라는 원주가 달려 있다.

흥에 겨워

漫興

동쪽 이웃에서 온 소리가 서쪽으로 들어가니	東隣來響入西隣
사방에서 밭갈이 한창이라 서너 바퀴 돌았네	四起翻耕三數巡
천지의 따사로운 기운은 조물주에게 맡기고	天地陽和信造物
예나 지금이나 초췌하기로는 파신이 절박했네[3]	古今憔悴切波臣
소나무 걸린 구름은 산을 보는 시야에 높직하고	松雲高倂看山勢
갈매기가 나루를 건너는 사람보다 많네	鷗鳥多於渡水人
붉은 살구꽃 가지 천만 송이가	紅杏花枝千萬朶
담장 넘어 피어 두 집의 봄을 열었네	隔墻開作兩家春

3 예나……절박했네 : 자신의 심정을 초(楚)나라 굴원(屈原)에 비유한 말이다. '파신(波臣)'은 굴원이 간신들의 참소로 조정에서 추방되어 울분을 참지 못하고 연못가를 초췌하게 다니며 읊조리다가 상수(湘水)에 빠져 죽은 것을 가리키는 말이다.

추사에게 부치다[4]

寄秋史

대궐의 아름다운 풍경은 울창하기 그지없고	鴻都美景鬱蔥蔥
꽃 아래 수풀 사이 노래와 웃음이 떠들썩한데	花底林間歌笑雄
청쇄문 안의 시인은 백옥 총채를 흔들고	靑瑣詞臣玉麈尾
금란전의 학사는 자줏빛 화류마를 타리[5]	金鑾學士紫驊騣
천년토록 영화의 시절 바뀌지 않아	千年不改永和日
삼월이면 응당 곡수의 풍류 즐기리[6]	三月應同曲水風
동시대에 내 마음 알아주는 한 분이면 족하니	竝世賞音一人足
그 한 사람은 응당 만인 속에서 찾아야 하리	一人當覓萬人中

4 추사(秋史)에게 부치다 : 저자가 61세 때인 1827년(순조27)에 추사 김정희(金正喜)에게 지어 부친 시이다.

5 청쇄문(靑瑣門)……타리 : 궁궐에서 문필을 잡고 고관으로 근무함을 가리킨다. '청쇄문'은 한(漢)나라 궁궐 문의 이름이고, '금란전(金鑾殿) 학사'는 당(唐)나라 때의 한림학사를 가리킨다. 원문의 '옥주미(玉麈尾)'는 사슴 털로 만든 총채로, 위진(魏晉) 시대 명사들이 고상한 담론을 할 때 늘 손에 쥐었고, 나중에는 불교의 승려들도 설법할 때 많이 애용하였다. 《世說新語 容止》 '화류마(驊騮馬)'는 검은 갈기에 붉은 털을 지닌 아주 좋은 말을 가리킨다.

6 천년토록……즐기리 : '영화의 시절'과 '곡수의 풍류'란 동진(東晉)의 왕희지(王羲之)가 영화(永和) 9년(353) 늦봄에 사안(謝安), 손작(孫綽) 등 42인의 명사들과 회계(會稽) 산음(山陰)의 난정(蘭亭)에 모여 계회를 행한 뒤, 곡수(曲水)에 술잔을 띄우고 시를 지으며 성대한 풍류놀이를 즐긴 고사를 가리킨다.

심생과 이별하며

別沈生

객을 보내며 머리가 희끗하여 불현듯 놀라는데	空驚送客髮如絲
북쪽 기러기 남으로 날고 서쪽으로 해가 달려가네	北雁南飛西日馳
흰 물결 일렁이며 가을 물로 돌아갈 즈음이고	素浪搖歸秋水際
먼 하늘엔 저녁 구름 떠서 들어가는 때로다	遠天浮入暮雲時
집이 없으니 오늘 밤은 어디에서 묵을까	無家今夜宿何處
길이 있으니 내년에는 재회의 날 가져보세	有路明年覓後期
옛사람의 글 많이 읽어도 실천하는 이가 드무니	多讀古人似者少
한 번의 실패는 그대 위해 슬퍼할 일 아니리	一蹇不足爲君悲

근체시를 시험 삼아 쓰다[7]

近體試書

홀로 나무가 선 마을 깊숙하고 잎이 온통 붉은데	獨樹村深葉盡赤
하늘빛은 물과 같아 푸르름 끝이 없네	天光如水碧無垠
세월 흘러 문득 오늘 회갑을 맞고 보니	於焉忽見今回甲
옛날 그린 초상화를 차마 보지 못하겠네	不忍相看舊寫眞
대숲 뚫고 글 읽는 소리 바람결에 지나가고	穿竹書聲便風去
울타리 건너 술 거르는 소리에 가을 맛이 새롭네	隔籬槽響嘗秋新
꽃 모양 쇠발굽이 땅거미 속에 진흙 비탈을 밟으니	花蹄暝蹋靑泥坂
저 남산의 밭갈이에 해도 다 저물었네	耕彼南山窮日輪

---

7 근체시(近體詩)를……쓰다 : 저자가 61세 때인 1827년(순조27)에 지은 시이다. '근체시'는 격식에 맞는 압운(押韻)과 평측(平仄)을 갖춘 한시체의 하나로, 율시(律詩)·절구(絶句)·배율(排律)의 세 가지가 있다. 형식이 비교적 자유로운 고체시(古體詩)에 비교되므로 '금체시(今體詩)'라고도 한다.

유당 대감이 멀리 떠난다기에 헤어지는 회포를 서둘러 적어 부쳐드리다[8]

酉台遠去 岐路之懷 率書寄贈

갈림길에서 붉은 단풍 떨기에 먼저 놀라니	岐路先驚紅葉堆
섭섭하게도 돌아가는 친구를 보지 못하네	悵然不見故人回
어른거리는 밤빛에 삼나무와 단풍나무가 어둡고	參差夜色杉楓暗
가녀린 기러기 소리를 비바람이 재촉하네	宛轉寒聲風雨催
날이 지날수록 마음은 유수처럼 사라지고	日遠心如流水去
하늘이 밝아지면 꿈도 새벽 구름을 따라 이르리	天明夢逐曉雲來
까마귀 울고 흰 서리 내린 성 뒤편은 어둑한데	烏啼霜白城陰暮
꽃 앞에 상락주[9] 술잔을 저버리고 말았네	辜負花前桑落杯

하늘하늘 흰 수염으로 홀로 서서	婆娑獨立白鬚髭
새 시를 억지로 지어 누구에게 주려는가	强覓新詩欲贈誰
지난밤 바람 없어 서리가 나루터 물을 지나고	昨夜無風霜渡水
가을에 객을 보내자니 달만 가지에 걸렸네	高秋送客月橫枝

---

8 유당(酉堂)……부쳐드리다 : 저자가 62세 때인 1828년(순조28)에 멀리 벼슬하러 떠나는 유당 김노경(金魯敬)에게 준 시이다. 김노경은 1828년 7월에 평안 감사(平安監司)에 임명되어 1830년 6월까지 재임하였다.

9 상락주(桑落酒) : 중국 하동(河東) 상락방(桑落坊)에 우물이 있었는데, 오디가 떨어질 때면 이 우물물로 술을 담그고 이를 상락주라 하였다고 한다. 상랑주(桑郎酒)라고도 한다.

꿈속의 장락궁에선 종이 울어 새벽 알리고	夢中長樂鍾鳴曉
눈앞의 광려산에 구름도 잦아드는 때이리[10]	望裏匡廬雲盡時
말머리에서 총총히 쓰기를 마치기 전에	馬首悤悤書未了
하늘가로 아득히 헛된 사념만 부치네	天涯脈脈寄空思

10 꿈속의……때이리 : 장락궁(長樂宮)은 한(漢)나라의 궁전 이름이고, 광려산(匡廬山)은 중국 여산(廬山)의 별칭인데, 여기서는 김노경이 있는 한양의 궁궐과 남산을 비유한 것으로 보인다.

고시를 지어 풍고 태사께 사례하다[11]

古詩謝楓皐太史

자황 옥진자께서	紫皇玉眞子
모발을 마른 뽕나무와 바꾸었네[12]	毛髮換枯桑
나에게 녹하전을 주시고	貽我綠霞牋
한 대접 운모장도 주시네[13]	一盆雲母漿
친히 오래 살란 글자를 써주시며	親署長生字
길이 서로 잊지 말자 하시네	永言莫兩忘

11 고시(古詩)를……사례하다 : 저자가 62세 때인 1828년(순조28)에 풍고(楓皐) 김조순(金祖淳)에게 지어준 시이다.

12 자황(紫皇)……바꾸었네 : 김조순이 신선처럼 고귀한 태생으로 노년을 맞은 것을 가리키는 듯하다. 자황과 옥진자(玉眞子)는 모두 도교에서 높은 위치에 있는 신선들이다.

13 나에게……주시네 : '녹하전(綠霞牋)'과 '운모장(雲母漿)'은 김조순이 보내온 편지와 죽 종류의 음식을 높여 부른 시어로 보인다.

두 번째

二

저 양지 언덕을 따라	言遵彼陽阿
졸졸거리는 굴에 가까이 갔네	密近琮琤穴
동지와 함께 같은 수레 타니	同人適同車
그윽한 거울에 정신이 통하네	幽鑑窅神徹
두런두런 붉은 옥으로 주문을 외며	褭褭赤玉呪
청의동자가 물 건너에서 설법하네	靑童隔水說

희곡이 남한산성 유영에 가서 나를 초대해 그곳에서 술을 마셨는데 이경양 회연 이 함께 모였다[14]

希谷之南城留營 邀余觴吟其中 李景陽 晦淵 同集

강을 향한 대문으로 강물 소리 밤낮 들리는데	門對江聲日夜聞
무리를 이룬 갈매기 떼를 한가로이 바라보네	閑看鷗鳥集成群
소나무는 눈 내린 주필암[15]에 우거졌고	松深駐蹕巖前雪
종소리는 구름 속 개원사[16]에서 울리네	鍾動開元寺裏雲
표기장군처럼 전쟁을 그칠 무용이 있고	驃騎將軍止戈武
홍도 학사처럼 결승을 대신하는 문장이 있네[17]	鴻圖學士代繩文

---

14 희곡(希谷)이……모였다 : 저자가 62세 때인 1828년(순조28)에 남한산성에서 희곡 이지연(李止淵), 이회연(李晦淵) 형제와 함께 지은 시이다. 경양(景陽)은 이회연의 자(字)이다. 이지연은 1828년(순조28) 5월에 광주 유수(廣州留守)가 되어 이듬해 7월까지 재임하였다. 이지연의 아우 이회연은 음직으로 진출하여 호조 좌랑 등의 실무직을 거쳤고, 외직으로 나주 목사(羅州牧使), 여주 목사(驪州牧使) 등을 지냈다.

15 주필암(駐蹕巖) : 경기도 광주군(廣州郡) 남한산성 동문 밖 계곡 중간에 있는 바위로, 정조가 1779년(정조3) 8월 3일 남한산성에 행차한 것을 기념하여 수어사(守禦使) 김종수(金鍾秀)를 시켜 '기해주필(己亥駐蹕)'이란 네 글자를 써서 새기게 하였다.

16 개원사(開元寺) : 남한산성 동문 안에 있었던 절 이름이다. 조선 시대에 승군(僧軍)을 통솔하던 남한 총섭(南漢摠攝)이 있었던 절인데, 창건과 폐사의 연혁은 미상이다.

17 표기장군(驃騎將軍)처럼……있네 : 이지연, 이회연 형제가 문무에 재능이 있음을 비유한 말로 보인다. 한 무제(漢武帝) 때 곽거병(霍去病)이 표기장군이 되어 많은 공훈을 세운 고사가 있고, 후한 영제(靈帝) 때 황궁의 홍도문(鴻都門) 안에 학교를 세워 문인을 양성한 고사가 있다. 결승(結繩)이란 문자가 생기기 전에 새끼줄을 묶어 의사를 전달하던 방식이다. 원문의 '圖'는 '都'의 잘못으로 보인다.

동쪽 숲 서쪽 기슭이 온통 금빛 시내라　東林西麓摠金澗
한 근원에서 나와 아홉 줄기로 나뉘었네[18]　初發一源九派分

18 한……나뉘었네 : 이지연과 이회연 형제의 전주 이씨(全州李氏) 가문이 번성한 것을 중의적으로 가리키는 듯하다.

봄날에 또 남한산성 유상의 초대에 갔는데 감상하고 읊조려도 피로하지 않았다[19]

春日又赴南城留相之速 賞詠不疲

붉고 푸른 전각 모서리에 붉은 노을 비추는데 朱青殿角映丹霞
상장군의 높은 단에 대아기를 꽂았으리[20] 上將壇高抻大牙
편지 하나 돌아와 물가에서 읽으니 一紙書回臨水讀
봄 감영에 모란꽃이 만발했다 하네 春營爛發牧丹花

두 강물은 동으로 달리고 해는 기울지 않아 二水東奔日未西
광주의 한식날에 풀이 무성히 돋았네 廣陵寒食草萋萋
육십삼 년 동안 명리를 따른 나그네 六十三年名利客
오직 등 뒤에서 우는 산새 소리만 들리네 唯聞山鳥背人啼

---

19 봄날에……않았다 : 저자가 63세 때인 1829년(순조29) 봄에 광주 유수(廣州留守) 이지연(李止淵)의 초대로 남한산성에 다녀와서 지은 시이다. '유상(留相)'은 유수(留守)를 말하는데, 서울 이외의 별도(別都)나 행궁(行宮) 소재지에 두던 지방 장관으로 2품 이상의 대신급이라는 뜻이다.

20 상장군(上將軍)의……꽂았으리 : 남한산성엔 본래 다섯 곳에 장대(將臺)를 세워 장군이 직접 전장을 관찰하며 지휘했는데, 18세기 중엽에 모두 붕괴되어 터만 남아 있던 것을 1751년(영조27)에 광주 유수 이기진(李箕鎭)이 영조의 명을 받아 서장대와 남장대를 2층 누각 형태로 다시 세웠으나, 현재 서장대 즉 수어장대(守禦將臺)만 남아 있다. '대아기(大牙旗)'는 대장기를 가리키는데, 깃대의 봉을 상아로 장식하였기 때문에 '아기(牙旗)'라고 한다.

가벼운 바람 짙은 구름에 해도 배회하는데 風輕雲緊日徘徊
탱자나무 꽃 앞으로 봄이 저절로 찾아왔네 枳殼花前春自來
몇몇 인가 울타리에 청명의 불씨[21] 사르니 數家籬落淸明火
외나무다리 머리에서 잠시 보고 돌아서네 略彴橋頭看暫回

붉은 꽃이 순서를 알아 차례차례 피어나니 紅蘂商量稍稍開
쌍으로 나는 꾀꼬리가 꽃을 물고 찾아오네 雙飛黃雀啣花來
성의 기슭에선 멀리 푸른 구름을 보내 나오고 城根遠送碧雲出
산빛은 높이 떠서 측백나무와 나란히 돌아오네 山色高幷側柏回

왼쪽으로 오른쪽으로 찬란한 풍경을 바라보다 左顧生光右眄輝
애석해하며 주저하는 발걸음 돌리지 못하네 踟躕相惜不能歸
석 잔을 마신 뒤 소매 떨치고 햇살 속에 서니 三杯拂袖影中立
흐드러진 산나리꽃이 푸른 도포를 물들이네 若若山丹上敝衣

산새 천 마리가 울고 만 마리가 지저귀는데 山鳥千啼復萬啼
물 건너 꽃이 동쪽 서쪽에 웃으며 서 있네 隔花笑立水東西
남한산성 가랑비가 봄에 절도를 잃어 軍城細雨春無節
연못으로 흩어져 떨어지니 연잎이 가지런히 솟았네 散入池塘荷出齊

사방으로 산천을 돌아보니 평안치 않은 곳 없어 四顧山川莫不寧

---

21 청명(淸明)의 불씨 : 청명 하루 전인 한식(寒食)에 묵은 불씨를 껐다가 청명일에 새 불씨를 나눠 받아 다시 피우던 풍속을 가리킨다.

백 척의 높은 누대가 푸른 하늘까지 솟았네	高樓百尺逼青冥
웅장한 담론은 곧장 동강의 물처럼 쏟아지고	雄談直寫東江水
단정히 앉았노라니 북두성이 자주 옮겨 가네	端坐頻移北斗星
발걸음 비틀거려도 봄이라 두렵지 않고	行步欹危不畏春
다만 시흥을 돕는 신을 부리기에 제격이네	只堪驅使一詩神
꽃 사이에 있는 흰머리가 괴이하다 말하지 마소	休言白首花間怪
흰머리로 꽃 사이에 선 이가 몇이나 되겠소	白首花間能幾人

용산강에서 뱃놀이를 하는데 연천 태사가 먼저 운자를 내기에 배 안에서 번갈아 짓다[22]

龍江舟遊 淵泉太史先出詩令 輪筆舟中

높은 돛대가 멀리 푸른 하늘과 나란한데　高帆遠暎碧天齊
강에 내린 빗물 자국이 취한 글씨를 적시네　江雨餘痕濕醉題
오늘 밤은 그대와 더불어 물 위에서 자리니　今夜與君當水宿
배 위의 집도 나에게는 몸 깃들 곳이라오　浮家於我亦羈棲

물과 구름 좇아서 내키는 대로 흘러가니　秖逐水雲隨所之
소나무 배 느릿느릿 물결을 헤치고 나가네　松舟緩轉劈漣漪
뱃머리가 강 마을을 차례로 지나 들어가니　棹頭歷歷江村入
쌍으로 선 파초가 무궁화 울타리 위로 솟았네　雙立芭蕉上槿籬

창파는 구불구불 잔잔한 물결 드문데　滄波曲折少平波
이곳에도 평민이 있어 고기 잡으며 노래하네　還有平人漁且歌
해 아래 장안은 겨우 십 리이건만　日下長安纔十里
뉘라서 돛배 돌려 이곳을 찾을 줄 알리오　阿誰能解枉帆過

강가에서 이별한 지 열 번의 가을 지나도록　一別江洲幾一秋

---

22 용산강(龍山江)에서……짓다 : 저자가 63세 때인 1829년(순조29)에 연천(淵泉) 홍석주(洪奭周)와 함께 한강에서 뱃놀이하며 지은 시이다.

지금껏 탈 없는 건 너른 강물뿐이로다	至今無恙大江流
늙은 신하가 태평 시대의 갈망을 끊는다면	老臣若斷明時戀
해오라기 백로와 함께 노닐 수 있으련만	鵁鶄鵁鶄可共遊

흐르는 물 따라 그림자도 함께 흐르니	水水沿流影共流
이내 몸에 세상 티끌 한 점 물들지 않네	一身不染一塵浮
기맥을 단련하고 금단 먹어 신선의 뼈로 바꾸고서	鍊氣餐金換綠骨
곤륜산에 춤추는 오색 봉황의 소리를 배우리	學鳴彩鳳舞昆丘

물에 비쳐 보고 또 보며 마음으로 의심하니	照水看看心自疑
어부가 우연히 나의 모습과 닮았구나	漁師偶似我風姿
훗날 가랑비 내리고 관솔불 켠 밤에	他年細雨松燈夜
중류에서 머리 감던 때를 한가로이 이야기하리	閑話中流濯髮時

광주 유수가 첨서로 특별히 형조 판서에 제수되어 조정으로 돌아가면서 편지를 써서 보여주었다[23]

廣留添書特拜秋判 還朝以書相示

맑은 가을에 형조의 벼슬로 불러들이니	淸秋引入白雲司
채색 깃발 서울로 돌아가며 조금도 지체하지 않네	綵纛東還不少遲
신선의 국화가 구월의 절기를 처음 알리는데	仙菊初傳九月節
진상하는 배는 만년 묵은 가지에 먼저 익었네	御梨先熟萬年枝
신하의 마음 물과 같아 다른 재능 없어도[24]	臣心如水斷無他
임금의 은혜 한량없어 특별한 지우 입었네	君渥何涯特受知
본래 세자궁의 노성한 빈객이었으니	元是靑宮老賓客
어찌 부지런히 읊던 〈권아〉를 잊었으랴[25]	寧忘亹亹卷阿詩

23 광주(廣州)……보여주었다 : 저자가 63세 때인 1829년(순조29)에 서울로 벼슬하러 가는 이지연(李止淵)에게 지어준 시이다. 이지연은 이해 8월 24일 형조 판서에 임명되었는데, 첨서 낙점(添書落點)에 의한 것이다. '첨서 낙점'이란 관직을 임명할 때 왕이 삼망(三望) 이외의 사람을 첨가 기입하여 그 이름 위에 점을 찍어 재가하는 것이다.

24 다른 재능 없어도 : 원문의 '단무타(斷無他)'는 《서경》 〈진서(秦誓)〉에 나오는 '단단혜무타기(斷斷兮無他技)'를 가리키는 말로, 신하가 많은 재능은 없어도 진실한 마음만은 간절한 것을 가리킨다.

25 본래……잊었으랴 : 이지연은 1810~1811년 사이에 효명세자(孝明世子)의 시독관(侍讀官)을 역임한 일이 있다. '권아(卷阿)'는 《시경》 〈대아(大雅)〉의 편명으로, 임금께 현자를 등용할 것을 권하는 내용이다.

광릉 도중에서

廣陵路上

푸른 구름 붉은 잎이 제방을 반쯤 가렸는데	碧雲紅葉半遮堤
늦가을 산 동쪽에 해는 기울지 않았네	秋晩山東日未西
지나가는 행인들에게 앞길을 묻고	歷歷行人前問路
바삐 건너는 말 그림자가 시내에 되비치네	悤悤渡馬影回溪
절벽에 임한 황량한 성엔 멀리 봉우리 드높고	城荒臨絶遙峰兀
서늘함 감도는 백사장에 뒤쪽 포구가 나직하네	沙白生寒後浦低
날아가는 기러기 바라보니 마음을 가눌 길 없어	目送飛鴻心不定
푸른 하늘 어드메서 신선의 붉은 사다리 찾을까	靑冥何處覓丹梯

희곡이 부쳐온 시에 차운하여 드리다[26]

次呈希谷寄送韻

인정전 머리에서 만년의 수명 축원하니	仁政殿頭祝萬年
상서가 쥔 상아홀 천원지방 본떴네[27]	尙書牙笏象方圓
조양문 영롱한 광채는 봉황의 날갯짓이고	朝陽瑞彩鳳皇羽
천록각 신령한 빛은 태을신의 등불이로다[28]	天祿神光太乙煙
아름다운 마름풀이 창덕궁 금천의 물 위에 불어나고	麗藻新添錦水上
꾀꼬리가 울며 왕성 앞으로 먼저 들어갔으리	鸎鳴先入禁城前
그대가 오늘 밤 서운관[29]에서 잘 줄 알겠노니	知君今宿書雲觀
새해 달력을 받아들고 나서면 첫 일출도 고우리	捧出三元初日姸

---

26 희곡(希谷)이……드리다 : 저자의 나이 63세 되던 1829년(순조29)에 형조판서이며 관상감 제조(觀象監提調)로 근무하는 희곡 이지연(李止淵)이 부쳐온 시에 화답한 시이다.

27 상서(尙書)가……본떴네 : 상서는 형조 판서를 재직하고 있는 이지연을 가리킨다. 천원지방(天圓地方)은 홀의 윗쪽은 둥글고 아랫쪽은 각진 것을 말한다.

28 조양문(朝陽門)……등불이로다 : 이지연이 근무하는 궁궐의 광경을 묘사한 구절이다. 조양문은 본래 북경의 정문 이름으로 궁궐의 문을 가리키고, 봉황은 어진 신하들을 상징하는 말이다. 한(漢)나라 성제(成帝) 때 유향(劉向)이 천록각(天祿閣)에서 서적을 교정할 때, 태을(太乙)의 정기(精氣)라고 자칭하는 노인이 청려장(靑藜杖) 끝에 불을 붙여 유향을 도와준 고사가 있다. 《拾遺記 卷6》

29 서운관(書雲觀) : 고려 말부터 조선 초까지 천문, 역법, 기상 등을 관장하던 관서로, 이후 관상감(觀象監)으로 개칭되었다. 1829년(순조29) 9월 3일에 이지연이 관상감 제조로 임명된 일이 있다.

대궐의 아름다운 풍경이 신년을 맞으니	鴻都美景入新年
날이 조금씩 길어지고 달도 다시 둥글었네	化日稍長月又圓
늙은 사관은 공손히 태평 시대를 기록하고	老史秖應書玉燭
근신들은 먼저 푸른 연기의 향을 하사받네	近臣先許賜青煙
사씨 집의 봄풀은 연못가에 돋았고[30]	謝家春草池塘上
원례의 신선 배는 은하수 앞에 떴네[31]	元禮仙舟霄漢前
묻노니, 뜨락의 매화가 꽃이 피었는가	借問庭梅着花未
복사꽃이 덩달아 자태를 뽐내게 하지 마시오	不將桃李與爭姸

30 사씨(謝氏)……돋았고 : 이지연 형제가 시에 빼어난 것을 가리킨다. 남조(南朝) 송(宋)나라 때 시인 사령운(謝靈運)이 일찍이 좋은 구절이 떠오르지 않다가, 꿈에 족제(族弟) 사혜련(謝惠連)을 만나서 "못가에 봄풀이 난다.〔池塘生春草.〕"라는 절묘한 시구를 얻었다고 한다.《南史 卷19 謝惠連列傳》

31 원례(元禮)의……떴네 : 이지연이 당대의 명사들과 어울린다는 의미이다. '원례'는 후한(後漢) 시대 이응(李膺)의 자로, 덕망이 높아서 당시 사람들이 그의 인정을 받는 것을 등용문(登龍門)이라 했다. 곽태(郭泰) 또한 이응의 인정을 받아 명성이 높아졌는데, 일찍이 고향으로 돌아가는 곽태를 전송하며 함께 배를 타니 두 사람의 모습이 신선과 같아 보는 사람들마다 찬탄했다는 '이곽선주(李郭仙舟)'의 고사가 전한다.

연천 태사의 강가 숙소에서 짓다[32]

淵泉太史江上寓舍作

내 뜻이 이리 편안한데	此意憺如許
쓸쓸하게도 떠가는 기러기를 만났네	蕭蕭値雁流
들판의 하늘은 가을이라 담담하고	野天秋澹澹
강가 누각은 밤이라 고요하네	江閣夜幽幽
짝을 부르며 기러기는 물가를 날고	喚侶鴻飛渚
사람 없어 해오라기가 모래톱에서 자네	無人鷺宿洲
안개 낀 나루에 길을 헤매지 않고	煙津不迷路
물길 따라서 고깃배가 돌아오네	乘水入漁舟
하경이 문득 도성을 떠나는데	夏卿忽去國
추수는 다시 집 안에 가득하네[33]	秋水復滿家
외로운 돛배 아스라이 바라보노라니	孤帆欲迷望
하늘에 둥둥 떠 어찌 닿는 곳 있으랴	浮天詎有涯
먼저 말을 달려 달을 몰고 들어오니	先驅御月入

---

32 연천(淵泉)……짓다 : 저자가 64세 때인 1830년(순조30) 8월경에 벼슬에서 물러나 한강 가에 거주하던 연천(淵泉) 홍석주(洪奭周)의 거처에서 지은 시이다. 홍석주는 효명세자(孝明世子, 1809～1830)의 장례가 끝난 1830년 6월 병조 판서에 재차 임명되었으나, 여러 차례 응하지 않아 동년 8월 8일 삭직(削職)의 처분을 받았다가 9월 7일에 서용되어 대호군(大護軍)에 임명된 일이 있다.

33 하경(夏卿)이……가득하네 : '하경'은 병조 판서를 지칭하는 말로, 홍석주가 한양을 떠나 한강 가로 나오니 가을 물〔秋水〕이 주위에 가득하다는 의미로 보인다.

높이 뜬 잘린 구름이 비껴 있네　高戴截雲斜
성상께서 현자를 보배로 여기니　聖主賢爲寶
그대 어찌 진창에 오래 있으랴　君豈久泥沙

의연히 사부를 짓는 곳　依然辭賦地
강물은 맑고도 깊네　江水淨瀹瀹
치이의 전기[34]를 낭독하다　朗讀鴟夷傳
삐걱대는 수레를 잠시 멈추네　暫停鴉軋輪
층층누각엔 달이 밝게 빛나고　層樓鑑明月
너른 포구엔 먼지조차 끊어졌네　平浦絶紅塵
비가 내릴 듯 구름은 무겁고　欲雨雲雲緊
물결 가운데 용이 엎드려 있네　波心伏震鱗
만 리 용산강 물에　萬里龍江水
차가운 기러기 소리 어찌 차마 들으랴　寒聲那可聞
맑은 물에 묵은 때를 씻고　清斯濯塵雜
흘러서 곧장 인간 세계를 떠나리　流卽去人群
서리가 내리니 눈보다 희고　霜落皎於雪
비가 내리니 구름조차 서늘하네　雨懸涼亦雲
단풍 숲에 매서운 가을 기운이　楓林秋肅殺
대장군처럼 와서 들어앉았네　來坐大將軍

34 치이(鴟夷)의 전기(傳記) : 춘추 시대 범려(范蠡)의 전기를 가리키는데, '치이'는 그의 별칭이다. 범려가 일찍이 월왕을 보좌하여 오나라를 쳐서 멸망시키고 나서 월나라를 떠나 오호(五湖)에 배를 띄우고 돌아다니다가 제나라에 들어가서 '치이자피(鴟夷子皮)'로 성명을 바꾼 고사가 있다. 《國語 越語下》《史記 卷129 貨殖列傳》

나주 목사로 보임되어 나가는 희곡에게 주다[35]

贈希谷出補羅州牧伯

친한 이 모두 멀어짐이 한스러우니　可恨親皆遠
다시 누가 외로운 나의 생활 문안해주랴　復誰問索居
밤에 등불 걸고 외로운 객관에 앉아　夜燈坐孤館
가을비 속에 서울로 편지를 부치노라　秋雨發京書

물이 잦아드니 큰 배는 늦고　水落艅艎後
서리가 짙어 귤 유자 막 익었으리　霜酣橘柚初
다시 모일 날이 있을지라도　盍簪縱有日
둘 다 듬성해진 귀밑머리 어이하랴　奈各鬢毛疏

백 년 인생 절반이 지났으니　百歲嗟過半
정녕 길 위를 떠돌 나이는 아니네　殊非道路年
지금 먼 곳으로 가는 그대 어이하랴　奈今適遠地
무슨 수로 하늘의 은혜에 보답할까　何術答皇天

---

35 나주(羅州)……주다 : 저자가 64세 때인 1830년(순조30) 9월 18일에 나주 목사로 강등되어 떠나는 희곡(希谷) 이지연(李止淵)에게 지어준 시이다. 이지연은 이해 6월부터 형조 판서로 재임 중이었는데, 앞서 5월 6일에 홍서한 효명세자(孝明世子)의 죽음에 연관된 김로(金鏴), 홍기섭(洪起燮) 등과 같은 일당으로 지목되자, 이를 인혐(引嫌)하여 오랫동안 도성 밖에 있으며 왕명을 거부하다가 결국 나주 목사로 강등되어 부임하게 되었다.

산과 나무가 둘러싼 청암역[36]에　　山木青巖驛
관아 다리 곁에 푸른 대밭이 있네　　官橋翠竹田
달 속의 누각은 거리가 얼마일까　　璚樓去幾許
성 위엔 달만 곱게 뜨리　　城上月娟娟

금성[37] 고을은 몹시 번성하여　　錦城殊鬱鬱
자리한 고장은 밝은 해의 아래인데　　分野指翔陽
섬 어느 곳인지 분별할 수 없고　　莫辨嶼何處
오직 물가의 마을만 보이리　　唯見水其鄉

은실처럼 가늘게 회를 썰고　　銀絲不厭細
죽엽주를 먼저 당겨 맛보리　　竹葉引先嘗
다투어 구경하는 남쪽 노인들 기뻐하며　　爭觀南翁悅
가을 하늘에 봉황이 내려오는가 여기리　　秋霄下鳳皇

늙은 신하의 절개 저버리지 마시고　　莫屈老臣節
성상의 근심을 나누시기 바라오　　猶分聖主憂
아득히 북두성 바라보며 지내다 보면　　渺然依北斗
남쪽 고을에 있음도 잊을 수 있으리　　忘却在南州

---

36 청암역(青巖驛) : 조선 시대 전라도 나주에 있던 역원으로 장성(長城), 나주(羅州), 영암(靈巖)을 잇는 요충지이다. 청암도 찰방(青巖道察訪)이 주재하던 본역인데, 조선 후기에 장성에 있던 단암역(丹巖驛)이 청암역으로 바뀌게 되어 청암도의 위치가 장성으로 옮겨졌다.

37 금성(錦城) : 나주의 다른 이름이다.

높은 고개에 서리가 먼저 지나고 上嶺霜先度
변방 호수엔 잎이 온통 가을인데 邊湖葉盡秋
응당 양숙자처럼 전해져 應傳羊叔子
강수 한수에 풍류가 진동하리[38] 江漢動風流

목사는 평범한 관리가 아니고 大吏非凡吏
쫓겨난 신하는 바로 중신이라 逐臣是重臣
관직에 나아감이 여행과 같아서 之官迹似旅
그림자 돌아보면 한 노인이 따라오리 顧影老隨人

천 리 길에 주조[39]를 찾아보고 千里訪朱鳥
아홉 그물 망태기에 농어를 읊으리 九囊詠細鱗
한나라가 황패를 의지한 것처럼 漢朝仗黃霸
오래지 않아 임금의 윤음 내려오리[40] 不日降丹綸

---

38 응당……진동하리 : 이지연이 나주에서 덕화를 베풀어 어진 소문이 들려올 것이라는 의미이다. 양숙자(羊叔子)는 진(晉)나라 양호(羊祜)로, 숙자는 자(字)이다. 도독형주제군사(都督荊州諸軍事)로 10년간 재임하면서 덕화를 베풀어 강한(江漢)의 백성을 안정시켰을 뿐만 아니라, 적국인 오나라 군대마저도 굴복시켰다. 그가 죽자 남쪽 백성들이 그의 덕화를 기려 사당을 건립하고 비석을 세웠는데, 이를 타루비(墮淚碑)라고 한다. 《晉書 卷34 羊祜列傳》

39 주조(朱鳥) : 남방을 상징하는 전설상의 새를 가리키는데, 주작(朱雀) 또는 봉황을 의미한다.

40 한(漢)나라가……내려오리 : 이지연이 국가가 의지하는 중신이므로 곧 조정의 부름을 받을 것이라는 의미이다. 황패(黃霸)는 한나라 때 영천 태수(潁川太守)로 있으면서 백성을 잘 다스려 명성이 높아, 공수(龔遂)와 함께 지방관의 모범 사례로 꼽힌다.

올망졸망 성가퀴가 산천의 형세를 따르고	百雉據形勝
둥근 하늘 아래 너른 들 가로놓였네	天輪地軸橫
큰 시내에서 하후를 생각하고	大川思夏后
줄지은 봉우리에서 선성을 회상하리[41]	列岫憶宣城
흰 밥에 고미가 푸르고	白飯青菰米
향긋한 국에 죽순이 붉으리[42]	香羹紫筍莖
훗날 악주의 시집처럼	他年岳州集
구슬픈 시가 사람을 놀래키리[43]	悽惋使人驚
성 위의 높은 누대엔 푸른 노을 머물고	城上高樓駐碧霞
대숲에 바람 일자 해가 막 기우네	竹田風動日初斜
강남땅 시월은 삼월과 같아	江南十月如三月

---

41 큰……회상하리 : 나주 지방의 빼어난 경물을 보며 치수(治水)도 잘하고 명작시를 남길 것이라는 의미이다. '하후(夏后)'는 하나라 때 치수를 잘했던 우(禹)임금을 가리킨다. '선성(宣城)'은 남조(南朝) 제(齊)나라 시인 사조(謝朓)를 가리키는데, 선성 태수로 부임하여 〈경정산(敬亭山)〉이라는 유명한 오언시를 지었다.

42 흰……붉으리 : 청빈한 생활을 묘사한 말이다. 고미(菰米)는 줄풀의 열매로 줄쌀이라 부르는데 밥에 섞어 먹을 수 있다. 진(晉)나라 장한(張翰)이 낙양에서 벼슬하다가 어느 날 가을바람이 일어나자 고향 강동(江東)의 고채(菰菜)와 순챗국과 농어회가 생각나서 즉시 벼슬을 그만두고 고향으로 돌아갔다는 고사가 전한다. 《晉書 卷92 張翰列傳》

43 훗날……놀래리 : 나주의 청빈한 벼슬살이가 이지연의 시세계를 더욱 정련시키리라는 의미이다. 악주(岳州)는 당(唐)나라 시인 장열(張說)이 유배되었던 지명인데, 장열이 이곳에 유배되고 나서 처완(悽惋)한 시를 잘 짓자, 사람들이 강산(江山)의 도움으로 시 세계가 깊어졌다고 평했다고 한다.

선홍색 동백꽃이 온통 피어나리　開盡猩紅桐柏花

시종꾼들도 모두 푸른 준마를 타니　騶從皆乘碧驌驦
원님의 깃발이 바람에 날려 기세도 드높으리　隼旗風掣色倉皇
남쪽 바다에 서리가 처음 내림에 놀라고　心驚朱海霜初落
용나무 등불[44]을 찾아 귤을 따서 맛보리　試覓榕燈稅橘嘗

필시 바닷가 신선의 유람을 만나리니　定逢海上水仙遊
유당 대감이 유배 가는 길에 만나는 것이다.[45]　酉台謫路枉逢
상전벽해 이야기하며 웃음이 그치지 않으리　應話桑塵笑不休
금관성 위 검푸른 산빛은　錦官城上烏山色
온통 외로운 신하의 홀 밖의 가을 풍경이리[46]　摠是孤臣笏外秋

---

44 용나무 등불 : 원문은 '용등(榕燈)'으로 유배객이 되어 밝히는 등불을 가리킨다. 당나라 유종원(柳宗元)이 일찍이 유주(柳州)로 폄척되어 가서 있을 때, 봄 2월에 용나무 잎이 다 지는 것을 보고 지은 시 〈유주의 2월에 용수 잎이 다 졌기에〔柳州二月榕葉落盡偶題〕〉 가운데 "벼슬살이 나그네 심정 둘 다 처량하기만 한데, 봄 중반이 가을 같아서 뜻이 더욱 헷갈리네. 산성에 비가 와서 온갖 꽃이 다 떨어지고, 용나무 잎 뜰에 가득한데 꾀꼬리는 어지러이 우누나.〔宦情羈思共悽悽, 春半如秋意轉迷. 山城遇雨百花盡, 榕葉滿庭鶯亂啼.〕"라는 구절에서 유래하였다. 《柳河東集 卷42》

45 유당(酉堂)……것이다 : 유당 대감은 김노경(金魯敬)을 가리키는데, 1830년(순조30) 지돈녕부사로 재직 중 삼사와 의정부의 탄핵을 받아 강진현의 고금도(古今島)에 위리안치(圍籬安置) 되었다가 1833년에 풀려났다.

46 금관성(錦官城)……풍경이리 : 홀을 들고 관리로 근무하면서 한가로운 경치를 감상한다는 의미이다. 금관성은 나주의 다른 이름이다.

치자꽃이 푸른 대울타리에 피었는데 梔子花當青竹籬
해풍이 불어와 가장 무성한 가지 부러뜨렸네 海風吹折最繁枝
붉은 원앙이 석양의 물에서 날아오르니 紫鴛鴦起夕陽水
또각또각 말 타고 호숫가로 돌아올 때로다 颯沓騎回湖上時

경양이 편지를 보내 나주 목사가 보임에서 풀려난 것을 알려주고, 겸하여 그 기쁨을 시로 지어 나의 화답시를 구하였다[47]

景陽書示羅牧釋補 兼作志喜之詩索和

그대 서둘러 돌아오지 말고 조금 지체하시라	君歸無遽少留遲
남쪽 늙은이들 갈림길에서 이별을 애석해하리니	解道南翁惜路歧
이 판서의 선정은 백성들 칭송으로 전해지고	李判書傳萬口誦
훌륭한 죽지사[48]는 칠언시에 보태지리	竹枝詞補七言詩
연못가의 봄풀은 먼저 꿈으로 돌아오고[49]	池塘春草先還夢
소상강 포구의 아침 구름은 처음 때와 다르리[50]	湘浦朝雲異去時
드넓은 은택의 물결에 얼음이 다시 녹으니	浩蕩恩波氷又釋
성상께서 오늘 그대의 옛 풍모 기대하시네	聖人今日舊風期

47 경양(景陽)이……구하였다 : 저자가 65세 때인 1831년(순조31) 1월에 이회연(李晦淵)에게 화답한 시이다. 경양은 이회연의 자로 희곡(希谷) 이지연(李止淵)의 아우이다. 이지연이 나주 목사에서 해임된 것은 1831년 1월의 일이다.

48 죽지사(竹枝詞) : 악부(樂府)의 한 가지로, 주로 남녀간의 심정이나 지방의 풍속 등을 읊은 것이 많다.

49 연못가의……돌아오고 : 이회연과 이지연 형제가 다시 만남을 가리킨다. 148쪽 주 196 참조.

50 소상강(瀟湘江)……다르리 : 보임에서 풀려나 나주의 풍경이 달라 보일 것이라는 의미이다. 원문의 '상포(湘浦)'는 초(楚)나라 굴원(屈原)이 유배 가서 죽은 곳이다.

해거재가 세자 혼궁의 제관으로서 애도하는 시를 지어 나에게 화답하게 하다[51]

海居以世子魂宮祀官感悼之作 俾余和之

한 가닥 심향마저 어둑한 재로 변하니	一瓣心香暗暗灰
곤명지의 물도 다 마르려 재촉하네[52]	昆明之水逝空催
싸늘한 옥어는 새 함 속에 닫히고	玉魚蕭瑟新函閉
너울대는 공작이 옛날 부채를 펴네[53]	孔雀飄颻故扇開
관사 안으로 늘 숙직하러 들어갔는데	省裏長爲齋宿入
전각 머리에 돌연 문안하고 돌아온 듯하네	殿頭翻似問安回
진현문[54] 밖에 풀은 물들인 듯 짙푸른데	進賢門外草如染
눈물 뿌리는 외로운 신하의 한 가늘 길 없네	淚濺孤臣恨不裁

---

51 해거재(海居齋)가……하다 : 저자가 65세 때인 1831년(순조31)에 해거재 홍현주(洪顯周)에게 지어준 시이다. 혼궁(魂宮)은 혼전(魂殿)이라고도 하는데, 임금이나 왕비의 장례를 마치고 나서 종묘에 입향할 때까지 신위를 모셔놓았던 곳이다. 여기서는 1830년(순조30) 5월 6일에 홍서한 효명세자(孝明世子)의 신위를 모신 곳을 가리킨다.

52 한……재촉하네 : 효명세자의 장례를 마치니 세상이 끝난 듯하다는 비유이다. 불교의 설에, 하나의 세계가 끝날 즈음에 겁화(劫火)가 일어나 온 세상을 다 불태운다고 한다. 한 무제(漢武帝) 때 곤명지(昆明池) 밑바닥에서 나온 검은 재에 대하여, 인도 승려 축법란(竺法蘭)이 "바로 그것이 겁화를 당한 재〔劫灰〕"라고 대답했다는 고사가 전한다. 《高僧傳 卷1 竺法蘭》

53 싸늘한……펴네 : 대리청정하던 효명세자가 죽고 순조가 다시 국정을 다스린다는 의미이다. 옥어(玉魚)는 옥으로 만든 물고기 모양의 노리개로, 부장품을 뜻한다. 공작(孔雀)은 임금이 대전(大殿)에 오를 때 양쪽에 세우는 봉황 깃털 부채를 비유한 말이다.

54 진현문(進賢門) : 창덕궁의 부속 건물 진수당(進修堂)에 딸린 문으로, 염을 거행할 때 종친과 문무백관이 엎드리던 곳이다.

해거재와 함께 짓다[55]

海居齋同作

홍교에 흩어진 녹음 어지럽고	紅橋散作綠陰迷
안개 속 버들은 동풍에 서쪽으로 쏠리네	煙柳東風盡向西
밤비는 떨어지는 폭포수 따라 내리고	夜雨因隨飛澗落
봄 구름은 낮은 담장 곁에 내려 앉았네	春雲猶傍短墻低
마루 아래 돌빛은 산 구름을 옮겨오고	當軒石色移山帶
땅에 가득한 이끼는 물 괸 논을 흉내 내네	滿地苔衣學水畦
복사꽃 천만 송이가 흐드러지게 피니	開遍桃花千萬片
일엽편주 타고 무릉도원에 함께 들어가네	扁舟同入武陵溪

55 해거재(海居齋)와 함께 짓다 : 저자가 65세 때인 1831년(순조31)에 해거재 홍현주(洪顯周)를 만나 함께 지은 시이다.

녹천에서 묵을 때 희곡이 운을 부르다[56]

宿鹿川 希谷命韻

백 척의 높은 누대가 푸른 하늘까지 솟으니	百尺高樓干碧天
모래톱 가장자리 우뚝한 불암산의 앞일세	崢嶸洲上佛巖前
가을 서리 앉은 머리털은 옛날보다 더한데	秋霜鬆髮勝平昔
봄날의 빛나는 풍광은 늙은이에게도 돌아왔네	春日光華還暮年
용이 일어나려 하는지 물거품은 자주 일고	水沫頻開龍欲起
사슴이 아직 잠자는지 꽃가지도 움직이지 않네	花枝不動鹿猶眠
어느 때나 떠나서 천 봉우리의 비가 될까	何時去作千峯雨
창 아래 시냇물이 삼경에도 내내 잠들어 있네	窓下三更一眠泉

56 녹천(鹿川)에서……부르다 : 저자가 65세 때인 1831년(순조31)에 희곡(希谷) 이지연(李止淵)과 만나 지은 시이다. 녹천은 서울 노원구 월계동에 있던 마을로, 이곳의 두 가닥 냇물이 하나로 합쳐지는 모습이 마치 사슴 머리에 난 뿔 모양을 닮았던 데서 유래되었다.

과천 관학산의 동쪽, 수리산의 서쪽 만안교 앞에 살 집을 마련하다[57]

居卜果川鸛鶴之東修理之西萬安橋前

돌연 초가집이 생겨나니	特地開茆宇
산을 바라보려 갈건을 젖히네	看山岸葛巾
서성대며 그림자를 돌아보니	徘徊一顧影
의기양양한 백 년의 몸이로다	磊落百年身
두 나무는 곧장 새 길에 닿아 있고	雙樹直新路
몇 집은 본래 가까운 이웃이네	數家元近隣
언덕 위의 보리는 푸르고 푸른데	青青陵上麥
동이 속의 술이 찰랑거리네	宛宛甕中春

57 과천(果川)……마련하다 : 저자가 65세 때인 1831년(순조31)에 경기도 과천과 안양(安養) 사이에 새집을 짓고 지은 시이다. 현재 경기도 안양시 만안구 석수동 부근으로 추정된다. 관학산(鸛鶴山)은 광명시에 있는 구름산과 수리산(修理山) 사이에 있는 가학산(駕鶴山)을 가리키는 듯하다. 만안교(萬安橋)는 만안구 석수동에 있는 돌다리로, 정조가 1795년(정조19)에 현륭원(顯隆園)을 참배하기 위해 건립하였다.

절구를 지어 아내에게 보이다[58]

絶句示內

개울 건너 검둥이가 짖어대어	隔水靑犬吠
산속 집이 적막함을 면했네	山家免寂廖
밤사이 비바람 소리 울리는데	夜來風雨響
아내와 아이의 이야기는 도란도란	妻子話蕭蕭
갠 날씨가 기뻐 손님 맞아 앉아서	喜晴邀客坐
대숲의 달빛을 나누어주었네	分與竹中月
아내가 어린 자식 돌아보며	孺人顧稚子
벼꽃이 피었는지 자주 물어보네	數問稻花發

58 절구(絶句)를……보이다 : 저자가 65세 때인 1831년(순조31)경에 지어 아내에게 보여준 시이다.

희곡이 시를 보내 새집 생활을 묻다[59]

希谷詩札 枉問新居

옥 같은 물줄기[60] 하늘을 오르려는 듯 걸려 있고	玉道相懸如上天
한림원과 승정원에 현인들이 빼곡하네	西垣東掖菀群賢
서울에서 편지 오자 구름이 막 변하였고	書回京口雲初變
강남땅에 비 그치니 달이 다시 둥글어졌네	雨歇江南月又圓
들물이 가득 불어나 옛 나루를 옮기고	野水滿來移舊浦
소나무 울타리 나직한데 새 연기 피어나네[61]	松籬短抻起新煙
사가의 보배로운 나무가 그대 집안 물건이니	謝家寶樹君家物
날마다 봉황지 가에서 은혜로운 물결에 목욕하리[62]	日浴恩波鳳沼邊

별과 달이 사람을 비추니 신선 세계에 가깝고	星月照人逼玉清

---

59 희곡(希谷)이……묻다 : 저자가 65세 때인 1831년(순조31)경에 새집 생활을 묻는 희곡 이지연(李止淵)에게 답한 시이다.

60 옥 같은 물줄기 : 원문은 '옥도(玉道)'인데, 성을 감싸고 도는 강물을 일컫는 시어(詩語)이다. 여기서는 창덕궁의 금천(禁川)을 가리키는 듯하다.

61 새 연기 피어나네 : 청명(淸明) 하루 전인 한식(寒食)에 묵은 불씨를 껐다가 청명일에 새 불씨를 나눠 받아 다시 피우던 풍속을 가리키는 듯하다.

62 사가(謝家)의……목욕하리 : 희곡 이지연과 아우 이회연(李晦淵) 형제가 모두 빼어나 궁궐에서 임금을 모신다는 의미이다. 진(晉)나라 때 큰 문벌을 이루었던 사안(謝安)이 자질(子姪)들에게 "어찌하여 사람들은 자기 자제가 출중하기를 바라는가?"라고 묻자, 조카 사현(謝玄)이 "비유하면 마치 지란(芝蘭)과 옥수(玉樹)가 자기 집 뜰에 자라기를 바라는 것과 같습니다."라고 한 데서 유래하였다.

들 집이 서늘하여 해맑은 풍경 들어오네	野堂無熱入新晴
벌레 소리는 풀숲에서 울어대며 쉼이 없고	鳴蟲不斷草間響
이슬방울은 댓잎 위에서 때로 방울져 떨어지네	滴露時聞竹上聲
누추한 집에 산이 푸르니 은자의 뜻에 걸맞고	陋室山青有古意
가난한 집 술이 익어 그윽한 정이 움직이네	貧家酒熟動幽情
눈 깜짝 돌아보는 사이 그저 피골만 남았는데	瞥然轉眄空皮骨
처음 벼슬에 나갈 때 수염조차 나지 않았었네	初拜郎年髭未生

뜨락의 이끼를 읊다

詠庭苔

속인의 발길 찾아오지 않으니 不染俗人迹
뉘라서 뜨락에 이끼 핀 줄 알랴 誰知庭有苔
산비가 지나가자 흔적을 남기고 留痕山雨去
석양이 비쳐오니 빛깔도 선명해라 生色夕陽來
숲 둘레에 빈 땅이 얼마인가마는 空隙巡林幾
가느다란 이끼 싹이 땅을 거의 덮었네 纖端冒地纔
다만 걱정은 귀한 손님 찾아와 但憂逢上客
수레바퀴 돌리며 단숨에 밟는 것이라네 一碾大車回

집 서남쪽에 새로 샘을 만들고 시로 읊어서 희곡에게 주어 화답시를 구하다[63]

舍西南境疏新泉 詠示希谷祈斤和

해가 서남쪽을 비추니	日照西南境
새 샘물에 눈이 정녕 밝아지네	新泉眼正明
사람 없어 때로 홀로 오가며	無人時獨往
비춰보니 나와 그림자가 모두 맑네	顧我影雙淸
차를 끓이니 엷은 노을 피어나고	茗粥輕霞潑
솔잎주 따르니 가랑비 소리 울리네	松醪細雨鳴
오래도록 적셔 은혜를 베풀어주리니	長沾引汲惠
어찌 두레박 소리 잊을 날 있으랴	寧忘轆轤聲

---

63 집……구하다 : 저자가 65세 때인 1831년(순조31)경에 새집 동쪽에 샘을 만들고 희곡(希谷) 이지연(李止淵)에게 보내 화답을 구한 시이다.

척종숙부 유공 중설 의 옛집에 감회가 일어 짓다[64]

戚從叔父柳公 重卨 故居感作

태사공의 손자로 太史公孫子
사부의 재주 짝할 이 없네 無雙辭賦才
온 집안이 대낮에 떠났는데 全家白日去
옛 마을로 석양녘에 찾아왔네[65] 故里夕陽來
송옥을 지금 보기 어려우니 宋玉今難見
누가 황금을 답례로 줄까 黃金誰答回

---

64 척종숙부(戚從叔父)……짓다 : 저자가 65세 때인 1831년(순조31)경에 지은 시인데, 유중설(柳重卨)에 대해서는 미상이다.

65 온……찾아왔네 : 온 집안사람이 죽어 아무도 없는 곳을 홀로 찾아왔다는 의미이다. 원문의 '백일(白日)'은 사람이 선도(仙道)를 닦아 백주 대낮에 신선이 되어 오른다는 백일승천(白日昇天)을 말하는데, 여기서는 사람이 모두 죽은 것을 가리킨다.

희곡이 부쳐온 시에 차운하여 드리다[66]

次希谷寄送韻以呈之

배 속에 든 것 없이 빈 배[67]와 같은 신세로　　腹中無物一虛船
향리에서 부침한 지 서너 해로다　　下里浮沈三數年
만약 노신에게 자리를 빌려주신다면　　若許老臣容借地
무슨 말로 하늘에 고할지 모르겠네　　不知何語可聞天
손수 소나무 심어 맑은 그늘 기다리고　　手栽松木淸陰待
마음으로 초가집 마련한 지 몇 해 전인가　　心辦草堂幾歲前
묻노니 이번 가을 어여쁜 황국화에　　借問今秋好黃菊
누가 나를 불러 새 시를 화답해줄까　　誰人喚我和新篇

상앗대 찌그덕 저어 강을 건너는 배처럼　　柔槳鴉軋渡江船
태어나서 늙도록 태평 시대에 조섭하며 살았네　　生老調元玉燭年
푸른 이끼는 먼지가 적은 땅에 무성하고　　綠蘚無非少塵地
어린 소나무는 구름 하늘을 뚫을 기개 지녔네　　稚松將以干雲天
맑은 가을 어량 북쪽에 가랑비 내리고　　淸秋細雨漁梁北
어제 밤엔 주막 나무 앞에 서늘함 일었네　　昨夜疏涼店樹前
높은 고개 우뚝한 누대에서 이락[68]을 우러르고　　傑峙崇臺泝伊洛

---

66 희곡(希谷)이……드리다 : 저자가 65세 때인 1831년(순조31)경에 희곡 이지연(李止淵)에게 화답한 시이다.

67 빈 배 : 정처 없이 떠도는 배를 말하는데, 마음이 담박하고 넓음을 비유한 시어이다.

책 속에 새로 쓴 과주편[69]이 있네 卷中新有果州篇

처자와 손자 증손이 한 배에 타니 妻子孫曾共一船
아이 부축 받아 쇠약한 몸 간신히 일으키네 兒扶强起策衰年
관문 머리 들빛은 성곽으로 서늘함 보내고 關頭野色送涼郭
돛대 밖의 종소리는 하늘을 멀리 흔드네 帆外鍾聲搖遠天
옛 터를 찾으니 산은 거령의 뒤로 열리고 訪古山開巨靈後
근원을 찾으니 물은 어부 앞으로 흘러나오네[70] 尋源水自漁郎前
그 영특한 재주에 왕문도처럼 등용한다면 雋材倘許王文度
규모와 제도는 노전에서 다 발휘하리[71] 矩制便窮魯殿篇

---

68 이락(伊洛) : 이수(伊水)와 낙수(洛水)로, 여기에 살았던 정자(程子)와 주자(朱子)를 가리킨다.

69 과주편(果州篇) : 과천(果川)의 풍경을 읊은 시편을 가리킨다.

70 옛……흘러나오네 : 산의 중간이 활짝 열려 물이 곧게 흐르게 되었다는 말이다. 중국의 황하가 화산(華山)에 막혀 휘돌아 가게 되자, 하신(河神)인 거령(巨靈)이 손으로 내리치고 발로 밟아대니, 화산의 가운데가 갈라져 물이 직진하게 되었다는 전설이 있다.

71 그……발휘하리 : 이지연의 재주가 조정을 잘 보필할 만하여 미래에 많은 성취를 이루리라는 의미이다. '왕문도(王文度)'는 왕탄지(王坦之, 330~375)를 가리킨다. 동진(東晉) 태원(太原) 진양(晉陽) 사람으로 자는 문도(文度), 시호는 헌(獻)이다. 왕술(王述)의 아들로, 효무제(孝武帝)가 즉위하자 사안(謝安)과 함께 어린 임금을 보필하며 조정의 일을 주관했다. '노전(魯殿)'은 전한(前漢) 경제(景帝)의 아들 노공왕(魯恭王)이 세운 영광전(靈光殿)을 가리킨다. 세월이 흘러 다른 전각이 모두 없어졌으나, 영광전만은 홀로 우뚝이 남아 있었다고 한다.

흥이 일어 희곡의 〈강행〉 시축에 쓰다[72]

到題希谷江行軸

어부의 마을 옆 살구나무 앞에서	漁父村邊杏樹前
마음껏 노닐며 남은 생애 위로하네	以敖遊以慰殘年
남포에 우는 기러기 북쪽에서 줄지어 오고	鴻鳴南浦北來陣
서풍에 농어회 생각나 동쪽으로 배가 떠나네	魚膾西風東去船
강물 길에 무릉도원 있으나 피난해온 곳 아니고	江路有源非避地
물이 흘러 굽이마다 하늘 보이지 않는 곳 없네[73]	水行無曲不回天
알겠노니 그대는 술잔에만 취미 있어	知君但有杯中趣
주막에 일만 전을 모두 보냈다지	悉送酒家一萬錢

72 흥이……쓰다 : 저자가 65세 때인 1831년(순조31)경에 희곡(希谷) 이지연(李止淵)이 보내온 시축(詩軸)에 화답한 시이다.

73 강물……없네 : 강물을 따라 펼쳐지는 경관이 선경(仙境)이라는 의미이다.

일찍 한강을 출발하며
早發漢口

거른 술 앞에서 껄껄 웃고 손뼉 치며	拍手呵呵漉酒前
취중에 무슨 겨를 있어 다시 나이를 논하랴	醉中何暇更論年
북쪽 누각의 밤 이별에 쓸쓸히 비 내리더니	北樓夜別瀟瀟雨
남쪽 물가 아침 추위에 배만 출렁거리네	南渚朝寒漾漾船
내 고향에서 살아감도 즐거운 일 넘치니	居處吾鄉餘樂地
노년의 생활 유지하며 푸른 하늘에 맡기네	扶持老境信青天
관직 생활할 날 없어 조복을 버려두고	自無官日抛朝服
허리춤 돈을 찾는 증손을 웃으며 허락하네	笑許曾孫覓帶錢

곡성 임소로 부임할 때 약헌이 전별연을 마련하였는데 연천 태사가 먼저 이별시를 읊기에 화답시를 지어 남겨주다[74]

之任谷城 約軒設餞飮 淵泉太史先唱別詩 和以留贈

임금의 은혜로 처음 건장의 광채를 받았는데	君恩初拜建章暉
내려주신 특별한 윤음이 자미원에 내려오네[75]	別諭宣傳下紫微
남쪽 물가엔 봄 구름이 물에 떠 들어오고	南渚春雲浮水入
북쪽 산엔 아침 비가 다리 건너 흩날리네	北山朝雨渡橋飛
복사꽃 뜬 강물 소리는 말보다 먼저 울고	桃花江響先嘶馬
반죽이 선 언덕 그늘은 옷으로 오르려 하네	斑竹岡陰欲上衣
순자강[76]은 칠백 리를 울며 흐르는데	鶉子江鳴七百里
남으로 곧게 뻗은 관로에 버들만 하늘거리네	直南官路柳依依

74 곡성(谷城)……남겨주다 : 저자가 66세 때인 1832년(순조32)에 약헌(約軒) 홍현주(洪顯周)가 마련한 이별 잔치에서 연천(淵泉) 홍석주(洪奭周)의 시에 화답한 시이다. 저자는 1832년 2월 곡성 현감(谷城縣監)에 임명되어 같은 해 5월까지 재임하였다.

75 임금의……내려오네 : 저자가 임금의 은혜로 곡성 현감에 임명된 것을 비유한 말이다. '건장(建章)'은 한(漢)나라 장안(長安)의 궁전 건장궁을 가리키는데, 왕궁을 의미한다. '자미원(紫微垣)'은 제왕의 궁전을 뜻하는 말이다.

76 순자강(鶉子江) : 섬진강이 전라남도 남원과 곡성 사이를 지나는 구간에서 불리는 이름이다.

한수의 청풍오백간루 전별연에서 지어 드리다[77]

漢叟淸風五百間樓餞席相贈

송관에서 십 년 동안 전원의 햇살 함께하다가	松館十年共野暉
도리어 오늘 미천한 관직 얻음을 탄식하네	還嗟今日一官微
행차는 만마관[78] 머리에 당도하여 밥을 먹고	行臨萬馬關頭飯
몸은 쌍오리 그림자 좇아 날아가리[79]	身逐雙鳧影裏飛
짚신으로 산을 오르면 구름이 모자를 물들이고	草屐登山雲染幘
남여 타고 대숲에 들면 이슬이 옷깃을 적시리	籃輿入竹露沾衣
황석성[80] 그늘진 옛터를 찾아가보면	試尋黃石城陰古

---

77 한수(漢叟)의……드리다 : 저자가 66세 때인 1832년(순조32)에 자하(紫霞) 신위(申緯)가 마련한 이별 잔치에서 지은 시이다. '한수'는 신위의 자이고, '청풍오백간루(淸風五百間樓)'는 신위가 자신의 서재에 붙인 이름이다. 본래 소식(蘇軾)이 주빈(周邠)에게 화답해준 시에 "노 선사께서 남산에 들어왔단 말을 와병 중에 들었나니, 청풍 오백 칸을 깨끗이 쓸었구려.〔臥聞禪老入南山, 淨掃淸風五百間.〕"라는 구절이 있었는데, 이것을 담계(覃溪) 옹방강(翁方綱)이 신위의 묵죽 그림에 "푸른 대숲은 깊숙한데 물이 한 굽이 흐르고, 해동의 산에는 연기 자욱한데 달 솟았네. 묽은 먹과 난새 꼬리 같은 붓을 가지고, 맑은 바람 오백 칸을 깨끗이 쓸었도다.〔碧玉林深水一灣, 煙橫月出海東山. 却憑淡墨靑鸞尾, 淨掃淸風五百間.〕"라고 써준 것이 계기가 되었다. 《蘇軾詩集 卷10 病中獨遊淨慈謁本長老周長官以詩見寄因次韻答之》《林下筆記 卷34 華東玉糝編 寶覃》

78 만마관(萬馬關) : 전라북도 완주군 상관면 용암리에 있었다. 남원에서 전주로 넘어가는 길에 전주 동남쪽에 있는 관문이다.

79 몸은……날아가리 : 지방관이 되어 떠난다는 의미이다. 원문의 '쌍부(雙鳧)'는 두 짝의 신발이 둔갑한 한 쌍의 오리를 가리키는데, 지방관으로 부임하는 것을 비유한다.

80 황석성(黃石城) : 경상남도 함양군 서하면에 있는 황석산성을 가리키는데, 삼국

옛일이라 물을 길 없으니 안발조차 희미하리　　邈靡質兮顔髮依

강가 고을에 특별히 사현휘 됨을 허여하시니　　江城特許謝玄暉
하늘 남쪽에 푸른 산 줄지어 있다 말들 하네[81]　　衆道天南列翠微
푸른 대가 어지러이 관로를 침범해 들어오고　　綠竹亂侵官路入
흰 구름은 늘 성가퀴 곁으로 날아가리　　白雲長傍女墻飛
짙푸른 산빛은 높다란 배를 맞이하고　　蔚藍山色迎高楫
탱자꽃 향기는 푸른 도포에 배어들리　　枳殼花香染敝衣
곡우라 수레 앞에 가랑비 흩날리면　　穀雨車前散霢霂
농사가 근본이라 백성들 의지해 살아가리　　農爲大本小民依

시대에 축조되어 임진왜란 때 함양 군수 조종도(趙宗道)와 안음 현감 곽준(郭䞭) 등이 이곳에서 싸우다 전사하였다.

81 강가……하네 : 섬진강이 흐르는 곡성(谷城)의 현감으로 부임하니, 시인 사현휘(謝玄暉)처럼 되었다는 의미이다. 사현휘는 남제(南齊) 때의 명성 높은 시인 사조(謝朓)를 가리키는데, 선성 태수(宣城太守)로 부임해서 경정산(敬亭山)을 읊은 오언시가 특히 유명하다. 이백(李白)의 시에 "집은 푸른 산에 가까우니 옛날 사조와 같고, 문은 푸른 버들 드리웠으니 도잠과 비슷하네.〔宅近青山同謝朓, 門垂碧柳似陶潛.〕"라는 유명한 구절이 있다. 《李太白集 卷24 題東溪公幽居》

강가 주막에서 약헌과 자하가 보내온 시를 보고, 화답하여 보내서 이별을 아쉬워하는 정에 사례하다[82]

江店見約軒紫霞詩札 和送以謝惜別眷意

이별하는 정자가 문득 친구들로 가득하니	忽滿離亭揔故人
옷깃 놓고 헤어지면 뉘와 어울려 회포를 풀까	疏襟誰與共披因
남으로 사마천처럼 산천의 굴을 찾고	南探司馬山川窟
북으로 견우처럼 은하수 물가를 건넜네[83]	北渡牽牛河水濱
천 리 길의 관직이란 먼 나그네와 다름없어	千里之官同遠客
평생 임금께 보답하려 미천한 몸을 바쳤네	一生報主獻微身
치아는 빙설 같고 머리털은 은빛이라	齒如氷雪髮如銀
그저 고을 원님이 티끌에 물들지 않았다 말하리	只道邦君不染塵
쓸쓸히 홀로 읊는 멀리 떠나는 사람이	蕭然獨賦遠遊人
온갖 사념만 두서없이 일어나네	一切相思莽有因

---

82 강가……사례하다 : 저자가 66세 때인 1832년(순조32)에 곡성 현감으로 부임하는 도중에 약헌(約軒) 홍현주(洪顯周)와 자하(紫霞) 신위(申緯)의 시를 받고 화답한 시이다.

83 남으로……건넜네 : 저자가 진보 현감(眞寶縣監)과 고성 군수(固城郡守)를 역임한 것을 말한다. 원문의 '산천굴(山川窟)'은 사마천(司馬遷)이 20여 세에 웅지(雄志)를 품고 천하를 유람한 것을 가리킨다. 사마천은 남으로 강회(江淮), 회계(會稽), 우혈(禹穴), 구의(九疑), 원상(沅湘) 등지를 유람하고, 북으로 문수(汶水), 사수(泗水)를 건너 제(齊)·노(魯)의 지역에서 강학(講學)을 하다가 양(梁)·초(楚) 지역을 거쳐 돌아왔다고 한다. 《史記 卷130 太史公自序》

지는 해에 한강의 술기운 깨지 않았는데	落日未醒漢水酒
십 년 만에 금강 나루를 다시 건너네	十年復渡錦江濱
늙은 신하가 억지로 수척한 몸 일으켰으니	老臣强起憺瘦力
처자가 동행하여 몸을 저버리지 않으리라	妻子同行不負身
짧은 편지를 꽃 아래서 읽으니	咫尺之書花下讀
비 내리는 서울에서 좋은 소식이 왔네	鳳城今雨好音塵

말 위에서 두서없이 쓰다[84]

馬上雜書

두류산[85] 산빛은 푸르디푸른데　頭流山色碧叢叢
산빛이 웅장하게 다가왔다 웅장하게 멀어지네　山色來雄去亦雄
말 앞으로 바짝 다가와도 오르지 못하고　盡到馬前登不得
길 먼지 속 노인은 걸음만 재촉하네　行塵中老一悤悤

대숲 속을 왕래하며 작은 나귀를 타니　竹裏往來騎小驢
양 뿔에 표범 무늬 죽순이 돋아날 때일세　羊角豹文生筍初
나에게 흰 머리털을 비추어보라고　令人照見白鬚髮
순자강 물빛이 거울보다 맑네　鶉子江光鏡不如

흰 바위 여울 돌아 푸른 모래밭 많더니　白石灘回多碧沙
푸른 회나무 그늘 지나자 더는 인가가 없네　青槐陰盡更無家
모를레라 붉은 귤이 언제 건너왔는지　不知紅橘何年渡
동풍 불자 탱자꽃이 온통 피었네[86]　開盡東風枳殼花

---

84 말……쓰다 : 저자가 66세 때인 1832년(순조32)에 곡성 현감으로 부임하는 도중에 남원(南原)을 지나며 지은 시이다.

85 두류산(頭流山) : 지리산의 다른 이름이다.

86 붉은……피었네 : 귤나무가 회수(淮水)를 건너가면 탱자가 된다는 고사를 인용한 말이다.

역참의 붉은 해가 붉은 꽃을 비출 때 驛亭紅日照丹英
푸른 산 끝나는 남쪽에 도착했네 南到青山盡處程
밤비 내리는 서쪽 물가 뜸배 아래 묵으며 夜雨西洲蓬底宿
동복[87]에서 멀리 오는 소식을 자주 묻네 慣問同福遠來聲

봄 시내에서 기필코 낚시를 해보리라 強擬春溪理釣絲
내일 아침에 가기로 야인과 약속했네 明朝將赴野人期
석류꽃 아래서 한번 웃음 웃으면 若榴花下一回笑
취한 듯 미친 듯 바보인 듯하리 似醉如狂復似痴

말발굽이 길을 가도 소리조차 없으니 馬蹄行地聽無聲
지난밤 비가 개자 방초가 새로 돋았네 芳草新開宿雨晴
우연히 왕씨 집 대나무를 보고 있으니 偶向王家看竹坐
때때로 호쾌한 심정을 가눌 길 없네 有時不耐一豪情

87 동복(同福) : 곡성 서쪽에 있는 전라남도 화순군(和順郡) 동복면(同福面)을 가리킨다.

관아에서[88]

官中

해 저문 구름 산의 높고 낮은 풍경을	日暮雲山高下景
판결문 쓰느라 반쪽 평상에서 헛되이 보내네	判題虛度半床中
지난밤 용에게 기우제 올리자 필성에 달이 걸리더니[89]	祀龍昨夜月離畢
동풍에 기러기 보내자 허공에 봄기운 가득하네	送雁東風春滿空
사기 옹기에 싱거운 노나라 술[90]이 새로 익었고	磁甕新濃魯酒薄
대바구니엔 붉은 촉나라 앵두[91]가 문득 가득하네	筠籠忽滿蜀櫻紅
곡성의 봉우리는 물들인 듯 푸른데	穀城峰頂青如染
신묘한 비법을 함께 듣지 못함이 한스럽네[92]	怳有神方恨未同

---

88 관아에서 : 저자가 66세 때인 1832년(순조32)에 전라도 곡성 현감으로 부임하여 지은 시이다.

89 필성(畢星)에 달이 걸리더니 : 비가 올 조짐을 말한다. 《시경》 〈삼삼지석(漸漸之石)〉에 "달이 필성에 걸렸으니, 비가 주룩주룩 내리리로다.〔月離于畢, 俾滂沱矣.〕"라고 하였다.

90 노나라 술 : 맛이 좋지 않은 술을 말한다. 전국 시대 초 선왕(楚宣王)이 제후들의 조회를 받을 때, 노(魯)나라 공공(恭公)이 가지고 온 술이 몹시 맛이 좋지 않은 술이었다고 한다.

91 촉나라 앵두 : 두보(杜甫)의 〈시골 사람이 보낸 앵두〔野人送朱櫻〕〉에 "서촉의 앵두는 또한 스스로 붉나니, 야인이 대광주리에 가득 담아주도다.〔西蜀櫻桃也自紅, 野人相贈滿筠籠.〕"라고 하였다.

92 곡성(穀城)의……한스럽네 : 신선의 비결을 얻지 못했다는 말이다. '곡성'은 진(秦)나라 말기에 장량(張良)에게 《태공병법(太公兵法)》을 전해준 신선 황석공(黃石公)이 살던 곳이 곡성산(穀城山)이므로 여기서는 전라남도 곡성과 발음이 같아 중의적으로 가리킨 것이다.

담양 부사 이경양이 찾아와 묵다[93]

潭陽伯李景陽枉宿

늙은 나도 허둥지둥 맞이하느라 老夫亦顚倒
둘 다 십 년의 나이 차를 잊었네 兩忘十年兄
어느 곳인들 만나지 않으랴 何處不相見
타향에서 저절로 상봉하게 되었네 他鄉從自迎

술로 완 교위를 만나고 酒逢阮校尉
시로 사 선성을 얻었네[94] 詩得謝宣城
남쪽 고을의 햇살을 보고 즐기노라니 看弄日南日
골짜기의 꾀꼬리 소리 먼저 들리네 先聞出谷鸎

---

93 담양(潭陽)……묵다 : 저자가 66세 때인 1832년(순조32)에 곡성 관아로 찾아온 이회연(李晦淵)과 만나 지은 시이다. '경양(景陽)'은 이회연의 자인데, 1831년(순조31) 3월 담양 도호부사(潭陽都護府使)에 임명되어 1833년(순조33) 2월까지 재임하였다.

94 술로……얻었네 : 이회연이 풍류가 높고 시에 재능이 있음을 의미한다. '완 교위(阮校尉)'는 진(晉)나라 때 보병교위(步兵校尉)를 지낸 죽림칠현의 완적(阮籍)을 가리킨다. 완적은 본디 술을 매우 좋아했는데, 한번은 보병영(步兵營)의 주방에 좋은 술이 300곡(斛)이나 있다는 말을 듣고는 이에 자청하여 보병교위가 되어 날마다 술만 곤드레가 되도록 마시고 세상일에 대해서는 상관하지 않았다고 한다. '사 선성(謝宣城)'은 남조(南朝) 제(齊)나라의 유명한 시인 사조(謝朓)를 가리킨다. 선성 태수(宣城太守)로 부임해서 경정산(敬亭山)을 읊은 오언시가 특히 유명하다.

담양 부사가 부쳐온 시에 화답하다[95]

和潭陽伯寄來韻

남호는 칠백 리인데	南湖七百里
하물며 남호에서 더 서쪽임에랴	況復南湖西
아름다운 천 봉우리를 함께 접하고	共接千山麗
두 고을 닭 울음소리를 함께 듣네	相聞二境鷄
별빛이 하룻저녁에 모이니	星文一夕聚
봄술을 도중에 휴대하였네	春酒半途携
둘의 심정이 물처럼 담박하여	如水雙情澹
하늘가에 부평초처럼 나란하네[96]	天涯萍葉齊

---

95 담양(潭陽)……화답하다 : 저자가 66세 때인 1832년(순조32)에 담양 부사 이회연(李晦淵)의 시에 답한 시이다.

96 둘의……나란하네 : 이회연이 찾아와 만난 것을 회상한 말이다. '물처럼 담박하다'는 것은 "군자의 사귐은 물처럼 담담하다.〔君子之交, 淡如水.〕"는 말에 전거를 둔 표현이다. '부평초'는 타향에 떠도는 신세를 가리키는 말이다. 당(唐)나라 왕발(王勃)의 〈등왕각서(滕王閣序)〉에 "관산은 넘기 어려우니 뉘라 길 잃은 사람 슬퍼해줄꼬. 부평초가 서로 만났으니 모두가 타향의 나그네인걸.〔關山難越, 誰悲失路之人. 萍水相逢, 盡是他鄉之客.〕"이라고 하였다.

멀리 북촌의 시사를 회상하다[97]

遠懷北社

봄 성에서 이별할 제 풀만 무성하여	春城一別草離離
푸른 일산이 나를 이끄는 대로 따랐네	翠蓋引人隨所之
꿈속에서도 어찌 북촌을 찾아가던 길 잊으랴	夢裏寧忘社北路
시집 속에서 일남시[98]만 볼 뿐이네	卷中只見日南詩
순자강 가의 꽃 만 송이가 산 고을로 통하고	江花萬朶通山縣
위천(渭川)의 대[99] 천 줄기가 울타리 위로 솟았네	渭竹千竿出野籬
천상의 여러 신선들 필시 나를 비웃겠지만	天上諸仙應笑我
소신은 흰머리로 태평 시대 그리워하네	小臣頭白戀明時

---

97 멀리……회상하다 : 저자가 66세 때인 1832년(순조32)에 곡성 관아에 있으면서 서울 북촌(北村)에서 열리던 시회(詩會)를 회상하며 지은 시이다.

98 일남시(日南詩) : '일남'이 동지(冬至)를 지칭하므로 동지에 지은 시를 가리키는 듯하다.

99 위천(渭川)의 대 : 곡성의 무성한 대숲을 의미한다. 《사기(史記)》〈화식열전(貨殖列傳)〉에 "제노 지방에는 천 이랑의 뽕나무와 삼이 있고, 위천에는 천 이랑의 대나무가 있으니……이것을 소유한 사람들은 그 부가 모두 천호후와 맞먹는다.〔齊魯千畝桑麻, 渭川千畝竹……此其人皆與千戶侯等.〕"라고 한 말이 있다.

관직에서 풀려난 날 담양 부사가 소매에 시를 넣고 찾아와 묵고 작별하기에, 돌아가는 흥취를 급히 쓰다[100]

解官日 潭陽伯袖詩來宿而別 率書歸興

외나무다리 앞 강물은 동으로 흐르는데	獨木橋前江水東
옷자락 걷고 건너지 않던 물을 총총히 건너가네	褰裳不涉涉悤悤
전에 온 길을 떠나며 다시 걸으니	去時復踏來時路
고갯마루에 백일홍이 흐드러졌네	開盡關頭白日紅
말 머리에 채찍 울리며 나는 듯이 건너니	馬首鞭鳴渡水飛
어지러운 매미 소리 석양 속에 급히 우네	亂蟬噪急夕陽暉
원님 되어 재직한 지 일백 삼십 일이니	爲官一百三十日
도연명처럼 일찍 돌아가지 못함이 후회스럽네[101]	悔負陶令早賦歸
석양녘에 말이 우는데 차마 돌아서지 못하니	馬嘶殘照不勝回

100 관직에서……쓰다 : 저자가 66세 때인 1832년(순조32)에 곡성 현감에서 해임된 날 관아로 찾아온 이회연(李晦淵)과 만나 지은 시이다. 저자는 이해 2월에 곡성 현감으로 부임하였는데, 같은 해 6월 20일에 “고을이 잔약하고 백성이 피폐하여 절제와 사랑에 마음을 기울였다.〔邑殘民弊, 留心節愛.〕”는 관찰사의 평가를 받아 상고(上考)의 성적을 받았다. 그러나 이조에서는 이것이 중고(中考)의 성적에 해당한다고 하여 성적을 감하였는데, 이를 계기로 해임된 듯하다.

101 도연명(陶淵明)처럼……후회스럽네 : 진(晉)나라 말기의 은사 도연명이 팽택령(彭澤令)으로 부임한 지 5개월 만에 〈귀거래사(歸去來辭)〉를 읊고서 벼슬을 버리고 고향 율리(栗里)로 돌아간 일을 가리킨다.

술래잡기한 짧은 시간이 우스워지네[102] 笑捉迷藏彈一指
비가 열흘 동안 이어져 물빛이 하늘과 같더니 雨滿前旬水似天
달 밝은 오늘 밤은 하늘이 물빛과 같네 月明今夜天如水

검은 구름은 길을 막고 바람도 구슬픈데 玄雲塞逕風凄其
지는 해에 누런 참나무는 누굴 향해 곡하는가 落日栩黃哭向誰
떠날 때의 김 태사를 다시 볼 수 없으니 不見去時金太史
삼청동에서 신선을 만날 기약 영영 글렀네[103] 三淸永斷羽人期

별자리가 지금부터 소미성에 속하니 星象從今屬少微
한산한 몸이라 휴가를 청할 필요 없네[104] 放閑不待乞閑歸
흰머리에 그저 마음이 쓰이는 일은 白頭只有關心事
벗들이 해마다 드물어지는 것뿐일세 親友年年看漸稀

나무 끝에 문득 남산의 산빛이 보이기에 樹梢忽見南山色
기뻐 동쪽 울타리를 보니 꽃은 아직 멀었네[105] 喜及東籬未發花

---

102 술래잡기한……우스워지네 : 곡성 현감으로 있던 짧은 시간이 허망함을 가리킨다. 원문의 '착미장(捉迷藏)'은 베수건으로 눈을 싸매고 사람을 더듬어 찾는 숨바꼭질을 가리킨다.

103 떠날……글렀네 : 풍고(楓皐) 김조순(金祖淳)이 이해 4월 3일에 세상을 떠난 것을 가리킨다.

104 별자리가……없네 : 벼슬에서 물러나 한가한 몸이 되었음을 가리킨다. 소미성(少微星)은 처사성(處士星)이다.

105 나무……멀었네 : 도연명(陶淵明)의 시 〈음주(飮酒)〉의 "동쪽 울 아래에서 국화

사람은 천 리 먼 길을 열흘 걸려 집에 왔는데　　人從千里經旬至
하늘에선 두 봉우리 향해 석양이 비껴 있구나　　天向雙峯落日斜

언덕이 굽이굽이 돌고 길은 두 갈래인데　　坂回百折岐雙起
달은 푸른 진흙을 비추고 사람은 점점 드무네　　月照青泥人漸稀
다리 위에 연이어 울며 말 머리가 들어오니　　橋上連嘶馬首入
물새가 푸드덕 놀라 울타리 따라 날아가네　　水禽驚起繞籬飛

산은 칼날을 꽂은 듯하고 모래는 먼지처럼 고운데　　山似劍攢沙似塵
한가로이 다니는 사람은 일 없는 사람과 흡사하네　　閑行人似等閑人
내 집에 닿지 않아도 능히 말할 수 있으니　　吾家未到吾能說
외짝 사립문에 달만 둥글게 떴으리　　一隻柴門月一輪

꽃을 따다가, 유연히 남산을 바라보노라.〔採菊東籬下, 悠然見南山.〕"라는 구절을 원용한 말이다.

도승지로 있는 자하의 청풍오백간루에 모이니, 모두 다섯 명이고 합산한 나이가 삼백 팔십 삼 세였다[106]

紫霞知申淸風五百間樓上集 凡五人 春秋合三百八十三

함께 배운 소년들이 모두 노인이 되어	同學少年俱老人
남은 여생에 이승의 인연 아까워하네	餘生可惜此生因
둥근 달이 오늘 저녁 금물결 속에 뜨고	一輪今夕金波裏
만 리의 밝은 가을이 은하수 가에 왔네	萬里明秋玉漢濱
대나무 없으니 갈대 심어 푸른빛을 감상하고	無竹栽蘆看碧色
소나무 심어 달빛 이끌고 비늘 같은 껍질을 보네	種松引月見鱗身
아침마다 왼손으로 자라를 잡는 흥을 누리고	朝朝左手持鼈興
오후에 퇴근하여 얼근하게 누룩곰팡이를 헤치네[107]	申退陶然掃麯塵

106 도승지로……세였다 : 저자가 66세 때인 1832년(순조32)에 곡성 현감에서 해임된 뒤 서울에 있는 자하(紫霞) 신위(申緯)의 집에서 친구들과 만나 지은 시이다.

107 왼손으로……헤치네 : 좋은 음식을 먹고 술을 마음껏 마신다는 말이다. 진(晉)나라의 이부랑(吏部郞) 필탁(畢卓)이 술을 몹시 좋아하여 "오른손에 술잔, 왼손에 게 다리를 잡고서 술 못 속에서 퍼 마시다 죽으면 충분하다.〔右手持酒巵, 左手持蟹螯, 拍浮酒池中, 便足了一生.〕"라고 한 말이 전한다.

또 모이다

又集

지팡이마다 영수장[108]이라 모두 사람을 부축하니	枝枝靈壽摠扶人
어제에 이어 오늘 또 모이니 참으로 인연이 있네	昨又今來良有因
검푸른 산빛은 하늘하늘 홀 밖에 흔들리고	黛色依依搖笏外
붉은 술주자 방울방울 시냇가에 울리네	紅槽滴滴響溪濱
물끄러미 바라보니 죽여의처럼 반갑고[109]	相看脈脈竹如意
공허함을 깨달으니 금속여래의 후신일세[110]	頓悟空空金粟身
이끼를 자주 밟으니 촉촉이 젖어서	頻踏苔衣濕深淺
산속 오솔길에 먼지 하나 날리지 않네	山蹊不起一纖塵

108 영수장(靈壽杖) : 영수목(靈壽木)으로 만든 지팡이로, 한(漢)나라 때 태사(太師) 공광(孔光)을 우대하여 영수장을 내린 후로 어진 신하를 대우하는 의미로 쓰인다.

109 물끄러미……반갑고 : 죽여의(竹如意)는 대나무로 만든 등을 긁는 기구인데, 노인에게는 매우 긴요한 물건이다.

110 공허함을……후신일세 : 금속여래(金粟如來)는 유마힐(維摩詰)을 뜻하는데, 이백의 시에 "금속여래는 바로 나의 후신이라네.〔金粟如來是後身.〕"라는 구절이 있다. 《李太白集 卷18 答湖州迦葉司馬問白是何人》

또 모이다

又集

도성의 맑은 밤에 비와 구름 사라지니	洛陽淸夜雨雲還
반짝이는 달빛이 대사립문에 오르네	耿耿霜輝上竹關
원님 벼슬 버리고 멀리서 나그네처럼 돌아와	黃綬罷歸如遠客
흰머리로 마주하니 또 가을 산이로다	白頭相對又秋山
시냇물 속 밝은 달은 일만 굽이를 비치고	溪中明月萬千曲
누각 위 맑은 바람은 오백 칸에 불어오네	樓上淸風五百間
화공을 시켜 고상한 모임 그리게 해도	縱使畫工摹雅集
물감으론 마음속 한가함을 그려내지 못하리	丹靑莫狀片心閑

또 모이다

又集

사람이 누각에 오를 때 달은 냇물을 지나니　人上樓時月渡渠
이웃집 대나무 구경하러 숲속 오두막에 이르렀네　借看隣竹到林廬
백 년 인생에 이제 절반을 지났으니　百年中壽今過半
구월 구일 중양절을 어찌 허송할 수 있으랴　九日重陽豈擲虛
북두성은 손님 머문 곳에 자주 옮겨가고　北斗頻移留客處
남산은 그대 알던 시절과 달라지지 않았네　南山不改識君初
알겠노라 채색 붓[111]이 하늘까지 솟을 기개로　聊知彩筆凌霄氣
궁궐에서 퇴청하여 성상의 남은 뜻 길이 받들리　公退長承聖旨餘

---

111 채색 붓 : 원문은 '채필(彩筆)'인데, 뛰어난 문필을 의미한다. 양(梁)나라 때 문장가 강엄(江淹)이 야정(冶亭)에서 잠을 자는데, 꿈에 곽박(郭璞)이라는 노인이 와서 자기 붓을 돌려달라고 하므로 품속에서 오색 붓을 꺼내어 그에게 돌려주었다. 그 후로는 좋은 시문을 전혀 짓지 못했다고 한다. 《南史 卷59 江淹列傳》

옥호산방에서 감회에 젖어 짓다[112]

玉壺感作

사람들 슬퍼하던 방 태위이고 人哀房太尉
객이 흩어진 맹상군이로다[113] 客散孟嘗君
가을 이슬은 삼 척 무덤에 내리고 秋露封三尺
봄바람은 초상을 그려낸 듯 따스하네 春風畫七分

어린 시절의 어울림 아련히 떠올라 童遊想忽忽
늙은 눈물이 하염없이 흘러내리네 老淚落紛紛
먹물 적셔 자국 남기지만 池水濺留迹
볼품없는 하얀 치마로다[114] 龍鍾白練裙

---

112 옥호산방(玉壺山房)에서……짓다 : 저자가 66세 때인 1832년(순조32)에 풍고(楓皐) 김조순(金祖淳, 1765～1832)이 삼청동에 조성한 별장 옥호산방에 들러 지은 시이다. 김조순은 이해 4월 3일에 졸하였다.

113 사람들……맹상군(孟嘗君)이로다 : 김조순이 죽어 잊혀져감을 애달파한 말이다. '방 태위(房太尉)'는 방관(房琯, 697～736)을 가리킨다. 당(唐)나라 하남(河南) 사람으로 자는 차율(次律)이며, 현종(玄宗)과 숙종(肅宗) 시대에 벼슬하여 재상에까지 올랐다. 두보(杜甫)가 〈방 태위의 묘를 떠나며〔別房太尉墓〕〉라는 시를 지어 재상까지 지낸 인물이 쓸쓸하게 잊혀진 것을 애달파한 일이 있다. '맹상군'은 전국 시대에 식객 3천 명을 거느렸던 제(齊)나라의 정치가이다.

114 먹물……치마로다 : 시를 쓰지만 형편없다는 말이다. 남조(南朝) 송(宋)나라의 유명한 서예가 양흔(羊欣, 370～442)이 어느 날 흰 하의를 입고 낮잠을 자는데, 평소 그를 아끼던 서예의 대가 왕헌지(王獻之)가 와서 보고는 하의에 글씨 몇 폭을 써주고 갔다. 양흔이 잠에서 깨어 그 글씨를 보고 서법을 익혀 글씨가 더욱 정교해졌다고 한다. 《宋書 卷62 羊欣列傳》

한수가 평신 첨사에 좌천되어 나의 거처를 찾아와 묵기에 급히 써서 작별하며 주다[115]

漢叟謫補平薪僉使 歷宿鄙廬 率書贈別

깊은 은혜는 바다조차 얕아 뼈도 녹으려는데	恩深海淺骨欲消
파도의 신이 객을 맞으니 꿈도 서늘하리라	陽侯迎客夢瀟瀟
팔봉산은 서쪽으로 사라지고 대산이 일어나[116]	八峯西盡大山起
한 점 유배지 등불만이 적막하게 비추리	一點榕燈照寂廖

쟁글쟁글 난새 방울 차고 하신에게 인사드리고	珊鳴鑾佩揖河神
파도 소리 들리는 속에 물고기 회는 붉으리	滄水聲中膾紫鱗
비바람 치는 저녁 간월도[117] 가운데에서	看月島中風雨夕
흡족히 배 두드리며 귀한 몸 일으키리	殷殷鼓腹起龍身

---

115 한수(漢叟)가……주다 : 저자가 66세 때인 1832년(순조32)에 평신진 첨사(平薪鎭僉使)로 좌천되어 떠나는 자하(紫霞) 신위(申緯)를 만나 지은 시이다. '한수'는 신위의 자(字)이다. 신위는 1832년(순조32) 10월 26일 행도승지에 낙점되었으나, 경기도 시흥에 있으면서 출사하지 않았다. 이에 순조는 처벌의 의미로 11월 1일에 신위를 충청남도 서산(瑞山)의 평신진 첨사에 임명하고, 당일로 하직하라고 명하였다.

116 팔봉산(八峯山)은……일어나 : '팔봉산'은 충청남도 서산시 팔봉면에 있는 산 이름이고, '대산(大山)'은 서산시 대산읍에 있는 망일산(望日山)의 별칭이다.

117 간월도(看月島) : 충청남도 서산시 부석면에 속한 섬으로, 본래 천수만(淺水灣) 안에 위치한 작은 섬이었으나 1984년 대규모 간척사업으로 인해 지금은 육지로 변하였다.

약헌이 잔치에 초대하다[118]

約軒眷以讌飮

붉고 흰 복사꽃이 담장 위로 피니 紅碧桃花開上墻
내리는 실빗줄기가 연못으로 들어가네 絲絲雨脚入池塘
위곡에서 훌륭한 분을 만나니 봄이 이끌어주었고 人逢韋曲春相引
무하향에 흥이 이르렀지만 밤도 다하지 않았네[119] 鄕到無何夜未央
갑자기 조각구름이 멀리서 오는 것 보이더니 驟看片雲來直遠
이윽고 온갖 꽃을 비가 적시자 향기가 퍼지네 因沾百和散爲香
평신 첨사[120]는 응당 한가로이 누워 平薪僉使應閒臥
파도 소리 들리는 속에 꿈조차 서늘하리 潮水聲中夢亦涼

---

118 약헌(約軒)이 잔치에 초대하다 : 저자가 67세 때인 1833년(순조33)에 약헌 홍현주(洪顯周)가 마련한 잔치에서 지은 시이다.

119 위곡(韋曲)에서……않았네 : 훌륭한 집안의 귀족과 만나 잔치에서 유쾌한 홍취를 즐겼다는 말이다. '위곡'은 당(唐)나라 때 귀족인 위씨(韋氏)가 살던 지방으로, 흔히 두씨(杜氏)가 살던 지방인 두릉(杜陵)과 병칭되어, 명망 있는 가문이 세거(世居)하는 곳을 뜻한다. '무하향(無何鄕)'은 무하유지향(無何有之鄕)의 준말로 아무것도 걸릴 것이 없는 자유스럽고도 광막한 경지를 말한다.

120 평신 첨사(平薪僉使) : 충청남도 서산(瑞山)의 평신진 첨사(平薪鎭僉使)로 좌천된 자하(紫霞) 신위(申緯)를 가리킨다.

사홍을 곡하다[121]

哭嗣鴻

남으로 돌아가니 금란전 숙직을 다시 못 하고	南歸不復宿金鑾
북으로 머리를 두니 백옥루 난간 바삐 고치리[122]	北首應催修玉欄
손자는 막 강보를 벗어나 가련하기만 하고	孫子可憐離襁褓
형과 아우는 훌륭했던 의관을 부질없이 회상하네	弟兄空憶盛衣冠
훗날 성곽에는 삼천 년 뒤를 기약하고[123]	他年城郭三千歲
지난날의 풍파는 열두 여울이었네[124]	向日波瀾十二灘
늙어 훌륭한 스승이 됨은 옛것을 본받은 힘이니	老作儒師師古力
길 가는 사람들 다투어 명정을 가리키며 바라보네	路人爭指銘旌看

---

121 사홍(嗣鴻)을 곡하다 : 저자가 67세 때인 1833년(순조33)에 김선(金鐥)을 애도하며 지은 시이다. 사홍은 김선의 자(字)로, 사홍(士鴻)으로 쓰기도 한다. 본관은 연안(延安), 호는 서원(犀園)이며, 담정(藫庭) 김려(金鑢)의 아우이다.

122 남으로……고치리 : 김선이 죽어 남쪽 고향에 묻힌 것을 가리킨다. '금란전(金鑾殿)'은 당(唐)나라 때 문인 학사들이 대조(待詔)하던 곳으로, 김선이 사헌부와 승정원 등에서 근무한 것을 가리킨다. '북으로 머리를 두었다'는 것은 머리를 북쪽으로 향하게 매장하는 것을 말한다. '백옥루(白玉樓)'는 천제(天帝)의 궁궐에 있다는 누각 이름으로 시인이나 묵객이 죽은 뒤에 이곳으로 간다고 한다.

123 훗날……기약하고 : 김선이 죽어 훗날 학이 되어 돌아올 것이라는 뜻이다. 요동(遼東) 사람 정령위(丁令威)가 신선술을 닦고 나서 학으로 변해 천 년 만에 고향을 찾아와 공중을 배회한 고사를 가리키는데, 3천 년이라고 한 책도 있다.

124 지난날의……여울이었네 : 김선이 1797년(정조21) 강이천(姜彝天)의 비어(飛語) 사건에 연루되고, 1801년(순조1) 신유옥사 때 초산(楚山)에 유배되는 등 형 김려(金鑢)와 함께 많은 시련을 겪은 것을 가리킨다.

노인정에 모여 술을 마시니 금주령이 느슨해진 날이다[125]

集老人亭飮 弛酒禁日也

해가 앞 봉우리에서 뒤 봉우리로 숨으니	日隱前岑與後岑
앞 봉우리의 절반이 뒤 봉우리 그늘에 들었네	前岑半入後岑陰
남극의 노인성이 뜨니 천상이 돌아왔고[126]	老人南極回天象
동산의 태부는 백성들 마음을 흡족히 했네[127]	太傅東山愜野心
말 머리는 흰 구름 일어나자 연달아 울고	馬首連嘶白雲起
꾀꼬리 소리는 버드나무숲에서 어지러이 나오네	鸎鳴雜出綠楊深
얼근히 다시 술동이 곁에서 잠들어	陶然復向槽頭宿
다리께로 주막 찾아 옛길을 더듬어 가네	靑幔中橋舊徑尋

125 노인정(老人亭)에……날이다 : 저자가 67세 때인 1833년(순조33)에 금주령이 늦춰진 것을 기념하여 술을 마시고 지은 시이다. 이해 4월 10일에 영의정 남공철(南公轍, 1760~1840)의 건의로 일시적으로 금주령을 늦추고, 금령을 범하여 귀양 보낸 사람들을 모두 방면한 일이 있다. 《承政院日記 純祖 33年 4月 10日》 '노인정'은 효명세자(孝明世子)의 장인 풍은부원군(豐恩府院君) 조만영(趙萬永, 1776~1846)이 남산 기슭에 세운 정자인데, 이때에 이미 건립된 듯하다.

126 남극의……돌아왔고 : '남극의 노인성'은 인간의 수명을 관장하는 별로, 노인들이 남산에서 다시 술을 마시게 된 것을 비유한 말이다.

127 동산(東山)의……했네 : 영의정 남공철의 건의로 금주령이 늦추어져 모든 사람들이 좋아한다는 의미이다. '동산의 태부'는 동진(東晉)의 사안(謝安)을 가리키는데, 그가 벼슬길에 나아가기 전에 회계(會稽)의 동산에 은거하면서 계속되는 조정의 부름에도 응하지 않자, 사람들이 "사안석이 나오려 하지 않으니 장차 창생을 어찌할꼬.〔安石不肯出, 將如蒼生何.〕"라고 말하였다고 한다.

약헌과 배에서 짓다[128]

與約軒舟題

앞은 모래밭이요 뒤는 포구라 물결 희게 이는데	前沙後浦浪翻花
아득한 곳 바라보니 도리어 물가가 보이네	極望無涯還有涯
조수 소리 듣기 좋으니 먼 소식인 듯하고	喜聽潮音似遠信
산빛을 잠깐 바라보노라니 흡사 우리 집일세	借看山色便吾家
울며 나는 학마다 울음소리가 나무를 흔들고	鳴飛鶴鶴響搖樹
뛰노는 물고기들은 머리를 뱃전에 부딪치네	自躍魚魚頭觸槎
강 위의 밤이란 처음 보는 달처럼 아름다워	江夜美如初見月
늘그막이 온통 광채로 빛나도다	暮年都是一光華

128 약헌(與約)과 배에서 짓다 : 저자가 67세 때인 1833년(순조33)에 약헌 홍현주(洪顯周)와 뱃놀이하며 지은 시이다.

송하 이 도정 낙수 을 애도하다[129]

松下李都正 洛秀 挽

송하옹의 성음이 멀어짐을 통곡하노니	慟哭松聲逈
이제 어디에서 훌륭한 그 모습 찾을까	於何考典刑
《양양기구전》[130]에 실릴 만하고	襄陽耆舊傳
남극노인성의 가호를 받았는데	南極老人星
하룻저녁에 아침 버섯보다 먼저 시드니	一夕先朝菌
천추토록 무덤의 문이 닫히고 말았네	千秋掩夜扃
홀연 만물과 동화되고 말았으니	翛然物同化
채옹의 명은 썩지 않으리[131]	不朽蔡邕銘

129 송하(松下) 이 도정(李都正)을 애도하다 : 저자가 67세 때인 1833년(순조33)에 송하 이낙수(李洛秀)의 죽음을 애도한 시이다. 이낙수에 대해서는 26쪽 주36 참조.

130 양양기구전(襄陽耆舊傳) : 진(晉)나라 습착치(習鑿齒)가 지은 저술로 양양(襄陽)에 살았던 방덕공(龐德公)을 위시한 여러 원로 명사들의 전기를 모은 책이다.

131 채옹(蔡邕)의……않으리 : 비문에 실린 과장 없는 행적이 영원히 민멸(泯滅)되지 않는다는 말이다. '채옹'은 후한(後漢) 사람으로 시와 문장에 뛰어났는데, 그가 지은 〈조아비(曹娥碑)〉가 특히 과장 없이 실상을 잘 표현했다고 칭송받았다.

정사로 떠나는 희곡의 행차를 송별하며 지은 북촌 시사의 시에 차운하다[132]

次北社別希谷上使行次韻

궁벽한 산중에 매여 사는 늙은 좀벌레가	匏繫窮山老蠹魚
말을 몰아 황궁으로 가는 그대를 전송하네	送君驅馬到皇居
강물 소리 잦아든 맑은 살수엔 마음 가벼울 테고	心輕素滻江聲盡
해 저무는 요양에서는 눈길도 아득하리	目極遼陽日色餘
장쾌한 관람으론 천자의 나라가 제일이라	壯觀無如萬乘國
새로 지은 시가 백 개의 보옥에 필적하리	新詩當敵百車渠
떠날 때는 이슬 내리고 돌아올 땐 눈이 내려	去時零露來時雪
추분과 동지를 누대에서 보고 모두 기록하리	分至觀臺摠可書

132 정사(正使)로……차운하다 : 저자가 67세 때인 1833년(순조33)에 연경(燕京)으로 떠난 희곡(希谷) 이지연(李止淵)에게 지어준 시이다. 이지연은 이해 7월 25일에 진향 정사(進香正使)에 임명되어 얼마 후 연경으로 떠났는데, 이즈음 북촌의 시사에서 송별연이 있었으나 저자가 참여하지 못하여 나중에 차운시를 지은 것이다.

연천 · 약헌과 함께 한강의 배 위에서 짓다[133]

淵泉約軒江舟中同題

물결 소리 비와 같아 적막함을 면하니	波聲如雨免蕭寥
별이 모인 중당에 구름 갠 밤일세	星聚中堂雲霽霄
날짜로는 오늘 윤달의 중양절 만났으니	日子今逢閏重九
달빛 고을에서 고상한 분들과 함께 노니네	月鄕高接共逍遙
어룡이 잠긴 강물 소리는 누각 앞 배에 울리고	魚龍江響樓前艇
형제처럼 나란한 봉우리는 홀 밖에 그늘지네	兄弟峰陰笏外橈
이슬 내린 갈대숲 저편에 벗들이 그립더니	白露蒼葭一方水
동지들이 먼저 편지를 보내 초대했네	同人先折簡書招

133 연천(淵泉)……짓다 : 저자가 66세 때인 1832년(순조32) 윤9월 9일에 연천 홍석주(洪奭周) 및 그의 아우 약헌(約軒) 홍현주(洪顯周)와 함께 뱃놀이를 하며 지은 시이다.

자하가 국화를 읊어서 보내주었기에 약헌과 함께 차운하다[134]

紫霞詠菊送示 與約軒同次

서리를 이기고 핀 국화 두세 줄기가	英英霜傑兩三條
그늘에 흩어져 아침저녁으로 서늘하게 피었네	散作涼陰暮復朝
외로운 대와 국화만이 주인의 근시가 되니	孤竹與君爲近侍
다른 꽃들 어느 곳으로 고운 자태 피했는가	衆芳何處避矜嬌
아지랑이 오르던 날 그윽한 향기 인내하더니	幽香地忍遊絲日
낙엽 지는 하늘에 돌아보는 웃음 천연스럽네	顧笑天然落木霄
그저 울타리 가에 내버려두었을 뿐인데	但使籬邊甘棄置
겨우 한 자의 키로도 풀 사이에 우뚝하네	苦長尺許草間翹

---

134 자하(紫霞)가……차운하다 : 저자가 67세 때인 1833년(순조33)경에 자하 신위(申緯)가 국화를 읊은 시에 화답한 시이다.

자하가 김치 한 동이를 보내오고 겸하여 시를 보내왔기에 약헌과 함께 차운하다[135]

紫霞送菹一缸兼送詩 與約軒次之

자하 노사가 청광[136]을 좋아하여	紫霞老史喜淸狂
집안의 넉넉한 푸성귀를 먼저 맛보라 보내주었네	家有豐蔬先遺嘗
달 같은 항아리에 그득하게 담겼으니	似月磁缸腹中果
흰 은젓가락으로 집어들자 코끝이 향기롭네	如霜銀筯鼻端香
깊은 맛이 간을 맞춘 손맛에서 나오니	沈沈出自調鹽手
수북이 담아 술안주로 그만이로다	戢戢宜於按酒腸
무 뿌리 배추 고갱이에 자주색 파로 빛깔 내니	葑體菘心紫蔥色
물고기도 이보다 희지 않고 게장도 누렇지 못하리	魚當羞白蟹羞黃

135 자하(紫霞)가……차운하다 : 저자가 67세 때인 1833년(순조33)경에 자하 신위(申緯)가 김치를 보내며 지어준 시에 화답한 시이다.

136 청광(淸狂) : 백치처럼 천진하고 구속에 얽매이지 않음을 가리킨다.

일찍 서울을 출발하여 나의 집으로 돌아오다[137]

早發京口還鄙棲

말이 울며 푸른 풀밭을 건너니	馬嘶青草色
언덕을 돌자 문득 산 앞에 이르렀네	轉岸忽山前
눈에 보이는 것이 이와 같으니	注目方如此
돌아가는 마음 더욱 아득하네	歸心益渺然
집에 당도하니 지는 해가 아직 남았고	到家猶落日
나무 저편엔 저녁연기 걸렸는데	隔樹帶荒煙
양쪽 귀밑머리에 흰 터럭이 무성하니	滿鬢雙華髮
참으로 도로에 있을 나이가 아니로세	殊非道路年

137 일찍……돌아오다 : 저자가 67세 때인 1833년(순조33)경에 서울을 떠나 경기도 안양의 집으로 돌아와 지은 시이다.

뱃놀이하는데 연천이 먼저 시를 읊다
舟遊 淵泉先唱之

노 두드리며 석양에 바다어귀로 향하니	鼓楫斜陽控海門
물결 소리에 웃음소리 말소리 뒤섞였네	瀾鳴半雜笑言言
뱃머리에 우뚝이 날아오는 봉우리요	航頭峭崒飛來嶂
수면에 들쭉날쭉 떠오르는 마을이로다	水面參差浮出村
북두성은 저녁 되자 음률에 호응하고	斗柄當昏應中律
질장구는 계절에 감응해 새 가락을 돋우네	瓦匡感節吹新翻
부마의 풍류는 구름퉁소처럼 울리고	副車風致雲簫響
노사의 맑은 시는 삼협의 물처럼 거침없네[138]	老史淸詞三峽源

138 부마(駙馬)의……거침없네 : '부마'는 영명위(永明尉) 홍현주(洪顯周)를 가리키고, '노사(老史)'는 늙은 태사라는 의미로 1832년(순조32)에 양관 대제학(兩館大提學)을 역임한 홍석주(洪奭周)를 가리킨다. 삼협(三峽)은 중국 양자강 상류의 험난하기로 유명한 세 협곡을 가리킨다.

동래백 이령 성위와 작별하며[139]

別東萊伯李令聖衛

산호수처럼 아롱대며 빛나니 色暎珊瑚樹
군복이 어찌 저리 찬란한가 征袍何陸離
말의 울음은 변방 너머 울리고 騶鳴出邊響
일본말도 새로 짓는 시어에 들어오리 蠻語入新詩
위엄으로 누선의 장수를 단속시키고 秋繫樓船將
풍채로 갈포 입은 오랑캐를 회유하리 風柔卉服夷
어찌 알았으랴 옛 사적을 공부하고서 那知稽古力
흰머리로 남쪽 변방을 진무할 줄을 白首鎭南陲

기상은 충렬원[140]에 성대하고 氣蒸忠烈院

---

139 동래백(東萊伯)……작별하며 : 저자가 68세 때인 1834년(순조34) 6월에 동래 부사로 부임하는 이탁원(李鐸遠, 1777~1840)을 전송하며 지어준 시이다. 이탁원의 본관은 전주(全州), 자는 성위(聖衛)・성형(聖衡), 호는 이실(怡室)이다. 1798년(정조22) 생원시에 합격하였고, 1803년(순조3) 문과에 급제하였다. 가주서(假注書), 지평(持平), 우승지(右承旨) 등 주로 내직에 근무하였고, 1834년(순조34) 6월부터 이듬해 7월까지 동래 부사를 역임하였다.

140 충렬원(忠烈院) : 부산 동래구 안락동에 있는 송상현(宋象賢), 정발(鄭撥) 등의 위패를 안치한 충렬사(忠烈祠)를 가리킨다. 동래 부사 윤훤(尹暄)이 1605년(선조38)에 처음 송공사(宋公祠)를 건립하여 송상현의 위패를 안치하였고, 1624년(인조2)에 충렬사로 사액되었으며, 1652년(효종3)에 안락서원(安樂書院)으로 이름을 고쳐 사액하였다.

파도는 태종대[141]를 흔들리라　　波撼太宗臺
깃발을 흔들며 변방으로 떠나면　　旗幟搖邊去
모든 산하가 눈앞에 다가오리　　山河盡地來
귤나무 그늘에 칠치[142]가 잠들고　　橘陰眠漆齒
동해에 솟은 해는 붉은 물고기를 비추리　　桑日曝紅鰓
자라의 뼈엔 이미 서리 내렸는데　　鼇骨已霜矣
영호의 선경은 어디에 있는가[143]　　瀛壺安在哉

작은 관직으로 천 리의 객이 되니　　一官千里客
온갖 일이 마음에 맞지 않으리　　萬事寸心違
푸른 하늘 날아오를 날개는 없고　　無翼飛空上
덧없는 이름은 꿈속처럼 희미하리라　　浮名似夢依
토종 면화로 고운 솜옷 짜고　　土毛織纖纊
이빨 모양은 높은 깃발에 장식되리　　牡齒上高旂

---

141 태종대(太宗臺) : 부산 영도구 동삼동에 있는 해안절벽으로, 신라 태종 무열왕이 전국의 명승지를 다니던 중 이곳의 절경에 도취되어 쉬어갔다고 하여 태종대라는 이름이 되었다고 한다.

142 칠치(漆齒) : 이를 검게 만드는 왜인의 풍속을 가리킨다.

143 자라의……있는가 : 신선 세계를 찾을 길 없다는 의미이다. 전설에 따르면 발해의 동쪽에 대여(岱輿), 원교(員嶠), 방호(方壺), 영주(瀛洲), 봉래(蓬萊)의 다섯 선산이 있어 열다섯 마리의 자라가 떠받치고 있었는데, 용백국(龍伯國)의 거인이 낚시질로 여섯 마리의 자라를 잡아서 떠나니 대여와 원교 두 산도 바다 아래로 가라앉아 삼신산만 남았다고 한다.《列子 湯問》이백(李白)의 시 〈높은 언덕에 올라 먼 바다를 바라보며〔登高邱而望遠海〕〉에서 "여섯 마리 자라의 죽은 뼈엔 이미 서리 내렸는데, 삼신산은 흘러가서 어디에 있는고.〔六鼇骨已霜, 三山流安在.〕"라는 구절이 참고가 된다.

쓸쓸한 누각 앞의 달만이	瑟瑟樓前月
삼경에 갑옷을 비추리라	三更照鐵衣
너른 바다에 물이 열려 있고	海全開闢水
큰 대지에 동남쪽으로 산이 솟아	壤大東南山
예로부터 변방에 임한 고을은	自古臨邊郡
지금에만 겹 성문이 아니었네	非今獨重關
거침없이 달리는 네 필의 말 그림자가	橫馳駟馬影
멀리 두우성 사이를 호쾌하게 바라보리	遠望斗牛間
보루 위에선 다람쥐가 싸우고	壘上鼪鼯鬪
성난 파도에 해가 한가로이 목욕하리	鯨波日浴閑

서울에 들어와 짓다[144]

入洛作

작은 배로 한강 머리를 천천히 돌아	緩轉蘭橈漢水頭
파도의 여흥 안고 남쪽 누각에 올랐네	煙波餘興上南樓
물가 고을 나그네의 외로운 뜸배에 비는 내리고	滄洲歸客孤蓬雨
늦은 철에 그대 만나니 국화 핀 가을일세[145]	晩節逢君叢菊秋
서늘함 찾아오니 붉은 낙엽 보기를 좋아하고	涼過愛看紅葉落
하늘이 맑아 흰 구름과 어울림을 기뻐하네	天淸喜與白雲留
그대는 너른 호수가 천 리인 나주목에서	平湖千里羅州牧
갈대에 이슬 서리 내리는 가을에 안온하신가	霜露蒹葭安穩不

벽로방[146] 편액 그림자가 솔가지 사이에 어른대니	碧蘆舫影上松枝
편지보다 내가 먼저 이르러 짐짓 늦게 만나려 하네	先到先書意故遲
높은 나무가 산을 가리니 구름도 걷힌 뒤이고	高樹遮山雲卷後

144 서울에 들어와 짓다 : 저자가 68세 때인 1834년(순조34)경에 서울에 와서 지은 시이다.

145 물가……가을일세 : 위 구절의 '물가 고을로 돌아간 객'은 나주 목사로 부임한 이회연(李晦淵)을 가리키는 듯하고, 아래 구절의 '그대'는 이회연의 형 이지연(李止淵)을 가리키는 듯하다. 이회연은 1833년(순조33) 5월부터 1837년(헌종3) 2월까지 나주 목사를 역임하였다.

146 벽로방(碧蘆舫) : 1820년(순조20)경 예문관에 근무하던 추사(秋史) 김정희(金正喜)가 승정원에 근무하던 자하(紫霞) 신위(申緯)를 위해 써준 예서 편액이다. 《林下筆記 卷33 華東玉糝編 金門墨緣》

너른 뜨락이 물과 같으니 달이 떠오를 때로다 廣庭如水月來時
멀리 열 고을을 묘사하여 화로 곁으로 옮겨오고 十洲遠寫移丹竈
흥에 겨워 오악을 흔드니 벼루 곁으로 이르네[147] 五岳爭搖到墨池
술동이 속의 상락주에 취하지 않으면 不醉樽中桑落酒
격조한 회포를 친구와 풀기 어려우리 疏情難與故人期

친구들이 나를 보고 크게 웃으며 親故見之大笑之
옥술잔의 풍미를 내가 먼저 안다 하네 玉杯風味我先知
누각 앞의 붉은 잎은 막 솟은 해와 같고 樓前紅葉如新日
성 위의 푸른 산은 옛날과 다름없네 城上青山似舊時
평생 문장을 조탁해 매마[148]를 덮을 만해도 藻繪平生掩枚馬
반평생의 불우함은 시초와 거북에 물어야 하리 沈冥半世考蓍龜
뜸배 바닥에서 황혼의 비를 만나지 않으면 不逢蓬底黃昏雨
어찌 머리 위의 하얀 접리관을 잡으랴[149] 那執頭邊白接䍦

---

147 멀리……이르네 : 신위와 함께 그림과 글씨를 쓰며 즐기는 풍경을 묘사한 것이다.

148 매마(枚馬) : 한대(漢代)의 저명한 문장가인 매승(枚乘)과 사마상여(司馬相如)의 병칭이다.

149 뜸배……잡으랴 : 낮은 관직으로 타향살이하는 것도 흥취를 돋우기에 좋다는 의미로 보인다. '하얀 접리관〔白接〕'이란 두건의 이름인데, 진(晉)나라 때 풍류로 이름이 높던 산간(山簡)이 술을 좋아하여 매양 취해 돌아오므로 당시 아동들이 노래하기를, "산공이 어디로 나가는가, 고양지로 가는구나. 날 저물면 있는 술 다 마시고 돌아와, 곤드레가 되어 아무것도 모른다오. 때로는 말을 타고 오면서 하얀 접리관을 거꾸로 쓰기도 하네.〔山公出何許, 往至高陽池, 日夕倒載歸, 酩酊無所知. 時時能騎馬, 倒著白接䍦.〕"라고 한 구절이 있다.《晉書 卷42 山濤列傳》

푸른 하늘은 물과 같고 물결은 일렁이는데	碧天如水水漪漪
높은 봉우리 사이를 잎이 지는 때에 배회하네	峰嶂徘徊葉脫時
늙은 말은 예전에 묵던 곳을 먼저 알고	老馬先知曾宿地
저녁 솔개는 반쯤 마른 가지에서 한가로이 우네	暮鵐閑嘯半枯枝
조수 소리 서늘한 강가에 가을 다듬이 소리 가깝고	潮涼澤國秋砧近
종소리 끊긴 산성엔 밤 달도 더디 오르네	鍾落山城夜月遲
과연 화려한 전각에 옥 같은 신선이 있을런가	果有金堂玉芝未
편지 끝에 '예' 자를 쓴 이는 왕희지였네[150]	大書鷖字王羲之

150 과연……왕희지(王羲之)였네 : 자신의 시를 평가해줄 고귀한 분이 있으리라는 의미이다. 진(晉)나라 왕희지가 어떤 사람의 글씨첩 끝에 훌륭하다는 뜻으로 '예(鷖)'라는 글자 하나만 써준 일이 있다. 《六藝之一錄 續編 卷11》

인릉 만장[151]

仁陵挽章

사왕과 육제가 될 수 있으니	可王四帝六
유정유일의 심법을 잡았네[152]	精一執危微
억만창생을 위한 염려가	億萬蒼生念
구중궁궐에 서려 있었네	九重青瑣闈
겨울 우레에 수라도 줄이시고	冬雷減玉食
춘궁기에 기근을 구제하셨네[153]	春月振金饑
교화의 비를 내려 신묘한 공을 펴시니	化雨神功運
산과 용을 곤룡포에 그렸네	山龍畫袞衣

---

151 인릉 만장(仁陵挽章) : 저자가 68세 때인 1834년(순조34)에 이해 11월 13일 붕어(崩御)한 순조를 애도하며 지은 만시(挽詩)이다. '인릉(仁陵)'은 순조의 능호이다. 1835년 4월 19일 교하(交河)에 장사 지냈다가 이후 풍수가 좋지 않다 하여 1856년(철종7) 10월 11일에 서울 서초구 내곡동의 현 위치로 옮겼다.

152 사왕(四王)과……잡았네 : 삼황오제(三皇五帝) 다음으로 성군 될 수 있는 자질을 지녔다는 의미이다. '유정유일(惟精惟一)의 심법(心法)'이란 《서경》 〈대우모(大禹謨)〉에 "인심은 위태롭고 도심은 은미하니, 정밀하게 살피고 전일하게 지켜야 그 중도를 잡을 수 있다.〔人心惟危, 道心惟微, 惟精惟一, 允執厥中.〕"라고 한 것을 말한다.

153 겨울……구제하셨네 : 1828년(순조28) 10월에 천둥 치는 재이(災異) 때문에 감선(減膳)하고 정전(正殿)을 피한 일이 있고, 1826년(순조26) 봄에 백성들이 기근에 시달리는 일을 애통해하며 팔도의 관리들에게 진휼에 각별히 힘쓰라는 하교를 내린 일이 있다. 《純祖大王行狀》

어찌 차마 견디셨으랴 胡寧忍寧忍
우리 성상께서 몸소 애통해하셨네 慽我聖人躬
유세차 경인년 여름에 龍集庚寅夏
세자의 궁에 통곡했도다[154] 烏乎世子宮
통곡이 온 나라를 가득 채우고 慟塡小海咽
눈물이 구천 끝까지 흘렀는데 淚徹九泉窮
동쪽 무덤의 풀이 세 번 묵었으니 三宿東陵草
해마다 푸른 덤불 보며 흐느끼셨네 年年感綠叢

황증조를 본받아 式似皇曾祖
또 왕세손에게 전위하시어[155] 又傳王世孫
너른 기틀 크게 드리우시더니 洪基垂丕丕
임종 때의 유언도 백성들 염려였네 末命念元元
하늘 길에 구름 타고 멀리 떠나시니 天路升雲逈
우천[156]에 해가 잠겨 저녁이 되었네 虞泉沈日昏
인릉에 성인을 묻고 나니 仁陵葬聖畢
만백성들 모두 원통하다 울부짖네 萬姓普號冤

154 유세차……통곡했도다 : 효명세자(孝明世子)가 1827년(순조27) 6월 9일부터 대리청정을 하다가 3년 만인 1830년(순조30) 5월 6일에 창덕궁 희정당에서 홍서한 것을 가리킨다. 원문의 '용집(龍集)'은 세차(歲次)란 말과 같다.

155 황증조(皇曾祖)를……전위하시어 : '황증조'는 영조를 가리킨다. 영조가 사도세자에게 대리청정을 시켰다가 결국 손자인 정조에게 왕위를 물려준 것처럼, 순조도 효명세자에게 대리청정을 시켰다가 헌종에게 왕위를 전한 것을 가리킨다.

156 우천(虞泉) : 해가 잠긴다는 전설상의 우연(虞淵)을 가리킨다.

양구의 이 현감 민행 에게 답하다[157]

答楊口縣監李 敏行

사또께서 나의 쇠약함 애석해하시어	使君惜吾衰
율무를 보내 나의 쇠약함 부지해주시네	薏苡扶吾衰
그대의 부친[158]과 어울리던 날	與君嚴君日
그대는 아직 말 배우는 아이였네	君猶學語兒
슬프다, 그대의 부친은 이제 계시지 않으니	嗟君嚴君今不在
그대와 함께 오래 만나기를 바라네	願君獨與長相隨

157 양구(楊口)의……답하다 : 저자가 68세 때인 1834년(순조34)경에 양구 현감 이민행(李敏行)에게 답한 시이다. 이민행의 본관은 덕수(德水), 자는 경눌(景訥)인데, 이우신(李友信)의 아들이다. 음관으로 진출하여 헌릉 참봉(獻陵參奉), 의금부 도사 등을 거쳐 1832년 12월부터 1835년 12월까지 양구 현감을 역임하였다. 이후 천안 군수(天安郡守), 홍주 목사(洪州牧使) 등을 지냈다.

158 그대의 부친 : 문원(文原) 이우신(李友信)을 가리킨다. 83쪽 주85 참조.

소석 김 시랑에 대한 만사[159]

小石金侍郎挽

간관으로 화살처럼 강직했고	諫官金直矢
군자로서 옥과 같았네	君子玉如磋
능히 급류와 함께 멀어지니[160]	能與急流遠
가는 물을 어이하면 좋으랴	其於逝水何
본원으로 돌아감은 혼탁한 세상이 싫어서이니	歸眞厭濁世
세속에 물들지 않아 맑은 물결 넘쳤네	不俗汪淸波
지난날 떠날 때엔 모운의 그리움[161] 일더니	昔去暮雲思
지금 와서 아침 이슬의 노래[162] 부르네	今來朝露歌

159 소석(小石)……만사 : 저자가 69세 때인 1835년(헌종1)에 김우순(金愚淳, 1760~1835)의 죽음을 애도한 만사이다. 시랑(侍郎)은 참판을 고상하게 부르는 말이다. 김우순의 본관은 안동(安東), 자는 태소(太素)·오여(吾與)이며, 소석은 그의 호이다. 1803년(순조3) 문과에 급제하여 승정원, 홍문관 등 내직에 오래 근무하였고, 외직으로 부안 현감(扶安縣監), 정주 목사(定州牧使) 등을 지냈다.

160 급류와 함께 멀어지니 : 급류용퇴(急流勇退)라 하여 관리가 벼슬자리에서 과감히 물러남을 비유한 말이다. 김우순이 1833년(순조33) 동지돈녕부사(同知敦寧府事)에 임명되자 사직소를 올리고 물러난 것을 가리킨다.

161 모운(暮雲)의 그리움 : 그리운 벗을 만나지 못하는 안타까움을 말한다. 두보(杜甫)의 시 〈봄날에 이백을 그리워하며〔春日憶李白〕〉의 "위수 북쪽엔 봄 하늘에 우뚝 선 나무요, 강 동쪽엔 저문 날 구름일세.〔渭北春天樹, 江東日暮雲.〕"라는 구절에서 유래하였다.

162 아침 이슬의 노래 : 이슬처럼 덧없는 죽음을 애도하는 의미이다. 죽은 이를 애도하는 노래인 〈해로가(薤露歌)〉의 처음에 "염교 잎의 아침 이슬은 어찌 그리 빨리 마르는가.〔薤上朝露何易晞.〕"라는 구절이 있다.

사초 신 익찬 진 을 애도하며[163]

悼社樵申翊贊 縉

전원에 거처함은 고요함 때문만이 아니니 鄕居非直靜
젊은이와 어른이 모두 편안하기 위함이네 少長咸安之
남극성의 가호로 황발의 장수 누리시고 南極儼黃髮
동양 신씨 형제 중에 가장 빼어났네 東陽最白眉
봄 구름에 빼어난 흥취를 북돋우었고 春雲上逸興
가을 달에 고상한 풍모를 비추었네 秋月暎風儀
홀연히 태초로 돌아가시니 太素歸神忽
눈이 어질하게 남은 자들만 슬프네 目眩後死悲

---

163 사초(社樵)……애도하며 : 저자가 69세 때인 1835년(헌종1)에 신진(申縉, 1756~1835)의 죽음을 애도한 만시이다. 신진의 본관은 평산(平山), 자는 운기(雲紀)이며, 사초는 호이다. 신대우(申大羽)의 아들이며, 신작(申綽, 1760~1828)의 형이다. 1804년(순조4) 생원시에 합격하여 장릉 참봉(莊陵參奉), 의영고 주부(義盈庫主簿), 공조 좌랑, 신녕 현감(新寧縣監) 등을 지냈다. 1822년(순조22) 9월부터 이듬해 5월까지 세자익위사 위솔(衛率)을 지냈는데 익찬(翊贊)은 이것을 가리킨 듯하다. 1835년 1월 12일 오위장(五衛將)에 임명되었다.

고시[164]

古詩

신이한 광채가 문득 흔들리니 神光乍離合
평탄한 대로를 누가 걷지 않으랴[165] 夷庚詎失由
심성이 홀연 서쪽으로 기우니 星火忽焉夕
빠른 서풍이 잠주에도 불어오도다[166] 迅商亦潛周
아득히 바라보며 시선을 고정하니 曠望極凝睇
빽빽한 숲이 어찌 저리 높다란가 蒙密何修修
깊은 그늘은 굽은 물가에 머무르고 宿陰逗枉渚
급한 여울은 굽이쳐 흐르며 떨어지네 急湍瀝迴流
해와 달이 번갈아 떠오르는데 免烏迭興飛
비가 그쳐도 구름은 여전히 무겁네 雨息雲尚遒
염려스러워라 정처 없는 나는 念余無定端
무엇 때문에 홀로 주저하는가 胡爲獨夷猶
평생의 금석 같은 사귐은 平生金石交

164 고시(古詩) : 저자가 69세 때인 1835년(헌종1)에 지은 시이다. '고시'란 운자나 평측의 조건이 자유로운 시 형식이다.

165 신이한……않으랴 : 태초에 음양(陰陽)이 나오고 인륜이 정립된 것을 가리킨다.

166 심성(心星)이……불어오도다 : 우리나라에 가을이 온 것을 가리킨다. 심성은 붙박이 별자리인 28수(宿) 중의 하나로 대화(大火)라고도 하는데, 7월부터 서쪽으로 옮겨가면서 가을이 된다고 한다. '잠주(潛周)'는 주나라의 문물을 계승한 나라라는 뜻으로 우리나라를 가리키는 말이다.

오래 헤어져 짝이 몹시 드무네	契闊嗟尠儔
맑은 이슬 흥건하니 어찌 견디랴	那堪淸露溥
온갖 시름이 서로 얽혀드네	百愁互綢繆
놀란 말이 날뛸 곳 있으랴	駭駟寧奮鑣
좁은 길이라 수레조차 들일 수 없네	狹路不容輈
몸을 눕힐 곳 오두막도 편안하니	歸身圭蓽安
옛 전적을 연구함이 제일이라네	莫如窮索丘
짧은 시간도 벽옥처럼 귀중하니	寸陰貴尺璧
잃기는 쉽고 다시 거두기는 어렵네	易失難再收
끝마치기를 잘 하려면 처음과 같아야 하니	愼終當如初
방황하며 장차 어디서 구하려 하는가	徊徨且安求

저물녘에 돌아오며[167]

晩歸

기운이 응결되어 산 구릉 된 곳에	結以爲山阜
이곳에 터를 잡아 띳집을 엮었네	爰稽誅茅卜
아이들 함박웃음 지으며 들어오고	門子粲粲入
초연히 홀로 편히 거처하네	超然宴處獨
아침이면 범과 들소의 울음 들리고	朝聞虎兕叫
저녁이면 사슴 다람쥐와 함께 자는데	夕與麋鼯宿
비록 신선의 술은 없을지라도	雖無玄玉膏
오히려 다섯 가지 영지를 먹을 수 있네	尙有五芝食
땅에서 산이 솟아나 서로 기이함 뽐내니	發地互呈奇
아득히 바라보며 마음과 눈을 기울이네	眇視恣心目
동쪽에 솟아올라 꿈틀꿈틀 내달리고	東騰蜿蟺駕
남으로 휘돌아 구불구불 굴러가네	南轉蟉虯軸
물건으로 귀천을 관찰하노니	以物觀貴賤
어찌 비리고 누린 고기를 쓰랴	焉用腥臊肉
다만 금석의 사귐이 굳기를 바라노니	但願固金石
어찌 수레 가로대에 눈물 떨궈서야 되랴	何必涕沾軾
행하기가 어렵고 아는 것은 어렵지 않으니	行難知非難

---

167 저물녘에 돌아오며 : 저자가 69세 때인 1835년(헌종1)에 한동안 서울에서 거주하다가 경기도 안양의 집으로 돌아오며 지은 시이다.

가까운 데서 본받아 반복하여 익혀야 하네　則柯當三復
거두고 비축하고 낳고 기르는 이치가　收藏生長理
사계절 내내 온 천지를 운행하네　四序騖八極
화려한 문채가 옥돌처럼 귀해도　敷藻雖璚玉
들판에 자라는 콩과 다르지 않네　不異中原菽
모든 사람이 진실로 온 힘을 기울이면　庶人苟戮力
참으로 한 줌 가득 움킬 수 있네　諒可采盈掬
하물며 지금 임금의 도가 밝아서　矧今陽明燭
언덕과 평지에 기장의 이삭이 무성함에랴　黍稷華陵陸
물고기는 맑은 못물에서 노닐고　魚遊淸沼水
새는 너른 숲의 나무에 모이네　鳥集平林木
널리 포용하는 은택으로 나도 돌아오니　含弘余亦返
때는 맹월의 초하루라네[168]　時維孟月朒
북돋고 김매는 데 노력을 기울여　是蓘是藨工
솥의 국을 쏟지 않을까 생각해야지[169]　倘念鼎不餗
무릎을 감싸 안고 한번 길이 읊으니　擁膝一長吟
소리가 대숲 속을 울리네　響吐窮崖竹

---

168 널리……초하루라네 : 저자가 안양의 집으로 돌아온 것을 가리킨다. 맹월(孟月)은 사계절마다 첫째 달을 가리키는 말인데, 어느 달인지는 미상이다.

169 솥의……생각해야지 : 재능보다 무거운 자리를 차지하여 재앙을 초래할까 걱정한다는 말이다. 《주역》〈정괘(鼎卦) 구사(九四)〉에 "솥의 다리가 부러져서 수라상의 음식이 쏟아지니, 부끄러워 얼굴에 땀이 홍건하다. 흉하다.〔鼎折足, 覆公餗, 其形渥, 凶.〕"라는 말이 있다.

늦가을에 홀로 잠들며[170]

抄秋獨宿

학문은 거칠고 조밀함을 가리지 않았기에 學不厭麤密
육경에 대해 능히 말할 수 있네 六籍所能談
짧은 갈옷 얇아도 싫지 않고 短褐薄不厭
차가운 샘물은 나누어도 달콤하네 冽井分亦甘
어찌하여 집 북쪽으로 떠나 奈何舍北去
육신의 괴로움 감내하지 못했는가 四大苦不堪
행장을 단속하여 한강에 이르니 俶裝戾止漢
거울 같은 물이 맑게도 흘렀네 鏡流浮澹淡
전에는 물을 타고 가벼이 건넜다가 前乘水輕濟
나중엔 언덕을 넘어 멀리 돌아왔네 後越岡遠探
방에 들어가 곧 서성이노라니 入室便章皇
맑은 서리만 함초롬히 내렸네 氣淸霜空涵
비유하자면 깨끗하게 몸을 닦아서 比如脩潔介
탐욕을 다투지 말라는 경계와 같네[171] 卜不競貪婪
돌아가 밭을 갈자고 노래한 증자를 사모하고 歸耕嘉曾氏

---

170 늦가을에 홀로 잠들며 : 저자가 69세 때인 1835년(헌종1)에 안양의 집에서 지내며 지은 시이다.

171 탐욕을……같네 : 굴원(屈原)의 〈이소(離騷)〉에 "너도나도 앞다투어 명리를 탐함이여, 아무리 구해 얻어도 만족할 줄 모르누나.〔衆皆競進以貪婪兮, 憑不厭乎求索.〕"라고 한 말을 인용한 것이다.

지극히 심원한 도는 노자를 손에 꼽네[172]	妙玄抽老聃
밤 깊도록 잠들지 못하는데	夜深不成寐
흰 달이 높은 나무에 걸렸네	素月掛高柟

172 돌아가……꼽네 : 증자(曾子)와 노자(老子)를 숭상한다는 의미이다. 한(漢)나라 장형(張衡)의 〈사현부(思玄賦)〉에 "증자가 귀경가를 부름을 아름답게 여기고, 역산에서 밭을 간 순임금의 위대함을 사모하네.〔嘉曾氏之歸耕兮, 慕歷阪之欽崟.〕"라는 구절이 있는데, 증자가 공자를 10여 년 모시다가 갑자기 부모가 노쇠함에 생각이 미쳐, 거문고를 당겨 〈귀경(歸耕)〉이란 노래를 지었다고 한다. 원문의 '노담(老聃)'은 노자의 본명으로, 《도덕경(道德經)》에 "현묘하고도 더욱 현묘하여, 모든 신묘함이 나오는 문이다.〔玄之又玄, 衆妙之門.〕"라는 구절이 있다.

높이 올라 바라보다[173]

登眺

나무판자 따라 높은 언덕을 오르니	板纒上曾阜
신기한 기운 솟아 끝까지 올랐네	卒踐神工馳
도랑 친 시내는 얕기도 깊기도 하여	發瀆川淺深
이따금 옷을 걷거나 입은 채로 건넜네	往往揭厲之
무리를 이룬 새는 말을 하는 듯	群群似言鳥
곁으로 뻗은 가지에서 울며 나네	鳴翔側生枝
눈길을 주니 가없이 뻗어 있는	流目極彌迤
들판의 길이 넓고도 평탄하네	原術敞而夷
밤송이는 틈이 모두 벌어졌고	檞栗罅揔坼
마름풀은 자태가 먼저 이지러졌는데	藴藻姿先虧
친구와 나들이는 비와 구름처럼 어그러져	朋遊雨雲乖
그리움이 내달려도 그 소식 더디 들리네	傾想嘉音遲
어찌해야 빈 골짜기[174]에 모여	何由會空谷
깊은 가을에 흥취를 함께 즐길까	共陶九秋時
바위의 등나무는 서리에도 굳건하고	巖藤帶霜健

173 높이 올라 바라보다 : 저자가 69세 때인 1835년(헌종1)경에 안양에서 지내며 지은 시이다.

174 빈 골짜기 : 현자(賢者)가 은거한 곳을 비유하는 말이다. 《시경》〈백구(白駒)〉에 "깨끗하고 흰 망아지, 저 빈 골짜기에 있네.〔皎皎白駒, 在彼空谷.〕"라고 한 데서 유래하였다.

들의 국화는 이슬에 젖어 함초롬하네　野菊逞露滋
사방을 둘러보매 목이 피곤하지 않고　四顧頸不悁
술이 있어 나의 쇠약함 부축하네　麯生扶我衰
고향을 그리는 말이 가슴속에 넘치니　山木溢素襟
말하는 나무는 거문고와 현이로다[175]　言樹桐與絲
신발을 끌고 세 오솔길로 돌아와　曳履返三逕
솔숲 난간에서 굽은 연못 바라보니　松檻看由池
물오리 네댓 마리가 떠서　鳧鷺三四五
짝을 부르며 맑은 물결 희롱하네　嘯侶弄淸漪

175 고향을……현이로다 : 무슨 의미인지 미상이다.

높이 올라 바라보다. 다시 읊어서 멀리 희곡에게 보여주다[176]

登眺 又賦遠示希谷

산이 참으로 높고 깊숙한데	山極其崇邃
또 몹시도 빼어나게 솟았네	又極其挺發
산 입구엔 해가 아직 아름다운데	山口日尙美
산에 들어가니 단풍나무와 전나무에 가려지네	入山隱楓栝
더구나 가을을 맞은 줄기가	況乃九秋幹
우뚝 서서 누런 잎을 떨구는데	竦立葉黃脫
애석하게도 뜻이 맞는 벗이 없어	惜無同懷友
저 구름 노을 끝까지 함께 바라보지 못하네	與彼雲霞末
분분한 나의 속세 생각 끊으라고	紛吾絶塵滓
바위를 가로질러 시냇물 소리만 요란하네	石橫渚流聒
원컨대 이 아아양양한 음률을	願以峨洋韻
그대의 구리사발에 올려 읊조려 주시구려[177]	煩君納金鉢

176 높이……보여주다 : 저자가 69세 때인 1835년(헌종1)에 안양에서 지어 희곡(希谷) 이지연(李止淵)에게 보내준 시이다.

177 아아양양(峨峨洋洋)한……주시구려 : 마음이 담긴 나의 시를 부디 음미해달라는 의미이다. '아아양양한 음률'이란 거문고의 명인 백아(伯牙)가 고산(高山)에 뜻을 두고 연주하면 그의 지음(知音)인 종자기(鍾子期)가 "좋구나, 아아(峨峨)하여 태산(泰山)과 같도다."라고 하였고, 유수(流水)에 뜻을 두고 연주하면 "좋구나, 양양(洋洋)하여 강하(江河)와 같도다."라고 평했다는 일화를 가리킨다. 원문의 '금발(金鉢)'은 불가에서 명상할 때 울리는 동발(銅鉢)을 가리키는 것으로 보인다.

달빛 아래 솔숲을 홀로 거닐다. 아내에게 보여주다[178]

獨步松間月 示內

달빛 아래 솔숲을 홀로 걷노라니　　獨步松間月
가을날 구월 십일이로다　　秋九日臨十
절기를 지켜 기러기는 빨리 날고　　蹈節厲鴻賓
추위를 맞아 세월도 빨리 흐르네　　逆寒迅龍集
무슨 일로 회오리바람이 일어나　　何意迴飆擧
저물녘에 나의 옷깃을 날리는가　　向夕彯我褶
가슴을 쓸며 한번 탄식하노니　　撫膺嘅一歎
어찌하면 노년을 잘 지낼까　　詎諧倏鱗蟄
천지를 한 손가락으로 모두 가리고　　圓方一指齊
몸을 기울여 안개 노을로 내려오네　　側身下煙靄[179]
옥액으로 양치하고 긴 바위를 읊조리고　　嗽瓊詠脩石
감초를 건지려 젖은 물가로 내려가네[180]　　搴苓遵下隰
묵은 풀을 찾으리라 간절히 그리며　　翹思宿莽往
계수나무 곁을 배회하다 섰네　　徙倚桂樹立

---

178 달빛……보여주다 : 저자가 69세 때인 1835년(헌종1)에 지어 아내에게 보여준 시이다.

179 靄 : 저본에는 이 뒤에 "호 · 합의 반절과 협운이다. 반악의 부에 나온다.〔叶呼合切. 潘岳賦.〕"라는 원주가 달려 있다.

180 천지를……내려가네 : 노년에 즐기고자 하는 이상적인 생활을 묘사한 것으로 보인다.

붉은 등불은 물가 성곽에 은은하고	紅火隱水郭
뿔피리 소리는 산마을에 들리네	畫角通山邑
중양절이 빨리도 지나가고	重九儵焉遒
십오일은 아직 되지 않았는데	三五亮不及
오른쪽 하늘엔 비스듬히 은하수가 돌고	右界斜漢轉
왼쪽 하늘엔 남두성이 인사하네	左纆南斗挹
동쪽의 해는 부를 것도 없으니	扶光不待檄
달 속의 광한궁이 막 몇 계단 올라왔네	廣寒纔數級
오질은 수레를 일찍 출발시키고	吳質軫夙戒
풍상은 고삐를 앞에서 잡고 있네[181]	馮相轡前執
어찌 갑자기 내 님이 보이는가	何遽余美望
멀리서 친구가 온 듯 놀라워라	驚似遠朋入
잠깐 사이에 높은 하늘에서 빛나니	瞬目矖曾穹
계수나무 꽃이 붉게 피었네	桂子丹粒粒
달 속 섬아[182]가 너른 대도를 달리니	纖阿按夷庚
순수한 덕이 광명하게 빛나네	純德昭熙緝
맑은 구름이 넘실거리는데	雲淸兮斂斂
온화한 바람은 화평하도다	風和兮輯輯
반딧불은 어디로 날아갔는가	宵燿飄安歸

181 오질(吳質)은……있네 : 달이 떠오른 것을 비유한 말이다. '오질'은 전설상의 신선 오강(吳剛)을 말하는데, 일찍이 신선의 도를 배우다가 잘못을 저질러 달 속으로 귀양 가서 항상 계수나무만 찍고 있다고 한다. '풍상(馮相)'은 주(周)나라 때 일월(日月)과 같은 천문을 관장하던 관직 이름이다. 《周禮 春官 馮相氏》

182 섬아(纖阿) : 달의 운행을 맡은 전설상의 여신 이름이다.

가을의 잔털도 셀 수 있을 듯하네	秋毫數可拾
순 임금의 악공은 광화를 노래했고	虞工光華歌
주나라 사람들은 요조장을 노래했네[183]	周人窈窕什
어찌 이것으로 늙은이를 위로하여	豈以慰老夫
즐겁게 울적한 심사를 펴게 한 것 아니랴	陶然瀉幽浥
금거북 아끼지 않고 바꾸었으니	不惜金龜換
어찌 고래 같은 음주를 마다하랴[184]	寧辭長鯨吸
가련타 다른 고을에 있어서	嗟哉異鄉縣
애석하게도 붙잡을 손님이 없네	惜無嘉客縶
도를 닦아 혼탁한 풍속을 밝히고	修道明汚俗
지혜를 연마해 거친 습속을 깨우쳐주리	飭智驚麤習
시를 읊으니 연석과 마찬가지인데	賦詩同燕石
어리석게도 보배인 양 간직하네[185]	憨憨藏十襲
길이 백옥 소반을 두드리며	長拚白玉盤
바라건대 술동이의 술을 비워보세	庶竭金壺汁

---

183 순(舜) 임금의……노래했네 : 순 임금이 우(禹) 임금에게 선위하기에 앞서 〈경운가(卿雲歌)〉를 지어 "해와 달이 빛남이여, 아침이요 또 아침이로다.〔日月光華, 旦復旦兮.〕"라고 노래한 일이 있다. '요조장(窈窕章)'은 《시경》 〈월출(月出)〉을 가리킨다. 그 가사에 "하얀 달은 환하고, 아름다운 사람은 어여쁘네. 깊은 시름 풀고파, 내 마음 애가 타네.〔月出皎兮, 佼人僚兮. 舒窈糾兮, 勞心悄兮.〕"라고 하였는데, 시 원문의 요규(窈糾)는 요조(窈窕)와 같은 말이다.

184 금거북……마다하랴 : 당(唐)나라 하지장(賀知章)이 이백(李白)을 처음 만나 술집에 가서 허리에 찼던 금거북을 맡기고 술을 사서 대접하였다고 한다.

185 시를……간직하네 : 자신의 볼품없는 시를 소중하게 여겨준다는 의미이다. '연석(燕石)'은 중국 연산(燕山)에서 나오는 옥처럼 생긴 돌이다.

부사로 연경에 들어가는 심암 조 직학 원칠 두순 과 작별하며[186]

別心庵趙直學元七 斗淳 副使入燕

하늘은 물그릇 받들 듯 신중함을 귀하게 여기니	天貴持盈
각 나라 사신 행차가 줄 지어 섰으리	星體錯峙
어찌 가서 구경하지 않으랴	盍往觀之
그대는 사신 역할 잘하리라[187]	而使乎使
일찍이 조금도 어려워하지 않았으니	曾不芥滯
여덟 하수와 아홉 강물을 지나	八九河水
한번 눈길에 사방을 훑어	瞬一撫四
만물을 모두 포용하시리	牢籠之紀
일해[188]	一解

---

186 부사(副使)로……작별하며 : 저자가 69세 때인 1835년(헌종1) 10월에 동지사의 부사로 연경에 가는 조두순(趙斗淳, 1796~1870)에게 준 시이다. 조두순의 본관은 양주(楊州), 자는 원칠(元七), 호는 심암(心庵)이다. 1826년(순조26) 문과에 급제하여 순조, 헌종, 철종, 고종을 보필하면서 내직을 두루 역임하였고, 1866년(고종3) 영의정으로 치사(致仕)하였다.

187 그대는……잘하리라 : 위(衛)나라 대부 거백옥(蘧伯玉)이 공자(孔子)에게 사자(使者)를 보냈는데 그 사람이 사자의 역할을 잘 수행하니, 공자가 "사신이여, 사신이여.〔使乎使乎.〕"라고 칭찬한 일이 있다. 《論語 憲問》

188 일해(一解) : 해(解)는 수(首)와 같은 의미로, 장절(章節)을 나누는 단위로 사용되었는데, 여기서는 어떤 사안에 대한 설명이나 변론의 기능도 겸하였다.

광막한 땅을 지나 — 過乎泱漭
곧장 나아가니 — 宓汩直指
긴 이별은 새로운 만남 이루고 — 長離制偶
줄지은 담들은 닮아 있으리 — 列雉形似
먼지가 모이듯 도성의 점포는 늘어서 있고 — 塵合廛流
옥돌의 무늬는 화려하기도 한데 — 采緻踰靡
고삐를 쥐고 안을 돌아보지 않으리니 — 綏不內顧
수레는 부드럽고 경쾌하리[189] — 言膏輶矣

이해 — 二解

도끼를 쥐고 도끼자루를 자르니 — 操斧伐柯
참으로 동리자산이로다[190] — 允也東里
정성을 다해 글을 다듬으니 — 僶俛司契

---

189 고삐를……경쾌하리 : 사신 행차가 순조로울 것이라는 말이다. 원문의 '주(輶)'는 가벼운 수레이다. 《논어》 〈향당(鄕黨)〉에 "수레에 오르실 때는 반드시 바르게 서서 수레의 줄을 잡으시고, 수레 안에서는 안을 돌아보지 않으시고, 말을 빨리 하지 않으시고, 손가락으로 가리키지 않으셨다.〔升車必正立執綏, 車中不內顧, 不疾言, 不親指.〕"라는 구절이 있다.

190 도끼를……동리자산(東里子產)이로다 : 오랜 전례에 따라 문장을 능숙히 윤색한다는 의미이다. 《시경》 〈벌가(伐柯)〉에 "도낏자루를 벰이여, 도낏자루를 벰이여, 그 법칙이 멀지 않네.〔伐柯伐柯, 其則不遠.〕"라는 구절이 있다. '동리자산'은 춘추 시대 정(鄭)나라 대부 정자산(鄭子產)을 가리키는데, 동리(東里)에 살았다 하여 동리자산이라 불렸다. 정나라가 외교문서를 만드는 데 대해 공자는 "외교문서를 작성하는데 비심이 초안하고, 세숙이 검토하며, 행인 자우가 수정하고, 동리자산이 윤색하였다.〔爲命, 裨諶草創之, 世叔討論之, 行人子羽修飾之, 東里子產潤色之.〕"라고 칭찬한 일이 있다. 《論語 憲問》

문채가 화려하게 빛나도다	藻發縟綺
붉고 푸르게 수식을 더하고	朱之綠之
변화가 그치지 않으니	頓挫不已
그 단련함이 중도에 맞아	槖籥中立
쟁쟁 소리가 울리리	乙乙響起
삼해	三解

이마가 높아 한 길 두 자이니	頟高丈二
이무기도 아니고 무소도 아니로다[191]	匪彲非兕
옛 사적을 회상하며 우수에 잠겨	掚古悶悼
방황하며 언덕길을 가리라	彷徨遵畤
아, 편작과 의논하지 못하더라도	嗟扁莫議
우리 성상의 뜻을 잘 펴주시게	綸我[192]聖旨
내가 비록 통달하지 못했지만	走雖不達
그 거동 공경히 따르고자 하네	欽企厥趾
사해	四解

---

191 이마가……아니로다 : 사신이 탄 말이 장대하다는 뜻인데, 사신이 출중하다는 의미도 겸하였다.

192 我 : 저본에는 이 뒤에 "어떤 본에는 궐(厥)로 되어 있다.〔一作厥.〕"라는 원주가 달려 있다.

두보의 시를 모은 책이 백악 아래 추사로부터 왔는데 글씨까지 겸하여 보내주었기에 노부가 넘어질 듯 기뻤다[193]

集杜自秋史岳下至 兼惠心劃 不覺老夫顚倒

편지가 어제 이르니	尺書昨日至
기쁜 소식이 기러기와 함께 왔네	好與雁同來
흰머리의 나를 잊지 않으니	白首不相棄
마음을 비우고 그 재주를 아끼네	虛懷只愛才
따사로운 풍미는 어제와 같은데	溫溫昔風味
곱디고운 봄의 매화를 기다리네	艶艶待春梅
호탕하게 장안에서 취하자고	浩蕩長安醉
술동이 놓고 나를 초대하네	相迎自醱醅

193 두보(杜甫)의……기뻐하였다 : 저자가 69세 때인 1835년(헌종1)에 추사(秋史) 김정희(金正喜)에게 화답한 시이다. 김정희가 이때 저자에게 편지를 보내어 봄에 있을 생부 김노경(金魯敬)의 칠순 잔치에 초대한 것으로 보인다.

겨울밤의 독서[194] 4언 200구

冬夜讀書 四言二百句

물을 좋아하니 어디에 터를 잡을까	樂水奚卜
산이 첩첩한 이곳 참으로 밝네	兼山允灼
밝은 해가 내리비추고	淳曜下照
온화한 봄바람이 위로 오르네	協風上薄
부여받은 천명을 어그러뜨리지 않으면	其命不忒
거북과 학처럼 장수하지 않으랴	非龜非鶴
높고 높은 위모관[195]에	峨峨委貌
그 정신을 간직해야 하리	載厥營魄
이곳에서 말하고 쉬면서	斯焉言息
어찌 따르지 않으랴	何由乎莫
참모습은 신선의 책에 실려 있고	眞形五圖
신선 되는 법은 도가의 경전에 들어 있네	丹經九籥
생각은 심원한 데에 걸어두고	思紆玄玄

194 겨울밤의 독서 : 저자가 69세 때인 1835년(헌종1) 겨울에 지은 17해(解)로 구성된 장편 시이다. 저자의 독서 세계와 정신적 지향을 읽을 수 있는 매우 공력을 들인 시이다. 각 편은 '해(解)'로 구분하였는데, 해는 본래 수(首)와 같은 의미로 시가나 악곡의 장절(章節)을 나누는 말이지만, 여기서는 어떤 사안에 대한 설명이나 변론의 기능도 겸하였다.

195 위모관(委貌冠) : 주(周)나라 때 조정에서 관리가 쓰던 모자로 현단복(玄端服)과 함께 예복이 된다.

행실은 결백하기를 힘써	行懋皭皭
광대하게 하늘이 덮고 있으니	回回洪覆
두 다리로 당당히 서야 하리	俛堅兩脚
일해[196]	一解

높은 경지로 힘껏 달려 올라	駕騖九仞
고대의 전적에 매진하여[197]	軫結八索
초록빛 글자와 금빛 간책에	綠字金簡
증거를 밝힐 곳이 매우 넓도다	考信極博
아침엔 원산을 오르고	晁涉苑山
저녁엔 온락에 이르니[198]	夕戾溫洛
억만년을 잠깐 사이 훑어서	一瞬億載

196 일해(一解) : 노년에 은거하여 천명에 순응하면서 본성을 지켜가고자 하는 다짐을 읊은 시이다.

197 높은……매진하여 : 생각을 골똘히 하고 서적을 널리 읽어 문장을 구상하는 것을 가리킨다.

198 초록빛……이르니 : 문자가 출현하여 문화가 시작된 유래를 독서를 통해 더듬어 본다는 의미이다. 원문의 '녹자(綠字)'와 '금간(金簡)'은 상서로운 징조가 담긴 글을 가리키고, '원산(苑山)'과 '온락(溫洛)'은 그 글이 출토된 곳의 지명이다. 《진서(晉書)》 〈문원전서(文苑傳序)〉의 "문덕으로 교화를 이룸은 오직 성인들의 높은 의리이니, 문채가 없어 멀리 전해지지 않음은 전대 역사서의 격언이다. 이 때문에 따뜻해진 낙수에서 길상이 출현하여 녹색의 글자가 대사업을 미리 예시하였고, 원산에서 신령한 글이 출현하여 금빛의 간책에 제왕의 사업이 기재되었다.〔夫文以化成, 惟聖之高義, 行而不遠, 前史之格言. 是以溫洛禎圖, 綠字符其丕業, 苑山靈篆, 金簡成其帝載.〕"라는 구절이 참고가 된다.

문장으로 적막을 두드리네[199] 以叩寂寞
훌륭한 업적을 암송하고 駿烈爾誦
그 진수를 음미하며 瀝液爾嚼
신묘하고 오묘한 도에 妙機玄鍵
거침없이 경주하네 紛紜揮霍
모든 교화가 싹이 터 萬化牙蘖
사방에 법도가 시행되니 周流榘矱
단지 독서에만 그치지 않고 非直也讀
담박하고도 요약됨을 추구해야 하리 淸虛婉約
이해[200] 二解

법도에 따라 고대의 역사를 나누니 繩而紀而
선통 소흘 순비 합락이네[201] 禪紇蜚雒
용마의 무늬가 처음 나오고부터 龍文始自
천지가 처음 열렸네[202] 宇宙開拓

---

199 억만년을……두드리네 : 고대의 역사를 시나 문장으로 지어내는 것을 가리킨다.

200 이해(二解) : 사색과 독서를 통해 문학을 창작해내는 과정과 문학이 지닌 효용을 묘사한 시이다. 육기(陸機)의 〈문부(文賦)〉에 나오는 문자를 다수 인용한 것이 특징이다.

201 법도에……합락(合雒)이네 : 고대의 역사를 십기(十紀)로 나눈 것을 말이다. 《광아(廣雅)》〈석천(釋天)〉에 "인황씨(人皇氏)로부터 노(魯)나라 애공(哀公) 14년까지의 276만 년을 10기로 나누니, 구두(九頭)·오룡(五龍)·섭제(攝提)·합락·연통(連通)·서명(序命)·순비(循蜚)·인제(因提)·선통(禪通)·소흘(疏訖)이다."라는 말이 있다. 저본의 '흘(紇)'은 '흘(訖)'의 오기이다.

202 용마(龍馬)의……열렸네 : 하도(河圖)와 낙서(洛書)가 출현하여 문명이 시작된 것을 가리킨다. '하도'는 복희(伏羲) 때 황하에서 나온 용마의 등에 그려져 있었다는

일에서 시작하여 팔괘에 이르고　之一而八
육십사괘가 얽혀 이루어졌네　六四綜縒
우레 비 바람 천둥이 생기고　雷雨風霆
법도에 따라 하늘과 땅이 열렸네　而度乾鑿
붉은 구름이 시초[203]를 감싸니　紅雲繞蓍
꽃나무가 꽃송이를 피우네　生花吐蕚
굳셈과 부드러움, 움직임과 고요함이　剛柔動靜
조밀하게 모여 어우러지네　摎摎著摸
네 성인[204]이 일심으로　四聖一心
공손히 밝히시니　恭惟炳爝
음양의 도리를　兩儀經緯
역대 제왕들이 헤아렸네　百王斟酌

삼해[205]　三解

성인을 본받고 현인을 따라　體聖履賢
먼저 관례를 하고 후에 약제사를 지내니[206]　先冠後禴

도형으로 주역 팔괘의 원리가 되었고, '낙서'는 우(禹)임금 때 낙수에서 나온 신구(神龜)의 등에 쓰여 있었다는 글씨로 홍범(洪範)의 원리가 되었다고 한다.

203 시초(蓍草) : 《주역》에서 점을 치는 데 쓰는 산가지를 가리킨다.

204 네 성인 : 《주역》을 창시하고 발전시키는 데 공이 많은 복희(伏羲), 문왕(文王), 주공(周公), 공자(孔子)를 가리킨다.

205 삼해(三解) : 하도(河圖)와 낙서(洛書)로부터 천지가 개척되고 《주역》의 이치를 토대로 역대 성인들이 문명을 개척해낸 것을 묘사한 시이다.

206 먼저……지내니 : 성인식을 올리고서 나라의 제사를 관장한다는 의미로 추정된

오직 한 해의 길한 날에　惟歲之正
빈이 허락하고 점괘가 길하다 하네　賓許筮諾
옥을 받들고 깃대를 세우며　瑷王張旝
발꿈치를 끌고 종종걸음 하네[207]　曳踵縮躩
간을 구워 크게 늘어놓고　肝膋大厝
떡과 지짐도 벌여놓았네[208]　伊糝伊沃[209]
아홉 나라의 우두머리로 삼아주어　長別九頭
여덟 벼슬로 신하를 부리니　柄馭八爵
무릎 꿇고 나아가고 물러남에　跪乳行列
존귀하고 낮은 그 이치 밝아지네[210]　尊卑理焯
삼백과 삼천의 예가[211]　三百三千
방종을 막는 제방이 되니　天門管鑰

다. 관례(冠禮)란 남자가 20세가 되어 성인이 되는 통과의례를 가리키고, 약(禴)제사는 여름에 지내는 제사를 가리키는데, 제사를 통칭하는 말로도 쓰인다.

207 옥을……하네 : 엄숙히 제사를 지내는 모습을 가리키는데, 깃대를 세우는 의미는 미상이다.

208 간을……벌여놓았네 : 제사와 연회에 음식을 성대하게 차린 것을 가리킨다. 참고로 예로부터 진귀한 요리로 팔진미(八珍味)를 일컫는데 순모(淳母), 순오(淳熬), 포장(炮牂), 포돈(炮豚), 도진(擣珍), 오(熬), 지(漬), 간료(肝膋)를 말한다.

209 沃 : 저본에는 이 뒤에 "울·박의 반절과 협운이다. 〈하민가〉에 보인다.〔叶鬱縛切. 夏民歌.〕"라는 원주가 붙어 있다.

210 아홉……밝아지네 : 천하의 구주(九州)에 임금을 세워 8등급의 벼슬로서 신하를 부리는데, 예(禮)가 중요한 역할을 한다는 의미이다.

211 삼백과 삼천의 예가 : 《예기》 〈예기(禮器)〉에 "대강령의 예(禮)는 3백 가지이고, 소절목의 예는 3천 가지이다.〔經禮三百, 曲禮三千.〕"라고 한 구절을 가리킨 말이다.

진실로 질종으로는　展也秩宗
백이야 너를 삼으리라[212]　曰伯汝作
　사해[213]　四解

모든 것이 삼분오전[214]에 담겼으니　一歸三五
광대하고도 엄숙하네　灝灝噩噩
하늘에서 받은 글처럼 높여　尊若天書
누각 위에 보존하네　尙上以閣
요순 시대로부터 시작하여　斷自唐虞
큰 윤리가 매우 빛나네　宏綱灼爍
깊은 이치가 난해하니　奧義詰聱
큰 교화는 소호[215]에 담겼네　大化韶護
무왕의 공은 서융의 개에서 알 수 있고[216]　武烈戎獒

---

212 진실로……삼으리라 : '질종(秩宗)'은 예(禮)를 관장하는 사람이다. 《서경》 〈순전(舜典)〉에 "아, 백이(伯夷)야. 너를 질종으로 삼을 것이니, 새벽부터 밤까지 공경하는 자세로 곧고 깨끗하게 처리하도록 하라.〔咨伯, 汝作秩宗. 夙夜惟寅, 直哉惟淸.〕"라는 말이 있다.

213 사해(四解) : 나라를 유지하는 필수적인 예(禮)에 속하는 관례(冠禮), 연례(宴禮), 제례(祭禮) 등의 창제와 시행 과정을 읊은 시이다.

214 삼분오전(三墳五典) : 옛 전적을 통칭하는 말이다. '삼분'은 복희(伏羲)·신농(神農)·황제(黃帝)의 글이고, '오전'은 소호(少昊)·전욱(顓頊)·고신(高辛)·요(堯)·순(舜)의 글이다.

215 소호(韶護) : 본래 순(舜) 임금의 음악과 은(殷)나라 탕왕(湯王)의 음악으로 태평 시대의 음악을 가리킨다.

216 무왕(武王)의……있고 : 주(周)나라 무왕 때 서쪽 오랑캐의 하나인 서려(西旅)

탕왕의 업적은 박 땅에서 시작되었네[217]	湯載自亳
그 공물이 가득 쌓이고	厥貢底績
조리가 있어 기후가 순하네[218]	曰乂時若
나의 감화는 벼에서 알 수 있고[219]	台感乃禾
이윤의 가르침은 약과 같네[220]	伊訓若藥
깎아내고 찬술하여 기강을 세우니	刪述立紀
차가운 물이 솟아나네[221]	寒水之汋

에서 오(獒)라는 큰 개를 바치자, 소공(召公)이 받아서는 안 된다는 뜻으로 무왕을 경계시킨 일이 있다. 《書經 旅獒》

217 탕왕(湯王)의……시작되었네 : 은(殷)나라 탕왕이 하(夏)나라 걸왕(桀王)을 멸망시키고서 "공격한 것은 명조에서부터 시작되었지만, 나의 시작은 박 땅에서 비롯되었다.〔造攻自鳴條, 朕載自亳.〕"라고 말한 구절이 있다. 박 땅은 은(殷)나라의 도읍지이다. 《書經 伊訓》

218 조리가……순하네 : 천하가 태평하고 기후가 순조로운 것을 말한다. 《서경》〈홍범(洪範) 서징(庶徵)〉에 "임금이 정숙하면 제때에 비가 내리고, 민첩하면 제때에 볕이 비친다.〔曰肅, 時雨若, 曰乂, 時暘若.〕"라는 말이 있다. '서징'은 임금의 행동에 따라 나타나는 여러 가지 좋은 징조〔休徵〕와 나쁜 징조〔咎徵〕들을 말한다.

219 나의……있고 : 《서경》〈금등(金縢)〉에 주(周)나라 성왕(成王)이 즉위하여 주위의 유언비어에 흔들려 주공(周公)을 의심하였는데, 이에 주공이 동쪽 교외로 물러나자 우레가 치고 바람이 불어 벼가 쓰러지고 큰 나무까지 뽑히는 재해가 나타났다. 이때 성왕이 금등을 열고 주공이 예전에 무왕이 아플 때 대신 죽겠노라고 맹세한 글을 읽고서 주공의 본래 충정을 알아 친히 교외에 나가 주공을 맞아들이니, 비가 오고 바람이 반대로 불어 쓰러졌던 벼들이 다시 일어나 큰 풍년이 들었다는 내용이 있다.

220 이윤(伊尹)의……같네 : 은나라 탕왕(湯王)이 죽고 그의 손자 태갑(太甲)이 왕위에 오르자, 재상으로 있던 이윤이 탕왕의 공덕을 거론하며 태갑을 훈계하였는데, 이를 정리한 글이 《서경》에 실린 〈이훈(伊訓)〉이다.

221 차가운 물이 솟아나네 : 모든 정치가 큰 힘을 들이지 않아도 저절로 이루어졌다는

오해[222] 五解

공자께서는 크게 소통시켰고 大孔疏粤
주자의 해석은 담박하였네[223] 徽猷淡泊
무성한 팥배나무를 휘지 않고[224] 杜蔽勿拜
정결한 마름나물을 삶아서 올리네[225] 荇潔則芼[226]
〈소아〉를 익혀 〈녹명〉으로 답하고[227] 雅肄荅鹿
〈관저〉의 감화에 〈작소〉가 호응하니[228] 雎感應鵲

의미로 보인다.

222 오해(五解) : 역대 제왕의 교훈이 담긴 《서경》을 읽고 그 내력과 의미를 읊은 시이다.

223 공자께서는……담박하였네 : 전해오던 많은 시를 공자가 산삭하여 《시경》을 확정한 것과 휘국공(徽國公)에 봉해진 주희(朱熹)가 거기에 주석을 단 것을 가리킨다.

224 무성한……않고 : 선정(善政)을 베푼 덕을 오래도록 잊지 않는다는 뜻이다. 주(周)나라 소백(召伯), 즉 소공(召公) 석(奭)이 덕으로 백성을 다스리자, 백성들이 "무성한 감당나무를 자르지도 말고 휘지도 말라. 소백이 머무셨던 곳이니라.〔蔽芾甘棠, 勿翦勿拜, 召伯所說.〕"라고 노래한 데서 유래하였다. 《詩經 甘棠》

225 정결한……올리네 : 부부의 금실이 좋은 것을 말한다. 《시경》 〈관저(關雎)〉에 "들쭉날쭉한 마름나물을 좌우로 삶아 올리도다. 요조한 숙녀를 종과 북으로 즐겁게 하도다.〔參差荇菜, 左右芼之. 窈窕淑女, 鍾鼓樂之.〕"라는 구절이 있다.

226 芼 : 저본에는 이 뒤에 "모·각의 반절과 협운이다. 《모시》에 보인다.〔叶慕各切. 毛詩.〕"라는 원주가 달려 있다.

227 소아(小雅)를……답하고 : 국가의 연회에 두루 사용한다는 의미이다. 〈녹명(鹿鳴)〉은 《시경》 〈소아〉의 편명으로, 고대에 군신(群臣)들이 연회에서 사용하던 시이다.

228 관저(關雎)의……호응하니 : 제왕의 교화가 각 지방까지 두루 미쳤다는 의미이다. 《시경》 〈주남(周南)〉을 풀이하면서 주희(朱熹)는 "소서(小序)에서 '〈관저〉와 〈인지(麟趾)〉의 교화는 왕자(王者)의 풍(風)이므로 주공(周公)에게 연결시켰고, 남(南)

봉새와 난새가 노래하고 춤추고　歌舞鳳鸞
제비와 참새가 화락하게 지저귀네　喁噍燕雀
그 빛나는 정수를 모으니　緝其菁華
노랫소리가 나옴에 작약을 건네주네[229]　音放贈芍
꼿꼿이 서도 즐겁고　鏗立亦樂
어지러이 앉아도 즐겁네　亂坐亦樂
이미 충분하지 않겠는가　不又敢多
그 예는 술잔치 하는 것과 같다네[230]　禮其猶醵
그 덕스러운 음성으로　莫其德音
음란한 음악에 빠지지 말라　淫樂之淪
육해[231]　六解

은 교화가 북쪽에서부터 남으로 내려온 것이다. 〈작소(鵲巢)〉와 〈추우(騶虞)〉의 덕은 제후국의 풍이어서 선왕들이 가르침으로 삼은 까닭이므로 소공(召公)에게 연결시킨 것이다.'라고 하였으니, 이 말이 타당하다."라고 하였다.

229 그……건네주네 : 진솔한 심정을 읊었다는 의미이다. 《시경》〈정풍(鄭風) 진유(溱洧)〉에 "진수와 유수 한창 넘실넘실……남정네와 여인네 서로들 장난치며 작약을 선물로 주고받는구나.〔溱與洧方渙渙……維士與女, 伊其相謔, 贈之以勺藥.〕"라고 하였다.

230 그 예는……같다네 : 시가 화합과 절제의 기능이 있음을 의미한다. 《예기》〈예기(禮器)〉에 "주나라에서는 6대의 시동이 함께 여수를 행하니, 증자가 말하기를 '주나라 예는 돈을 모아 술잔치 하는 것과 같도다.'라고 말하였다.〔周旅酬六尸, 曾子曰周禮其猶醵與.〕"라는 구절이 있다. '여수(旅酬)'란 의례가 끝난 뒤에 참석자들이 장유와 존비의 차례에 따라 술잔을 주고받는 의례를 말한다.

231 육해(六解) : 《시경》의 교화를 통해 태평성세를 이룬 사적을 나열하고, 지나친 데 빠지지 않도록 예로써 절제해야 함을 읊은 시이다.

춘추의 도는 모든 학파의 으뜸이라	道宗百源
조심조심 옥을 다듬듯 해야 하네	瞿瞿攻玉[232]
기린이 누굴 위해 나왔는가	兮孰爲來
저 언덕에서 공자께서 길이 탄식하셨네[233]	遵峙惋愕
위로 밝히고 아래로 분변하니	上明下辨
〈경〉과 〈유필〉도 빼버리지 않았네[234]	駉駜不削
춘추에 실린 의리 처음부터 끝까지	秋終春始
시비가 어지럽지 않네	是非不錯
세 반역자 처벌하여 탐욕을 징계하고	三叛懲饕
양관의 주벌에서 약한 자들을 위문했네[235]	兩觀盡弱
서까래를 새기고 벽옥으로 토지를 빌려주니	刻桷假璧

---

232 玉 : 저본에는 이 뒤에 "설·악의 반절과 협운이다. 《역림》에 보인다.〔叶說岳反. 易林.〕"라는 원주가 붙어 있다.

233 기린이……탄식하셨네 : 《춘추》는 공자가 편찬한 노(魯)나라 역사서로, 은공(隱公) 원년부터 애공(哀公) 14년까지 242년간의 기록이다. 노나라 애공 14년에 왕이 서쪽 교외에서 사냥하다가 기린을 잡아 죽이자, 공자는 자신의 도를 펼 수 없음을 알고 슬퍼하면서 절필하였다고 한다. 《春秋公羊傳 哀公14年》

234 경(駉)과……않았네 : 큰 도리로부터 작은 사실에 이르기까지 노나라 역사를 두루 기록한 것을 가리킨다. 〈경〉은 노나라 희공이 말을 기른 성대함을 노래한 시이고, 〈유필(有駜)〉은 노나라 희공(僖公)과 그 신하들이 도가 있음을 송축한 시이다.

235 세……위문했네 : 공자가 《춘추》의 의리에 입각하여 악한 자들을 징계한 사실을 가리킨다. '세 반역자'란 본국을 배반하여 토지를 가지고 노나라에 귀순해온 작은 나라의 대부 3인, 곧 주서기(邾庶其)·거모이(莒牟夷)·주흑굉(邾黑肱)을 가리킨다. 《춘추》에서는 이 3인의 이름을 그대로 적시하였다. 《春秋左氏傳 襄公21年, 昭公5年, 昭公31年》 '양관(兩觀)'은 궐문의 별칭으로, 공자가 간인(姦人) 소정묘(少正卯)를 양관 아래에서 죽인 일이 있다. 《漢書 卷36 楚元王傳》

글자 하나가 물에 삶기는 형벌과 다름없네[236] 一字湯鑊
말을 빼앗고 소를 몰아 搶馬操牛
외나무다리로 달아남이 비일비재하여 不一犇彴
역사를 바로잡음이 은공에서 시작되니 正史始隱
충실한 신하로 석작을 꼽았네[237] 純臣夸碏
칠해[238] 七解

춘추 이백 사십 이 년 동안 二百四二
처음 침범이 곽수로부터 시작되었네[239] 肇濟自漷
예가 비록 구비되었지만 禮雖盡在

---

236 서까래를……다름없네 : 노나라 역사에서 사치와 탐욕의 장면을 그대로 노출하여 후대에 경계할 사례로 남긴 것을 가리킨다. 노나라 장공(莊公) 24년에 "봄. 왕삼월에 환궁의 서까래를 새기다.〔春, 王三月, 刻桓宮桷.〕"라는 기록과 환공(桓公) 원년에 "삼월에 환공이 정백을 수에서 만나니, 정백이 벽옥을 주면서 허전을 빌렸다.〔三月, 公會鄭伯於垂, 鄭伯以璧假許田.〕"라는 기록이 있다. 《春秋左氏傳 莊公24年, 桓公元年》

237 역사를……꼽았네 : 춘추 시대 위(衛)나라의 어진 대부 석작(石碏)의 아들 석후(石厚)가 공자(公子) 주우(州吁)와 함께 위 환공(衛桓公)을 시해하자, 석작이 치밀하게 계획을 세워 공자 주우와 자기 아들 석후를 잡아 죽였는데, 이에 대해서 《춘추좌씨전》 은공(隱公) 4년 조에 "대의에 입각하여 친족의 정을 끊는다고 하는 것은 바로 이를 두고 말함일 것이다.〔大義滅親, 其是之謂乎.〕"라고 평하였다.

238 칠해(七解) : 공자가 《춘추》의 저술을 통해 세상의 올바른 의리를 수립하고자 노력한 것을 읊은 시이다.

239 처음……시작되었네 : 노나라가 다른 나라를 침범한 것이 곽수(漷水)를 건너면서 시작되었다는 의미이다. 곽수는 산동성(山東省)의 물 이름으로, 남사하(南沙河)라고도 부른다. 《춘추》 양공 19년에 "주의 땅을 취하기를 곽수에서부터 하였다.〔取邾田, 自漷水.〕"라는 구절이 있다.

공정한 덕은 침체되었네	公德浸漠
확정하여 밝히니	定而明之
도의 문은 높고도 높네	道關鍔鍔
소신이 전을 지어	素臣作傳
증신에게 주어 탁초에게까지 이르렀네[240]	授申至鐸
덕은 이리의 머리에서 보고	德觀貍首
바탕으로 호랑이 가죽을 분별하네[241]	質辨虎鞹
미덥기로는 사계절과 같고	信如四時
의심스러운 것은 하곽처럼 비워두었네[242]	疑別夏郭
갈래가 나누어지면 부축해주고	流分則扶

240 소신(素臣)이……이르렀네 : 《춘추좌씨전》이 이어진 학통을 가리킨다. '소신'은 좌구명(左丘明)을 가리키는데, 《춘추》를 지은 공자를 '소왕(素王)'이라고 하는 것에 상대되는 말이다. 유향(劉向)의 《별록(別錄)》에 "좌구명은 증신(曾申)에게, 증신은 오기(吳起)에게, 오기는 그의 아들 기(期)에게, 기는 탁초(鐸椒)에게, 탁초는 우경(虞卿)에게, 우경은 순경(荀卿)에게, 순경은 장창(張蒼)에게 전하였다."라고 하였다.

241 덕은……분별하네 : 내면과 겉모습이 조화로워야 함을 가리키는 말이다. '이리의 머리'란 《시경》의 일시(逸詩)인 〈이수(貍首)〉를 가리키는데, 제후들이 활쏘기하며 덕을 닦는 광경을 읊은 시이다. 《논어》〈안연(顔淵)〉에, 위(衛)나라 대부 극자성(棘子成)이 군자는 질박하면 그만이지 문식이 필요 없다는 말을 하자, 자공(子貢)이 "문식은 바탕과 같고, 바탕은 문식과 같은 것이니, 만약 바탕만 중시한다면 호랑이나 표범의 털 없는 가죽이 개나 양의 털 없는 가죽과 같을 것이다.〔文猶質也, 質猶文也, 虎豹之鞟, 猶犬羊之鞟.〕"라고 한 구절이 참고가 된다.

242 의심스러운……비워두었네 : 의심스러운 구절은 궐문(闕文)으로 처리했다는 말이다. 《춘추》 환공(桓公) 14년 조에, '하오(夏五)'라 하여 월(月) 자가 빠졌는데, 두예(杜預)는 그것을 궐문으로 보았고, 《춘추》 장공(莊公) 24년 조에, '하오곽공(夏五郭公)'이란 문구가 있는데, 이 또한 궐문으로 보았다.

의리에 어그러지면 깨우쳐주니　義乖闢廓
따스한 바람에 만물이 피어나고　芳風物昌
전란의 먼지에 세상이 병드네　流塵俗瘼

팔해[243]　八解

시비를 결정하지 못한 것은　準裁靡定
자신의 설만 주장해서이니[244]　率由捍格
효도하고 우애하는 장중은　張仲孝友
잔치의 뒷자리에 앉았네[245]　蓋後於勺
어찌하여 양을 잃어버리고　曷以亡羊
노름 때문이라 핑계를 대는가[246]　而證簺簙

---

243 팔해(八解) : 좌구명(左丘明)이 《춘추좌씨전》을 지은 의미와 그 흘러온 내력 및 후대에 끼친 영향을 서술한 시이다.

244 시비를……주장해서이니 : 《춘추》에 대한 해석이, 학자들이 각자의 설만 주장하여 시비를 정하지 못한 것을 가리킨다. 참고로 진(晉)나라 범녕(范甯)의 《춘추곡량전집해 서(春秋穀梁傳集解序)》에 "좌전은 아름다우면서 풍부하나 무당과 닮은 실수가 있고, 곡량전은 맑고도 아름다우나 지나치게 단순한 잘못이 있으며, 공양전은 서술이 분명하고 단정적이지만 속되다는 단점이 있다.〔左氏豔而富, 其失也巫, 穀梁淸而婉, 其失也短, 公羊辯而裁, 其失也俗.〕"라고 평한 말이 있다.

245 효도하고……앉았네 : 자세한 의미는 미상이다. '장중(張仲)'은 주 선왕(周宣王)의 신하 윤길보(尹吉甫)의 친구인데, 《시경》 〈유월(六月)〉에 윤길보가 북쪽 오랑캐를 쳐서 공을 세우고 돌아오자, "길보가 잔치하여 기뻐하니 이미 복을 많이 받았도다……누가 이 자리에 있는가. 효도하고 우애하는 장중이로다.〔吉甫燕喜, 旣多受祉……侯誰在矣, 張仲孝友.〕"라고 시인이 기뻐하여 노래한 일이 있다.

246 어찌하여……대는가 : 학설이 달라진 원인은 각기 다르지만 본뜻을 잃은 결과는 같다는 말이다. 《장자(莊子)》 〈변무(騈拇)〉에, 장(臧)과 곡(穀)이 양을 돌보다가 장은

거북점만 믿고 분수에 넘는 짓을 하니	僂句臧僭
질박함에 손상이 생겼네[247]	或傷樸略
지극한 도는 두 마음이 없으니	至道無貳
달변과 어눌함이 어찌 따로이랴[248]	辯訥胡各
어찌 실타래를 더욱 어지럽히는가	奈益棼絲
고향 언덕에 담비가 머리를 두지 못하네[249]	邱不首貉
원년에 전(傳)을 쓰지 않았으니	元年無傳
날짜를 써주지 않을 악행조차 생략하고 말았네[250]	不日略惡

책을 읽다 양을 잃어버리고, 곡은 노름을 하다가 양을 잃어버렸으나, 양을 잃어버린 것은 모두 똑같다고 말한 고사에서 유래한 것이다.

247 거북점만……생겼네 : 《춘추좌씨전》의 해석에, 귀신에 관한 신비적인 기사가 많은 것이 결점이라는 의미이다. 원문의 '누구(僂句)'는 거북점을 칠 수 있는 큰 거북을 가리킨다. 《춘추좌씨전》 소공(昭公) 25년에 장소백(臧昭伯)이 진(晉)나라에 간 틈에, 그의 종제 장회(臧會)가 장소백이 소장한 누구(僂句)를 훔쳐다가 장소백에 대한 신의를 지키는 것이 길한지, 분수에 넘는 일을 해도 괜찮은지 점을 쳐 물어보니, 분수에 넘어도 길하다는 점괘가 나왔다. 이에 장회가 모략을 써서 결국 장소백과 계씨(季氏)가 원수 집안이 되게 만들었다. 훗날 계평자(季平子)에 의해 장회가 장씨의 후계자가 되니, 장회가 말하기를 "누구가 나를 속이지 않았구나."라고 하였다.

248 지극한……따로이랴 : 충심을 간직하면 그만이지 《춘추공양전(春秋公羊傳)》과 같은 달변을 추구할 필요가 없다는 말이다. 노자의 《도덕경》 45장에 "매우 곧은 것은 굽은 것처럼 보이고, 매우 교묘한 것은 졸렬한 것처럼 보이고, 큰 달변은 어눌한 것처럼 보인다.〔大直若屈, 大巧若拙, 大辯若訥.〕"라는 말이 있다.

249 어찌……못하네 : 근본정신을 상실할수록 귀결될 곳이 없음을 의미한다. 담비나 여우 등은 죽을 때 고향 쪽을 향하여 머리를 두는데, 이는 자기의 근본을 잊지 않는다는 의미이다.

250 원년(元年)에……말았네 : 《춘추곡량전(春秋穀梁傳)》이 서술은 아름답지만 지나치게 간략하여 날짜를 써주지 않아야 할 큰 악행마저 생략하는 오류가 생겼다는 의미

굳이 포용하려다 모두 잃게 되니　固容俱失
으뜸가는 이치는 삼가는 것이라네　宗理則恪

구해[251]　九解

끊임없이 흐르는 물처럼 드넓고　活水汪洋
높은 산처럼 드넓고 크도다　高山磅礴
인은 예로써 감추고　仁以禮韞
의는 지혜로써 드러냈네　義以智襮
음미함은 정수에 익숙하고　味熟精粹
희롱과 장난을 내치네　邪放戲謔
조리를 시작하고 마치니　始終條理
특경이나 대종과 같네[252]　特磬大鎛

이다. 《춘추곡량전집해 서(春秋穀梁傳集解序)》에서 "곡량전은 맑고도 아름다우나 지나치게 간략한 잘못이 있다."라고 하였는데, 양사훈(楊士勛)은 소(疏)에서 《춘추》 은공(隱公) 원년 겨울 12월에 "공자 익사가 죽다.〔公子益師卒.〕"라는 경문에 전(傳)을 생략한 것을 그 사례로 들었다. 익사(益師)는 당시의 대부인데, 큰 악행을 저지른 자라고 한다.

251 구해(九解) : 《춘추》의 해석이 학설에 따라 《춘추공양전》, 《춘추곡량전》, 《춘추좌씨전》 등으로 분기된 양상을 읊은 시이다.

252 조리를……같네 : 《논어》를 통한 공자의 가르침이 모든 도리의 처음과 끝이라는 의미이다. 《맹자》 〈만장 하(萬章下)〉에 "공자는 집대성한 분이라고 말할 수 있다. 집대성이란 종 같은 금속 소리가 먼저 퍼지게 하고, 맨 마지막에 경쇠의 옥 소리로 거두어들이는 것을 말한다. 맨 처음에 금속 악기로 소리를 내는 것은 음악의 곡조를 시작함이요, 옥으로 거두어들이는 것은 음악의 곡조를 마침이다. 시작하는 것은 지(智)의 일이요, 마치는 것은 성(聖)의 일이다.〔孔子之謂集大成, 集大成也者, 金聲而玉振之也. 金聲也者, 始條理也, 玉振之也者, 終條理也. 始條理者, 智之事也, 終條理者, 聖之事也.〕"라는

학문은 뜰을 지나는 아들을 권면했고[253] 學勗趨鯉
공경은 김매던 극결을 높였네[254] 敬宗耨郤
패배한 군대의 장수를 들이지 않고 賁軍不入
확상에서 술을 더 권하였네[255] 觶媵于矍
천리로써 절제하여 節以天理
자는 새를 주살로 쏘지 않았네[256] 宿不施繳
도가 넓고도 광대하게 퍼지니 恢恢昭曠
하늘엔 솔개가 날고 물엔 물고기가 뛰노네[257] 上下飛躍

말이 참고가 된다.

253 학문은……권면했고 : 《논어》〈계씨(季氏)〉에, 공자가 혼자 서 있는데 아들 이(鯉)가 뜰을 지나자, 공자가 "시를 읽었느냐?"라고 물었다. 이가 아직 읽지 못했다고 대답하자, 공자가 "시를 배우지 않으면 말을 할 수 없다.〔不學詩, 無以言.〕"라고 훈계한 고사가 있다.

254 공경은……높였네 : 옛적에 극결(郤缺)이 밭에서 김을 매고 있을 때 그 아내가 새참을 내왔는데, 서로 공경하여 상대하기를 마치 손님 모시듯 한 고사를 말한다. 이에 대해 자사(子思)가 "군자의 도리는 부부 사이에서 비롯된다."라고 평하였다. 《童蒙先習》

255 패배한……권하였네 : 공자가 사례(射禮)를 행한 것을 가리킨다. 공자가 확상(矍相)이란 곳에서 활쏘기를 할 때, 자로(子路)를 시켜 활을 쏘고자 하는 자들을 맞아들이게 하되, "군대를 망친 장수나 나라를 망친 대부나 부당하게 남의 후사가 된 자는 들어오게 하지 말고, 나머지는 모두 들어오게 하라.〔賁軍之將, 亡國之大夫, 與爲人後者不入, 其餘皆入.〕"라고 말한 내용이 있다. 《禮記 射義》

256 천리(天理)로써……않았네 : 공자가 조화와 절제를 강조한 것을 가리킨다. 《논어》〈학이(學而)〉의 '예지용화위귀(禮之用和爲貴)' 장에서 주희(朱熹)는 "예라는 것은 천리의 절문이요, 인사의 의칙이다.〔禮者, 天理之節文, 人事之儀則.〕"라고 풀이하였다. 《논어》〈술이(述而)〉에 "공자께서는 낚시질은 하되 큰 그물질은 하지 않으시고, 주살질은 하되 자는 새는 쏘지 않으셨다.〔子釣而不綱, 弋不射宿.〕"라고 한 구절이 있다.

257 도가……뛰노네 : 공자의 도가 온 천하에 밝게 구현된 것을 의미한다.

십해[258] 十解

산과 계곡도 버려두면 묻히듯 茅塞山磎
전도되고 경악할 일이 생기니 顚到錯愕
존심양성과 구방심이[259] 存養收放
공자를 배우는 핵심이네 學孔心的[260]
한 자를 굽힘도 달가워하지 않았고[261] 不肯枉尺
우산의 나무로 비유하였네[262] 牛山之木[263]
간색이 정색을 어지럽힘을 애달파하고[264] 悶悼亂朱

---

258 십해(十解) : 《논어》를 통해 공자의 가르침과 유가의 도가 확립된 것을 읊은 시이다.

259 존심양성(存心養性)과 구방심(救放心)이 : '존심양성'은 《맹자》 〈진심 상(盡心上)〉의 "마음을 보존하고 성품을 기르면 하늘을 제대로 섬길 수 있다.〔存其心, 養其性, 所以事天也.〕"라는 말을 가리킨다. '구방심'은 《맹자》 〈고자 상(告子上)〉의 "학문의 길은 다른 것이 없다. 놓쳐버린 그 마음을 다시 찾아오는 것일 뿐이다.〔學文之道, 無他. 求其放心而已矣.〕"라는 말을 가리킨다.

260 的 : 저본에는 이 뒤에 "자・약의 반절과 협운이다. 반악의 부에 보인다.〔叶子藥切. 潘岳賦叶.〕"라는 원주가 붙어 있다.

261 한……않았고 : 맹자(孟子)의 제자 진대(陳代)가 '한 자를 굽혀서 여덟 자를 편다.〔枉尺直尋.〕'는 말을 거론하면서 맹자에게 제후를 만나 뜻을 펴기를 권하자, 맹자는 선비가 도를 굽혀서 제후를 따를 수 없다면서 거절한 일이 있다. 《孟子 滕文公下》

262 우산(牛山)의 나무로 비유하였네 : 맹자가 사람이 인의(仁義)의 마음을 가지고 타고났어도 이를 잘 기르지 못해 사람이 양심을 잃은 것을, 우산의 나무가 처음엔 아름다웠다가 사람들이 베어내고 소와 양을 방목하여 벌거숭이가 된 이야기로 비유한 것을 말한다. 《孟子 告子上》

263 木 : 저본에는 이 뒤에 "목・각의 반절과 협운이다. 마융의 부에 보인다.〔叶木各切. 馬融賦.〕"라는 원주가 붙어 있다.

부동심으로 확충해 나갔네[265]	不動而擴
마음을 가리는 잡목을 베어내고	芟夷榛楛
마음을 훔치는 도적을 좇아내야 하네	黜放跖蹻
어렵고 의심나는 구절을 문답한 것이	難疑問答
허황한 비유만은 아니네	言非空託
학문을 할 때에 먼저 두려워할 것은	爲學先懼
하루 공부하고 열흘을 쉬는 것이네[266]	十寒一曝
하늘을 우러르고 땅을 굽어봄에	於仰於俯
수치스럽고 부끄럽지 않아야 하리	不愧不怍
십일해[267]	十一解

---

264 간색(間色)이……애달파하고 : 《맹자》 〈진심 하(盡心下)〉에, 공자가 향원(鄕原) 즉 위선자를 비평하면서 "간색인 자색(紫色)을 미워함은 정색인 주색(朱色)을 어지럽힐까 걱정해서이다.〔惡紫, 恐其亂朱也.〕"라고 한 구절이 있다.

265 부동심(不動心)으로 확충해 나갔네 : 부동심이란 호연지기(浩然之氣)를 기르는 핵심 수단으로, 어떤 위협에도 굴하지 않는 마음이다. 《맹자》 〈공손추 상(公孫丑上)〉에서, 맹자가 양기(養氣)는 바로 호연지기를 기르는 것이라 하면서 부동심을 그 방법으로 제시한 일이 있다. 또한 우리에게 부여된 사단(四端)을 모두 확충할 줄 알면 사해를 보전할 수 있을 것이고, 확충하지 못한다면 부모도 섬길 수 없을 것이라는 말로 인의예지(仁義禮智)가 바로 사단에서 나온 것임을 강조하였다.

266 학문을……것이네 : 부단한 노력이 학문과 정치의 핵심이라는 말이다. 《맹자》 〈고자 상(告子上)〉에 "이 세상에 잘 자라는 식물이 있다 하더라도, 하루 동안 햇볕을 쪼이고 열흘 동안 차갑게 한다면 제대로 자라날 수가 없을 것이다. 그런데 내가 임금을 뵙는 날은 또한 드물고, 내가 물러 나오면 임금의 마음을 차갑게 하는 자가 또 이르니, 내가 조금 싹을 틔워준들 무슨 소용이 있겠는가.〔雖有天下易生之物也, 一日暴之, 十日寒之, 未有能生者也. 吾見亦罕矣, 吾退而寒之者亦至矣, 吾如有萌焉何哉.〕"라는 말이 나온다.

천지의 재앙을 만나	陽九百六
점점 긴 밤으로 들어가니	浸浸長夜[268]
정월 초하루부터	三始之目
해마다 풍진이 자욱하네[269]	年祀塵漠
엄숙하지도 벼슬을 나눠주지도 못하니	不肅不攝
훌륭한 인물들이 이리저리 방황하네[270]	彷徨簦屩
유자의 관을 어디에 쓰랴	章甫焉用
오랑캐는 단발을 숭상하도다[271]	敦髮甌駱
하늘이 재앙을 뉘우치지 않았으니	天不悔禍
천재지변에 포악한 정치가 겹쳤네	極備政虐
책을 불사르는 연기가 참혹하니	煙塵蕭瑟
유자를 묻은 구덩이가 골짜기보다 깊었네[272]	坑深於壑

---

267 십일해(十一解) : 《맹자》의 다양한 비유를 통해, 외물(外物)을 향해 내달리는 마음을 수습하여 부단히 힘쓰는 것이 학문의 핵심임을 서술한 시이다.

268 夜 : 저본에는 이 뒤에 "익·약의 반절과 협운이다. 《모시》에 보인다.〔叶弋約切. 毛詩.〕"라는 원주가 붙어 있다.

269 천지의……자욱하네 : 전국 시대가 되어 유세가가 횡행하고 유가의 학설이 버림받게 된 것을 가리킨다. 원문의 '양구백육(陽九百六)'은 음양가에서 액운이 닥친 것을 상징하는 말이다.

270 엄숙하지도……방황하네 : 제후들이 정치를 안정시키지 못하고 인물을 등용하지 않아 재능 있는 이들이 유세를 하며 사방으로 흩어지게 된 시대 상황을 요약한 말이다.

271 유자(儒者)의……숭상하도다 : 유가의 학설이 버림받고 법가(法家)나 병가(兵家) 등의 유세객이 대우받는 것을 가리킨다.

272 책을……깊었네 : 진시황(秦始皇)의 분서갱유(焚書坑儒)로 서적과 학자가 재앙을 입은 것을 가리킨다.

글 읽는 소리가 끊어지니	咿唔聲絶
혀가 있어도 잘린 것 같았네	有舌如斫
두 기둥이 텅 비고	兩楹虛矣
시서예악이 사라졌네[273]	四術銷鑠
십이해[274]	十二解

올챙이 모양의 글자가	蝦蟆形似
금실로 엮여 있었네[275]	金絲自搏
뜻을 전달함이 능사이니	司契爲匠
화려한 수식은 나중이라네[276]	揆之櫨欂

---

273 두……사라졌네 : 공맹(孔孟)의 가르침이 사라지고, 시서예악(詩書禮樂)의 경전이 쇠퇴한 것을 가리킨다. 원문의 '양영(兩楹)'은 본래 천자의 어전(御殿) 앞에 세워진 두 기둥인데, 공자가 두 기둥의 사이에 앉는 꿈을 꾼 뒤에 죽었다는 고사가 있다. 《禮記 檀弓上》

274 십이해(十二解) : 전국 시대에 유학이 침체된 정황과 진시황(秦始皇)의 분서갱유(焚書坑儒)에 의해 유가의 학맥이 절멸된 내력을 읊은 시이다.

275 올챙이……있었네 : 한 무제(漢武帝) 말기에 노 공왕(魯恭王)이 공자의 고택(故宅)을 수리하려고 벽을 헐자, 그 속에서 과두문자(蝌蚪文字)로 쓰여진 선진(先秦) 때의 《상서(尙書)》, 《예기(禮記)》, 《논어(論語)》, 《효경(孝經)》 등 수십 편이 나왔다고 한다. 《漢書 卷30 藝文志》

276 뜻을……나중이라네 : 잊혀진 유가 경전을 힘써 복구한 과정을 묘사한 말이다. 원문의 '노박(櫨欂)'은 건물의 지붕을 떠받치는 두공을 가리키는 말이다. 《논어》 〈공야장(公冶長)〉에, 공자가 이르기를 "장문중이 큰 거북을 보관하려고 기둥머리 두공에는 산 모양을 조각하고, 들보 위의 동자기둥에는 물풀을 그렸으니, 어찌 지혜롭다 하겠는가.〔臧文仲居蔡, 山節藻棁, 何如其知也.〕"라고 화려한 수식을 비난한 일이 있다. 장문중(臧文仲)은 춘추 시대 노(魯)나라 대부이다.

구리 거울의 먼지를 닦으니	金鏡磨塵
석거각의 단청이 밝네[277]	石渠煥雘
성인과의 거리가 멀어졌으나	去聖雖遠
은미한 말은 어제인 듯하네	微言如昨
천지를 휩쓴 재앙이 점점 정비되니	襄陵浸修
소가 땀을 흘릴 만큼 서적이 많아졌네	汗牛圖籙
천년 뒤에 태어나	生千載後
어찌 탐구하지 않으랴	詎沒摸索
외람되게 천박한 식견으로	猥以膚淺
책을 읽고 음미하지만	開卷酬酢
모든 일마다 어그러지고	萬事岨峿
육경은 아득히 높기만 하네	六籍岌嶭
십삼해[278]	十三解

붓을 잡고 재빨리 써서	率爾操觚
그득하게 자루를 채우네[279]	果哉稇橐

---

277 구리……밝네 : 잊혀진 경전을 다시 정비하여 유가의 서적이 늘어난 것을 가리킨다. 한(漢)나라 선제(宣帝)와 장제(章帝)가 각각 석거각(石渠閣)과 백호관(白虎觀)에서 학자들과 함께 친히 오경(五經)을 강론하며 《석거의주(石渠議奏)》와 《백호의주(白虎議奏)》를 펴낸 고사가 있다.

278 십삼해(十三解) : 진(秦)나라의 암흑기가 지나 한(漢)나라 때에 점차 육경(六經)을 다시 수습하여 유가의 학설이 재정립된 것을 읊은 시이다.

279 붓을……채우네 : 후대 학자들이 경전에 주석을 달아 학술서적이 늘어나는 과정을 말한 것이다.

비유하자면 묵은 밭을 개간하기를 　譬治菑畬
괭이질하여 수확하는 것과 같네 　載鎛載穫
모든 사물의 이치가 　凡物之理
묻혀 있다가 드러나게 되었네 　始累而著
한 획을 보태고 빼는 데서 　兀字添減
정밀한 의미가 징험되네[280] 　乃驗精鑿
배운 것과 배우지 않음은 　學與不學
정밀하고 거친 것의 결과물이니 　精粗糟粕
백 척에서 한 자를 더 올라 　百尺又尺
물수리처럼 빠르게 나네[281] 　迅發如鶚
마음과 눈이 밝고 밝으니 　心目瞭朗
자연히 윤택해지네 　自然潤澤
덕은 서로 의지하는 것이니 　德譬車輔
《시경》에서 너그럽고 넉넉함을 찬미했네[282] 　詩讚寬綽
　십사해[283] 　十四解

---

280 한……징험되네 : 한(漢)나라 때 훈고학(訓詁學)이 발달하여 경전의 글자를 궁구하는 것을 비유한 말로 보인다. 참고로 《자련(字孿)》 권2에는 원(元), 무(无), 기(旡), 선(先), 잠(兂)을 모두 올(兀) 자와 같은 데서 파생된 글자로 설명하였다.

281 백……나네 : 백가쟁명(百家爭鳴)의 시대에 재능이 있는 학자가 자신의 학설을 꽃피운 것을 비유한 말로 보인다.

282 덕은……찬미했네 : 학자들이 서로 도와 연구하는 것을 말한다. 원문의 '거보(車輔)'는 아래턱뼈와 위턱을 가리키는데, 서로 맞물려야 기능을 한다는 말이다. 《시경》 〈기욱(淇奧)〉에 "너그럽고 넉넉하니, 아 중각이로다.〔寬兮綽兮, 猗重較兮.〕"라고 하여 위 무공(衛武公)의 덕을 찬미한 말이 나온다. '중각(重較)'은 고대에 경사(卿士)가 타고 다니던 수레 앞의 좌우에 굽은 나무를 대어서 의지할 수 있게 한 것을 말한다.

그 물고기 먹기에 물렸다 하니 饜食若魚

〈외물〉 편의 비유가 자유자재로다[284] 外物龍蠖

넘쳐도 과한 데까지 이르지 않고 溢非濫觴

깊어서 아무나 퍼가도 사양치 않네 深不讓酌

빈 채로 와서 채우고 돌아가니 虛往實歸

높은 경지에 누구나 오를 수 있네 可齊隆堮

말하지 말라, 금숟가락으로 莫曰金篦

눈의 막을 긁어낼 수 있다고[285] 能刮乎膜

큰 강물을 양에 따라 마시면 그만이니 量飮大河

반드시 수제비만 고집할 필요 없으리[286] 不必餺飥

언제나 한결같아야 凡厥有常

긴요한 핵심에 이르네 至于關棲

---

283 십사해(十四解) : 한나라 이후로 학설이 다양하게 분기하여 백가쟁명하게 된 정황을 읊은 시이다.

284 그……자유자재로다 : 전적이 너무 많아져 도리어 갈피를 잡지 못할 정도가 되었다는 말이다. 《장자(莊子)》 〈외물(外物)〉에 낚시를 잘하는 임공자(任公子)가 큰 바늘과 황소 미끼를 써서 큰 물고기를 낚아, 이 물고기를 썰어서 어포로 만들었더니 절강(浙江) 동쪽에서 창오(蒼梧) 북쪽에 이르기까지 사람들이 그 물고기를 싫증 내지 않는 이가 없었다는 비유가 있다. 원문의 '용확(龍蠖)'은 용이 칩거하고 자벌레가 몸을 펴는 것에서 굴신(屈伸)을 의미하는 말이 되었다.

285 말하지……있다고 : 학문에 첩경이 따로 없다는 의미이다. 원문의 '금비(金篦)'는 금으로 만든 빗치개로, 고대 인도에서 의사가 맹인의 안막(眼膜)을 제거해줄 때 사용하던 도구였다. 후세에는 불가(佛家)에서 중생들의 눈을 가리고 있는 무지(無智)의 막을 제거해준다는 뜻으로 사용되었다.

286 큰……없으리 : 학자의 역량과 기호에 따라 성취가 다르므로, 하나로 강제할 수 없다는 의미이다.

나는 좁쌀 같은 신세로　吾猶一粟
하늘을 장막 삼고 땅을 자리로 삼으니　天地席幕
자질은 거칠고 고루하여　質菲薄而
벼슬자리에 끼이지 못하네[287]　不齒纓絡
　십오해[288]　十五解

아첨하는 자는 알랑대고　諂夫瞼瞼
노인은 충직한 말 아뢰네　黃髮諤諤
신이 비록 늙었으나　臣雖耊矣
해를 향하는 해바라기라오　傾日葵藿
옛날 내가 떠났을 땐　昔我往矣
단비가 촉촉이 적셨는데　膏雨濕若
지금 내가 여기에 오니　今我來斯
따스한 계절이 되었네　暝灰飛龠
두려워라, 시절과 맞지 않으니　恐時不與
겨울이 몹시 매섭네　冬日烈慘[289]
벌레가 번성하여 침상에 울고　蟲繁床音
나뭇잎 떨어지고 뜰엔 대가 솟았네　樹隕庭籜

---

287 나는……못하네 : 보잘 것 없는 재주로 높은 벼슬을 하지 못하고, 전원에 은거하여 살아간다는 의미이다.

288 십오해(十五解) : 고원한 것을 추구하지 말고, 배우는 자마다 역량에 따라 취해 쓰면서 본분을 지켜가야 함을 서술한 시이다.

289 慘 : 저본에는 이 뒤에 "칠·각의 반절과 협운이다. 《모시》에 보인다.〔叶七各切. 毛詩.〕"라는 원주가 붙어 있다.

창의 등불이 은은히 비치는데　　牕燈眇照
싸락눈 모이고 눈이 내리네　　霰集雪落
모든 산에 나무가 솟으니　　諸山竦本
높은 산을 두루 바라보네　　列眄巘崿
　십육해[290]　　十六解

혈씨처럼 물고기를 잡으려고　　穴氏蒐魚
계곡물에 통발을 설치하네[291]　　夾澿羅笮
두레박으로 찬물을 길어 올리니　　轆轤引冽
단술처럼 맛이 나네　　味甘醴酪
뻣뻣하기는 마른나무 같고　　兀若木槁
휑한 모습은 줄어든 물과 같네[292]　　豁如水涸
하늘로부터 받은 본성이 욕심 없으니　　所稟靈和
살아가는 일이 거칠 것 없네　　所湊磊落
대나무는 청빈함을 돋우고　　竹納淸苦
매화는 아리따움 뽐내네[293]　　梅挺約婥
마음이 지극한 도에 노니니　　心游至虛

290 십육해(十六解) : 젊어서 벼슬을 찾아 세상에 나갔다가, 만년에 벼슬에서 물러나 전원에서 살며 본성을 지켜가는 자신의 모습을 읊은 시이다.

291 혈씨(穴氏)처럼……설치하네 : 전원에서 물고기 잡는 모습을 가리킨다. '혈씨'는 본래 《주례(周禮)》에서 겨울에 동면에 들어간 짐승을 잡아 해악을 제거하던 벼슬 이름이다.

292 뻣뻣하기는……같네 : 전원에 살면서 모든 정념(情念)이 식었다는 의미이다.

293 대나무는……뽐내네 : 자신의 정신세계를 대나무와 매화에 비유한 말이다.

휘파람 불며 호탕하게 웃네 永嘯大噱
어찌 성인의 도를 찾지 않으랴 曷不津筏
큰 복을 이지러뜨릴까 두렵네 懼虧山祚
오직 날이 부족하나니 維日不足
푸드득 홰치는 소리 듣기 두렵네[294] 惕聆膕膞
십칠해[295] 十七解

294 오직……두렵네 : 성인의 도를 추구하기에 노년의 시간이 부족하다는 의미이다.

295 십칠해(十七解) : 전원생활의 즐거움을 서술하고, 하루하루를 소중히 하여 여생을 성인의 도에 매진하리라는 마음 자세를 읊은 시이다.

이어 다시 짓는다[296] 系之曰

세 살에 말을 배우며 三歲學語
증선지가 지은 《사략(史略)》을 읽었네 讀曾先之
옛날엔 머리털도 마르지 않았는데 昔髮未燥
지금은 귀밑털이 흰 실로 변했도다 今鬢爲絲
나이를 되돌릴 수 없으니 年不可還
몸과 마음이 서로 어긋나네 身意參差
분주하기가 개미와 같아 賁似玄駒
땅 위에서 떠나지 못하네 地上不離
일 一

배와 수레가 끝까지 가도 舟輿所極
땅 위를 벗어나지 못하듯 是謂地上
칠십 년 인생 동안 七十春秋
휩쓸리고 출렁거렸네 飄颻沆瀁
흔들리는 깃발처럼 搖搖懸旌
정박하여 안정하지 못했으나 不泊安放
서서 움찔하지 않은 것은 立不失容
어찌 믿음의 덕이 아니랴[297] 倘信之匠

296 이어 다시 짓는다 : 바로 앞의 시 〈겨울밤의 독서〔冬夜讀書〕〉의 속편에 해당하는 작품으로, 모두 16수로 되어 있다. 본편의 순서를 따르지 않고 노년이 되어 자신이 처해 있는 현실과 가슴에 품은 생각을 자유롭게 개진하였다.

이 二

새가 날갯짓하며 翼翼鳥鳥
후원의 숲에 모이도다 亦集苑林
또렷이 나 홀로 감회에 젖으니 耿獨感余
세한의 심정[298]이 가슴에 가득하네 歲寒彌襟
물이 얼어 두터워지고 水堅大腹
밤에 기운을 축적하는데 夜養沈沈
끊임없이 시를 짓지 않으면 涓不奏雅
무엇으로 나의 마음을 펴랴 孰宣我心

삼 三

부지런히 상념에 잠기지만 亹亹玄思
타고난 자질은 혼탁하도다 濁濁素質
충과 경을 띠에 썼어도[299] 忠敬書紳

---

297 서서……않으랴 : 가슴속의 신념을 중시한 말이다. 초(楚)나라 영인(郢人)이 코끝에다 파리 날개만한 흙을 바르고 장석(匠石)을 시켜 깎아내라고 하자, 장석이 자귀를 휘둘러 그 흙을 완전히 깎아냈는데도 코는 아무렇지 않았다 한다. 이는 영인이 장석을 믿고 조금도 움찔하지 않았기에 가능했던 일인데, 나중에 영인이 죽고 다른 사람으로 대신하자 장석이 다시는 도끼를 휘두르지 못했다고 한다.

298 세한(歲寒)의 심정 : 만년에 지조를 잃지 않는 자세를 가리킨다. 《논어》〈자한(子罕)〉에 공자가 "날씨가 추워진 뒤에야 소나무와 잣나무가 늦게 시듦을 안다.〔歲寒然後, 知松栢之後彫也.〕"라고 하였다.

299 충(忠)과……썼어도 : 자장(子長)이 행(行)에 대하여 묻자, 공자가 "말이 충성되고 미쁘며, 행실이 독실하고 공경스러우면 멀리 오랑캐 나라에서도 행할 수 있으려니와,

이름과 실상이 어그러질까 두렵네　恐乖名實
백란은 품팔이하였고[300]　伯鸞賃春
동방삭은 떠돌아다녔는데[301]　東朔旅逸
아름다운 덕을 보배 삼아　令德爲寶
높이 나는 기러기처럼 부지런하였네　鴻擧迅疾

사　四

큰 대지가 만물을 품어주고　大塊包類
홍균[302]이 만물에 숨을 불어주네　洪勻稟物
이에 금옥 같은 덕성을 지녀야　迺玉迺金
문장이 찬란하고 풍성해지네　文辭炳蔚
어찌 덕이 빛나지 않으랴　何德不爍

말이 충성되고 미쁘지 못하며, 행실이 독실하고 공경스럽지 못하면 자기 향리에선들 행할 수 있겠느냐.〔言忠臣, 行篤敬, 雖蠻貊之邦行矣. 言不忠信, 行不篤敬, 雖州里行乎哉.〕"라고 하니, 자장이 잊지 않고자 큰 띠에 적었다고 한다.《論語 衛靈公》

300 백란(伯鸞)은 품팔이하였고 : 백란은 한(漢)나라 양홍(梁鴻)의 자(字)이다. 집이 가난하였으나 벼슬을 구하지 않고 아내 맹광(孟光)과 함께 은거하여 살았는데, 황제의 부름을 피하여 오(吳)로 가서 고백통(皐伯通)의 행랑에서 방아질을 해주며 살았던 적이 있다.《後漢書 卷113 逸民傳 梁鴻》

301 동방삭(東方朔)은 떠돌아다녔는데 : 동방삭은 전한(前漢) 무제(武帝) 때 사람으로, 자는 만천(曼倩)이다. 해학과 직언을 잘하고 신선술을 좋아하였다. 선제(宣帝) 때 벼슬을 버리고 회계(會稽)에서 약을 팔며 나그네가 되어 떠돌았다고 한다.《文選註 會吟行》

302 홍균(洪勻) : 도자기를 만들 때 돌리는 큰 물레라는 뜻으로, 대자연이 원기(元氣)를 조화시켜 만물을 생성하는 것을 말한다.

궁궐의 문이 우뚝 솟아 있네 端門有屹
그 우뚝함 따르고자 하여 欲崇其屹
먼저 〈사물잠〉[303]으로 몸을 닦네 先箴四勿

오 五

지킬 때엔 견고한 성곽처럼 하고 守有完郛
힘을 낼 때는 의리를 앞세워야 하네 輸力義勝
옛날로써 지금을 비유하면 以古況今
누가 그 혼돈을 헤아렸는가 疇量溟涬
그 덕음을 맑게 지니고 貊其德音
그 성급함 더욱 조심하라 愈勵悻悻
예에 사치하지 않으면 不于禮豐
어찌 문채를 가리라 하리오[304] 曷云尚絅

육 六

비록 책이란 것이 借曰書非
말을 다 펴는 도구는 아니라지만 盡言之器

---

303 사물잠(四勿箴) : 송나라 학자 이천(伊川) 정이(程頤)가 지은 〈시잠(視箴)〉, 〈청잠(聽箴)〉, 〈언잠(言箴)〉, 〈동잠(動箴)〉을 가리킨다.

304 예에……하리오 : 본분을 지켜 검약한 생활을 해야 한다는 말이다. 《중용장구》 제33장에 "《시경》에 '비단옷을 입고 홑옷을 덧입는다.' 하였으니, 이는 문채가 너무 드러나는 것을 싫어하기 때문이다. 그러므로 군자의 도는 어둑하여 은은한 가운데 날로 드러나고, 소인의 도는 반짝 빛나서 날로 없어진다.〔詩曰衣錦尙絅, 惡其文之著也. 故君子之道, 闇然而日章, 小人之道, 的然而日亡.〕"라고 하였다.

잠깐 사이에 옛일을 살필 수 있고 須臾觀古
갖추어지지 않은 지혜가 없다네 靡哲不備
알면 행하지 않아선 안 되니 知無不爲
집안의 이로움이 되네[305] 身家之利
아래로 푸른 물에 심신을 씻고 俯澡綠水
우러러 참된 경지를 살펴야 하리 仰瞰實地

칠 七

머뭇거리면서 머리를 긁적이며 踟躕搔首
지나친 향락을 제어해야 하네 放制荒宴
일은 하나로 헤아릴 수 없고 事無一量
사물은 만 가지로 변한다네 物有萬變
사방 한 치의 마음에 方寸虛地
통하고 막힘이 서로 싸우네 通塞交戰
나무가 재목이 되지 못하면 木闕厥材
대목장이 눈길을 주기나 하랴 匠豈一眄

팔 八

약관에 고관의 대열에 서니 弱冠而列
이것이 누구의 잘못인가 是誰過歟
옮겨오면 좋은 등자나무가 되고 移爲之橙

---

305 알면……되네 : 《춘추좌씨전》 희공(僖公) 9년에 "국가에 이익이 될 일이라면 하지 않음이 없는 것이 충이다.〔公家之利, 知無不爲, 忠也.〕"라는 말이 나온다.

버려두면 쓸모없는 가죽나무가 되네 散爲之檮
악어나 자라도 변화하면 變化鼉鼈
사람도 그만 못하게 되네[306] 人而不如
기이하게 살며 악행을 행하면 居異呑舟
행실이 덕의 기틀을 그르치리 行謬德輿

구 九

기름을 팔고 칼을 갈아주고 販脂灑削
종을 쳐서 먹고 살았으니[307] 擊鍾而啗
말단의 이문을 추구함은 嬴利以末
소인의 자잘한 일이라네 小人之濫
노자는 늘 만족할 줄 알았고[308] 聃知常足
공자는 세 번 읊조림 칭찬하였네[309] 聖媺復三

---

306 악어나……되네 : 《국어(國語)》 〈진어(晉語)〉에 "참새가 바다에 들어가면 조개가 되고, 꿩이 회수에 들어가면 대합조개가 된다. 거북, 악어, 물고기, 자라도 모두 변화할 수 있으니, 변화하면 사람도 그에 미치지 못한다.〔雀入於海爲蛤, 雉入於淮爲蜃, 黿鼉魚鱉, 莫不能化, 唯人不能.〕"라는 말이 있다.

307 기름을……살았으니 : 미천한 직업이라도 전문으로 종사하여 부귀를 이룬 사례이다. 옹백(雍伯)은 기름을 팔아 천금을 이루었고, 질씨(郅氏)는 칼을 갈아주면서도 솥을 죽 늘어놓고 식사를 했으며, 장리(張里)는 말의 질병을 고쳐주면서도 식사 시간에 종을 쳐 사람을 부를 정도로 부귀를 누렸다고 한다. 《史記 卷129 貨殖列傳》

308 노자(老子)는……알았고 : 원문의 '담(聃)'은 노자의 본명이다. 《노자》 제46장에 "화는 족함을 알지 못하는 것보다 큰 것이 없고, 재앙은 얻고자 함보다 더 큰 것이 없다. 그러므로 족함을 아는 족함이 영원한 만족이다.〔禍莫大於不知足, 咎莫大於欲得, 故知足之足, 常足矣.〕"라고 하였다.

갖옷은 길고 소매는 짧으니 裘長袂短
해진들 무어 유감이랴[310] 弊之何憾
십 十

너른 들판의 콩을 뜯으니 采菽中原
한 줌에도 차지 않네 不盈一匊
붉고 푸르고 검고 누른 빛이 朱綠玄黃
하물며 졸렬한 안목을 어지럽힘에랴[311] 況謬拙目
종일토록 초췌한 것은 終日憔悴
풍년이 들지 않아서가 아니라네 非歲不熟
비록 부지런히 노력하고자 해도 縱欲僶俛
아, 늙어 민둥머리가 되었네 唉一老禿
십일 十一

여기 벗이 있어 也有友人
함께 노년을 보내는데 共暮歲聿

---

309 공자(孔子)는……칭찬하였네 : 공자의 제자인 남용(南容)이 《시경》〈억(抑)〉에 나오는 "흰 옥돌에 묻어 있는 오점은 깎아낼 수 있지만, 말을 잘못한 오점은 고칠 수조차 없다.〔白圭之玷, 尙可磨也. 斯言之玷, 不可爲也.〕"라는 말을 매일 세 번씩 반복해서 외우자, 공자가 이를 훌륭하게 여겨 자신의 조카딸을 그의 처로 삼게 했던 고사가 있다. 《論語 先進》

310 갖옷은……유감이랴 : 자신의 처지에 맞게 생활한다는 의미로 보인다.

311 너른……어지럽힘에랴 : 누구나 시문을 지을 수 있으나, 자신은 재능이 부족하여 이름난 문장을 보면 그 화려함에 눈길을 빼앗긴다는 의미이다.

두 귀밑머리 모두 세었어도	雙鬢互皓
두 심정은 서로 표일하네	雙情互逸
지난날은 밝은 달 같았고	朗月前身
오늘날은 해진 빗자루 되었는데	敝帚今日
세상에 드문 우정 기뻐하며	齊歡曠代
이에 시가를 읊조리노라	憬伊呻畢

십이 十二

바람은 불어오고	其風翊翊
달빛은 희고 희네	斯月皞皞
조물주가 만물을 빚어	宰匠物形
너른 마음으로 품어주네	弘包懷抱
손자와 증손이 장수를 비니	孫曾介眉
늙어감을 깨닫지 못하네	罔覺之老
급박할 것을 미리 대비하지 않으면	通急未戒
주리고 목마른 후에 한탄한들 무엇 하랴	飢渴何懊

십삼 十三

잠깐 사이에 지름길 없어져	間个無蹊
세상 사람들이 이르지 못하네	俗人不到
안으로 옥 같은 광휘를 감추고	內蘊玉輝
밖으로 신선의 선약을 모으네	外輯金膏
졸렬하고 험난함을 실컷 겪으면서도	拙艱有餘
허위와 가식은 훔친 적 없네[312]	虛僞莫盜

조용하게 깊은 골짜기에서	窈兮濬谷
노년의 생을 마치고 싶네	願畢耆髦
십사	十四
뿌리는 줄기 때문에 약해지고	根與莖弱
경수는 위수 때문에 더 혼탁해 보이네	涇與渭濁
멀리 천하에 눈길을 주고	遙目九野
사방으로 마음을 내달리네	騁心四角
뉘라서 나를 좋아하여	緊誰好我
형 땅의 박옥을 찾아주랴[313]	問之荊璞
도끼를 잡고 도끼자루를 베듯이	伐柯伐柯
안회는 배우길 좋아했다네[314]	顏氏好學
십오	十五
앉아서 읊조리고 서서 익히면	坐誦立習

---

312 졸렬하고……없네 : 어렵고 힘든 삶을 살면서 허위와 가식을 추구하지 않았다는 의미이다. 진(晉)나라 반악(潘岳)의 〈한거부(閑居賦)〉에 "도가 있는 세상에서 나는 벼슬하지 못했고, 도가 없는 세상에선 내가 어리석지 못했으니, 어쩌면 그리도 교활한 꾀는 부족하면서 졸렬하고 힘들기는 남보다 앞섰는가.〔有道吾不仕, 無道吾不愚, 何巧智之不足, 拙艱之有餘也.〕"라는 구절이 있다.

313 형(荊)……찾아주랴 : 자신의 재능을 알아줄 자가 있는지 의심하는 말이다. '형 땅의 박옥〔荊璞〕'은 초(楚)나라 때 변화(卞和)가 형산(荊山)에서 얻었던 옥 덩이로, 나중에 천하의 보배가 되었다.

314 도끼를……좋아했다네 : 고원한 것을 추구하지 않고 공자의 제자 안회(顏回)처럼 학문을 게을리하지 않겠다는 의미이다.

장래의 복이 천천히 다가오리	來福祈祈
마음속에 감흥이 넘실대니	感蕩扈扈
심정을 토로함이 찬란하도다	洩溢徽徽
그윽한 이 터전 영원히 남아	幽址永劫
물은 아름답고 산은 빛나리	水媚山輝
주나라 문왕의 시초점을 쳐보니	文君端蓍
길함이 이보다 크고 두터움 있으랴[315]	吉孰大肥
십육	十六

315 주(周)나라……있으랴 : 주나라 문왕(文王)이 만든《주역》으로 점을 쳐보아도 노년에 전원생활을 영위하는 것이 가장 이롭다는 말이다.

영릉에서 숙직하는 중에 이달겸 제하 순릉랑 이 소매에 시를 넣고 찾아와 만나다[316]

直宿永陵 李達兼 濟夏 順陵郎 袖詩相看

하늘에 닿은 고목이 흰 구름과 나란한데　干霄老木白雲齊
솔숲 빠른 바람 소리가 먼 시내보다 요란하네　風利松聲勝遠溪
즉시 갈 수 있어 만나기 편리하니　卽地逢場便邂逅
이웃한 재실이 동쪽 서쪽에 늘어섰네[317]　比隣齋室列東西
올 때에 탄 피곤한 말은 막 황혼 길을 걸었고　來時疲馬暝初踏
함께 묵는 깃든 까마귀는 추위를 함께 가져왔네　伴宿棲烏寒共携
바위 앞과 바위 뒤의 눈을 깨끗이 쓸어내니　淨掃巖前巖後雪
눈꽃이 온통 얼어 진흙탕 되지 않았네　雪花全凍不成泥

---

316 영릉(永陵)에서……만나다 : 저자가 70세 때인 1836년(헌종2) 겨울에 영릉 령(永陵令)으로 재직하던 중에 순릉 직장(順陵直長) 이제하(李濟夏, 1783～?)와 만나 지은 시이다. 저자는 12월 25일에 영릉 령에 제수되었는데, 영릉은 영조의 장자인 효장세자(孝章世子, 진종(眞宗)으로 추존)와 그의 비 효순왕후(孝純王后)의 능으로 경기도 파주시 조리읍 봉일천리에 있다. 이제하의 본관은 전주(全州), 자는 달겸(達兼)이다. 음직으로 진출하여 가감역(假監役), 순릉 직장, 전설사 별제(典設司別提), 장악원 주부(掌樂院主簿), 예산 현감(禮山縣監), 강릉 령(江陵令) 등을 지냈다. 1836년 6월 25일 순릉 직장에 임명되었는데, 순릉은 성종의 원비 공혜왕후(恭惠王后) 한씨(韓氏)의 능이다.

317 이웃한……늘어섰네 : 두 사람이 숙직하는 곳이 매우 가깝다는 의미이다. 영릉과 순릉 모두 경기도 파주시 조리읍 봉일천리에 있다.

달겸과 또 모이다

達兼又集

오사모가 흰 수염과 대비되니	烏紗交暎白髭鬚
모르는 사람이 보았다면 크게 비웃으리[318]	下士見之大笑之
푸른 하늘은 늦게 시드는 소나무에 낮게 내려앉고	空碧低含後凋樹
찬 숲에는 붙어사는 겨우살이가 무더기로 돋았네	寒林叢發寄生枝
노을이 기쁜 만남을 저버리지 않은 날이고	雲霞不負賞心日
은하수가 숙직하는 신세를 감싸주는 때라네	霄漢長懷齋宿時
다만 백성들과 함께 바라는 바가 있으니	但與黎民同有望
지금 승상께서 결코 사사로움이 없었으면	而今丞相斷無私

318 오사모(烏紗帽)가……비웃으리 : 노년에 벼슬살이하는 모습을 남들은 이해하지 못한다는 의미이다. 오사모는 검은 천으로 만든 모자로 벼슬아치의 관모를 가리킨다. 원문의 '하사(下士)'는 본래 덕망과 학문이 낮은 사람을 뜻한다.

하 순릉랑 치행 백원 의 시에 차운하다[319]

次河 順陵郞 稚行 百源

높이 솟은 낭관의 재실이	兀兀郎官閣
솔밭 사이 석양의 앞에 서 있네	松間夕色前
반쯤 열린 판자문을 향해 가서	半開板門向
가물가물 봄 등불 사르네	眇照春燈燃
달과 어울려 늘 잠자리에 드는데	與月長同宿
밤 내내 또렷또렷 잠 못 이루네	通霄耿不眠
뉘라서 건목의 열매를 복용하고서	何人服建實
대낮에 곧장 하늘로 오를까[320]	白日直上天

---

319 하치행(河稚行)의 시에 차운하다 : 저자가 71세 때인 1837년(헌종4)경에 하백원(河百源, 1781~1844)의 시에 차운한 시이다. 치행(稚行)은 하백원의 자(字)인데, 1837년(헌종3) 12월 24일 순릉 직장(順陵直長)에 임명되었다. 하백원의 본관은 진주(晉州), 자는 치행·효일(孝一), 호는 규남(圭南)이다. 송환기(宋煥箕)의 문인으로 1803년(순조3) 진사시에 합격하였으나 대과를 포기하고 학문에 전념하였다. 음직으로 창릉 참봉(昌陵參奉), 순릉 직장, 사옹원 주부(司饔院主簿), 종묘 령(宗廟令), 석성 현감(石城縣監) 등을 지냈다. 경전은 물론 성신(星辰)·율력(律曆)·산수(算數)·전례(篆隸)·도장(圖章) 등에 두루 통달하였고, 자승거(自升車), 〈동국지도(東國地圖)〉, 자명종(自鳴鐘), 계영배(戒盈盃), 항흡기(缸吸器) 등을 제작하는 등 실학에 조예가 깊었다. 저서로 《규남문집》을 남겼으며, 작품으로는 〈만국전도(萬國全圖)〉와 〈영모화(翎毛畫)〉 등이 있다.

320 뉘라서……오를까 : '건목(建木)'은 전설상의 신목(神木) 이름으로 푸른 잎에 붉은 줄기, 검은 꽃에 누런 열매가 연다고 한다. 도광(都廣)의 벌판에 있는데, 천제(天帝)들이 이 나무를 통해 하늘을 오르내린다고 한다. 《山海經》《淮南子 墬形訓》

문원 이우 익지와 담정 김형 려 은 어려서 동문수학하였는데, 지금 모두 죽었기에 감회가 일어 짓다[321]

文原李友益之藫庭金兄 鑢 自童年同學 今俱零落 感作

옥수 같은 김려와 이우신을 묻고 말았으니	玉樹埋金李
어찌하면 다시 만날 수 있으랴	何由一見之
무덤가엔 아름드리 나무가 자라나고	空山起拱木
흐르는 물엔 애절한 거문고소리 끊겼네	流水絶哀絲
그저 도끼를 휘두르던 내 자질만 믿었으니	只信揮斤質
어찌 자리 피하던 스승 잊으리오[322]	寧忘避席師
오뚝이 이제 홀로 서서	巋然今立獨
흰머리만 괴로이 떨구고 있네	白首苦低垂

321 문원(文原)……짓다 : 저자가 72세 때인 1838년(헌종4)에 이우신(李友信, 1762～1822)과 김려(金鑢, 1766～1821)의 죽음을 애도하며 지은 시이다. 문원은 이우신의 호이고, 익지(益之)는 그의 자이다. '담정(藫庭)'은 김려의 호이다.

322 그저……잊으리오 : 자신이 알아주는 두 사람이 있어 나의 재능을 펼칠 수 있었으나 두 사람의 능력은 스승이 될 만큼 출중했음을 비유한 말이다. '도끼를 휘두른다'는 말은 나를 알아주는 이들이 있어 재능을 펼칠 수 있었다는 의미로 391쪽 주297 참조. '자리를 피한다'는 것은 경외(敬畏)하는 뜻으로 자리에서 일어나는 것을 가리킨다.

도애 홍 남원 경부 석모 와 학산 신 개령 희세 순 와 어울려 남산의 솔숲을 오르다[323]

陶厓洪南原敬敷 錫謨 鶴山申開寧羲世 淳 同上南山松林

남산도 옛날 같지가 않아	南岳非疇昔
지금 사람들 늘 오가네	今人長往還
두 대지팡이 짚고 머리를 나란히 하고	交頭雙竹策
만 그루 솔숲 사이로 손을 잡아 끄네	携手萬松間
술은 봄물보다 맑고	酒淥於春水
구름은 여름 산보다 많네	雲多又夏山
돌아올 때 어두워도 아쉽지 않으니	歸時不惜暝
달이 떠서 시내 물굽이를 비추네	月上澗之灣

323 도애(陶厓)……오르다 : 저자가 72세 때인 1838년(헌종4)에 홍석모(洪錫謨, 1781~1857), 신순(申淳, 1775~?)과 함께 남산을 유람하고 지은 시이다. '도애'는 홍석모의 호이고, '경부(敬敷)'는 그의 자이다. 1833년(순조33) 6월 27일 남원 부사(南原府使)에 임명되어 1835년(헌종1) 6월까지 재직하였다. 학산(鶴山)은 신순의 호이고, 희세(羲世)는 그의 자인데, 희서(羲瑞)라고도 한다. 1804년(순조4) 생원시에 합격하여 경릉 참봉(敬陵參奉), 활인서 별제(活人署別提), 형조 정랑 등을 지내고, 1820년(순조20) 4월 12일 개령 현감(開寧縣監)에 임명되어 이듬해 12월까지 재임하였다. 이어 강릉령(康陵令), 정읍 현감(井邑縣監), 장흥고 주부(長興庫主簿), 곡성 현감(谷城縣監) 등을 지냈다.

이령 성위 탁원 가 강계로 부임하게 되어 경부가 이별시를 선창하기에 그 운에 따라 지어 드리다[324]

李令聖衛 鐸遠 之任江界 敬敷先唱別 依其韻以贈

부임 수레가 머지않아 신선의 산을 찾으리니	征軺計日訪神山
세 가지 지초[325]를 먹고 돌아오는 것도 좋으리	耐可三芝服食還
붉게 펄럭이는 깃발은 군사의 눈에 장쾌하고	紅旖旎旌壯師目
누런 유리 삿자리는 사람의 얼굴에 비치리	黃琉璃簟照人顏
다스리는 관할이 대략 일천 리나 되고	幅員大抵一千里
막사[326]는 연달아 오백 칸에 달하네	甌脫相連五百間
묵묵히 변방을 다스리는 마음 홀로 괴로우리니	默運邊籌心獨苦
그대처럼 한가한 사람도 이제 쉴 틈조차 없으리	似君閑漢不暫閑

324 이령(李令)……드리다 : 저자가 72세 때인 1838년(헌종4)에 강계 부사(江界府使)로 부임하는 이탁원(李鐸遠, 1777~1840)에게 지어준 시이다. 이탁원은 같은 해 윤4월 28일 강계 부사에 임명되었고, 1840년(헌종6) 홍주 목사(洪州牧使)로 재임 중에 죽었다. 이탁원에 대해서는 337쪽 주139 참조.

325 세 가지 지초(芝草) : 원문의 '삼지(三芝)'는 예로부터 장생불사하게 만든다는 선약(仙藥)으로 석지(石芝), 영지(靈芝), 육지(肉芝)를 합칭한 말이다.

326 막사 : 원문은 '구탈(甌脫)'인데, 변경 지역에 척후병들이 기거할 수 있도록 만들어놓은 막사를 말한다.

숙직 중에 멀리서 부쳐온 도애의 시에 차운하다[327]

直中次陶厓遠寄

수많은 모래를 걸러도 다시 모래이니	萬萬陶沙沙復沙
연자방아 끄는 나귀 신세라 스스로 한탄스럽네[328]	磨驢蹋盡使人嗟
송신백엽은 천년을 사는 나무이고	松身柏葉千年樹
목말부용은 사월에 꽃이 피네[329]	木末芙蓉四月花
그림자 돌아보고 한번 탄식하니 그저 늙은이일 뿐	顧影一嗟空老物
재실에서 늘 홀로 잠드니 우리 집인 듯싶네	長齋獨宿便吾家
알겠노라 그대가 남산에서 편지를 보내던 날에	知君南岳發書日
괴로이 읊조리며 배회하다 북두성도 기울었으리	苦詠徘徊北斗斜

327 숙직……차운하다 : 저자가 72세 때인 1838년(헌종4)경 영릉 령(永陵令)으로 숙직 중에 도애(陶厓) 홍석모(洪錫謨)가 보내온 시에 차운한 시이다.

328 수많은……한탄스럽네 : 자신의 재능이 모자라 상대방의 시에 차운하기 부끄럽다는 말이다.

329 송신백엽(松身柏葉)은……피네 : 상대방의 지조가 늘 변함이 없고 시가 아름답다는 의미이다. '송신백엽'은 전나무를 가리키는데, 명나라 이시진(李時珍)의 《본초강목(本草綱目)》에 "잣나무 잎에 소나무 줄기를 한 것이 회이다. 그 잎은 좁고 뻣뻣한데 괄이라고도 하며, 지금 사람들은 원백이라 한다.〔柏葉松身者, 檜也. 其葉尖硬, 亦謂之栝, 今人名圓柏.〕"라고 하였다. '목말부용(木末芙蓉)'이란 목련을 말한다. 한편 목부용(木芙蓉)을 가리키기도 하는데, 8월에 꽃이 피어 일명 거상화(拒霜花)라고도 한다.

수원 유수 이경국 기연 이 자주 찾아오다[330]

華留李景國 紀淵 屢勤歷訪

호숫가에서 여러 산들 돌아볼 즈음에	指顧群山湖上時
멀리서 산속의 해를 끌고 더디게 다리를 건너오네	遠携山日渡橋遲
예나 지금이나 가을빛은 늘 시흥을 일으켜	古今秋色同騷韻
쓸쓸히 평생토록 홀로 시를 읊었네	蕭瑟平生獨賦詩
유수께서 잊지 않고 다시 골목을 들어서니	明府難忘再入巷
내 집은 찾기 쉬워 사방에 울타리 없다오	吾家易識四無籬
노쇠한 얼굴 흰머리로 이미 쇠약했으니	蒼顔白髮已衰矣
느린 걸음걸이에 명함 건넬 필요 있으랴	蹩躠何須短刺持

330 수원(水原)……찾아오다 : 저자가 72세 때인 1838년(헌종4)경에 수원 유수 이기연(李紀淵, 1783～?)과 만나 지은 시이다. 이기연은 1837년(헌종3) 12월 1일 수원 유수에 임명되어 이듬해 11월까지 재직하였다. 이기연의 본관은 전주(全州), 자는 경국(景國)으로, 이지연(李止淵)과 이회연(李晦淵)의 아우이다. 1805년(순조5) 문과에 급제, 홍문관 정자(弘文館正字)를 시작으로 내직을 주로 역임하여 벼슬이 판서에 올랐다. 1840년(헌종6)에 탐학하다는 탄핵을 받아 향리로 추방되었고, 나중에 죄가 가중되어 고금도(古今島)에 유배되었다가 1849년(철종즉위년)에 풀려났다.

도애당의 모임에서 희세가 운자를 부르다[331]

集陶厓堂羲世命韻

가을 구름은 밤에 푸른 산 노을에 잠들고	秋雲夜宿碧山霞
가을비는 아침에 강 머리 모래에 걸렸네	秋雨朝懸滄水沙
흡사 외로운 새가 옛 짝을 따르는 듯	定似孤禽逐舊侶
한가로이 수척한 말 타고 그대 집에 이르렀네	閑騎瘦馬到君家
반쯤 가린 소나무 그림자가 처마 끝에 들어오고	半遮松影簷端入
쌍으로 선 박꽃이 담장 위에 기울었네	雙立匏花墻上斜
곧장 남쪽 누각에 올라 오랜 이별을 이야기하니	直上南樓話久別
불어난 물이 시냇가에 세 차례 흔적 남겼네	漲痕三過澗之涯

331 도애당(陶厓堂)의……부르다 : 저자가 72세 때인 1838년(헌종4)경에 도애(陶厓) 홍석모(洪錫謨)의 집에 모여 신순(申淳)이 낸 운에 차운한 시이다. '희세(羲世)'는 신순의 자(字)이다. 404쪽 주323 참조.

다시 도애당에 모이다

重集陶厓堂

새로 빚은 붉은 상락주에 취기가 설핏 오르는데	新紅桑落上微醺
찬비는 동쪽으로 돌아가고 서쪽으로 해가 기우네	冷雨東還西日曛
바람 소리가 우수수 누각을 흔들며 불어오고	風響颼颼撼樓至
종소리는 은은하게 물 건너에서 들려오네	鍾聲杳杳隔水聞
깊은 숲에 길 찾으며 고요히 달빛 속을 거닐고	邃林覓路靜乘月
높은 나무 하늘에 닿아 아득히 구름을 보네	高樹干霄眇看雲
한번 도애당에 와서 국화꽃을 딴 뒤론	一自陶家採菊後
남산이 다른 산보다 살갑게 다가오네	南山不與衆山群

치문과 함께 짓다[332]

與稚文作

같은 시내를 두 번 세 번 건너니	一水二三涉
푸른 시내에 석양이 비쳐 오네	青溪落日還
그대 집 찾느라 거의 길을 잃었다가	訪君幾失路
손님도 없는 외로운 집에 이르렀네	無客到孤關
들창 너머 봄은 술동이에 떴고	隔牖春浮甕
문을 여니 가을이 산에 가득한데	開門秋滿山
백여 일을 서로 만나지 못하다가	十旬不相見
다시 만나매 얼굴이 더 수척해졌네	相見更凋顔

332 치문(稚文)과 함께 짓다 : 저자가 72세 때인 1838년(헌종4)경에 지은 시이다. 치문에 대해서는 미상이다.

희세의 학산장에 묵으며 함께 짓다[333]

宿羲世鶴山庄同作

심은 솔이 모두 늙어 줄기에 비늘 덮이고	種松皆老作鱗身
밤낮으로 여울 소리는 부춘산[334]에 울리네	日夜灘聲鳴富春
강가의 모든 산은 멀리 나그네를 맞고	河上千山遠迎客
문 앞의 다섯 버들[335]은 고요하여 사람이 없네	門前五柳靜無人
애석해라 벗과 떨어지고 하물며 노쇠하니	離群可惜況衰老
어찌하면 거리를 줄여 늘 이웃할 수 있을까	縮地何由長接隣
물가 주막의 붉은 술주자엔 가을빛 방울지니	水店紅槽秋滴滴
서쪽 밭의 향기로운 기장술을 새로 맛보네	西田香秫味嘗新

333 희세(羲世)의……짓다 : 저자가 73세 때인 1839년(헌종5)경에 신순(申淳, 1775~?)의 집에서 지은 시이다. '희세'는 자(字)이고, '학산(鶴山)'은 호이다.

334 부춘산(富春山) : 신순이 은거한 산을 비유한 말이다. '부춘산'은 후한 광무제(光武帝)의 친구 엄광(嚴光)이 은거한 산 이름으로, 그는 높은 벼슬을 주려는 광무제의 호의를 거절하고 이 산에 들어가 숨어 살며 동강에서 낚시질로 소일하였다고 한다.

335 다섯 버들 : 신순이 은거한 집을 묘사한 말이다. 도연명(陶淵明)이 버드나무 다섯 그루를 심고 은거하여 오류선생(五柳先生)으로 일컬어졌던 데서 유래한 말이다.

광릉에서 숙직하며[336]

直宿光陵

광릉 령으로 숙직하는 이날은	列宿郎官日
《양양기구전》에 들 나이일세[337]	襄陽耆舊年
재숙 중에 함께 앉을 이 없어	齋中無偶坐
소나무 아래 홀로 편히 잠드네	松下獨安眠
길을 닦아 앞 시내에 다리를 놓고	除道梁前水
숲을 터서 먼 하늘을 맞아들이네	開林納遠天
흐르는 폭포를 굽어보며 밥을 먹노라니	會臨流瀑飯
나무 끝에 푸른 연기가 덮였네	木末羃青煙

336 광릉(光陵)에서 숙직하며 : 저자가 73세 때인 1839년(헌종5)에 광릉 령(光陵令)으로 숙직하며 지은 시이다. 광릉은 조선 세조(世祖)와 그의 비 정희왕후(貞熹王后) 윤씨(尹氏)의 능으로, 경기도 남양주시 진접읍 부평리에 있다. 저자는 이해 2월 3일 광릉 령에 임명되었다.

337 광릉……나이일세 : 저자가 노년에 숙직하게 된 것을 말한다. 《양양기구전(襄陽耆舊傳)》에 대해서는 330쪽 주130 참조.

금류담과 옥류담[338]

金流玉流二潭

바위틈 샘물이 졸졸 흐르니　　石溜濺濺瀉
금류담이 옥류담에 이어지네　　金流續玉流
종소리런가 천지를 울리고　　似鍾鳴九夏
거울이런가 천년을 비추네　　如鏡照千秋
흥겨운 유람을 우리들에게 하라고　　發興自吾輩
노쇠한 나이에 이곳 벼슬을 주었네　　衰年官此丘
근원의 끝까지 못 갈 것 없으니　　窮源無不去
어찌 꼭 고깃배를 타야 하리오[339]　　何必乘漁舟

---

338 금류담(金流潭)과 옥류담(玉流潭) : 저자가 73세 때인 1839년(헌종5)에 지은 시이다. 금류담과 옥류담은 광릉(光陵)에서 가까운 수락산(水落山) 계곡에 있는 금류폭포와 옥류폭포를 가리킨다.

339 근원의……하리오 : 계곡을 걸어 들어가면 무릉도원(武陵桃源) 같은 선계를 만날 수 있다는 말이다.

이 영감이 대자리를 보내주다[340]

李令贈簟

강계 부사께서 호탕하신 분이라	江州府使豪爽者
촘촘한 대자리를 보내주니 운치도 기이하네	桃笙無孔贈韻奇
천사백 리를 멀다 않고 보내오니	不遠千四百里至
여덟 자 작은 대청에 펴놓기 제격이네	小堂八尺展相宜
얼음처럼 매끄럽고 옥처럼 단단하니	膩滑如冰堅似玉
왼쪽 오른쪽 가로 세로로 깔아보네	左之右之縱橫之
운모 창 앞에 번쩍번쩍 빛나고	雲母窓前光燿燿
수정 주렴 아래 그림자 어른거리네	水晶簾下影迤迤
사방 좌석 돌아보며 세 번 탄식하고서	四座四顧三歎息
정군의 누런 유리 대자리를 떠올려보네[341]	尋思鄭群黃琉璃
기개는 천년 위까지 능가할 만하고	氣岸憑凌千年上

---

340 이 영감(李令監)이 대자리를 보내주다 : 저자가 73세 때인 1839년(헌종5)경에 강계 부사(江界府使) 이탁원(李鐸遠, 1777~1840)이 보내준 대자리에 사례하며 지어 준 시이다. 이탁원은 1838년 윤4월 28일 강계 부사에 임명되었다. 이탁원에 대해서는 337쪽 주139 참조.

341 정군(鄭群)의……떠올려보네 : 이탁원이 보내준 대자리가 누런 유리빛으로 빛난다는 말이다. 당(唐)나라 한유(韓愈)가 정군이란 사람이 보내준 대자리를 읊은 〈정군증점(鄭群贈簟)〉이라는 시에 "정군의 대자리가 왔어도 낮에 누울 수가 없으니, 온 관아가 누런 유리 빛깔을 돌려가며 구경하네.〔攜來當晝不得臥, 一府傳看黃琉璃.〕"라고 묘사한 구절이 있다. 원문의 '群'은 저본에는 '君'으로 되어 있는데, 전고를 참조하여 수정하였다.

포부는 천년 뒤까지 이어질 만한데	心期宛轉千秋後
지금 사람으로 옛사람의 풍류에 못지않으니	今人不減昔人風
매만지며 잠시도 손을 멈출 수 없네	摩挲不能少停手
붓을 휘두르니 산악을 흔드는 감흥이 솟아	筆搖五岳興欲飛
소리치며 또 잔 속의 술을 기울이네	喧呼且傾杯中酒
우선 노복을 보내 답신을 올리오니[342]	聊遣長鬚贈雙鯉
감사한 나의 작은 마음을 받아주시기 바라네	款以一寸心相許

342 노복을……올리니 : 원문의 '장수(長鬚)'는 수염이 난 남자 종을 가리킨다. 원문의 '쌍리(雙鯉)'는 서신을 가리키는 말로, 악부(樂府) 〈음마장성굴행(飮馬長城窟行)〉에 "손님이 멀리로부터 와서, 나에게 잉어 두 마리를 주네. 아이 불러 두 잉어를 삶게 했더니, 배 속에서 짤막한 서신이 나왔네.〔客從遠方來, 遺我雙鯉魚. 呼兒烹鯉魚, 中有尺素書.〕"라고 한 데서 유래하였다.

장단에 물러나 지내는 희곡을 편지로 위문하다[343]

書問希谷湍上遜居

야광주는 몰래 던져주기 어렵고 明月難暗投
따스한 바람도 재앙으로 쉬이 바뀌네[344] 煖風易災成
아, 내 벗이 공경스럽더니 嗟吾友敬矣
천지간에 온통 이름이 폐기되었네 天壤俱弊名
사통팔달 평탄한 대로에 四達平周路
두 발로 맘껏 달리지 못하네 足不良能行

343 장단(長湍)에……위문하다 : 저자가 74세 때인 1840년(헌종6) 10월경에 경기도 장단에 머물던 이지연(李止淵)을 위로하고자 지은 시이다. 희곡(希谷)은 이지연의 호인데, 이때 유배를 떠나기 전에 대기하던 중이었다. 이지연이 판중추부사로 재직하던 1840년(헌종6)에 대사간 이재학(李在鶴), 수찬 심승택(沈承澤) 등이 상소하여 이지연과 이기연(李紀淵) 형제가 정권을 농단하고 탐욕스러움을 지목하자, 10월 6일에 대왕대비의 전교로 두 형제를 향리로 방축하라는 처벌이 내려졌고, 10월 14일에 유배의 명이 내렸다. 이지연은 함경북도 명천부(明川府)에 유배되어 이듬해 9월에 그곳에서 죽었고, 이기연은 고금도(古今島)에 유배되었다가 9년 만에 해배되어 다시 관직에 복귀하였다.

344 야광주는……바뀌네 : 재능 있는 사람이 남의 질시를 받고, 임금의 총애가 도리어 재앙으로 변했다는 의미이다.

원춘이 정의현에 유배되었기에 증별하다[345]

元春流旌義贈別

돛배를 타고 가면	肇維長綃
작은 섬이 바다 가운데 있는데	枝涛中洋
끝없이 큰 파도 일고	瀾汗無際
푸른 하늘이 덮고 있네	芾幕穹蒼
머리와 발이 각각 여덟 개에	首八足八
꼬리가 여덟이고 등이 누렇네[346]	尾八背黃
그 해신이 포악하지 않아	兮神不惡
양지쪽에 의지해 사는데	據居朝陽
문득 그대와 만나더라도	忽與伊遭
난폭함 행하지 않으리라	而不亂行

---

345 원춘(元春)이……증별하다 : 저자가 74세 때인 1840년(헌종6) 9월경에 제주도 대정(大靜)으로 유배를 떠나는 추사(秋史) 김정희(金正喜)에게 지어준 시이다. '원춘'은 김정희의 자(字)이다. 김정희의 생부 김노경(金魯敬)이 1830년(순조30) 윤상도(尹尚度)의 흉소(凶疏) 사건에 연루되어 고금도(古今島)에 유배되었다가 순조의 배려로 풀려난 일이 있었는데, 10년 뒤인 1840년 9월 4일에 윤상도 사건이 다시 거론되자 김정희는 사건의 배후로 지목되었다. 헌종은 형벌을 감하여 김정희를 제주도 대정현(大靜縣)에 위리안치하도록 명하였다. 이때부터 김정희는 1848년(헌종14) 12월 6일 해배의 명이 내릴 때까지 9년간 유배 생활을 하였다. 김정희가 유배의 명을 받은 곳은 대정현인데, 원문에서 '정의(旌義)'라고 한 것은 소식을 전해 듣는 과정에서 일시적인 착오가 있었던 것으로 보인다.

346 머리와……누렇네 : 바다에 사는 해신 천오(天吳)를 형용한 말이다. 《산해경(山海經)》〈해외동경(海外東經)〉에 "조양의 골짜기에 신이 있으니 천오라고 하는데, 물의 신이다. 범의 몸에 사람의 얼굴을 하여, 머리와 발과 꼬리가 각각 여덟이고 청황색이다.〔朝陽谷有神曰天吳, 是爲水伯. 虎身人面, 八首八足八尾青黃色.〕"라고 하였다.

원춘은 학식이 넓고 품행이 단정하며 오묘한 이치를 깨우쳤으니 참으로 경외하는 벗이요 젊은 벗이 아니다. 살아서 이별하니 이 한을 어찌 견디랴[347]

元春博雅妙悟 式畏友 非少友也 生別離 恨何堪

그대의 덕이 아름답고 밝으니	維德休明
내가 그 덕을 참으로 공경한다오	台厥攸欽
그대는 꽃 피는 푸른 봄이요	靑春爾華
나는 저무는 하얀 가을이라오	素秋余陰
따지지도 않고 나은 체도 않고서	不揆不攝
은혜로운 마음에 정성을 쏟아주었다오	孚以惠心
고대의 문헌 속에 여유롭게 거닐고	容裔墳索
문예의 숲에서 너울너울 춤을 추네	婆娑藝林
아름다운 눈길은 반짝반짝 빛나고	曼睩騰光
담박한 생각은 가슴에 가득하네	冲思彌衿
얻기는 어려워도 잃기는 쉽나니	難得易失
세월은 차츰차츰 흘러간다오	日月浸尋
서쪽으로 지는 해는 아득한데	西頹杳杳
새와 짐승은 구슬피 읊조리네	鳥獸哀吟

347 학식이……견디랴 : 저자가 74세 때인 1840년(헌종6)에 추사(秋史) 김정희(金正喜)가 제주도로 유배 가는 것을 전송하며 지은 시이다. '원춘(元春)'은 저자보다 20세 아래인 김정희의 자이다. 417쪽 주345 참조.

언덕에 올라 도성을 돌아보며[348] 乘渚返顧
깊은 물에 임한 듯 두려워하리라 業業臨深
바람보다 빠른 것이 없다더니[349] 莫疾回風
돌연히 상성과 삼성처럼 되었네[350] 倏商與參
길이 상심하지 않기를 바라노니 冀不永傷
어찌 좋은 소식 들려오지 않겠는가[351] 盍懷好音

---

348 언덕에……돌아보며 : 《초사(楚辭)》 〈구장(九章) 섭강(涉江)〉의 "악저의 높은 언덕에 올라 초나라를 돌아보니, 가을과 겨울의 남은 바람에 만물이 떨어지는 모습 한탄스럽네.〔乘鄂渚而反顧兮, 欸秋冬之緖風.〕"라는 구절을 원용한 것으로, 이주한(李周翰)의 주에 따르면, 가을과 겨울의 바람이 만물을 흔들어 떨어뜨리는 것을 참소하고 아첨하는 소인에 비유하여 탄식한 것이다. 《六臣註文選 九章 李周翰註》

349 바람보다……없다더니 : 이와 관련하여 《주역》 〈설괘전(說卦傳)〉에 "만물을 움직이는 것은 우레보다 빠른 것이 없고, 만물을 흔드는 것은 바람보다 빠른 것이 없다.〔動萬物者, 莫疾乎雷. 橈萬物者, 莫疾乎風.〕"라는 내용이 보인다.

350 돌연히……되었네 : 헤어져서 다시는 만나지 못하게 되었다는 말이다. 상성(商星)은 동쪽에 있고 삼성(參星)은 서쪽에 있어서 한쪽 별이 나오면 다른 쪽 별은 들어가 영원히 서로 만나지 못한다고 하여, 헤어져서 만나지 못하는 사람을 비유하게 되었다.

351 어찌……않겠는가 : 성상께서 좋은 말로 다시 불러줄 것이라는 뜻이다. 《시경》 〈노송(魯頌) 반수(泮水)〉의 "우리 뽕나무 오디를 먹고, 나를 좋은 목소리로 회유하도다.〔食我桑黮, 懷我好音.〕"라는 구절을 원용한 것이다.

해거도위가 술과 말린 물고기를 싣고 황량한 교외 적막한 곳으로 멀리 찾아오다[352]

海居都尉載酒及藁魚 遠訪荒郊寂寞之中

겨울밤이라 옛집 문을 열고	冬宵開舊觀
봄술이라 신풍주[353]에 취하네	春酒醉新豐
텅 빈 천상은 밝은 달에 환하고	虛象通明月
두우성은 푸른 하늘에 가깝네[354]	斗牛近碧空
천년 만에 만난 지음이라	賞音千載上
만인 속에서 손을 맞잡았네	握手萬人中
깊은 학문은 스승 삼을 만하니	儒雅可師範
그대 집안의 태사공이라오[355]	君家太史公

---

352 해거도위(海居都尉)가……찾아오다 : 저자가 74세 때인 1840년(헌종6) 겨울에 지은 것으로 추정된다. '해거도위'는 정조의 부마로 영명도위(永明都尉)에 봉해진 해거재(海居齋) 홍현주(洪顯周)를 가리킨다.

353 신풍주(新豐酒) : 신풍에서 나는 명주(名酒)로, 여기서는 홍현주가 가져온 맛좋은 술을 이른다. 신풍은 중국 강소성 단도현(丹徒縣)에 있는 진(鎭) 이름이다.

354 두우성(斗牛星)은……가깝네 : '두우성'은 북두성(北斗星)과 견우성(牽牛星)을 말한다. 소식(蘇軾)의 〈전적벽부(前赤壁賦)〉에 "이윽고 달이 동산 위로 나와 북두성과 견우성 사이를 배회하였다.〔少焉, 月出於東山之上, 徘徊於斗牛之間.〕"라는 구절이 보인다.

355 그대 집안의 태사공(太史公)이라오 : 한(漢)나라 사마천(司馬遷)이 아버지 사마담(司馬談)의 뒤를 이어 태사령(太史令)이 된 것처럼, 홍현주 역시 뛰어난 문장가가 많이 배출된 집안의 일원으로서 일가의 학문을 이루었다는 말이다.

치문 아우가 와서 함께 짓다[356]

稚文弟來 同作

오래 같이 살고픈 애초의 바람 어긋나더니	長與同堂始願違
올해엔 또 함께 떠날 기회를 놓치고 말았네	今年又失一行飛
오솔길로 통하는 다리라 구름이 손을 맞고	橋通幽徑雲迎客
산속에 있는 집이라 눈이 사립문을 에워쌌네	家住寒山雪擁扉
청춘을 희롱하던 아이 시절 어제와 같은데	兒戲靑春猶昨日
황발을 더하는 노년에 석양을 함께하네	老添黃髮共殘暉
금잔을 기울이는 나는 흥이 깊어가는데	傾金罍上我深趣
옥전에 씨 뿌리는 너는 세상을 잊었구나	種玉田中汝忘機

356 치문(稚文)……짓다 : 저자가 74세 때인 1840년(헌종6)에 지은 것으로 추정된다. '치문'은 미상이다.

성 징사 근묵 의 하석정에서 시령(詩令)에 응하다[357]

成徵士 近默 霞石亭 應令

하석정 앞으로 흘러가는 시냇물 　　霞石亭前水
아침 되자 밤비에 불어나 울어대네 　　朝添夜雨鳴
산을 에워싼 물소리 갈수록 빨라지니 　　籠山響轉急
바다로 돌아가는 뜻 오랜 바람이라오 　　歸海意長傾
또한 깊이 잠복한 용이 있거니와 　　也有龍深伏
참으로 지극히 맑아 고기가 없다오 　　故無魚至淸
옥을 다스리듯 갈고닦았으니 　　磋之以攻玉
백일 아래 명성이 높이 걸렸도다 　　白日懸高名

---

357 성 징사(成徵士)의……응하다 : 저자가 74세 때인 1840년(헌종6)에 지은 것으로 추정된다. '성 징사'는 성근묵(成近默, 1784~1852)으로, 본관은 창녕(昌寧), 자는 성사(聖思), 호는 과재(果齋), 시호는 문경(文敬)이다. 성혼(成渾)의 후손이며, 1809년(순조9) 사마시에 합격하였다. 양근 군수(楊根郡守), 사헌부 장령, 사헌부 집의, 형조 참의 등을 역임하였고, 이조 판서에 추증되었다. 저서에 《과재집(果齋集)》이 있다. '징사'는 조정의 초빙을 받았으나 출사하지 않은 은사(隱士)라는 뜻이다. '하석정(霞石亭)'은 성근묵이 관악산 자하동(紫霞洞)에 지었다는 정자 이름이다. 《果齋先生集 卷5 霞石亭記》

희곡 상국이 북쪽으로 명천에 유배 가니 이별하는 마음 슬프기만 하다[358]

希谷相國北遷明川 別意悽惻

멀어지리로다 숨어서 보이지 않으리니	遢矣匿不見
수레를 출발시켜 어디로 가시는가	發軔安所之
높기로는 구름 속에 든 하늘에 닿고	高參天入雲
극지로는 더 이상 갈 때 없는 땅이라오	極無地窮時
부슬부슬 내리는 비는 산자락에 떨어지고	濛雨零山趾
거세게 부는 바람은 갈림길에 가득하네	飈風塞路歧
수심에 찬 그대는 자꾸 머뭇거리는데	京京子猶豫
근심에 쌓인 이 몸은 못내 편치 않네	蚻蚻我不夷
여기에 이르도록 함께 늙어왔는데	及此同衰暮
참으로 앞날을 기약하기 쉽지 않네	誠不易前期
괴로워하지 말란 말은 하지 말게	莫言莫言苦
오랫동안 떨어질 것이 길이 두렵다오	長懼多乖離
묵은 병에 살아갈 의욕도 사라졌으니	沉疴謝生慮
오랜 약속을 다시 지키기 어렵도다	久要難重持
바라건대 날로 그 덕을 새롭게 하여	願日新其德
각자 비슷한 처지를 스스로 위로하세	各自慰相似

---

358 희곡(希谷) ……하다 : 저자가 74세 때인 1840년(헌종6)에 지은 시이다. 희곡 이지연(李止淵)의 명천(明川) 유배에 대해서는 416쪽 주343 참조.

홍 김포 길주 에 대한 만사[359]

洪金浦 吉周 輓

예전엔 그 모습 아름다웠는데 昔可觀容止
오늘은 밝은 영령을 부르노라 今呼不昧靈
풍질이 군자를 시들게 한 날이니 風萎大雅日
달이 소미의 별[360]을 침범하였도다 月犯小微星
지난 이별 때의 기약 길이 끊겼으니 永斷前期別
어젯밤 꿈을 깬 것인가 자꾸 의심하네 翻疑宿夢醒
아아, 형이 아우를 곡하게 되었으니 吁嗟兄哭弟
그 소리 푸른 하늘까지 닿으리라 聲直于青冥

---

359 홍 김포(洪金浦)에 대한 만사 : 저자가 75세 때인 1841년(헌종7)에 지은 것으로 추정된다. 김포 군수를 지낸 홍길주(洪吉周, 1786~1841)에 대한 만사이다. 홍길주의 본관은 풍산(豐山), 자는 헌중(憲仲), 호는 항해(沆瀣)이다. 영의정 홍낙성(洪樂性)의 손자로, 형은 대제학을 지낸 홍석주(洪奭周)이고, 동생은 정조의 사위인 홍현주(洪顯周)이다. 1807년(순조7) 생원시와 진사시에 모두 합격하였다. 1822년 휘릉 참봉(徽陵參奉)을 시작으로, 장흥 주부(長興主簿), 경모궁 령(景慕宮令), 평강 현감(平康縣監), 보은 군수(報恩郡守) 등을 역임하였다. 1840년(헌종6) 2월 27일 김포 군수에 임명되었으나, 같은 해 7월 23일 올라온 경기도 감사의 장계에 따르면 심한 설사병으로 사직하였다. 《承政院日記》

360 소미(少微)의 별 : 소미성(少微星)으로, 일명 처사성(處士星)이라고도 한다. 소미성이 희미하거나 떨어지면 인간 세상의 처사가 죽는다고 한다.

송하옹의 묘소를 찾아오다[361]

過松下翁墓

슬픔 중에 영원한 이별보다 더한 것 없으니	悲莫悲兮永別離
무성하게 자란 풀 십 년 늦게 찾아왔구려	離離草宿十年遲
비끼는 석양 무덤가에서 길게 탄식하노니	斜陽壟上一歎息
인간 세상 어디에서 다시 볼 수 있을까	何處人間更見之
나를 안 이 누구였나 부질없이 홀로 늙어가니	知我者誰空獨老
그대와 같은 이 벗 아니요 나의 스승이라오	似君非友卽吾師
지나는 손 창주[362]의 길에서 이리저리 서성이며	彷徨過客滄洲路
무성한 갈대 흰 이슬의 시를 가만히 읊조리네[363]	宛讀蒼葭白露詩

361 송하옹(松下翁)의 묘소를 찾아오다 : 저자가 75세 때인 1841년(헌종7)에 지은 것으로 추정된다. '송하옹'은 송하거사(松下居士) 이낙수(李洛秀)이다.

362 창주(滄洲) : '물가'라는 뜻으로, '은사(隱士)의 거처'를 이른다.

363 무성한……읊조리네 : 그리운 사람을 만나려 해도 만날 수 없게 되었다는 말이다. '무성한 갈대 흰 이슬의 시'는 《시경》〈진풍(秦風) 겸가(蒹葭)〉 시로, "갈대가 무성하니 흰 이슬이 서리가 되었도다. 이른바 저분이 물가 저쪽에 있도다. 물결을 거슬러 올라가 따르려 하나, 길이 막히고 길도다. 물결을 따라 내려가 따르려 하나, 완연히 물의 중앙에 있도다.〔蒹葭蒼蒼, 白露爲霜. 所謂伊人, 在水一方. 遡洄從之, 道阻且長. 遡游從之, 宛在水中央.〕"라는 구절이 보인다.

시월 초하루[364]

十月一日

외딴 마을에서 보내는 시월의 달이라	孤村建亥月
찬 기러기 지나감을 소리가 들려 아네	寒過有聲知
화씨는 아침에 절기를 고르게 바로잡고	和氏晁均節
장군은 저녁에 깃발의 신에게 제사하네[365]	將軍夜祭旗
산촌의 집에선 귀뚜라미가 시절을 알고	山家感絡緯
물의 나라에선 교룡이 숨을 죽이네[366]	水國息蛟螭
옛날에 내가 온 날도 이날이었는데	昔我來斯日
다시 오늘 눈 내리는 때 왔도다	還今霏雪時

---

364 시월 초하루 : 저자가 75세 때인 1841년(헌종7)에 지은 것으로 추정된다.

365 화씨(和氏)는……제사하네 : '화씨'는 요(堯)임금 때 천문 현상을 기록하고 관찰하여 백성들에게 농사철을 알려주었던 관원이다. 576쪽 주686 참조. '깃발의 신에게 제사한다'는 것은 군대를 출동시키기 전에 군법(軍法)의 조상인 깃발의 신에게 지냈던 제사 의식을 이른다.

366 물의……죽이네 : 겨울이 되어 물이 줄어들었다는 말이다. 두보(杜甫)의 시 〈맹동(孟冬)〉에 "끝내 여울물 줄어드니, 잠시나마 교룡의 우환 그침을 기뻐하네.〔終然減灘瀨, 暫喜息蛟螭.〕"라는 구절이 보인다.

경기 감사 이경용 약우 이 순행 길에 찾아오다[367]

畿伯李景容 若愚 巡路歷過

귀한 손이 경기 고을 두루 순행할 제	上客巡芳甸
제일 먼저 촌 늙은이 있는 곳을 찾았네	先登野老傍
평생토록 송하와 뜻이 맞았는데[368]	平生松下契
감사가 되어서도[369] 잊지 않았구나	不以棠陰忘
벗들은 금란의 정을 안고 모여들고[370]	簪入金蘭盍

---

367 경기……찾아오다 : 저자가 76세 때인 1842년(헌종8)에 지은 것으로 추정된다. 이약우(李若愚, 1782~1860)의 본관은 연안(延安), 자는 경용(景容), 호는 호거(壺居), 시호는 문간(文簡)이다. 1813년(순조13) 문과에 급제하여 청요직을 두루 역임하였다. 문장에 뛰어났으며 역학과 산수에도 정통하였다. 이약우는 61세 때인 1842년 4월 6일 경기 감사(京畿監司)에 임명되어 1843년 10월 8일 장악원 제조(掌樂院提調)에 임명될 때까지 약 1년 6개월 동안 경기 감사로 재직하였다. '이경용(李景容)'의 '경(景)'은 저본에는 '경(敬)'으로 되어 있으나 오자이므로 수정하였다.

368 평생토록……맞았는데 : 저자가 이경용의 부친 송하(松下) 이낙수(李洛秀)와 친한 벗이었다는 말이다.

369 감사가 되어서도 : 원문의 '당음(棠陰)'은 감당나무 그늘로, 지방관이 정사를 펴는 곳을 비유한다. 주(周)나라 소공(召公)이 남쪽 나라를 순행하면서 문왕(文王)의 정사를 펼 때 감당나무 그늘 아래에 머물며 쉬기도 하였는데, 소공이 떠난 뒤 백성들이 그의 덕을 그리워한 나머지 그 감당나무를 아껴 차마 손상시키지 못한 고사가 전한다. 이로 인해 후에 '당음'은 지방관의 선정(善政), 또는 지방관이 정사를 펴는 곳을 비유하게 되었다.

370 벗들은……모여들고 : '금란(金蘭)'은 깊은 우정을 이르는데, 《주역》 〈계사전 상(繫辭傳上)〉의 "두 사람이 마음을 함께하니 그 날카로움이 쇠를 끊는다. 마음을 함께하는 말은 그 향기로움이 난초와 같다.〔二人同心, 其利斷金. 同心之言, 其臭如蘭.〕"라는

사립문은 옥 부절의 광채를 마주하네 華臨玉節光

화락한 즐거움이 부족할까 두렵노니 恐將缺和樂

어찌 〈녹명〉의 노래를 폐하리오[371] 詎廢鹿鳴章

구절에서 유래하였다. '벗들이 모여든다'는 것은 《주역》 〈예괘(豫卦)〉의 "의심하지 않으면 벗들이 모여들리라.〔勿疑, 朋盍簪.〕"라는 구절에서 유래하였다.

371 화락한……폐하리오 : 이약우가 높은 감사의 신분으로 일반 백성인 자신을 찾아오니, 예의에 구속되어 화락한 즐거움을 펼 수 없을까 술자리를 베푼다는 말이다. '〈녹명〉의 노래'는 《시경》 〈소아(小雅) 녹명(鹿鳴)〉으로, "화락하게 우는 사슴의 울음소리여, 들의 대 쑥을 뜯도다. 내 아름다운 손님이 있어 비파를 타며 젓대를 부노라. 젓대를 불며 생황을 울려 광주리를 받들어 폐백을 올리니, 나를 좋아하는 사람은 나에게 대도(大道)를 보여줄지어다.〔呦呦鹿鳴, 食野之苹. 我有嘉賓, 鼓瑟吹笙. 吹笙鼓簧, 承筐是將. 人之好我, 示我周行.〕"라는 구절에서 유래하였다. 뒤에 현자를 예우하고 벗을 구하는 뜻으로 쓰이게 되었다.

희곡의 영구가 명천에서 돌아와 임단의 선산에 초빈하다[372]
希谷靈櫬自明川歸 殯臨湍故山

그대는 고인 되어 멀리 떠났건만	君作故人去
나는 옛날과 똑같이 찾아왔구나	我如昔日來
애달프다 초빙받아 출사했을 뿐인데	傷心但招隱
날카로운 뿔에 끝내 재앙을 당했도다[373]	觺角竟遺災
나는 장식 없는 거문고 음률 끊겼고[374]	後死素絃絶
그대는 붉은 깃발 명정으로 돌아왔네	先生丹旐回
차가운 시내가 사슴의 자취로 돌아가니[375]	寒溪歸鹿迹
동산[376]의 모퉁이가 그저 적막하도다	寂寞東山隈

---

372 희곡(希谷)의……초빈하다 : 저자가 75～76세 때인 1841～1842년(헌종8)에 지은 것으로 추정된다. '희곡'은 이지연(李止淵)의 호이고, '임단(臨湍)'은 경기도 장단(長湍)의 옛 이름이다.

373 날카로운……당했도다 : 이지연이 유배지인 명천(明川)에서 죽은 것을 이른다. '날카로운 뿔'은 토지신 후토(后土)의 후백(侯伯)인 토백(土伯)에게 있다는 뿔로, 주로 사람을 해치는 데 쓰인다고 한다. 《초사(楚辭)》 〈초혼(招魂)〉의 "토백은 몸이 아홉 번 구부러지고, 그 뿔이 날카롭다.〔土伯九約, 其角觺觺些.〕"라는 구절에서 유래하였다.

374 나는……끊겼고 : 모함을 받아 유배 갔다가 죽어서 돌아온 이지연을 더 이상 볼 수 없게 되었다는 말이다.

375 차가운……돌아가니 : 시냇가에 살던 이지연의 자취가 없어졌다는 말이다. '사슴의 자취'는 춘추 시대 정(鄭)나라의 한 나무꾼이 사슴 한 마리를 잡아서 다른 사람이 볼까 두려워 땅속에 묻고 파초 잎으로 덮어두었는데, 뒤에 그 묻은 곳을 잊어버려 모두 한바탕 꿈이 되고 말았다는 고사에서 유래하였다. 《列子 周穆王》

376 동산(東山) : 동진(東晉)의 사안(謝安)이 일찍이 벼슬을 버리고 은거하던 곳으로, 여기서는 이지연이 은거하던 장단(長湍)을 가리킨다.

절구[377]

絶句

곧장 푸른 산에 이르러 폭포수를 마주하니	直到青山當瀑水
유장한 산이 다시 흰 구름과 함께 일어나네	山長復與白雲起
복사꽃 아래는 깨끗하여 티끌 한 점 없는데	小桃花下淨無塵
벗님의 편지 한 장을 꺼내 한가로이 읽노라	閑讀故人書一紙

377 절구(絶句) : 저자가 76세 때인 1842년(헌종8) 봄에 지은 것으로 추정된다.

감흥이 일어[378]

漫興

장구한 해와 달은 예나 지금이나 같으니	長懸日月古今同
산의 북쪽과 동쪽엔 봄꽃이 다 피었네	開盡春花山北東
웃으며 손자들 향해 나이를 세어보니	笑向孫曾年壽算
인생 백 년 중에 사분의 삼이 지났구나	四分三過百年中

378 감흥이 일어 : 저자가 76세 때인 1842년(헌종8) 봄에 지은 것으로 추정된다.

해거도위의 산장에서[379]

海居山館

산정에서 손을 맞아 앉았으니	山亭邀客坐
옥색 빛깔의 하늘을 나누어주네	分與卵青天
비 내릴 땐 모래섬이 온통 푸르더니	雨復洲全綠
갠 빛 돌아오자 봄이 참 어여쁘네	晴回春可憐
날은 마침 불 없는 한식일이요	日中冷節日
해는 으레 꽃이 피는 계절인데	年例發花年
펼쳐서 허유[380]의 그림을 보니	展看許維畫
푸른 바다 빙 두른 섬에서 건너왔네	碧環渡海傳

---

379 해거도위(海居都尉)의 산장에서 : 저자가 76세 때인 1842년(헌종8) 동지 이후 105일째 되는 한식(寒食)에 지은 것으로 추정된다. '해거도위'는 정조의 부마로 영명도위(永明都尉)에 봉해진 해거재(海居齋) 홍현주(洪顯周)를 가리킨다.

380 허유(許維) : 1809～1892. 허련(許鍊)이라는 다른 이름이 있다. 조선 말기의 서화가로 자는 마힐(摩詰)이며, 호는 소치(小痴)・노치(老痴)・석치(石痴)이다. 당(唐)나라 남종화와 수묵산수화의 효시인 왕유(王維)의 이름을 따라서 허유로 개명하였고, 마힐이라는 자 역시 왕유의 자를 따른 것이다. 전남 진도(珍島) 출신으로, 벼슬은 지중추부사(知中樞府事)에 이르렀다. 시(詩)・서(書)・화(畫)를 모두 잘하여 삼절(三絶)로 불렸는데, 그림은 특히 묵죽(墨竹)을 잘 그렸고, 글씨는 김정희(金正喜)의 서체를 많이 따라서 썼다. 만년에 고향인 진도로 내려가서 운림산방(雲林山房)이라는 화실을 마련하고 작품 제작에 몰두했다고 한다.

벼슬에서 해면되어 산속 집으로 돌아오다[381]

解官還山居

하늘을 우러러 크게 웃으며 강물을 건너노라니	仰天大笑渡江水
강물이 하늘까지 튀어 올라 구름처럼 떠 있네	江水拍天浮似雲
황량한 교외에 해가 지니 백사장이 아득하고	日昃荒郊沙渺渺
푸른 버들에 바람 거세니 버들개지가 분분하다	風飇綠柳絮紛紛
사조의 청산택[382]으로 시를 읊조리며 돌아와	吟回謝脁青山宅
양흔의 백련군[383]에 붓을 들어 써 내려가노라	書破羊欣白練裙
옥 같은 얼굴의 선생은 무엇을 하는 자였나	玉貌先生何爲者
사람에게 다시 평원군을 생각나게 하네[384]	令人却憶平原君

381 벼슬에서……돌아오다 : 저자가 75~76세 때인 1841~1842년(헌종8) 초여름에 지은 것으로 추정된다. 당시에 저자는 종5품 현릉 령(顯陵令)으로 재직하고 있었다. 《승정원일기》에 따르면, 저자는 이 벼슬에서 해면(解免)된 뒤 1849년(철종 즉위년) 11월 12일 정3품 첨지중추부사(僉知中樞府事)에 제수될 때까지 벼슬이 없었던 듯하다.

382 사조(謝脁)의 청산택(青山宅) : 남조 제(齊)나라 시인 사조가 495년에 선성 태수(宣城太守)로 부임해서 이곳의 청산(青山)에 올라 '산수도(山水都)'라 찬탄하고 청산의 남쪽 기슭에 지었다는 별서(別墅)를 이른다. 사공택(謝公宅)이라고도 한다. 뒤에 '청산'은 벼슬을 버리고 은거하는 곳을 비유하게 되었다.

383 양흔(羊欣)의 백련군(白練裙) : 남조 송(宋)나라의 서법가 양흔이 12세였을 때 새 비단 하의를 입고 낮잠을 자는데, 당시 양흔을 몹시 아꼈던 오홍 태수(吳興太守) 왕헌지(王獻之)가 이를 보고 양흔의 하의에 글씨를 써주고 떠났다고 한다. 뒤에 문인들 간에 서로 사모하는 것을 비유하게 되었다. 《宋書 卷62 羊欣列傳》

384 옥……하네 : '옥 같은 얼굴의 선생'은 전국 시대 제(齊)나라 사람인 노중련(魯仲連)을 가리킨다. 노중련이 조(趙)나라에 머무를 때 진(秦)나라가 조나라의 수도인 한단

북두는 봉황 한 쌍을 위해 높이 솟은 궁궐이요　　北斗高爲雙鳳闕
강남은 고기 한 마리 목욕을 허여한 물굽이라오　　江南許沐一魚灣
고을에 푸른 풀 보이니 돌아가는 길 알겠고　　鄉看青草知歸路
대문에 큰 솔 섰으니 우리 집 빗장임을 알겠네　　門立長松識弊關
밝은 달이 뜰 때 달과 함께 물을 건너니　　明月來時同渡水
흰 구름은 산을 뒤덮지 않은 날 없구나　　白雲無日不漫山
풍진 세상에 자취를 감춤도 호쾌한 일이니　　風塵削跡亦豪爽
서너 칸 초가집에서 편안히 잠들리라　　穩宿茅宮三四間

(邯鄲)을 포위한 적이 있다. 그때 조나라에 와 있던 위(魏)나라의 장군 신원연(新垣衍)이 조나라로 하여금 진나라 왕을 황제로 추대하고 군대를 철수시키게 하려고 하자, 노중련이 신원연을 만나서 진나라가 무도한 나라임을 역설한 뒤, "만일 진나라를 황제로 추대한다면 나는 동해에 빠져 죽을지언정 진나라 백성이 되지는 않을 것이다."라고 하며 중지시키니 진나라 군사들이 퇴각하였다고 한다. '평원군(平原君)'은 전국 시대 조(趙)나라 무령왕(武靈王)의 아들로, 빈객을 좋아하여 식객이 많을 때에는 천 명을 헤아렸다고 한다. 한번은 노중련이 신원연을 만나고서도 말이 없자, 신원연이 "지금 내가 선생의 옥 같은 모습을 보니 평원군에게 구함이 있는 사람이 아니다.〔今吾視先生之玉貌, 非有求於平原君者.〕"라고 말했다는 고사가 전한다. 여기서는 '옥 같은 얼굴의 선생'으로 자신을 비유하여 자신이 벼슬에 연연해하지 않음을 비유한 듯하다. 《史記 卷83 魯仲連列傳》《戰國策 趙策三》

절구[385]

絶句

바람에 가랑비 비끼는 강의 남쪽과 북쪽	斜風細雨江南北
사람들 떠나가고 떠나오는 길 참으로 어렵구나	人去人來行路難
산 위는 하늘과도 같아 오를 수가 없으니	山上如天不可上
차라리 대 난간에 한가로이 기댐만 못하리라	不如閑憑竹欄干
강물이 마음을 흔들어 감회가 그치지 않으니	江水漾情情未已
성글고 부드러운 비단 물결이 첩첩이 돌아오네	疏羅軟縠疊瀾回
빈 골짝의 우리 집은 차갑기가 철과도 같으니[386]	吾家空谷冷如鐵
배고프면 노을 먹고 목 타면 매실을 떠올리네	飢食丹霞渴望梅

385 절구(絶句) : 저자가 75~76세 때인 1841~1842년(헌종8)에 지은 것으로 추정된다.

386 빈……같으니 : 깊은 산중에 있는 집이 가난하다는 말이다.

홍경부가 도연명의 〈귀조〉 시 네 수에 화운시를 지어 떠나기에 앞서 찾아와 이별하기에 정성스러운 뜻에 화답하다[387]

洪敬敷和陶歸鳥四章 臨歧來別 和答眷意

훨훨 날아 돌아가는 새여 翼翼歸鳥
떠나기를 숲속에서 하였구나 于去于林
바람은 나무를 잠잠히 두지 않고 風不靜樹
비는 봉우리를 잠잠히 두지 않네 雨不靜岑
하늘 끝까지 자유롭게 날아올라 天際翔矣
지극히 텅 빈 곳에 노닐고 싶었건만 至虛遊心
저녁이면 초가집 처마에서 잠들고 夕宿茆簷
아침이면 꽃그늘 아래에서 울었으리라 晁啼花陰

훨훨 날아 돌아가는 새여 翼翼歸鳥
이리저리 자유롭게 나는구나 載翔載飛
강산은 예전과 다르지 않고 江山不殊
천지는 지금도 아른거리네 天地依依
윤기 나던 털 상할까 두려우니 恐傷毛肥

387 홍경부(洪敬敷)가……화답하다 : 저자가 75～76세 때인 1841～1842년(헌종8)에 지은 것으로 추정된다. '경부'는 홍석모(洪錫謨)의 자이다. '홍(洪)'은 저본에는 '공(共)'으로 되어 있으나 오자이므로 수정하였다.

이제 돌아가자 이제 돌아가자　曰歸曰歸
새그물은 넓고도 넓나니　畢之恢恢
그 손길 너에게도 미치리라　德及爾遺

훨훨 날아 돌아가는 새여　翼翼歸鳥
천천히 숲 위를 배회하네　馴林裴徊
어찌 하늘 길 없으랴마는　豈無圜路
여기 깃들던 곳이 편안하네　安此攸棲
반짝이는 햇빛은 머리 위로 맑고　淳曜仰澄
부드러운 바람은 옆에서 노래하네　協風旁諧
누가 있어 나를 격려해줄까　疇將勵之
아름다운 음성이 그립도다　好音以懷

훨훨 날아 돌아가는 새여　翼翼歸鳥
차가운 가지에 모였구나　集于寒條
무리 지어 자유롭게 날아다니고　振振逸擧
의기양양 높은 가지에 깃드네　矯矯遐標
일천 부류 일만 족속이　千類萬族
무리로 와서 즐거이 노래하니　群至交交
동쪽으로 날아가지 말려무나　莫作東飛
백로여 백로여[388]　伯勞伯勞

388 동쪽으로……백로여 : 친척이나 벗과 이별할 때 쓰는 말이다. 《옥대신영(玉臺新詠)》 〈동비백로가(東飛伯勞歌)〉의 "동쪽으로 백로 날고 서쪽으로 제비 나니, 견우와 직녀가 서로 만나는 때로다.〔東飛伯勞西飛燕, 黃姑織女時相見.〕"에서 유래하였다.

나의 집 4수[389]

吾廬四章

해가 길게 들고 달이 밝게 비추는 곳　　修日朗月
바로 시원하고 통창한 나의 집이라오　　爽暢吾廬
온 집안 식구들 환히 웃으면서　　門子粲粲
들어와 웅크리고 몸을 펴기도 하네　　入而卷舒
원대한 계획 주머니를 묶듯 한다면[390]　　遠圖括囊
어찌 예저에게 잡힐 것을 두려워하랴[391]　　曷懼豫且

하늘의 훼손은 받기 쉽지만　　天損易受
사람의 도움은 없기가 어렵네[392]　　人益難無

---

389 나의 집 4수 : 저자가 75～76세 때인 1841～1842년(헌종8)에 지은 것으로 추정된다.

390 원대한……한다면 : '주머니를 묶는다'는 것은 말을 삼간다는 뜻이다. 《주역》〈곤괘(坤卦) 육사(六四)〉의 "주머니 입구를 묶듯이 하면, 허물도 없으며 칭찬도 없으리라.〔括囊, 無咎無譽.〕"라는 구절을 원용한 것이다.

391 어찌……두려워하랴 : 귀한 사람이 미복으로 출행할 때 있을 수 있는 예기치 못한 근심이 없을 것이라는 말로, 유향(劉向)의 《설원(說苑)》〈정간(正諫)〉에 보이는 다음과 같은 고사를 원용한 것이다. 예저(豫且)는 춘추 시대 송(宋)나라의 어부 이름이다. 백룡(白龍)이 물고기로 변하여 연못에 나왔는데 예저가 그 눈을 쏘아 맞추었다. 백룡이 천제(天帝)에게 이를 하소연하자, 천제는 오히려 예저에게 무슨 죄가 있느냐고 했다고 한다.

392 하늘의……어렵네 : 《장자(莊子)》〈산목(山木)〉의 "하늘의 훼손을 받지 않기는 쉽지만, 사람들의 도움을 받지 않기는 어렵다.〔無受天損易, 無受人益難.〕"라는 구절을

늙은 신하를 은혜롭게 보살펴주시니　　惠養老臣
남은 날을 전원에서 보내는구나　　餘日桑楡
땅과 하늘의 그물 펴고 정돈하여[393]　　衍絡振維
만년의 즐거움을 지극히 하네　　以極其娛

날을 빌려 적막하게 지내노니[394]　　借日蕭寥
십순주인 청주도 함께 익어가네　　十旬兼淸
한 치의 술거품이 둥둥 뜨니[395]　　徑寸之膏
큰 말에 술이 한가득이로다　　大斗斯盈
차마 홀로 깨어 있지 못하니　　不忍獨醒
이리저리 서성임을 어찌 견디랴　　曷任屛營

엄숙하고 엄숙한 의를 따르니　　肅乎由義
드넓고 평탄한 큰길을 가네[396]　　蕩乎夷庚

원용한 것이다.

393 땅과……정돈하여 : 큰 공부를 한다는 말이다. 한(漢)나라 장형(張衡)의 〈서경부(西京賦)〉에 "그대는 하늘의 그물을 정돈하고, 땅의 그물을 펼쳤도다.〔爾乃振天維, 衍地絡.〕"라는 구절이 보이는데, 이를 원용한 것이다.

394 날을……지내노니 : 친한 사람들이 먼저 죽고 혼자 남아 오래 사는 것이 마치 하늘에게서 날을 빌린 듯하다는 말이다.

395 십순주(十旬酒)인……뜨니 : 장형(張衡)의 〈남도부(南都賦)〉에 보이는, "술은 구온주인 단술과 십순주인 청주를 겸하였네. 막거른 술에 떠 있는 한 치의 술거품, 술구더기가 부평초와 같구나.〔酒則九醞甘醴, 十旬兼淸, 醪敷徑寸, 浮蟻若萍.〕"라는 구절을 원용한 것이다.

396 엄숙하고……가네 : 《맹자》 〈등문공 하(滕文公下)〉에 "천하의 넓은 집에 거처하

어찌 깊이 두려워하며	曷不神惢
어두운 마음 일깨우지 않으리오	爽曙昏情
몸은 덕을 통해 윤택해지고	身以德潤
도량은 예를 통해 완성된다오	器以禮成

며, 천하의 바른 자리에 서며, 천하의 큰길을 간다.〔居天下之廣居, 立天下之正位, 行天下之大道.〕"라는 내용이 보이는데, 주희(朱熹)의 주에 따르면 '천하의 넓은 집'은 인(仁)을, '천하의 바른 자리'는 예(禮)를, '천하의 큰길'은 의(義)를 이른다. 이와 관련하여 진(晉)나라 속석(束晳)의 〈보망시(補亡詩)〉에 "넓고 넓은 큰길이여, 사물이 이로 말미암아 생겨나도다.〔蕩蕩夷庚, 物則由之.〕"라는 구절이 보인다.

아침 조망[397]

早眺

맑은 햇살 어여뻐 유유히 한가로이 바라보니	悠悠閑望愛晴暉
까치 한 쌍이 둥지를 돌아보며 위아래로 나네	雙鵲眄巢高下飛
이 산 저 산 검푸른 빛 차츰차츰 솟아나니	稍見諸山黛色出
모르겠네 빗줄기 돌아간 곳 어디일까	不知何處雨痕歸
흐르는 구름은 점점 흩어져 맑은 날씨로 바뀌고	從雲漸散化淸節
땅속의 물은 소리 없이 푸른 산을 에워쌌네	暗水無聲籠翠微
우연히 어부가 시냇가에 다다랐다가	偶與漁師溪上至
얼음 난간 부러져 옷을 한 번 걷는 걸 보았네	氷欄中折一褰衣

397 아침 조망 : 저자가 75~76세 때인 1841~1842년(헌종8)에 지은 것으로 추정된다.

해거도위의 금옥당에서 왜영산홍을 감상하다[398]

海居金玉堂 翫倭映山紅花

붉은 햇빛이 꽃가지에 쌓이니	紫日積花枝
가지마다 어찌 그리 눈부신지	枝枝何陸離
무성한 꽃망울 올망졸망 맺히더니	繁英結細瑣
온 나무에 들쭉날쭉 피어났네	全樹發差池
백옥색도 분명히 보이니	白玉分明見
황금색도 될 수 있으리라	黃金化可爲
촌 늙은이도 함께 즐김을 허락하니	許同野老翫
봄빛은 본래 사사로움이 없다오	春色本無私

398 해거도위(海居都尉)의……감상하다 : 저자가 76세 때인 1842년(헌종8) 봄에 지은 것으로 추정된다. '해거도위'는 정조의 부마로 영명도위(永明都尉)에 봉해진 해거재(海居齋) 홍현주(洪顯周)를 가리킨다.

근래 작고한 공조 참의 박여응 제상 에 대한 만사[399]
近故工曹參議朴汝膺 齊尙 挽

좋은 벗이 몸을 깨끗히 하고 떠나니	良友潔身去
단아했던 모습을 볼 수 없게 되었네	端容不可觀
지난날 동궁에서 보익하였는데	昔焉翊春邸
이제는 동관의 벼슬에서 그쳤구나[400]	今也止冬官
함께 늙어 머리 모두 백발 되었으니	同老髮雙皓
한평생이 손가락 한 번 튕길 찰나로다	平生指一彈
쓸쓸한 옛 오솔길 대나무숲엔	凄涼舊徑竹
새로 돋은 대나무 줄기가 푸르도다	孫竹青琅玕

---

399 근래……만사 : 저자가 76세 때인 1842년(헌종8)에 지은 것으로 추정된다. 박제상(朴齊尙, 1770～?)의 본관은 반남(潘南)이고, 여응(汝膺)은 그의 자(字)이다.

400 지난날……그쳤구나 : '동관(冬官)'은 공조(工曹)를 이른다. 박제상은 1827년(순조27) 9월 22일 정5품 세자익위사 익위(世子翊衛司翊衛)에 제수되었으며, 1840년(헌종6) 3월 4일 정3품 공조 참의에 제수되었다. 이후 1841년(헌종7) 1월 29일 정3품 돈령부 도정(敦寧府都正)에 제수된 기록이 보인다. 《承政院日記》

아침에 출발하여 교외의 오두막으로 돌아오다[401]

早發還郊上鄙居

적막한 들밭에 비둘기 울음소리 들리는데	郊田寂寂鵓姑啼
말 타고 한가로이 왔건만 해가 지지 않았네	騎馬閑行日未西
굼벵이는 반이나 버들 구멍을 갉아 먹었고	蠐螬半食枯楊穴
나비는 쌍쌍이 방초 우거진 제방을 나네	蛺蜨雙來芳草堤
인가는 푸른 나무 빽빽한 숲가에 나타나고	人家綠樹濃邊出
나그넷길은 푸른 언덕 다한 곳에 나지막하네	客路靑岡盡處低
강물 속의 용의 기운 응당 가까우리니	中江龍氣應相近
난간을 울리는 산비 속에 드문드문 쟁기질하네	山雨鳴欄一兩犁

401 아침에……돌아오다 : 저자가 76세 때인 1842년(헌종8)에 지은 것으로 추정된다.

다리 북쪽 조가의 전장에서 두약 두 그루를 70년 동안 정성껏 길렀는데 줄기와 가지에 온통 붉은 꽃이 다투어 피었기에 홍생 평여 한규 와 함께 감상하다[402]

橋北曹家莊 杜若二樹勤養七十年 干條萬紅爭秀競長 洪[403]生平如 漢圭 同賞

봄빛은 참으로 공공의 재산이라	春色眞公物
그대의 집에도 꽃들이 피었구려	君家亦有花
숲속에 들어가 함께 만나는 날에	入林相見日
절제 없이 유하주[404]를 따라 마시네	無節酌流霞
아름다운 나무는 누가 심었을까	嘉木何人植
무성한 꽃들이 객을 향해 늘어졌네	繁英向客斜
가지마다 물을 굽어보며 피어나니	枝枝臨水發
시냇가 모래밭이 붉게 젖어 있네	紅濕溪邊沙

402 다리……감상하다 : 저자가 76세 때인 1842년(헌종8)에 지은 것으로 추정된다. '홍한규(洪漢圭)'는 미상이다.

403 洪 : 저본에는 '공(共)'으로 되어 있으나 오자인 듯하여 수정하였다.

404 유하주(流霞酒) : 천상의 신선이 마신다는 음료로, 한 잔을 마시면 수개월 동안 배가 고프지 않다고 한다. 여기서는 '맛 좋은 술'을 이른다.

해거도위의 산정[405] 서유대[406] 장군이 지었다고 한다. 지금 이를 사서 '석욕거정'이라 하다

海居山亭 徐有大將軍搆之云 今買之曰昔欲居亭

산 남쪽의 이 정자 오래되었으니	山南此亭古
가업으로 세운 서 장군을 꼽아야 하리	肯數徐將軍
풀은 새로 젖은 비에 솟아나고	草穿新沾[407]雨
솔은 다함없는 구름 위에 떠 있네	松浮不盡雲
신어가 나오는 복된 땅이라 전하고[408]	神魚傳地福
태을산은 우뚝하여 천문에 가깝네	太乙近天文
또한 난새와 학도 함께 깃든 곳이니	也共捿鸞鶴
맑은 풍광이 더없이 빼어나다오	淸標逈絶群

405 해거도위(海居都尉)의 산정 : 저자가 76세 때인 1842년(헌종8)에 지은 것으로 추정된다. '해거도위'는 정조의 부마로 영명도위(永明都尉)에 봉해진 해거재(海居齋) 홍현주(洪顯周)를 가리킨다.

406 서유대(徐有大) : 1732~1802. 본관은 달성(達城), 자는 자겸(子謙), 시호는 무익(武翼)이다. 1757년(영조33) 문음(門蔭)으로 선전관이 되었고, 2년 후 사복시 내승(司僕寺內乘)으로 무과에 급제하였다. 포도대장, 금위대장, 훈련대장, 어영대장, 주사대장(舟師大將) 등을 역임하였다.

407 沾 : 저본에는 이 뒤에 "어떤 판본에는 '더하다'라는 뜻의 '첨(添)'으로 되어 있다.〔一作添.〕"라는 원주가 있다.

408 신어(神魚)가……전하고 : 당(唐)나라 두보(杜甫)의 〈진주잡시(秦州雜詩)〉 열네 번째 시 중 "만고의 구지산 구멍은 별천지 소유천과 남몰래 통하네. 신어는 본 사람 없지만 복된 땅이란 말 참으로 전해오네.〔萬古仇池穴, 潛通小有天. 神魚人不見, 福地語眞傳.〕"라는 구절을 원용한 것이다. 구지산(仇池山)은 중국 감숙성(甘肅省) 성현(成縣) 서쪽에 있는데, 이곳 못에서 나는 고기를 먹으면 신선이 된다고 한다.

시냇가 오두막이 불에 소실되어 탄식하다[409]

溪上草舍爲火所燒歎

하늘은 참으로 무엇 때문이었나	天實爲何哉
어느 해이기에 불의 신을 보냈나	何年何祿回
산수 맑은 곳에 푸른 물은 흘러가는데	雙清淥水去
한바탕 웃노라니 흰 구름이 무심히 몰려오네	一笑白雲來
헛되이 허공에 비친 것이 얼마였던가	虛映空中幾
또 꽃 아래 서성인 것은 잠깐이었네	且巡花下纔
검은 개미들 너무도 작고 작기에	玄駒甚微細
개밋둑만 있어도 여전히 넓기만 하네	有垤尙恢恢

---

409 시냇가……탄식하다 : 저자가 76세 때인 1842년(헌종8)에 지은 것으로 추정된다.

연천 홍 정승에 대한 만사[410]

淵泉洪政丞挽

오늘날의 유애[411]를 들에서 곡하니 野哭今遺愛
큰 명성으로 교화시킨 덕이 아니랴 大名不化不
벗이 와서 상여 끈을 잡고 있는데 故人來執輓
어느 곳으로 떠나 배를 감추셨는가[412] 何處去藏舟
산천은 텅 비어 제자리를 잃었고 河嶽曠無所
강산은 헛되이 살던 곳만 남았도다 江山空有州
임안이 장차 어디로 간단 말인가[413] 任安且安適

---

410 연천(淵泉)……만사 : 저자가 76세 때인 1842년(헌종8)에 지은 것으로, 좌의정을 지낸 연천 홍석주(洪奭周)에 대한 만사이다.

411 유애(遺愛) : 옛사람으로 덕행이 높아 사람들에게 존경과 사랑을 받는 사람을 이른다. 《춘추좌씨전(春秋左氏傳)》 소공(昭公) 20년에 정(鄭)나라 자산(子産)이 죽자 공자가 부음 소식을 듣고 눈물을 흘리며 "옛 유애이다.〔古之遺愛也.〕"라고 한 데서 유래하였다.

412 어느……감추셨는가 : 세상을 떠났다는 말이다. 《장자(莊子)》 〈대종사(大宗師)〉의 "배를 골짜기에 감추고, 그물을 못에 숨겨두고서 든든하다고 여긴다. 그러나 한밤중에 힘센 자가 등에 지고 달아나버려도, 어리석은 자는 이를 알아채지 못한다.〔夫藏舟於壑, 藏山於澤, 謂之固矣. 然而夜半, 有力者負之而走, 昧者不知也.〕"라는 구절을 원용한 것이다.

413 임안(任安)이……말인가 : 자신은 권세와 명성을 좇아 떠나지 않겠다는 말이다. '임안'은 한(漢)나라 무제(武帝) 때 대장군 위청(衛青)의 문하객이었는데, 후에 표기장군(驃騎將軍) 곽거병(霍去病)이 무제의 총애를 받으면서 위청의 권세는 날로 떨어지고 곽거병의 명망은 날로 높아지자, 위청의 친구와 문하객이 모두 위청을 떠나 곽거병에게

텅 빈 객관에서 부질없이 서성이네　　虛館謾夷猶

가서 작록을 받았으나 임안만은 그렇게 하지 않았다고 한다.《漢書 卷55 衛靑霍去病傳》

장마를 근심하다[414]

愁霖

구름들은 모두 새까맣게 사방에서 모여들고	雲雲俱黑四同之
나무들은 바람에 흔들려 가지가 잠잠하지 않네	樹樹風搖不靜枝
은하수의 두 별이 해마다 오작교를 건너니	河上雙星年例渡
인간 세상 칠석날에 약속이나 한 듯 비가 내리네	人間七夕雨如期
강물은 평지가 되어 푸른 하늘까지 이르렀고	江成平陸靑天到
우레 소린 빈산에 머물다 백일 아래 치달리네	響宿空山白日馳
거침없이 쏟아지는 천 점 만 점 빗줄기는	沛沛滂滂千萬點
어이해 농사철엔 한 방울도 허락하지 않았던가	何無一點與人時

414 장마를 근심하다 : 저자가 76～78세 때인 1842～1844년(헌종10) 7월 7일 칠석날에 지은 것으로 추정된다.

청소 조 대감 성교 용화 가 못가에서 술을 마시고 돌아가 멀리서 시를 보내와 화답을 구하다[415]

晴沼趙台聖交 容和 池上觴飮而還 遠贈要和

지은 시는 오늘날의 도연명 사령운이라	述作今陶謝
아아, 그대가 이렇게 할 수 있었는가	嗟君能爾爲
반드시 판각되리라 의심치 않으니	無疑必繡梓
옥수 가지보다 더욱 얻기 어렵다오	難得甚璚枝
가을과 겨울이 교차하는 요즈음	日子秋冬際
조정의 높은 그대가 그립기만 하다오	月卿霄漢思
중양절에 상락주를 마시면서	重陽桑落酒
함께 시 읊조렸던 일 어찌 잊으리오	寧忘共吟之

---

415 청소(晴沼)……구하다 : 저자가 76~78세 때인 1842~1844년(헌종10) 늦가을에 지은 것으로 추정된다. '청소'는 조용화(趙容和, 1793~1845)의 호로, 본관은 풍양(豐壤), 초명은 태화(泰和), 자는 성교(聖交), 시호는 문헌(文憲)이다. 1822년 문과에 급제하였다. 저본에는 '성교'의 '교(交)'가 '교(敎)'로 되어 있으나, 《문과방목(文科榜目)》과 〈묘지명〉 등에 근거하여 바로잡아 번역하였다. 《嘉梧藁略 冊17 刑曹判書趙公墓誌》

인일[416]

人日

사람마다 각각 인일을 보니 人人見人日
인일은 사람 각각에게 속해 있네 人日屬人人
칠일은 별이 흐르는 저녁에 돌아왔고 七還星流夕
숫자는 지뢰복(地雷復)의 새벽에 부합하네[417] 數符雷復晨
삼재(三才)[418]에 참여하니 사람이 가장 귀하고 參三生最貴
한 사람을 얻으니 훌륭한 신하로다[419] 得一來良臣
여섯 번째 다음으로 나온 명협[420] 잎이 붉으니 次六丹蓂葉

---

416 인일(人日) : 저자가 77~79세 때인 1843~1845년(헌종11)에 지은 것으로 추정된다. '인일'은 음력 1월 7일을 말한다. 이날은 가절(佳節)이라 하여 옛 풍속에 일곱 가지 나물을 넣고 끓인 국을 먹고, 채색 천 또는 금박(金箔)으로 사람의 모양을 만들어 병풍에 붙이거나 머리에 꽂았다. 그리고 높은 곳에 올라가 술을 마시며, 잠을 자지 않고 밤을 지새웠다. 이날 나라에서는 성균관의 원점유생(圓點儒生)을 대상으로 '인일제(人日製)'라는 과거를 시행하기도 하였다. 《荊楚歲時記》

417 숫자는……부합하네 : 5월에 양(陽)이 처음 소멸되는 구괘(姤卦 ䷫)가 되었다가 순음(純陰)인 10월을 지나 11월이 되면 양이 처음 회복되는 지뢰복(地雷復 ䷗)의 괘가 이루어진다. 구괘로부터 복괘까지 7개월의 시간이 걸리는데, 이것을 《주역》〈복괘 단(彖)〉에서는 "그 도를 반복해서 이레 만에 되돌아오니, 이것이 하늘의 운행이다.〔反復其道, 七日來復, 天行也.〕"라고 표현하였다.

418 삼재(三才) : 천(天), 지(地), 인(人)을 이른다.

419 한……신하로다 : 훌륭한 군주는 훌륭한 신하가 있어야 좋은 정치를 할 수 있다는 말이다.

420 명협(蓂莢) : 요(堯)임금 때 뜰에 났다는 상서로운 풀이다. 매월 초하루부터 15일

노쇠한 말년에 봄이 더욱 사랑스럽네　　　　衰年益愛春

까지는 매일 한 잎씩 나오고, 16일부터 그믐날까지는 매일 한 잎씩 떨어진다고 한다. 《竹書紀年》

짧은 고시[421] 정월 대보름달

短古 上元夜月

지금 하늘에 옛날의 형상이 드리우니	今天古象垂
옛날의 달을 지금 사람이 보네	古月今人見
신은 말하지 않고도 깨우쳐주나니	神不言而喩
화하여 재단함을 일러 변이라 하네[422]	化裁謂之變
빛을 용납하는 곳엔 반드시 비춤이 귀하니[423]	必貴容光照
이 때문에 작은 틈도 뚫고 들어가 비추네	所以孔隙穿
깜깜함이 보름달을 가리지 못하니	魄然不掩望
이 밤이 유독 지극히 태평하다오	太平斯夜偏

---

421 짧은 고시(古詩) : 저자가 77~79세 때인 1843~1845년(헌종11)에 지은 것으로 추정된다.

422 화하여……하네 : 달이 차고 기우는 천문의 이치를 이른다. 《주역》 〈계사전 상(繫辭傳上)〉의 "형이상을 도(道)라 이르고, 형이하를 기(器)라 이르고, 화(化)하여 재단함을 변(變)이라 이른다.〔形而上者謂之道, 形而下者謂之器, 化而裁之謂之變.〕"라는 구절을 원용한 것이다.

423 빛을……귀하니 : 《맹자》 〈진심 상(盡心上)〉의 "해와 달이 밝음이 있으니, 빛을 용납하는 곳에는 반드시 비춘다.〔日月有明, 容光必照焉.〕"라는 구절을 원용한 것이다.

평여와 함께 산촌 주막에서 술을 마시다[424]

與平如同飲峽村酒家

오늘의 술자리는 주모에게 맡겨야지	今日之政仗酒胡
새 술 단지 먼저 열고 콧노래를 부르네	先開新甕歌烏烏
평소에 홍옥 같은 벗[425]을 잊기 어려우니	平生紅玉難忘友
죽을 때까지 나는 황금을 아끼지 않으리라	抵死黃金不惜吾
억천 번을 크게 웃어야 비로소 통쾌하리니	大笑億千場始快
삼백 잔을 기울인들 어찌 어리석으랴	須傾三百杯詎愚
성대한 봄 경치가 시흥을 돋우니	堂堂春物動詩興
산 살구꽃 아래에 하얀 수염으로 마주하네	山杏花當當雪鬚

---

424 평여(平如)와……마시다 : 저자가 77～79세 때인 1843～1845년(헌종11)에 지은 것으로 추정된다. '평여'는 홍한규(洪漢圭)의 호로 추정된다.

425 홍옥(紅玉) 같은 벗 : 술을 가리킨다. 소동파(蘇東坡)가 폄적되어 남쪽으로 왔다가 사면을 받고 북으로 돌아갈 때 지금의 강소성에 있는 상주(常州) 의흥현(宜興縣) 황토촌(黃土村)에 이르자, 그곳의 지주(知州)가 술을 들고 찾아와 "이것은 '홍우'입니다.〔此紅友也.〕"라고 한 데서 유래하였다. 《鶴林玉露 卷8》

학산 신 사군 순 을 곡하다[426]

哭鶴山申使君 淳

대낮에 그대를 곡하러 달려와	白日哭君至
그대를 곡하건만 그댄 알지 못하네	哭君君不知
빈산엔 봄빛이 예전과 같고	空山古春色
물가엔 꽃가지가 새로운데	臨水新花枝
수레 비녀장 던짐[427]도 이제 옛일이니	投轄今陳迹
숨겨놓은 배는 어디로 갔는가[428]	藏舟何處之
평소의 글 읽는 소리 쟁쟁한데	平生讀書響
붉은 휘장만 길이 드리워졌도다	長掩絳紗帷

---

426 학산(鶴山)……곡하다 : 저자가 77～79세 때인 1843～1845년(헌종11)에 지은 것으로 추정된다. '학산'은 신순(申淳)의 호이며, '사군(使君)'은 지방의 수령을 지칭하는 말이다.

427 수레 비녀장 던짐 : 간절히 손님을 머물게 하는 정성을 이른다. 한(漢)나라의 진준(陳遵)이 술을 좋아하여 빈객이 모여서 술을 마실 때마다 그들의 수레바퀴 비녀장을 빼어 우물 가운데 던져서 돌아가지 못하게 한 고사에서 유래하였다. 《漢書 卷92 遊俠傳 陳遵》

428 숨겨놓은……갔는가 : 사람의 죽음을 뜻한다. 《장자(莊子)》〈대종사(大宗師)〉의 "골짜기 속에 배를 숨겨두고는 안전하다고 여기지만, 한밤중에 힘센 자가 등에 지고 달아나도 어리석은 사람은 알아채지를 못한다.〔夫藏舟於壑, 謂之固矣. 然而夜半, 有力者負之而走, 昧者不知也.〕"라는 구절에서 유래하였다.

오늘 아침[429]

今朝

오늘 아침 홀연히 밥이 한 상 올라오니	今朝忽有飯
어제는 들어보지 못했던 것이라오	昨日所無聞
검은색 비단 두건을 비뚜름이 쓰고	岸頂烏紗幘
흰색 명주 치마에 붓을 휘두르네	揮毫白練裙
바위틈 샘물은 겨울 눈이 녹은 것이요	石泉化冬雪
산속의 푸른빛은 봄 구름과 섞였도다	山翠雜春雲
지저귀는 새들이 나를 향해 웃으니	鳴鳥向相笑
한 무리가 다시 두 무리가 되었도다	一群還兩群

429 오늘 아침 : 저자가 77~79세 때인 1843~1845년(헌종11)에 지은 것으로 추정된다.

강가 주막에서 물에 막히고 비에 막히다[430]

江店阻水阻雨

진창길 근심하며 고생스레 왔건만	愁泥辛苦至
불어날 물 걱정에 잠들지 못하네	愁水未甘眠
비 소식이 내일 또 있으려나	雨意又來日
강물 소리가 지난해와 흡사하네	江聲似去年
환하게 달이 서쪽으로 기운 뒤요	炎炎庚月後
부옇게 별이 동쪽에 뜨기 전이라오	澹澹辰星前
고기 낚는 저 사람은 누구인가	釣漁者誰子
조각배로 큰 강을 건너는구나	扁舟濟大川

430 강가……막히다 : 저자가 77~79세 때인 1843~1845년(헌종11)에 지은 것으로 추정된다.

치문의 탈상이 어느덧 이르렀기에 술 한 잔을 따라 한 번 슬퍼하다[431]

稚文終祥奄及 斟一勺一恫

법도를 옥처럼 여긴[432] 그대가 아니라면	非汝式如玉
누가 그대처럼 백성을 귀하게 여기리오	伊誰先數珍
일평생 고인의 글을 각고하여 읽었는데	平生讀古苦
쓸쓸해라 이제 모두 옛일이 돼버렸네	蕭瑟摠今陳
본래부터 장원할 날만 기대했으니	本擬壯元日
어찌 알았으랴 덕정 펴는 수령에 그칠 줄을[433]	那知有脚春
오호라 불러도 그대 대답 없으니	嗚呼呼不應
배회하며 부질없이 수건을 적시네	躑躅空沾巾

431 치문(稚文)의……슬퍼하다 : 저자가 77~79세 때인 1843~1845년(헌종11)에 지은 것으로 추정된다. '치문'은 미상이다.

432 법도를 옥처럼 여긴 : 백성을 소중하게 여기는 것을 이른다. 《춘추좌씨전(春秋左氏傳)》 소공(昭公) 12년 조에 "우리 왕의 법도를 생각하여 백성의 힘을 옥과 같이 여기고, 금과 같이 여긴다.〔思我王度, 式如玉, 式如金.〕"라고 한 말에서 유래하였다.

433 덕정(德政)……줄을 : 조정의 고관이 아닌 지방관으로 생을 마친 것을 이른다. 원문의 '유각춘(有脚春)'은 덕정을 베푸는 어진 지방관을 이른다. 《개원천보유사(開元天寶遺事)》 〈유각양춘(有脚陽春)〉의 "송경이 백성을 사랑하고 긍휼히 여기자, 당시 사람들이 모두 송경을 일러 봄볕이라고 하였다. 송경이 가는 곳마다 따뜻한 봄볕이 만물을 비치는 것과 같았다는 말이다.〔宋璟愛民恤物, 朝野歸美, 時人咸謂璟爲有脚陽春. 言所至之處, 如陽春煦物也.〕"라는 고사에서 유래하였다.

매제 김앙여 필 가 대사간으로서 소를 올려 극간하자 성상께서 친림하여 엄히 신장(訊杖)을 20도 내리시고 사형을 감하여 고금도에 위리안치 하셨다. 이에 송별하며 짓다[434]

妹婿金仰如 鏺 以大諫抗疏極諫 聖上親臨嚴訊二十度 減死圍置古今島 送別之作

군주 섬기기를 부모 섬기듯 하였으니　事君如事父
군주 위해 목숨 바침은 그대 마음이었네　盡命爾中心
죽음을 무릅쓰니 쇠처럼 화살처럼 강직했고[435]　昧死貞金矢
목숨을 보존해주시니 옥음이 온화하도다　置生溫玉音
지극한 충정은 하늘까지 이르지 못했지만　情瀾天未格
성상의 은택이 하해와 같이 깊네　恩渥海同深

---

434 매제……짓다 : 저자가 80세 때인 1846년(헌종12)에 지은 것으로 추정된다. 김필(金鏺)의 본관은 연안(延安), 자는 앙여(仰如)로, 저자의 매제이다. 1829년(순조29) 문과에 장원하고 호조 참판 등을 역임하였다. 1845년(헌종11) 5월 20일 사간원 대사간에 임명되었는데, 이듬해인 1846년 10월 25일 김필을 필두로 사간원과 사헌부의 관원 6인이 중궁의 문후를 구례(舊例)에 의거하여 바로잡으라는 하교에 대해 항의하는 내용의 차자(箚子)를 연명으로 올렸다. 이로 인해 10월 29일 고금도(古今島)에 위리안치 되었다가 1848년(헌종14) 5월 24일 사면되었다. '신장(訊杖)'은 고문에 사용하는 매이다. 중죄를 범하고 죄증이 명백한데도 문초에 자복하지 않으면 문안(文案)을 분명히 작성하고 법에 의거해 볼기와 넓적다리를 친다. 《憲宗實錄》《大明律直解 獄具之圖》

435 쇠처럼 화살처럼 강직했고 : 직간을 하였다는 말이다. 《주역》〈서합괘(噬嗑卦) 구사(九四)〉의 "뼈 섞인 말린 포를 씹어 쇠와 화살을 얻으나 어렵게 여기고 정고함이 이로우니, 길하리라.〔噬乾胏, 得金矢, 利艱貞, 吉.〕"라는 구절을 원용한 것이다.

밤중이면 고금도의 입들이 두려우리니　夜怕古今口

유자 그늘 틈으로 용등[436]을 엿보리라　榕燈眇橘陰

436 용등(榕燈) : 유배지를 비유한다. 289쪽 주44 참조.

청소 사백을 곡하다[437]

哭晴沼詞伯

빼어난 기골에 어짊과 용감함 이어받아	秀骨繩賢武
소년 시절에 아름다운 이름을 날렸네	蜚英英妙年
청렴은 몸소 실천한 평소의 덕행이었고	廉淸躬素履
의리는 집안에 대대로 내려온 가보라오	義理家靑氈
명성이 컸으니 글을 던지면 종소리가 울렸고[438]	聲大擲金地
발자취 높았으니 올랐던 곳은 홍문관이었다오	趾高上木天
명성과 벼슬 양쪽을 온전히 하고 떠나니	雙全名器去
조용하고 단아한 모습 매우 초연했다오	閑雅甚翛然

437 청소(晴沼) 사백(詞伯)을 곡하다 : 저자가 77~79세 때인 1843~1845년(헌종 11)에 지은 것으로 추정된다. '청소'는 조용화(趙容和)의 호이고, '사백'은 문단의 거장을 뜻한다.

438 글을……울렸고 : 문장이 아름답다는 말이다. 113쪽 주134 참조.

팔십에 가자(加資)를 받으니 수작을 받들어 은명(恩命)에 숙배하다[439]

八十應資 奉壽爵肅命

초야의 미천한 신하가 은택을 입으니	草莽小臣雨露邊
절로 온 작위가 하늘에서 내려왔네	自從之爵降恩天
흰머리에 홀연 용양위[440]를 제수받으니	白頭忽拜龍驤衛
남은 생은 견마의 충정을 바칠 뿐이네	殘齒不過犬馬年

439 팔십에……숙배하다 : 저자가 80세 때인 1846년(헌종12)에 노인직(老人職)으로서 가자(加資)를 받고 지은 시이다. 저자는 1846년 1월 2일에 종4품 전(前) 첨정(僉正)으로서 정3품 당상관 자급인 통정대부(通政大夫)에 가자되었다. '노인직'은 나이 많은 노인에게 자급을 올려주는 제도로, 벼슬아치와 일반인은 80세, 봉군(封君)된 사람의 아버지는 70세가 되었을 때 매년 초에 가자하였다. 《經國大典 吏典 老人職》《承政院日記》

440 용양위(龍驤衛) : 군사 조직의 하나인 오위(五衛) 중의 좌위(左衛)를 이른다. 경상도 각 진(鎭)의 군사가 이에 속하였다. 여기서는 직함만 있고 직무가 없는 영직(影職)을 가리킨다. 저자는 1846년 3월 27일 오위장(五衛將)에 임명되었다. 《承政院日記》

붉은 관복 일습과 오사모를 도로 소나무 가지에 걸어두고 낚싯배를 띄우다. 인천 도호부사 이계문 장배 이 시를 보냈기에 이에 화답하다[441]

緋袍一襲烏紗帽 還掛松枝 放釣船 仁川都護李稽文 章培 惠詩答之

그리운 사람은 어디에 있는가	所謂人何在
능허대[442]가 제일경인 고을이라오	凌虛第一州
다시 산에 올라 북쪽을 바라보니	更登山北望
보이는 건 서쪽으로 흘러가는 물뿐	惟見水西流
윤달이 드니 석류 익는 여름이요[443]	閏月若榴夏
남풍이 부니 보리 익는 가을이라오	南風黃麥秋
뱃머리에서 아득히 흥취가 일어나니	査頭引興遠
고깃배 모여들 날이 머지않았네	指日集漁舟

441 붉은……화답하다 : 저자가 80세 때인 1846년(헌종12) 여름에 지은 시이다. 이장배(李章培)는 행력(行歷)이 자세하지 않다. '계문(稽文)'은 이장배의 자(字)로 추정된다. 《승정원일기》에 따르면, 이장배는 1844년(헌종10) 6월 25일 인천 도호부사에 임명되었다.

442 능허대(凌虛臺) : 인천광역시 연수구 옥련동에 있었다는 대(臺)로, 지금은 터만 남아 있다. 백제가 중국 동진(東晉)과 통교를 시작한 근초고왕 27년(372)부터 웅진으로 도읍을 옮긴 개로왕 21년(475)까지 사신들이 동진을 왕래할 때 출항하던 나루터가 있던 곳이다.

443 윤달이……여름이요 : 1846년(헌종12) 5월에 윤달이 든 것을 이른다.

누대에서 그리운 사람을 바라보며[444]

樓上望所懷人

반짝반짝 하얀 이슬 둥글고	光光玉露團
한들한들 가을바람 스산하네	嫋嫋金風酸
홍진 속세 밖을 서성이나니	彷徨塵垢外
강한(江漢) 사이를 울적히 그리워하네	鬱陶江漢間
바라는 것은 똑같은 마음으로 노력하여	同心願努力
세대는 멀어도 같은 즐거움 누리는 거라오[445]	曠世與齊歡
낮과 밤이 한 해가 지난 듯 기니	明晦若歲隔
춥고 더운 계절의 절기가 다했다오	涼炎窮序闌
늙은 이 몸 노년에 바짝 다가서니	老夫迫桑榆
이끼 난초에도 감회 젖은 지 오래라오	良久感苔蘭
평소 우의를 나눈 해거자[446]여	平生海居子
교분을 논하면 바다처럼 넓다오	論交海同寬

444 누대에서……바라보며 : 저자가 80세 때인 1846년(헌종12) 가을에 지은 것으로 추정된다. 홍현주(洪顯周)를 그리며 지은 시이다.

445 세대는……거라오 : 한(漢)나라 때 절친이었던 공우(貢禹)와 왕길(王吉)처럼 즐거움을 함께 누릴 수 있기를 바란다는 말이다. 진(晉)나라 육기(陸機)의 시 〈증풍문비천척구령(贈馮文羆遷斥丘令)〉에 "지금 그대와 나도, 세대는 멀지만 그들과 똑같이 즐거우니, 날카로움은 금석을 자를 만하고, 향기는 가을 난초처럼 부드럽다네.〔今我與子, 曠世齊歡. 利斷金石, 氣惠秋蘭.〕"라는 구절이 있는데 이를 원용한 것이다.

446 해거자(海居子) : 해거재(海居齋) 홍현주를 말한다.

서 있으면 의젓한 모습을 잃지 않고	立不失容運
앉으면 반드시 정묘한 연주를 하네	坐必妙指彈
아아, 이렇게 자주 떨어져 있으니	嘅此數[447]離析
멍하니 언제나 탄식을 할 뿐이네	怳也一詠歎
정신은 참으로 늘 함께하지만	營魄信長存
실제 만난 듯 얘기하기는 또한 어렵다오	似人晤亦難

447 數 : 저본에는 이 뒤에 '입성(入聲)'이라는 원주가 있다. '자주'라는 뜻의 '삭'으로 읽으라는 말이다.

몹시 노쇠하다[448]

甚衰

몹시도 노쇠하여 더 이상 꿈꾸지 못하고[449]	甚衰不復夢
재주는 그 옛날 강랑처럼 사라졌도다[450]	才盡於江郎
연기 끊어진 아궁이에선 개구리가 나오고[451]	煙絶産蛙竈
등불 어두운 방에선 귀뚜라미가 울어대네	燈昏鳴蟋房
각건 쓰고서 그림자를 돌아보며 웃고	墊巾顧影笑
나막신 신고 커져버린 키에 놀라네	乘屐訝身長
어린 종의 손에 들린 병의 술이여	短僕甁中物
사서 돌아온 새 기장술이 향기롭네	貰還新秫香
윤달 초에 입하가 들더니[452]	閏月初立夏

448 몹시 노쇠하다 : 저자가 80세 때인 1846년(헌종12) 가을에 지은 시이다.

449 몹시도……못하고 : 몹시 노쇠하였다는 말이다. 《논어》 〈술이(述而)〉의 "공자가 말하였다. '심하구나, 나의 쇠함이여! 오래되었구나, 내 다시는 꿈속에서 주공을 뵙지 못하는구나!'〔子曰 : 甚矣吾衰也! 久矣吾不復夢見周公!〕"라는 구절을 원용한 것이다.

450 재주는……다하였도다 : '강랑(江郎)'은 양(梁)나라 때의 문장가 강엄(江淹)을 가리킨다. 본래 문장으로 크게 이름을 드날렸으나 꿈에 오색의 붓을 곽박(郭璞)에게 돌려주고 나서 문재(文才)를 상실했다고 한다. 323쪽 주111 참조.

451 연기……나오고 : 《국어(國語)》 〈진어(晉語)〉의 "조양자가 진양으로 달아나자, 진나라 군사가 그를 포위하고 성안으로 물을 대었더니, 물속에 잠긴 아궁이에서 개구리가 알을 낳았다.〔趙襄子乃走晉陽, 晉師圍而灌之, 沈竈産蛙.〕"라는 구절을 원용한 것이다.

452 윤달……들더니 : 1846년(헌종12) 5월에 윤달이 들었다.

오늘 아침 판연히 이른 가을이로다	今朝判早秋
손님 오면 애써 부드럽게 대했건만	客來强道毳
선비는 떠날 때 고개도 돌리지 않네	士去不回頭
거친 자리가 나에게는 분수에 맞으니	麤席分於我
높은 벼슬아치들 다시 누가 찾아오랴	高軒過復疇
소식 전하는 두 기러기가 이르면	嗣音雙雁至
나는 반딧불이 몇을 빌려 비춰보네	照借數螢流

고시[453]

古詩

알기가 어려운 것 아니요 행하기가 어려운 법	知非難行惟艱
지극한 의론으로 결단했으니 의리가 절절하다오[454]	至論斷義懃懃
청색과 백색이 교차된 무늬를 장이라 이르고	青與白謂之章
적색과 백색이 교차된 무늬를 문이라 이르네[455]	赤與白謂之文
하늘과 땅이 나뉘니 이를 살펴 괘를 만들고[456]	二儀判作觀察
하나의 기가 화하니 음과 양이 함께 엉겨 있네	一氣化爲煙煴

---

453 고시(古詩) : 저자가 80~81세 때인 1846~1847년(헌종13)에 지은 것으로 추정된다.

454 지극한……절절하다오 : 반고(班固)가 지은 〈유통부(幽通賦)〉의 "성인의 지론을 귀히 여기는 이유는, 하늘의 성품을 따라서 마땅함으로 결단하기 때문이라오.〔所貴聖人至論兮, 順天性而斷誼.〕"라는 구절을 원용한 것이다. 이선(李善)의 주에 따르면, '지론(至論)'은 오경(五經)과 육예(六藝)를 이른다. 《文選》

455 청색과……이르네 : 이와 관련하여 《주례(周禮)》 〈고공기(考工記) 화회(畫繢)〉에 "청색과 적색이 섞인 것을 '문', 적색과 백색이 섞인 것을 '장', 백색과 흑색이 섞인 것을 '보', 흑색과 청색이 섞인 것을 '불', 다섯 채색이 갖추어진 것을 '수'라고 한다.〔青與赤謂之文, 赤與白謂之章, 白與黑謂之黼, 黑與青謂之黻, 五采備謂之繡.〕"라는 구절이 보인다.

456 하늘과……만들고 : 이와 관련하여 《주역》 〈계사전 상(繫辭傳上)〉에 "그러므로 역에는 태극이 있는데 이 태극이 양의를 낳는다.〔是故易有太極, 是生兩儀.〕", "성인이 괘를 만들고 상을 관찰하여 여기에 말을 붙여서 길흉을 밝힌다.〔聖人設卦觀象, 繫辭焉而明吉凶.〕", "위로 올려보아 천문을 관찰하고 아래로 굽어보아 지리를 살핀다.〔仰以觀於天文, 俯以察於地理.〕"라는 구절이 보인다. '양의(兩儀)'는 천지를 가리킨다.

창황한 소흘 시대는 열 번째 기에 해당하고[457]	蒼皇疏紇十紀
찬란한 의복 자수는 다섯 가지 문양이라오[458]	煥爛刺繡五紋
문자가 나와 반짝이는 규성에 어울리니[459]	代繩叶于奎華
따뜻한 풍교를 시 지어 노래하고 연주했네[460]	歌絃被之風薰
심원하고 무궁한 태극이 바로 무극이고[461]	窅窮太極無極
밝게 도는 은하수 구름 같지만 구름 아니네[462]	昭回似雲非雲

457 창황한……해당하고 : '열 번째 기(紀)'는 천지가 개벽하고 인황(人皇)이 있은 뒤로 춘추 시대 노 애공(魯哀公)까지의 276만 년을 10기로 나누었을 때 열 번째에 해당하는 기간인 소흘(疏訖) 시기를 이른다. 366쪽 주201 참조. 《廣雅 釋天》

458 찬란한……문양이라오 : 469쪽 주455 참조.

459 문자가……어울리니 : 문자가 있기 전 상고 시대에는 끈을 크게 묶거나 작게 묶어 큰일과 작은 일을 표시하다가, 뒤에 성인(聖人)이 나와 나무에 새기는 방식의 서계(書契)를 만들면서 문자가 생겨났는데, 이 문자가 문장을 주관하는 별인 규수(奎宿)와 잘 어울리게 되었다는 말이다. 《주역》 〈계사전 하(繫辭傳下)〉에 "상고 시대에는 끈을 묶어 다스렸는데, 후세에 성인이 이를 서계로 바꾸었다.〔上古結繩而治, 後世聖人易之以書契.〕"라는 구절이 보인다. '규수'는 서방 7수(宿) 중의 하나인 붙박이별로, 16개의 별로 이루어져 있다. 별자리 모습이 구부러져 있어 문자의 획과 비슷하다고 하여 이런 이름이 붙었다고 한다. 《初學記 宋均注》

460 따뜻한……연주했네 : 옛날 순(舜)임금이 오현금(五絃琴)을 연주하며 "따뜻한 남풍이 불어오니, 우리 백성의 성난 마음 풀리리로다. 남풍이 때마침 불어오니, 우리 백성의 재산 늘어나리로다.〔南風之薰兮, 可以解吾民之慍兮. 南風之時兮, 可以阜吾民之財兮.〕"라는 내용의 〈남풍(南風)〉 시를 노래했다는 고사를 이른다. 《禮記 樂記》 《孔子家語 辨樂解》

461 심원하고……무극이고 : 이와 관련하여 송(宋)나라 주돈이(周敦頤)의 《태극도설(太極圖說)》에 "무극이면서 태극이니, 태극이 동하여 양을 낳고, 동함이 극에 달하면 고요해지고, 고요해지면 음이 생겨난다.……음과 양이 하나의 태극이니, 태극은 본래 무극이다.〔無極而太極, 太極動而生陽, 動極而靜, 靜而生陰.……陰陽一太極也, 太極本無極也.〕"라는 내용이 보인다.

462 밝게……아니네 : 이와 관련하여 《시경》 〈대아(大雅) 운한(雲漢)〉에 "밝은 저

물고기들은 뛰는 소리 요란하고　　魚魚響起嘈囋
새들은 흩어지는 자취 분분하네[463]　　鳥鳥迹散紛紜
상서로운 그림의 글자로 몸을 삼고　　禎圖字以爲體
신령한 글자의 죽간으로 힘줄 이었네[464]　　靈篆簡與連觔
간곡하게 후대에 길이길이 고하여　　繾綣永詔後代
천하를 경영한 선군에게 시호 붙이네　　緯經元謚先君
붉은색과 초록색, 검은색과 누런색 옷을 입고　　朱綠之玄黃之
시와 서를 강론하고 예와 악을 말하네　　詩書云禮樂云
사계절의 기운이 화기로우니 왕도가 밝고　　膏燭顯猷翼翼
북과 종이 울리니 조화로운 소리 은은하네　　鼓鍾洪韻殷殷
먼 옛날 문자와 수레 제도 통일될 때　　書同一軌夐溯
《주역》의 상과 양의의 이치는 불타지 않았네[465]　　易象兩儀不焚
면류관의 옥조처럼 공경하는 것은 왕도요　　式如玉藻金鏡
옥의 티처럼 갈아 없애는 것은 속진의 기운이로다　　磨以瑕纇塵氛

은하수여, 빛이 하늘을 따라 도는구나.〔倬彼雲漢, 昭回于天.〕"라는 구절이 보인다.

463 물고기들은……분분하네 : 《시경》 〈대아(大雅) 한록(旱麓)〉의 "솔개는 날아 하늘에 이르는데, 물고기는 연못에서 뛰노네.〔鳶飛戾天, 魚躍於淵.〕"라는 구절을 원용한 것이다. 《중용》에 따르면 이 구절은 도가 위아래에 밝게 드러남을 말한 것이다.

464 상서로운……이었네 : 상서로운 징조가 있었다는 말이다. 삼황(三皇)의 한 사람인 복희(伏羲)가 천하를 다스릴 때 황하에서 용마(龍馬)가 나오자 그 등에 있는 그림을 본떠 《주역》의 팔괘(八卦)를 만들고, 하(夏)나라 우왕(禹王) 때 낙수(洛水)에서 거북이 나오자 그 등의 그림을 통해 홍범구주(洪範九疇)의 이치를 밝혀 태평성세를 이루었다고 한다.

465 주역의……않았네 : 진시황이 문자와 수레 제도를 통일하면서 분서갱유(焚書坑儒)를 단행할 때 《주역》은 점서(占書)의 하나로 보아 불태우지 않은 것을 이른다.

바깥 사물의 더러움을 받아들이지 않고　　不受外物汶汶

내면의 화열함으로 부드럽게 논쟁하네　　頓挫內和誾誾

길흉을 판정한 말에 전해진 기록 통합되고　　斷辭統合傳遞

중복된 문헌들은 분분함이 모두 바로잡혔네　　複籍擧正其紛

꽃과 가지가 음양의 조화로 생겨나니　　花枝生出厥縕

점치는 시초 줄기 붉은 비단에 싸서 두네　　蓍莖韜置以纁

또아리 틂과 날아오름이 하나의 이치이니　　蜿蟺飛騰一理

웅크림과 움켜쥠은 일만의 군대라오　　蠖蜺攫挐萬軍

주밀하게 후대 위한 계책을 설계하여　　摎摎彌綸來葉

또렷하게 옛 서적을 이리저리 종합하네　　英英錯綜古芸

나는 그래도 사관이 글을 빼놓음 보았다 하니[466]　　吾猶史氏及闕

옛날 선민이 남긴 향기로운 기록에 남아 있네　　昔在先民遺芬

설은 옥을 조탁한 듯 덕이 깃털처럼 가벼웠고　　契輶如毛彫琢

장석은 도끼를 휘두름에 모습을 잃지 않았네[467]　　匠不失容運斤

---

466 나는……하니 :《논어》〈위령공(衛靈公)〉에, 공자가 당시의 풍속을 탄식하여 "나는 오히려 사관들이 글을 빼놓고 기록하지 않음과, 말을 소유한 자가 남에게 빌려주어 타게 함을 미쳐 보았는데, 지금은 그것도 없어졌구나!〔子曰 : 吾猶及史之闕文也, 有馬者借人乘之, 今亡矣夫.〕"라고 한 말을 이른다.

467 장석(匠石)은……않았네 : '장석'은 돌을 잘 다루었던 장인이다.《장자(莊子)》〈서무귀(徐無鬼)〉에 "영(郢) 땅 사람이 자신의 코끝에 파리의 날개만큼 백토를 얇게 바르고 장석으로 하여금 이것을 깎아내게 하였다. 장석이 도끼를 휘둘러 바람을 일으켜 백토를 깎아내었는데, 영 땅 사람은 코끝의 백토를 깎아내도록 내맡겨두고 조금도 움직이지 않았다. 그리하여 백토가 말끔히 다 깎였으나 코가 상하지 않았는데, 영 땅 사람은 그대로 꿋꿋이 서서 얼굴색 하나 변하지 않았다.〔郢人堊墁其鼻端, 若蠅翼, 使匠石斲之. 匠石運斤成風, 聽而斲之, 盡堊而鼻不傷, 郢人立不失容.〕"라는 내용이 보인다.

네모진 땅 본받아 마음 마음이 본래 텅 비었고	方地心心本虛
둥근 하늘 본받아 사물 사물이 무리로 나뉘었네	圓空物物群分
눈을 크게 뜨고 머리 맞대고서 응시하며	瞪之駢首眽眽
입을 벌리고 말을 쏟아내어 쟁론하네	擴而吐舌齗齗
나무를 베니 끝내 신이 들어주어 화평하고[468]	伐木終和神聽
돌을 갈아 도리어 하늘에 들리기를 구하네[469]	錯石反求天聞
간략함으로 능하니 하늘 아래의 심오한 이치요[470]	簡能天下賾賾
본받아서 이치 갖추니 땅 위의 기쁨이네	範圍地上欣欣
아, 신궁에 편안히 모시고서 홀로 깨어 있고	謇憺神宮獨醒

---

468 나무를……화평하고 : 쩡쩡 나무 베는 소리가 꾀꼬리가 울어서 벗을 구하는 소리와 같으니, 사람도 이렇게 벗을 친히 하면 신의 도움을 받게 된다는 말이다. 《시경》 〈소아(小雅) 벌목(伐木)〉의 "나무를 쩡쩡 베거늘, 새가 꾀꼴꾀꼴 울도다. 깊은 골짜기에서 나와, 높은 나무로 옮겨가도다. 꾀꼴꾀꼴 욺이여, 제 벗을 찾는 소리로다. 저 새를 보아도 오히려 벗을 찾는 소리를 내는데, 하물며 우리 사람이 벗을 찾지 않을 것인가. 벗을 친히 하면 신이 들어주어, 마침내 화평하나니라.〔伐木丁丁, 鳥鳴嚶嚶. 出自幽谷, 遷于喬木. 嚶其鳴矣, 求其友聲. 相彼鳥矣, 猶求友聲, 矧伊人矣, 不求友生? 神之聽之, 終和且平.〕"라는 구절을 원용한 것이다.

469 돌을……구하네 : 어떤 돌이 다른 돌의 숫돌이 될 수 있듯, 군자가 소인과 함께 처하여 미워하면서도 그 좋은 점을 알고 부단히 수양하면 그 성실함이 가려지지 않아 하늘에까지 들리게 된다는 말이다. 《시경》 〈소아(小雅) 학명(鶴鳴)〉에 "학이 구고(九皐)에서 울거든 소리가 들에 들리느니라.……다른 산의 돌이, 숫돌이 될 수 있느니라.……학이 구고에서 울거든 소리가 하늘에 들리도다.……다른 산의 돌이 옥을 갈 수 있느니라.〔鶴鳴于九皐, 聲聞于野.……他山之石, 可以爲錯.……鶴鳴于九皐, 聲聞于天.……他山之石, 可以攻玉.〕"라는 내용이 보인다.

470 간략함으로……이치요 : 《주역》 〈계사전 상(繫辭傳上)〉에 "건은 쉬움으로써 주장하고, 곤은 간략함으로써 능하다.〔乾以易知, 坤以簡能.〕"라는 내용이 보인다.

영령을 배불리 대접한 뒤엔 취함에 나아가네	既飽靈郛卽醺
성대하게 몸가짐 익히며 이지러짐을 두려워하고	彬彬坐習懼虧
외로이 절개 지키며 무리를 짓지 않네	煢煢立介不群
친하여 오래 할 수 있으니 큰 덕을 세우고[471]	可久親鴻德建
지극하여 참으로 장구하니 원대한 계책 힘쓰네	允塵極遠略勤
벽에는 어른거리는 별빛 두꺼비 모습이요	而壁迴皇形蟆
울에는 쏟아지는 달빛 양이 들이받는 듯하네	於樊抗絶觸羵
성현의 말씀 깊이 새겨 부화함을 거두고	服膺益惓斂華
충정 다해 사심 없이 미나리를 바치리라[472]	竭情無私獻芹
어찌 불로장생을 길이 내려주지 않으리오	遐不永錫難老
옛 성현의 책을 즐기며 늙어가리라	老於索丘典墳

471 친하여……세우고 : 이와 관련하여 《주역》 〈계사전 상(繫辭傳上)〉에 "쉬우면 알기 쉽고 간략하면 따르기 쉬우며, 알기 쉬우면 친함이 있고 따르기 쉬우면 공이 있으며, 친함이 있으면 오래 할 수 있고 공이 있으면 크게 할 수 있으며, 오래 할 수 있으면 현인의 덕이요 크게 할 수 있으면 현인의 업이다.〔易則易知, 簡則易從, 易知則有親, 易從則有功, 有親則可久, 有功則可大, 可久則賢人之德, 可大則賢人之業.〕"라는 내용이 보인다.

472 충정……바치리라 : 보잘것없는 정성을 바친다는 말이다. 옛날 송(宋)나라의 한 농부가 누더기로 겨울을 지낸 뒤 봄날을 맞아 따뜻한 햇볕을 쬐게 되자, 천하에 따뜻한 방과 솜옷과 여우 갖옷이 있는 줄 모르고 임금께 바치면 큰 상을 받으리라 여겼는데, 이웃 사람이 그 농부에게 비유를 들어 이것은 미나리를 맛 좋다고 부자에게 자랑했다가 부자가 먹은 뒤 복통을 일으켜서 원망하는 것과 같은 것이라고 했다는 고사에서 유래하였다. 《列子 楊朱》

비 구경[473]

看雨

긴 회랑에서 홀로 비를 바라보니 長廊獨看雨
구름 기운 사립문을 감싸 안았네 雲物擁柴門
군주의 공경에 늘 시우를 내리니[474] 曰肅時恒若
높은 하늘은 말로 하지 않는다네 蓋高天不言
물새는 스스로 오고 가는데 水禽自來去
산의 해는 때마침 황혼이네 山日正黃昏
올챙이가 무너진 벽 위로 올라가니 科斗上壞壁
개구리의 형상이 들어 있는 듯하네 蝦蟆形似存

---

473 비 구경 : 저자가 80~81세 때인 1846~1847년(헌종13)에 지은 것으로 추정된다.

474 군주의……내리니 : 《서경》 〈주서(周書) 홍범(洪範)〉에 "아름다운 징조는 엄숙함에 시우가 내리는 것이다.〔曰休徵, 曰肅, 時雨若.〕"라는 구절이 보이는데, 공안국(孔安國)의 전(傳)에 "군주가 공경을 행하면 시우가 내린다.〔君行敬, 則時雨順之.〕"라는 내용이 보인다. 시우(時雨)는 '때에 맞는 비'라는 뜻이다.

화성 북쪽 연못에서 연꽃을 구경하는데 채 도사 성약 과영이 술을 들고 보러 오다[475]

華城北池賞荷 蔡都事星若 果永 持酒相看

빙그레 웃으며 연꽃을 마주 대하니	啞然笑口花相對
어제도 한 송이 오늘도 한 송이 피었구나	昨日一開今一開
부평초처럼 떠돌다 홀연히 벗을 만나니	萍水忽逢故人地
울금향 술이 신풍[476] 술잔에 갓 익었네	鬱金初熟[477]新豐杯
기이한 향이 승로반[478] 속에서 피어나고	異香承露盤中出

475 화성(華城)……오다 : 저자가 81세 때인 1847년(헌종13)에 지은 것으로 추정된다. '연못'은 정조가 화성을 건설하면서 새로 판 만석거(萬石渠)를 가리키는 것으로 보인다. 만석거는 화성의 북문인 장안문(長安門) 밖 북서쪽에 있다. 채과영(蔡果永, 1804~1852)의 본관은 평강(平康), 자는 성약(星若·聖若), 호는 한흔재(寒昕齋)이다. 1852년(철종3) 문과에 급제하였으며, 거주지는 경기도 수원이다. 1847년(헌종13) 7월 25일 남부 도사(南部都事), 1850년(철종1) 6월 7일 의금부 도사(義禁府都事), 1850년 12월 26일 평시서 직장(平市署直長)에 임명되었다. 《日省錄 正祖 20年 9月 10日 迎華亭上樑文》

476 신풍(新豐) : 중국 강소성(江蘇省) 단도현(丹徒縣)에 있는 진(鎭) 이름으로, 맛좋은 술로 유명하다. 여기서는 화성을 가리킨다. 신풍은 화성의 별칭으로, 화성 행궁의 정문 이름도 신풍루(新豐樓)이다.

477 熟 : 저본에는 '숙(塾)'으로 되어 있으나 앞뒤 문맥에 근거하여 수정하였다.

478 승로반(承露盤) : 한 무제(漢武帝)가 건장궁(建章宮)에 만들어 세운 동선인(銅仙人)이 들고 있는 구리 쟁반으로, 이 쟁반에 감로(甘露)를 받아 마심으로써 장수를 기원했다고 한다. 뒤에 삼국 시대 위(魏)나라 명제(明帝) 때에도 방림원(芳林園)에 승로반을 만들었다고 한다. 여기서는 연잎을 가리킨다.

빼어난 색이 사조루[479] 주변으로 몰려오네 　殊色射潮樓畔來
멀리 유람 나온 바닷새 서너 마리가 　遠引海禽三四五
손님 향해 날아와 돌아갈 줄을 모르네 　鳴飛向客不知回

---

479 사조루(射潮樓) : '사조'는 '조수를 쏜다'는 뜻이다. 오대십국 때 오월왕(吳越王) 전류(錢鏐)가 후조문(候潮門) 밖에 방조제를 세우고자 공사를 시작하였는데, 조수가 밤낮으로 들이쳐서 판축이 이루어지지 않자 강노(强弩) 수백으로 하여금 조수의 머리를 쏘게 하니 조수가 전당강(錢塘江)을 피하여 동쪽으로 흘러갔다고 한다. 여기서는 화성의 북문인 장안문(長安門) 북쪽 3리에 있는 영화정(迎華亭)을 가리키는 듯하다. 영화정의 원래 이름은 교귀정(交龜亭)으로, 부사(府使)와 유수(留守)들이 이곳에서 관인(官印)을 인수인계하는 교귀(交龜) 의식을 행했기 때문에 붙여진 이름이다. 1796년(정조20)에 정조가 영화정으로 개명하였다. 《宋史 卷97 河渠志7》《新增東國輿地勝覽 卷9 京畿 水原都護府》《日省錄 正祖 20年 1月 20日》

못가에서 시를 지어 성약에게 보여주다[480]

池上作示聖若

두건을 젖히고 푸른 난간에 기대노라니 岸巾徙倚綠闌干
연꽃의 맑은 향이 차가운 대자리에 올라오네 荷上爽登簟上寒
붉은 햇살이 환히 비추어 비 온 뒤에 걸렸고 紫日光臨懸宿雨
푸른 하늘 그림자가 거꾸로 맑은 물에 떨어지네 青天影倒落淸瀾
마주하니 졸졸 흐르는 물거울이 마음을 일깨우고 涓涓水鏡醒心對
바라보니 그윽이 풍겨오는 꽃향기가 코에 감도네 陳陳花香擁鼻看
아름다운 사람 그리워하며 하늘을 한번 바라보니 思美人兮一空望
선학 소리가 붉은 구름[481] 끝에서 어렴풋이 들리네 怳聞仙鶴絳雲端

장안문[482]에 말을 매어놓고 길을 나서며 繫馬長安門上程
취중에 돌아보니 투명한 못이 맑기만 하네 醉中回看玉潭淸
천 집이 새벽에 깨어나니 호각 소리 먼저 울리고 千家覺曙角先動
백 나무가 가을을 끌어오니 매미가 급히 우네 百木引秋蟬急鳴
칠월의 벼꽃은 물기를 머금었고 七月稻花涵水氣

480 못가에서……보여주다 : 저자가 81세 때인 1847년(헌종13)에 지은 것으로 추정된다. 성약(聖若)은 채과영(蔡果永)의 자(字)이다. 다만 '성(聖)'이 '성(星)'으로 되어 있는 곳도 있다.

481 붉은 구름 : 전설에 따르면 천제(天帝)가 거처하는 곳에는 늘 붉은 구름이 감싼다고 한다.

482 장안문(長安門) : 경기도 화성(華城)의 북문 이름이다.

만년의 솔잎은 파도 소리 흉내 내네　萬年松葉學濤聲
옛 지지대 고개[483]는 고금의 한 서렸으니　遲遲臺古古今恨
백발 고신의 눈물이 갓끈에 가득하네　白首孤臣淚滿纓

만석거의 휘도는 물 가없이 푸른데　渠回萬石碧無涯
맑은 물에 높이 올라온 연꽃이 깨끗하도다　淸水高荷澹澹花
뗏목을 띄울 만한 강엔 조각배가 떠 있고　江可方思容舴艋
구름이 솟아나는 하늘엔 노을이 피어나네　天兼湧特生雲霞
용은 영지버섯 머리로 깊은 굴에 엎드려 있고　龍頭菌蠢伏深穴
해오라기는 갓 돋은 깃털로 얕은 모래에 서 있네　鷺羽攡褷立淺沙
해 지는 광교산[484]의 빼어난 풍경 속으로　斜日光敎秀色裏
손에 낚싯대 들고 어부 집에 찾아왔네　手持籊竹到漁家

빽빽이 휘늘어진 연잎은 반짝반짝 깨끗하고　田田若若淨暉暉
그림도 푸른빛으로 바뀐 산보다는 못하네　畫不如山入翠微
나비는 쌍쌍이 날아 향기로운 장막을 다투는데　胡蝶雙飛鬪香幕

---

483 옛 지지대(遲遲臺) 고개 : 경기도 화성(華城) 초입의 미륵현(彌勒峴)을 가리킨다. 정조가 아버지 사도세자(思悼世子)의 묘인 현륭원(顯隆園)을 참배한 뒤 이곳에 이르면 걸음을 멈추고 멀리 바라보다가 자신도 모르게 말에서 내려 서성이곤 했는데, 1795년에 현륭원을 참배하고 돌아가는 길에 미륵현에 이르렀을 때 미륵현 위쪽에 앉은 자리를 빙 둘러 대(臺)처럼 되어 있는 곳을 보고는 '지지대'라고 명명하였다. 1796년에 다시 이곳을 방문했을 때 고개 이름을 지지현(遲遲峴), 즉 '지지대 고개'로 고쳤다. 《國朝寶鑑 卷74 正祖朝6 乙卯19年》《承政院日記 正祖 19年 3月 7日》

484 광교산(光敎山) : 경기도 수원과 용인 사이에 있는 산 이름이다.

원앙새 한 무리가 붉은 연꽃 사이로 춤을 추네	元央一隊舞紅衣
점점이 늘어선 섬들은 자라가 인 듯하고[485]	頭頭嶼列鰲如戴
우뚝이 높다란 정자는 산꿩이 날 듯하네	兀兀亭高翬欲飛
팔십 된 늙은이가 바랄 것 무엇이랴	八十老翁何所望
물고기 욕심에 눌러앉아 돌아감을 잊네	羨魚牢坐却忘歸

485 점점이……듯하고 : 만석거(萬石渠) 안에 점점이 늘어선 작은 산들이 선산(仙山)처럼 보인다는 말이다. 전설에 의하면 발해(渤海) 동쪽의 방호(方壺), 영주(瀛洲), 봉래(蓬萊)의 선산은 천제(天帝)의 명을 받은 거대한 자라가 조수에 떠다니지 않도록 이고 있다고 한다. 《列子 湯問》

어느덧 내 나이 여든하나인데 또 추석을 만나다[486]

不覺余年八十有一 又見秋夕

백 년 인생에 백 번의 추석이 있으니	百年中有百秋夕
여든한 번째 추석을 오늘 만났네	八十一秋今夕當
황도의 태양은 지금 십오일 되었으니	黃道朱曦方三五
서쪽으로 운행하여 남려[487]의 중앙에 와 있네	西躔南呂正中央
이슬 섞인 가을바람 휘휘 불어오는데	團團金玉風兼露
서리 같은 맑은 달빛이 반짝반짝 빛나네	耿耿水晶月似霜
성인의 글 일생 동안 아직 다 읽지 못했으니	墳素生平讀未了
이웃집 벽을 뚫고 등불 한번 빌려볼까[488]	試穿隣壁借燈光

486 어느덧……만나다 : 저자가 81세 때인 1847년(헌종13) 8월 15일 추석에 지은 시이다.

487 남려(南呂) : 12율(律)의 하나이다. 여기서는 음력 8월을 가리킨다.

488 이웃집……빌려볼까 : 열심히 공부하고자 한다는 말이다. 한 원제(漢元帝) 대 승상을 역임했던 광형(匡衡)이 젊은 시절 가난하여 촛불이 없자 자기 집의 벽을 뚫어서 이웃집 불빛에 비추어 책을 읽었다는 고사를 원용한 것이다. 《西京雜記 卷2》

성약이 술을 들고 지나는 길에 들렀다가 곧바로 작별하다[489]

聖若賫酒歷訪卽別

남풍이 불자 그대 오시더니	南風吹君來
북풍이 불자 그대 가시는구려	北風吹君去
말발굽 소리 또각또각 울리니	馬蹄隆隆響
십 리 밖 여울이 우는 곳이라오	十里灘鳴處

489 성약(聖若)이……작별하다 : 저자 나이 81세 때인 1847년(헌종13)에 지은 것으로 추정된다. '성약'은 채과영(蔡果永)의 자(字)이다. 다만 '성(聖)'이 '성(星)'으로 되어 있는 곳도 있다.

고금도에 위리안치 되어 있는 앙여에게 부치다[490]

寄仰如古今島圍籬中

나에게 화락함과 즐거움 남겨주더니　　貽台和湛
나를 부지런히 힘쓸 자리에 두었도다　　措台甓甓
아침부터 저녁까지 언행에 조심하고　　恪居晨夕
답답해하지 않으면 가르쳐주지 마시게나　　不悱不肩
길이 단절하여 권태로이 쉬거니와　　永斷厭歇
길이 마주하여 담소를 나누리라　　永對晤說
기상은 산처럼 지극히 높고　　山極其崒
성정은 물처럼 지극히 맑다오　　水極其澈
나는야 머리가 듬성듬성 짧은데　　蕭蕭短髮
슬프게도 생이별을 하게 되었도다　　喞喞生別
다닐 때는 형적을 숨기고　　行卽形隱
서 있을 땐 자취를 없애시게　　立卽迹滅
걸출한 그대가 멀리 떠났으니　　玉駄言邁
영별 아니나 영별인 듯하다오　　非訣似訣
안타깝도다 마음을 보존할 것이요　　吝兮存心
슬프도다 말을 하지 말아야 하리　　怛兮捫舌

---

490 고금도(古今島)에……부치다 : 저자가 81～82세 때인 1847～1848년(헌종14)에 지은 것으로 추정된다. '앙여(仰如)'는 저자의 매제(妹弟)인 김필(金鉍)의 자(字)이다. 460쪽 주434 참조.

염려해주는 마음은 예전과 똑같은데 蒙念昔似
증자의 낭비처럼 중도에 끊겼도다[491] 曾費中絶
관복이 소박하지 않아서가 아니요 非襮不素
패옥이 깨끗하지 않아서가 아니로다 非佩不潔
애오라지 더불어 실의에 빠져 있음은 聊與淹滯
나의 심장 돌도 철도 아니어서라오 肝非石鐵
부디 몸을 천금처럼 소중히 여겨 冀千金軀
아, 아름다운 절조를 닦으시게 蹇修姱節
그대의 밝고 진실한 훌륭한 덕을 顯允令德
어찌 헤아리고 어찌 재리오 曷矩曷絜

---

491 증자(曾子)의……끊겼도다 : 서로 만나 교유하던 일이 끊긴 것을 이른다. 이와 관련하여 《한시외전(韓詩外傳)》에 자하(子夏)와 증자(曾子)의 일화가 전한다. 자하가 증자를 찾아가자, 증자가 들어와 식사하라고 하였다. 자하가 낭비하는 것이 아니냐고 하자, 증자가 군자에게는 세 가지 낭비가 있는데 음식은 이에 들어가지 않는다고 말하였다. 자하가 세 가지 낭비가 무엇이냐고 묻자, 증자는 "젊어서 배운 것을 장성하여 잊어버리는 것이 첫 번째 낭비이고, 군주를 섬겨 공을 세우고서 가벼이 저버리는 것이 두 번째 낭비이고, 오랫동안 벗과 교유하다가 중도에 단절하는 것이 세 번째 낭비이다.〔少而學, 長而忘, 此一費也; 事君有功, 而輕負之, 此二費也; 久交友, 而中絶之, 此三費也.〕"라고 대답하였다.

관원 성 징군이 주 부자의 〈구일〉 시에 화답시를 짓고 나에게도 화답시를 짓게 하다[492]

冠園成徵君和朱夫子九日韻 命予亦和

좋은 명절을 창주[493]에서 맞아 감흥이 일어날 때	令節滄洲感興時
서풍에 눈을 돌리니 기러기가 남으로 돌아가네	西風勞目雁南歸
아득히 생각하면 천년 동안 지금의 달 비췄거니와	緬維千載照今月
참으로 소중한 건 중양에 옛날의 빛 돌아온 거라오	亮惜重陽還昔暉
오디가 떨어지니 붉은빛이 술 위에 감돌고	桑落紅堪浮酒面
국화는 향기가 누렇게 사람의 옷에 올라오네	菊香黃欲上人衣
백량대 위에서 칠언의 훌륭한 시구를 지으니[494]	七言佳句梁臺上
규수와 벽수의 너른 빛이 소미성에 모였네[495]	奎璧弘光聚少微

492 관원(冠園)……하다 : 저자가 81세 때인 1847년(헌종13) 9월에 지은 것으로 추정된다. '관원'은 성근묵(成近默)의 호이다. '〈구일(九日)〉'은 주희(朱熹)가 39세 되던 1168년 9월 9일 중양절에 벗들과 지주성(池州城) 서문 밖 호산(湖山)에 올라 지은 시 〈9일에 천호에 올라 국화를 머리에 한가득 꽂고 돌아와 운자를 나누고 시를 읊조릴 제 '귀(歸)' 자를 얻다〔九日登天湖以菊花須揷滿頭歸分韻賦詩得歸字〕〉를 이른다.

493 창주(滄洲) : '푸른 물가'라는 뜻으로 '은사(隱士)의 거처'를 이른다. 남송의 주희(朱熹) 역시 자신의 서실(書室)을 '창주정사(滄洲精舍)', 별호를 '창주병수(滄洲病叟)'라 부르기도 하였다.

494 백량대(柏梁臺)……지으니 : '백량대'는 한(漢)나라 때의 대(臺) 이름으로, 옛터가 지금의 섬서성(陝西省) 장안현(長安縣) 서북쪽 장안고성(長安故城) 안에 있다. 한 무제(漢武帝)가 기원전 115년 봄에 짓고 이 위에서 주연을 마련하여 신하들과 시를 지으며 즐겼다고 한다. 《三輔黃圖 臺榭》

495 규수(奎宿)와……모였네 : '규수'와 '벽수(壁宿)'는 모두 서방 7수 중의 별자리

이름으로, 문장을 주관한다. 벽수의 '벽(壁)'은 '벽(璧)'과 통용한다. 소미성(少微星)은 모두 4개의 별로 이루어진 별자리 이름으로, 일명 처사성(處士星)이라고도 한다.

추사가 특별히 방면되었다는 소식을 듣고 기뻐하다[496]

喜聞秋史特宥

머나먼 삼천 리 검푸른 바다에서	三千里溟水
큰 은택 입어 다시 바다를 건너왔네	還渡鴻恩波
땅끝에서 운신의 폭 적었을 텐데	地角少行步
천심의 화기로운 운행이 크기도 하다[497]	天心大運和
부는 예전에 국화 노래 할 마음 간절했고[498]	賦懸昔粲菊
시는 지금 〈육아(蓼莪)〉 편을 폐하였네[499]	詩廢今非莪

---

496 추사(秋史)가……기뻐하다 : 저자가 82세 때인 1848년(헌종14) 12월에 지은 것이다. 1840년(헌종6) 9월 4일 제주도에 유배된 추사 김정희(金正喜)에게, 9년 만인 1848년 12월 6일 해배(解配)의 명이 떨어지자 이를 기뻐하여 지은 시이다.

497 천심(天心)의……하다 : 유배에서 풀려난 것은 따뜻한 햇살 같은 임금님의 큰 은택을 입어서라는 말이다.

498 부(賦)는……간절했고 : 김정희가 도연명(陶淵明)처럼 〈귀거래사(歸去來辭)〉를 읊으며 고향으로 돌아가 국화 핀 울타리 아래에서 함께 술을 마시며 노닐 수 있기를 바랐다는 말이다. 이와 관련하여 명나라 유기(劉基)의 〈영롱사범(玲瓏四犯)〉에 "고운 국화가 울 밑에 피었으니, 귀거래를 읊으며 돌아옴이 늦을까 두렵다오.〔粲菊綻籬邊, 賦歸來恐晩.〕"라는 구절이 보인다.

499 시는……폐하였네 : 김정희가 9년 만에 유배지에서 풀려나 돌아오게 된 지금, 돌아가신 부친을 생각하여 슬퍼할 것이라는 말이다. 원문의 '비아(非莪)'는 '비아(匪莪)'와 같은 말로, 아름다운 쑥이 아니라는 뜻이다. 전하여 '돌아가신 부모를 애도하는 것'을 의미한다. 진(晉)나라 왕부(王裒)가 《시경》 〈소아(小雅) 육아(蓼莪)〉의 "길고 긴 좋은 쑥이라 여겼는데, 아름다운 쑥 아니라 나쁜 쑥이로다. 슬프고 슬프다 우리 부모님, 나를 낳으시느라 몹시 수고하셨도다.〔蓼蓼者莪, 匪莪伊蒿. 哀哀父母, 生我劬勞.〕"라는 대목을 읽을 때마다 참형(斬刑)을 당한 부친을 생각하며 눈물을 흘리곤 하였으므로

모두가 세신의 의리를 갖추었으니 俱有世臣義
어찌 법의 그물에서 풀려나지 않으리오[500] 詎無解網羅

수업 받는 문인들이 〈육아〉 편을 아예 폐하려고 했다는 고사가 전한다. 《憲宗實錄 6年 7月 12日》《晉書 卷88 王裒列傳》

500 모두가……않으리오 : 1848년(헌종14) 12월에 김정희가 전라도 제주목(濟州牧) 대정현(大靜縣)의 위리안치에서 풀려날 때, 경상도 거제부(巨濟府)에 위리안치 되어 있던 조병현(趙秉鉉)과 전라도 무주부(茂朱府)에 유배되어 있던 이목연(李穆淵) 역시 함께 풀려난 것을 이른다. 《承政院日記 憲宗 14年 12月 13日》

우연히 남생 태옥의 집에 유숙하였는데 남생은 나이 팔십에 사람이 소박하고 특히 글씨에 조예가 깊었다. 술자리를 벌이고 실컷 마시다[501]

偶宿南生泰玉 生年八十質朴 尤邃于書 置酒傾飮

마치 양양[502] 마을로 들어선 듯하고	如入襄陽里
마치 노사숙유의 집에 들어선 듯하네	如登老宿房
흰 구름은 절로 오고 절로 가며	白雲自來往
산새는 울기도 하고 날기도 하네	山鳥或鳴翔
애석해라 훌륭한 솜씨 뉘라서 알아줄까	鴻藻嗟誰識
기쁘게도 부화주를 나그네가 맛보네	鳧花歡客嘗
골짝의 난초를 사람들이 캐지 않지만	谷蘭人不采
캐지 않은들 난초에게 무슨 상관있으랴	不采蘭何傷

501 우연히……마시다 : 저자가 82세 때인 1848년(헌종14)에 지은 것으로 추정된다. '남태옥(南泰玉)'은 미상이다.

502 양양(襄陽) : 화가이자 서예가로 유명한 송(宋)나라 미불(米芾, 1051~1107)이 호북성 양양 사람인 것을 염두에 두고 한 말이다.

관원이 찾아오다[503]

冠園來尋

수레 앞의 사슴 한 마리 산 다리에서 우니[504]	車前一鹿鳴山橋
물새가 화들짝 놀라 찬 하늘에서 춤을 추네	驚起水禽舞冷霄
올겨울에 매화꽃 읊자고 단단히 약조했으니	牢約今冬詠梅蕊
궁벽한 골짝이 쓸쓸하지 않을 것을 알았네	心知窮谷不蕭條

503 관원(冠園)이 찾아오다 : 저자가 82세 때인 1848년(헌종14)에 지은 것으로 보인다. '관원'은 성근묵(成近默)의 호이다.

504 수레……우니 : 전설에 따르면 신선은 흰 사슴이 끄는 수레를 탄다고 한다. 여기서는 징사(徵士) 성근묵이 찾아오는 것을 이른다. '징사'는 조정의 초빙을 받았으나 출사하지 않은 은자를 말한다.

새 술을 눌러 짜는 모습을 흐뭇하게 바라보다[505]

喜看壓新醅

산속 오두막에 술 향기가 진동하니　山家動趣味
새 술을 짜는 모습 웃으며 바라보네　笑看壓新醅
가랑비 소리가 솔 사이로 들리는 듯하고　細雨松間聞
향긋한 봄소식이 꽃 위로 오는 듯하네　芳春花上來
마시자 달콤한 것이 기장술이니　飮而甘卽秫
목마르다고 어찌 신 매실만 생각하랴　渴豈酸思梅
한 말 술에 백 편의 시흥이 일어나니　一斗百篇興
누가 있어 대적할 자 없을 재능 지녔을까[506]　伊誰無敵才

---

505 새……바라보다 : 저자가 82세 때인 1848년(헌종14) 봄에 지은 것으로 추정된다.

506 한……지녔을까 : 두보(杜甫)의 〈음중팔선가(飮中八仙歌)〉 중 "이백은 술 한 말에 시가 백 편이니, 장안의 저잣거리 주막에서 잠이 드네.〔李白一斗詩百篇, 長安市上酒家眠.〕"라는 구절과 〈봄날 이백을 그리워하며〔春日憶李白〕〉 중 "이백은 시로서는 대적할 자 없으니, 그 표일한 시상(詩想) 무리에서 뛰어나다오.〔白也詩無敵, 飄然思不群.〕"라는 구절을 원용한 것이다.

뜻을 가탁하다[507]

寓言

덩그러니 앉아 함께하지 못하니	塊不偶坐
거울처럼 텅 비어 아무도 없다오	掃地如鏡
숲이 성그니 마을이 밖으로 드러나고	林疏村出
들이 넓으니 산이 저 멀리 달아났네	野曠山迸
천하의 일에는 맛이 덤덤하고	天下淡味
산천에 살아도 야윈 병객 아니라오	澤中非病
그대들은 부디 이를 허물하지 말라	子疇休咎
틀에 맞추노라면 본성을 잃는다오	隱括迷性
마음을 씻어 속박에서 벗어나고	洗心懸解
몸을 깨끗이 하여 돌아오며 노래하네	澡身歸詠
일해	一解

임금님의 은택을 노래하고 읊조리니	歌詠玄澤
따뜻이 길러주심에 배가 부르다오	呴呴含哺
대추를 잡으니 붉은 충심 알겠고	抓棗見赤
밤을 가르니 본래 마음 알겠네	副栗見素
물건을 저울질할 땐 공평하게 하고	稱物平施
꺾어지고 돌 때에도 법도에 맞추네	折旋矩度

507 뜻을 가탁하다 : 저자가 82세 때인 1848년(헌종14)에 지은 것으로 추정된다.

중요한 관건을 마침내 통과했으니	關鍵遂通
나의 울타리는 본래 단단하다오	藩籬自固
소라고 부르면 부르는 대로 맡길 뿐	任以牛呼
번거롭게 말이라고 일러주지 않으리라[508]	莫煩馬喩
이해	二解

508 소라고……않으리라 : 비방과 칭찬은 다른 사람에게 달려 있으니 이를 상관하지 않고 자연에 내맡긴다는 뜻으로, 《장자(莊子)》 〈천도(天道)〉의 "예전에 그대가 나를 소라고 불러서 나도 소라고 하였고, 나를 말이라고 불러서 나도 말이라고 하였네. 진실로 그 실제가 있어서 사람들이 이름을 붙여주었는데도 받아들이지 않으면 다시 그 재앙을 받기 때문이네.〔昔者子呼我牛也而謂之牛, 呼我馬也而謂之馬. 苟有其實, 人與之名而弗受, 再受其殃.〕"라는 구절을 원용한 것이다.

관원이 〈새로 집터를 잡다〉라는 시를 보여주기에 간곡한 부탁에 화답하여 부응하다[509]

冠園新卜居篇以示 和副勤囑

자그마한 오두막 태사공 때 옛 모습 완연하니[510]	畝宮宛昔史公時
관악산의 구름도 머물러서 돌아갈 줄 모르네	冠岳山雲宿不歸
옥까치는 남쪽에 둥지 트니 장마 지기 전이요	玉鵲南巢未陰雨
금까마귀는 동쪽에서 목욕하고 햇빛 속에 나네	金雅東浴翔陽暉
젊은 제자들이 강의하는 자리 앞에 앉았는데	後生弟子一函席
그 앞에서 색동옷 입은 아이가 장난을 치네	前戲嬰兒五色衣
다행히 이 언덕이 주인 만난 것을 축하하니	幸爲玆丘遭遇賀
그대가 공경을 알고 또 징조 앎을 알겠네	知君知敬又知微

509 관원(冠園)이……부응하다 : 저자가 82세 때인 1848년(헌종14)에 지은 것으로 보인다. '관원'은 성근묵(成近默)의 호이다.

510 자그마한……완연하니 : 저본에는 이 뒤에 "태사의 옛집이라고 한다.〔太史故居云.〕"라는 원주가 있다. 여기서는 도승지를 역임한 자하(紫霞) 신위(申緯)의 옛집을 가리키는 듯하다.

약헌이 편지를 보내왔는데 솜옷과 계화주와 꿩이 함께 왔다[511]

約軒書 綿衣桂酒華虫幷至

누추한 집이 쇳덩이보다 차가우니	卑室冷於鐵
눈보라가 창문에 몰아치는 때라오	撲窓風雪時
한결같은 빈한에 벗님이 그리웠더니	一寒故人戀
일곱 빛깔 서찰은 현자를 좋아해서라오[512]	七色好賢爲
한낮에 꿩은 금쟁반 위로 달리고	日雉騁金錯
달 속의 계화는 옥술잔에 찰랑이네	月華浮玉巵
저 멀리 강남에서 봄소식을 보내오니	江南春信贈
매화가 지난해의 가지에 피었네	梅發去年枝

---

511 약헌(約軒)이……왔다 : 저자가 82세 때인 1848년(헌종14) 겨울에 지은 것으로 추정된다. '약헌'은 홍현주(洪顯周)의 호이다.

512 한결같은……좋아해서라오 : 홍현주가 가난한 저자를 위해 현자를 좋아하는 마음으로 솜옷과 함께 편지를 보내준 것을 이른다. 전국 시대에 범저(范雎)가 장록(張祿)으로 이름을 바꾸고 진(秦)나라 승상이 된 뒤에 가난한 사람의 모습으로 변장을 하고 옛 친구인 수가(須賈)의 앞에 나타나자, 수가가 "범숙이 한결같이 빈한하기가 이와 같단 말인가.〔范叔一寒如此哉?〕" 하고서는 솜옷 한 벌을 입혀주었다는 고사가 전한다. 《史記 卷79 范雎列傳》 또 《시경》 〈정풍(鄭風) 치의(緇衣)〉에 "치의의 걸맞음이여, 해지면 내 또다시 만들어주리라.〔緇衣之宜兮, 敝予又改爲兮.〕"라고 하여 현자를 좋아하여 의복을 대접하려는 정성을 노래한 구절이 있다.

절구[513]

絶句

술이 없으니 뉘라서 내게 사주리오 無酒誰酤我
시름겨워 홀로 깨어 있기 어려워라 悄然難獨醒
흰 구름이 이내 근심 거두어 떠나가니 白雲卷愁去
하늘 끝에 몇몇 봉우리가 푸르도다 天末數峯青

513 절구(絶句) : 저자가 82세 때인 1848년(헌종14)에 지은 것으로 추정된다.

관원이 눈 속에서 보낸 시찰에 답하다[514]

答冠園雪中詩札

관원이 보내온 편지를 받아서 보니	承審冠園咫尺書
짧은 편지가 백 개의 옥돌에 필적하네[515]	尺書當敵百車渠
옥처럼 쌓인 밤눈이 신운(神韻)으로 화하였으니	璚堆夜雪化神韻
아침 추위에 진중하라는 안부 편지를 받았네[516]	珍重朝寒奉起居
계수나무 안고 애오라지 머무니 올해가 저물고[517]	桂樹聊淹今歲暮
매화가지 보내지 않으니 벗들이 적어졌네	梅花不與故人疏
맑은 바람 밝은 달이 몹시도 당돌하니[518]	清風明月頗唐突

514 관원(冠園)이……답하다 : 저자가 82세 때인 1848년(헌종14)에 지은 것으로 추정된다. '관원'은 성근묵(成近默)의 호이다.

515 짧은……필적하네 : 당(唐)나라 두보(杜甫)의 시 〈알문공상방(謁文公上方)〉의 "금빗으로 내 눈의 막을 벗겨준다면, 그 값은 백 개의 옥돌보다 중하리라.〔金篦刮眼膜, 價重百車渠.〕"라는 구절을 원용한 것이다.

516 옥처럼……받았네 : 안부 편지 속에 눈을 읊은 시까지 보내주었다는 말이다. '옥처럼 쌓인 밤눈이 신운(神韻)으로 화하였다'는 것은 밤에 내린 하얀 눈을 소재로 훌륭한 시를 지었다는 말이다.

517 계수나무……저물고 : 향기로운 계수나무를 사랑하여 산중에 머물러 산다는 뜻으로, 《초사(楚辭)》 〈초은사(招隱士)〉의 "계수나무 가지 부여안고 애오라지 머무노라.〔攀援桂枝兮聊淹留.〕"라는 구절을 원용한 것이다.

518 맑은……당돌하니 : 남송의 양만리(楊萬里)가 나이 70도 되기 전에 벼슬에서 물러나 겨우 비바람을 가릴 수 있는 낡은 집에 살면서 노래하기를, "좋아하고 싫어함을 눈 아래 드러내지 않고, 옳고 그름을 입속에서 내지 않네. 다만 용서 못 할 것이 하나 있다면, 당돌한 밝은 달과 맑은 바람이라오.〔青白不形眼底, 雌黃不出口中. 只有一罪不

일평생 시인의 구습을 없애지 못할까 두렵네　　舊習平生恐未除

赦, 唐突明月淸風.]"라고 하였는데, 저본의 시구는 이 구절을 원용한 것이다.《鶴林玉露 卷14》

초가을에 시험 삼아 쓰다[519]

初秋試書

만 리에 우수수 낙엽 지는 소리	萬里蕭蕭響
고목 있는 마을에 가장 먼저 들리네	先聞老樹村
재처럼 식은 마음 서리는 구레나룻에 내렸고	心灰霜上鬢
빨리 흐르는 세월은 어느덧 중원[520]이로다	星火日中元
푸른 물방울은 솔잎 끝에 높이 맺혔고	翠滴高松葉
벌레 울음소리는 대 뿌리에 요란하네	蟲鳴苦竹根
인간 세상을 오랜 세월 보았으니	人間世久視
참으로 우스워라 현손을 보았구나	堪笑見玄孫

519 초가을에……쓰다 : 저자가 83세 때인 1849년(철종 즉위년) 초가을에 지은 것으로 추정된다.

520 중원(中元) : 음력 7월 15일을 이른다. 이날 도교 사당에서는 재(齋)를 올리고, 절에서는 우란분회(盂蘭盆會)를 열며, 민간에서도 죽은 친척에게 제사하는 풍속이 있다.

〈가을 조망〉 시를 지어 이수 권 상국 돈인 에게 올리다[521]

秋眺篇 呈彝叟權相國 敦仁

가을꽃은 시내 굽이에 줄을 지어 서 있고	秋花離立澗之隈
물가의 흰 바위는 온통 이끼로 뒤덮였네	白石磯邊都是苔
몇몇 고을 누런 구름[522]이 물에 떠서 들어오고	數郡黃雲浮水入
일만 두둑 붉은 늦벼가 산자락을 휘감았네	萬畦紅稻傍山回
괴로이 읊으며 촌로와 함께 세상을 모두 잊고	苦吟與老總忘世
흠뻑 취해 사람에 의지해 홀로 대에 오르네	爛醉扶人獨上臺
십 리는 깨끗한 모래밭이요 오 리는 성곽인데	十里晴沙五里郭
석양이 비스듬히 어망에 절반쯤 내리쬐네	斜陽一半曬罾來

---

521 가을……올리다 : 저자가 83세 때인 1849년(철종 즉위년) 가을에 지은 것으로 추정된다. 권돈인(權敦仁, 1783~1859)의 본관은 안동(安東), 자는 경희(景羲), 호는 이재(彝齋)·우랑(又閬)·우염(又髥)·번상촌장(樊上村庄)·과지초당노인(瓜地草堂老人)이며, 시호는 문헌(文獻)이다. 우의정을 지낸 권상하(權尙夏)의 5대손으로, 1813년(순조13) 문과에 급제하였다. 이후 여러 벼슬을 거쳐 1842년(헌종8) 11월 11일 우의정, 1843년(헌종9) 10월 26일 좌의정, 1845년(헌종11) 1월 11일 영의정에 임명되었다. 《承政院日記》

522 누런 구름 : 풍년의 조짐을 비유한다. 《주례(周禮)》〈춘관(春官) 보장씨(保章氏)〉 정현(鄭玄)의 주에 "동지와 하지, 춘분과 추분에 구름 빛깔을 살펴 푸른색이면 충해가 있고, 흰색이면 초상이 나고, 붉은색이면 전쟁이 발생하고, 검은색이면 홍수가 나고, 누런색이면 풍년이 든다.〔以二至二分觀雲色, 靑爲蟲, 白爲喪, 赤爲兵荒, 黑爲水, 黃爲豐.〕"라는 내용이 보인다.

관원의 집에서 술을 마시다[523]

飮冠園

기쁘게도 내 마음에 꼭 드니	愜我適也
베버선에 푸른 미투리로다[524]	布襪靑鞋
벗이란 덕으로 사귀는 것이니	友也德也
마음과 눈을 닦을 수 있도다	心目所揩
기이한 향은 노루가 지나가는 듯	異香鹿過
아름다운 소리는 새가 노래하는 듯	好音鳥喈
산천 같은 빼어난 기운이요	山川秀氣
창천백일 같은 밝은 마음이로다	天日旨懷
맛 좋은 안주가 구름처럼 이르니	庖膾雲至
절하고 헌주하며 복을 한껏 누리네	獻拜孔皆
첫 번째	一

세 번을 불러도 벼슬에 나가지 않으니	三辟不起

---

523 관원(冠園)의……마시다 : 저자가 83세 때인 1849년(철종 즉위년)에 지은 것으로 추정된다. 은거하고 있는 관원 성근묵(成近默)의 집에 가서 함께 술을 마신 뒤 지은 시이다.

524 베버선에 푸른 미투리로다 : 은자의 복장을 가리킨다. 남송 양만리(楊萬里)의 시 〈왕계안 주부의 일로당에 쓰다〔題王季安主簿佚老堂〕〉 중 "베버선에 푸른 미투리로 이미 느릿느릿 갔으니, 편안히 앉아 꾀꼬리 우는 소리 듣는 것만 못하네.〔布襪靑鞋已懶行, 不如宴坐聽啼鶯.〕"라는 구절을 원용한 것이다.

세상 피한 천하의 일민[525]이로다 天下逸民
행실은 외면의 부화함을 버렸고 行舍其華
풍도는 순일하지 않음이 없도다 風無不淳
저녁 이슬은 구슬발이 되고 夕露網珠
아침노을은 티끌을 적시네 晁霞浥塵
가깝게 앉자 소리가 화평하니 密坐聲和
능히 어울려서 차례가 있도다[526] 克諧以倫
정성을 두어 크게 선하여 길하니 有孚元吉
천년토록 은혜롭게 여기리라[527] 惠心千春

두 번째 二

그대의 얼굴빛 맑게 빛나니 睟乎爾顔
그대의 내면 진실하도다[528] 眞乎爾情

---

525 일민(逸民) : 세상을 피하여 은거하는 사람을 이른다.

526 가깝게……있도다 : 이와 관련하여 《예기》 〈악기(樂記)〉에 "사물에 그 사랑하는 마음이 감응한 자는 그 소리가 화평하고 부드럽다.〔其愛心感者, 其聲和以柔.〕"라는 내용이 보이며, 《서경》 〈우서(虞書) 순전(舜典)〉에 "팔음의 악기가 잘 어울려 서로 차례를 빼앗음이 없어야 신과 사람이 화합할 것이다.〔八音克諧, 無相奪倫, 神人以和.〕"라는 내용이 보인다.

527 정성을……여기리라 : 《주역》 〈익괘(益卦) 구오(九五)〉에 "은혜로운 마음에 정성을 두고 있다. 묻지 않아도 크게 선하여 길하니, 정성을 두어 나의 덕을 은혜롭게 여기리라.〔有孚惠心, 勿問元吉, 有孚, 惠我德.〕"라는 내용이 보인다.

528 그대의 얼굴빛……진실하도다 : 덕성이 내면에 갖추어져 외면으로 드러난 모습을 이른다. 《맹자》 〈진심 상(盡心上)〉에 "군자의 본성은 인의예지가 마음에 뿌리를 두어 얼굴에 맑은 빛이 드러나며 등에 충일하며 사지에 베풀어져서, 사지가 말하지

그대의 안주는 향기롭고　　爾肴其馨
그대의 술은 이미 맑네　　爾酒旣淸
또한 이미 그대를 만나니　　亦旣見爾
거문고를 연주하고 서성이네　　拊瑟屛營
물과 바위가 있는 이곳　　積石靈源
오악의 정기가 가득하도다　　峻嶽神精
세찬 가을바람이 하늘에 이르니　　商迅薄穹
풀벌레가 밤이 다가도록 울어대네　　蟲吟卒更

세 번째　　三

변하기 어려운 것 기질이니　　難化也氣
저마다 그 몸가짐을 공경하네　　各敬其儀
화락한 술자리 마침을 숭상하니　　隆缺和樂
얼굴을 보고 담소를 나누네　　承顔接辭
벗들이 이에 와서 이에 모이니[529]　　以簪以盍
갈증과 허기짐을 잊을 만하네[530]　　庶忘渴饑

않아도 저절로 깨달아 행해진다.〔君子所性, 仁義禮智根於心, 其生色也, 睟然見於面, 盎於背, 施於四體, 四體不言而喩.〕"라는 내용이 보인다.

529 벗들이……모이니 : 《주역》 〈예괘(豫卦) 구사(九四)〉의 "말미암아 즐거워하므로 크게 얻음이 있으니, 의심하지 않으면 벗들이 모여들리라.〔由豫, 大有得, 勿疑, 朋盍簪.〕"라는 구절을 원용한 것이다. 정이(程頤)의 주에 의하면, '잠(簪)'은 '모인다〔聚〕'는 뜻으로 머리를 모은 것에서 뜻을 취한 것이다. '합(盍)' 역시 모인다는 뜻이다.

530 갈증과……만하네 : 목이 마르듯, 굶주린 듯 벗을 그리워했는데 이제 벗을 만나 해소된 것을 이른다. 삼국 시대 위(魏)나라 혜강(嵇康)의 〈증수재입군(贈秀才入軍)〉

말하지 않아도 서로 아니	不言而喩
기쁨을 어찌 다 이길 수 있으랴	欣何可支
따뜻한 바람은 사방으로 흩어지고	惠風旁駭
부드러운 햇빛은 위에서 반짝이네	淳晷仰馳
네 번째	四
자취는 기러기가 하늘을 나는 듯[531]	飛則鴻冥
문장은 봉황의 깃털처럼 빛나네	吐則鳳輝
대지는 그 문채가 빛나고	地曜厥文
별은 소미성을 감싸고 도네[532]	星纏于微
어찌 그대를 사랑할 뿐이랴	何翅惠而
공경히 의지하는 바로다	恭也攸依
꽃이 핀 오솔길 깨끗이 비질하고	淨掃花逕
그대 위해 사립문을 열어놓았네	爲開蓬扉
반드시 이웃 있어 외롭지 않으리니	必隣不孤
텅 비어 갔다가 가득 차서 돌아왔네[533]	虛往實歸

5수 중 다섯 번째 수에 "우리 좋은 벗님 그리워 목이 타듯 허기진 듯했네. 끝내 벗을 보지 못하니 슬프고 슬프도다.〔思我良朋, 如渴如饑. 願言不獲, 愴矣其悲.〕"라는 구절이 보인다.

531 자취는……듯 : 관원이 자취를 높이 하여 은거한 것을 이른다.

532 대지는……도네 : 관원이 은거하는 곳의 산천이 아름답다는 말이다. 소미성(少微星)은 처사성(處士星)이라고도 하며 은사(隱士)를 상징한다.

533 반드시……돌아왔네 : 관원의 덕에 흠뻑 취해 돌아왔다는 말이다. '이웃 있어 외롭지 않다'는 것은 덕이 있는 자는 반드시 동류가 따른다는 뜻으로, 《논어》〈이인(里

다섯 번째 五

仁)〉의 "덕은 외롭지 않아 반드시 이웃이 있다.〔德不孤, 必有隣.〕"라는 구절을 원용한 것이다.

강 시랑 기 이 옛 벗 좌시재의 남은 원고를 찾아 보여준 것에 대해 감회가 일어 짓다[534]

於姜侍郎 渚 搜見左視齋故友存稿 感作之

생각해보면 내가 아이였던 시절은	念我童兒日
그대의 부친 숙부[535]와 노닐던 때였네	遊君父叔年
정자 앞엔 학의 울음소리 끊겼거니와	亭前鶴唳斷
못가엔 봉황의 깃털이 선명하네[536]	池上鳳毛鮮

534 강 시랑(姜侍郎)이……짓다 : 저자가 83세 때인 1849년(철종 즉위년)에 지은 것으로 추정된다. '강 시랑'은 강기(姜渚, 1787～?)로, 본관은 진주(晉州), 자는 기백(耆伯)이다. 강세황(姜世晃, 1713～1791)의 증손이며, 강이천(姜彛天, 1768～1801)의 아들이다. 1844년(헌종10) 문과에 급제하고, 이후 사옹원 주부(司饔院主簿), 영동 현감(永同縣監), 용인 현령(龍仁縣令), 인제 현감(麟蹄縣監), 형조 참판, 병조 참판, 우승지, 좌승지, 사간원 대사간 등을 역임하였다. '시랑'은 육조의 참판을 가리킨다. 강기는 1848년(헌종14) 2월 25일 형조 참판에, 7월 27일 병조 참판에 임명되었다.
'좌시재(左視齋)'는 강기의 아버지 강이천의 별호이다. 오른쪽 눈이 멀어 좌시재라 하였다. 자는 성륜(聖倫), 호는 중암(重菴)이며, 1786년(정조10) 사마시에 합격하였다. 1797년(정조21) 11월에 김건순(金建淳)을 통해 천주교를 소개받고 각종 허황된 유언비어를 발설하였다는 비어 옥사(飛語獄事)로 인해 제주도에 유배되었으며, 1801년(순조1) 신유사옥에 연루되어 옥사하였다. 저서에 《중암고(重菴稿)》가 있다. 1872년(고종9) 이조참판에 추증되었다. 《承政院日記》

535 그대의 부친 숙부 : 강기의 부친 강이천과 숙부 강이문(姜彛文, 1775～?)을 가리킨다.

536 정자……선명하네 : 아버지인 강이천은 세상을 떠났지만 강기와 같은 훌륭한 자손을 두었다는 말이다. '봉황의 깃털'은 아들의 재능이 그 아버지와 같이 훌륭한 것을 이른다. 진(晉)나라 명신(名臣) 왕도(王導)의 아들 왕소(王劭)는 시중(侍中)이었는

세월이 차츰차츰 흐른 뒤에는	歲紀浸深後
천심이 먼저 재앙 내림 후회하리라	天心悔禍先
놀랍게도 지금 높은 벼슬하는 그대가	悦今卿月汝
자운의 원고[537]를 잘도 보존하였구려	能保子雲編

데, 환온(桓溫)이 그를 보고 "대노가 참으로 봉황의 털을 가지고 있구나.〔大奴固自有鳳毛.〕"라고 감탄했다는 고사에서 유래하였다. 대노(大奴)는 왕소의 자(字)이다. 《世說新語 容止》

537 자운(子雲)의 원고 : '자운'은 전한(前漢) 말의 문장가 양웅(揚雄)의 자(字)이다. 양웅은 《태현경(太玄經)》, 《법언(法言)》 등의 저술을 남겼는데, '자운의 원고'는 강이천의 저술이 양웅의 저술처럼 훌륭하다는 말이다. 여기서는 《중암고》가 남은 것을 이른다.

이 호군 충운 에게 부치다[538]

寄李護軍 忠運

서울은 꿈에서도 배회하며 늘 맴도는데	鳳城長繞夢徘徊
쌓인 구름 멀리 바라보니 눈이 쌓인 듯	極望雲堆似雪堆
남산에는 우리 벗님 이 절도가 거처하니	南嶽故人李節度
동쪽 울 아래엔 오늘 국화가 피었으리라	東籬今日菊花開
오직 가지 위의 때까치 소리만 들리니	惟聞枝上博盧響
우선 상 앞에서 앵무배[539]를 기울인다오	且倒牀前鸚鵡盃
사람들은 문관이 좋고 무관이 싫다 하는데	衆道好文不好武
누가 알까 나는 유독 그대 재주 사랑한다오	誰知吾意獨憐才

538 이 호군(李護軍)에게 부치다 : 저자가 83세 때인 1849년(철종 즉위년)에 지은 것으로 추정된다. '이 호군'은 이충운(李忠運, 1771~?)으로, 본관은 함평(咸平), 자는 효숙(孝叔)이다. 1800년(정조24) 무과에 합격하였고, 1815년(순조15) 1월 12일 정4품 무관직인 호군에 임명된 뒤 평산 부사(平山府使), 파주 목사(坡州牧使), 부총관(副摠管), 훈련원 도정(訓鍊院都正) 등을 역임하였으며, 1834년(순조34) 1월 16일 황해도 병마절도사에 임명되었다. 《承政院日記》

539 앵무배(鸚鵡盃) : 조개껍질로 만든, 앵무새 부리 모양의 술잔 이름으로, 여기서는 술을 즐겨 마시는 것을 의미한다. 이백(李白)의 〈양양가(襄陽歌)〉에 "노자표며 앵무배로 백 년이라 삼만 하고도 육천 일을, 날마다 반드시 삼백 잔씩 기울여야 하리.〔鸕鷀杓, 鸚鵡杯, 百年三萬六千日, 一日須傾三百杯.〕"라는 구절이 보인다.

자하 신 시랑을 곡하다[540]

哭紫霞申侍郞

인간 세상에 와서 노닌 지	人間世遊戲
일흔하고도 아홉 성상이라오	七十九春秋
붓과 종이로 입신의 경지에 든 분이요	豪素化神者
현묘한 도를 깊이 탐구한 분이라오	淵玄奧道流
뜬구름 같은 수레를 길이 걸어두고	浮雲長懸轂
종일토록 오직 담박하게 지냈다오[541]	盡日惟虛舟
고심해서 지은 맑은 시문 풍부하니[542]	乙乙富清製
그 은택 계속 이어지지 않으랴	光靈不屬不

---

540 자하(紫霞) 신 시랑(申侍郞)을 곡하다 : 저자가 83세 때인 1849년(철종 즉위년)에 지은 것으로 추정된다. '자하'는 신위(申緯, 1769~1841)의 호이다. '시랑'은 육조의 참판으로, 신위는 1835년(헌종1) 9월 10일 병조 참판, 1837년(헌종3) 11월 18일 호조 참판에 임명되었다.

541 뜬구름……지냈다오 : 부귀영달을 추구하지 않고 담박하게 지낸다는 말이다. '수레를 길이 걸어두었다'는 것은 벼슬을 그만두고 집에서 쉬는 것을 말한다. 한(漢)나라 때 설광덕(薛廣德)이 연로하여 벼슬을 내놓고 고향으로 돌아갈 때 황제가 안거(安車)를 하사하자, 고향으로 돌아와 이를 매달아두고 후대에 전한 데에서 유래하였다. 《漢書 卷71 薛廣德傳》

542 고심해서……풍부하니 : 신위의 저서에 《경수당전고(警修堂全藁)》와 김택영(金澤榮)이 시 600여 수를 정선한 《자하시집(紫霞詩集)》이 있다.

정 청도 노석 의 돌아가는 영구에 곡하다[543]

哭鄭淸道 老錫 歸櫬

저으기 그대를 공경히 찬탄하니	竊欽歎之子
그대는 참으로 어진 자진[544]이로다	子眞賢子眞
두 눈동자는 맑은 물처럼 빛났고	雙眸炯淸水
육경은 향긋한 침으로 양치질하였네[545]	六藝漱芳津
객지의 영구여 떠나는 길 슬프고	旅櫬傷行路
기구한 운명이여 세신[546]이 애석하다	蹇途惜世臣
고금에 천하의 선비 될 만한 이가	古今天下士
쓸쓸히 땅속 사람 되었도다	寂寞地中人

---

543 정 청도(鄭淸道)의……곡하다 : 저자가 83세 때인 1849년(철종 즉위년)에 지은 것으로 추정된다. 경상도 청도 군수를 지낸 정노석(鄭老錫, 1785~1849)의 부음을 듣고 지은 시로, 정노석의 본관은 영일(迎日), 자는 영년(永年)이다. 음관으로 벼슬하여 사도시 주부, 직산 현감(稷山縣監), 의금부 도사, 사옹원 주부 등을 역임하였다. 1848년(헌종14) 6월 25일 청도 군수에 임명되었다. 《承政院日記》

544 자진(子眞) : 한(漢)나라 때의 고사(高士)인 정박(鄭樸)의 자(字)이다. 곡구(谷口)에 살아 '곡구자진(谷口子眞)'이라고도 부른다. 한 성제(漢成帝) 때 대장군 왕봉(王鳳)이 초빙하였으나 나가지 않았다고 한다. 여기서는 성이 정씨(鄭氏)인 정노석을 정박에 비견한 것이다. 《漢書 王貢兩龔鮑傳序》

545 육경(六經)은……양치질하였네 : 육경을 깊이 공부한 것을 이른다. '침으로 양치질한다'는 것은 입안에 고인 침을 양치질하여 세 번에 걸쳐 나누어 삼켜서 단전에 이르게 하는 도가(道家)의 양생법을 말한다.

546 세신(世臣) : 대대로 벼슬하며 국가와 운명을 같이하는 집안의 신하라는 뜻이다.

광주 목사 최백옥 원 의 영구가 선산으로 돌아가 묻힌다는 소식을 듣고[547]

承聞光州牧崔伯玉 瑗 靈櫬歸殯故山

천 리 먼 길에서 부음 소식을 들으니	千里赴車至
이유 없이 왼쪽 자리가 다시 비었도다[548]	無因左復虛
오로지 매진하여 삼례를 종합하였고	專門綜三禮
가업으로 뭇 서적들 깊이 연구했다오	家業賾群書
옥을 묻게 되어 이제 그대를 탄식하노니[549]	埋玉今嗟汝
금을 던지며 누가 나를 분발시킬까[550]	擲金誰起予

---

547 광주(光州)……듣고 : 저자가 83세 때인 1849년(철종 즉위년)에 지은 것으로 추정된다. 최원(崔瑗, 1788～1849?)의 본관은 해주(海州), 자는 백옥(伯玉)이다. 1810년(순조10) 생원시에 합격하였다. 음관으로 벼슬하여 사릉 참봉(思陵參奉), 상서원 직장(尙瑞院直長), 사헌부 감찰, 종묘서 령(宗廟署令), 고산 현감(高山縣監), 제용감 판관(濟用監判官), 돈령부 판관, 공조 정랑, 옥과 현감(玉果縣監), 고성 군수(高城郡守), 무주 부사(茂朱府使) 등을 역임하였다. 광주 목사는 62세 때인 1849년 7월 25일 임명되었다. 최원의 자인 '백옥'의 '백(伯)'은 저본에는 '백(白)'으로 되어 있으나 《사마방목(司馬榜目)》에 근거하여 바로잡았다. 《承政院日記》

548 이유……비었도다 : 왼쪽 높은 자리를 비워놓고 기다릴 만큼 존경한 사람이 죽었다는 말이다.

549 옥을……탄식하노니 : 재능이 출중한 사람이 죽은 것에 탄식한다는 말이다. 진(晉)나라 유량(庾亮)이 죽자, 하충(何充)이 장례식에 참석하여 "옥수(玉樹)를 땅속에 묻으니, 사람의 슬픈 정을 어찌 억제할 수 있으리오.〔埋玉樹箸土中, 使人情何能已已?〕"라고 탄식한 데서 유래하였다. 《世說新語 傷逝》

550 금을……분발시킬까 : 훌륭한 글을 지어 나를 분발시킬 사람이 이제 누가 있겠느

순리 열전에 들 것을 내가 아노니[551] 心知循吏傳
명문 대족이요 노숙한 수령이라오 洪族老銅魚

검은 일산[552] 펴고 부임한 일 어제 같은데 皁蓋去如昨
붉은색 명정으로 오늘 홀연히 돌아왔네 丹旌來忽今
저 푸른 하늘은 헤아리기 어렵다지만 彼蒼者難測
형[553]이 아우를 곡하니 어찌 견디리오 兄哭弟何任
대낮에 캄캄한 묘지에 묻히거니와 白日藏玄室
천년토록 진실한 마음은 빛나리라 千年耿素心
평소에 고산유수곡 연주했건만 平生流水曲
부질없이 백아의 거문고를 감추네[554] 空掩伯牙琴

냐는 말이다. '금을 던진다'는 것은 훌륭한 글이라는 뜻으로, 진(晉)나라 손작(孫綽)이 〈천태산부(天台山賦)〉를 짓고 벗인 범영기(范榮期)에게 자신의 글을 땅에 던지면 금석(金石) 소리가 날 것이라고 장담했는데, 범영기가 처음에는 믿지 않았으나 읽고 난 뒤에는 찬탄을 금치 못하였다고 한 고사에서 유래하였다. '금석'은 종경(鐘磬)을 가리킨다. 《晉書 卷56 孫綽列傳》

551 순리(循吏)……아노니 : 관리로서 최원의 치적을 칭송하는 사람은 없어도, 저자는 최원이 훌륭한 관리였음을 안다는 말이다. '순리'는 법을 지키고 이치를 따르는 관리라는 뜻이다.

552 검은 일산 : 한(漢)나라 때 중이천석(中二千石)과 이천석(二千石)의 지방관이 사용한 일산이다. 여기서는 지방관을 이른다.

553 형 : 최원의 친형인 최황(崔璜, 1783~1874)을 가리킨다. 자는 국보(國輔), 호는 구암(苟菴)이다.

554 평소에……감추네 : 지기(知己)가 죽어 이제 자신을 알아줄 사람이 없게 되었다는 말이다. 356쪽 주177 참조.

평범하게 살다 늙은 나이에 동지가 옴을 보고[555]

尋常至老見至日至

여든네 번째 동지가 이르니	八十四冬至
늘 그러하듯 한밤중에 왔네	尋常半夜來
반드시 운물을 기록해서 갈 터이니[556]	必書雲物去
홀연히 우렛소리 보내어 재촉하네	忽遣雷聲催
양이 나아오니 음이 먼저 물러가고[557]	陽進陰先退
땅이 움직이니 하늘이 마침 도네[558]	地游天正回

---

555 평범하게……보고 : 저자가 84세 때인 1850년(철종1) 11월 동지에 지은 시이다.

556 반드시……터이니 : 운물(雲物)을 살펴 홍수와 가뭄, 풍년과 흉년을 예측하는 것을 이른다. 《춘추좌씨전(春秋左氏傳)》 희공(僖公) 5년 조에 "5년 봄 왕 정월 신해삭에 동지가 들었다. 희공이 시삭하고, 드디어 관대에 올라 운물을 살피고 기록하니 예에 맞다. 춘분과 추분, 동지와 하지, 입춘과 입하, 입추와 입동에 반드시 운물을 기록하니, 재해를 대비하기 위해서이다.〔五年春王正月辛亥朔, 日南至. 公旣視朔, 遂登觀臺以望而書, 禮也. 凡分至啓閉, 必書雲物, 爲備故也.〕"라는 내용이 보인다.

557 양(陽)이……물러가고 : 동짓달인 음력 11월은 《주역》의 지뢰복괘(地雷復卦 ䷗)에 해당한다. 10월의 괘인 곤괘(坤卦 ䷁)와 비교하면 상육(上六)의 음효(陰爻)가 사라지고 초육(初六)의 양효(陽爻)가 생겨난 것이다.

558 땅이……도네 : 고대의 역법에 따르면, 하늘은 왼쪽으로 돌고 땅은 오른쪽으로 돌아 늘 움직이는데, 땅은 네 번 움직여 동지에는 위쪽으로 가서 북쪽으로 갔다가 서쪽으로 3만 리를 가고, 하지에는 아래로 내려가서 남쪽으로 갔다가 동쪽으로 3만 리를 가며, 춘분과 추분에는 한가운데에 있다고 한다. 진(晉)나라 장화(張華)의 시 〈여지(勵志)〉에 "태극이 선회하며 운행하니, 하늘이 돌고 땅이 움직이네.〔大儀斡運, 天迴地游.〕"라는 구절이 보인다. 《文選 卷19 勵志 李善注》

생각하면 일백 오 일 뒤 한식에는	心思一百五
이월이라 온갖 꽃이 피어나리라	二月百花開

기쁜 마음으로 역서를 보다[559]

喜見曆書

시골에도 흥함과 쇠퇴함 있으니	下里浮沈興
홀로 남아 천수 누리며 장수하네	巋然天壽延
산중에서 한 해의 책력 헤아려보니	山中鳳曆日
성상께서 바로 즉위하신 해로다[560]	聖上龍飛年
한 해는 삼백 육십 육 일이니	三百六旬六
성상께서 천천세를 누리시기를	九重千歲千
소신의 바람은 태평 시대 노래하며	小臣願歌詠
백운 옆에서 노년을 보내는 거라오	送老白雲邊

559 기쁜……보다 : 저자가 83세 때인 1849년(철종 즉위년) 겨울에 지은 시이다.

560 성상께서……해로다 : 1849년 6월 6일 헌종이 창덕궁(昌德宮) 중희당(重熙堂)에서 승하하자, 철종이 같은 해 6월 9일 철종이 창덕궁 인정문(仁政門)에서 즉위한 것을 이른다.

산운이 술을 들고 찾아오다[561] 이 대감 양연

山雲持酒相看 李台亮淵

손자와 증손 부축 받아 가까스로 대에 올라	扶起孫曾强上臺
빈숲에 흰 눈을 마주하니 흰 귀밑털이 재촉하네	空林對雪鬢相催
동쪽에서 붉은 기운 몰려와 이군이 내려오시니[562]	東來紫氣李君降
태양이 남으로 온 날 대사립문이 열리네[563]	南至丹曦竹牖開
풍미가 그윽하니 민수로 빚은 술이요[564]	風味溫溫澠色酒

---

561 산운(山雲)이……찾아오다 : 저자가 83세 때인 1849년(철종 즉위년)에 지은 시로 추정된다. 이양연(李亮淵, 1771~1853)의 본관은 전주(全州), 자는 진숙(晉叔), 호는 산운·임연(臨淵)으로, 광평대군(廣平大君) 이여(李璵)의 후손이다. 음관으로 벼슬하여 공조 참의, 동지중추부사(同知中樞府事), 호조 참판, 동지돈령부사(同知敦寧府事) 등을 역임하였다. 저서에 《침두서(枕頭書)》, 《석담작해(石潭酌海)》, 《가례비요(嘉禮備要)》, 《상제집홀(喪祭輯笏)》, 《임연당집(臨淵堂集)》 등이 있다.

562 동쪽에서……내려오시니 : '동쪽에서 붉은 기운이 몰려왔다'는 것은, 노자(老子)가 서쪽으로 떠날 때 관문의 영윤(令尹)이 붉은 구름 기운이 관문에 떠 있는 것을 멀리서 보았는데 노자가 얼마 뒤에 푸른 소를 타고 왔다고 하여 후대에는 제왕이나 성현이 출현하는 상서로운 징조로 여겼다. 여기서는 이 고사를 원용하여 훌륭한 덕을 지닌 이양연이 찾아온 것을 이른다. 《史記 卷63 老子列傳 司馬貞索隱》

563 태양이……열리네 : 동짓날 이양연을 맞이하기 위해 문을 열었다는 말이다. 태양이 하지 이후에는 북쪽에서 남쪽으로 운행하고, 동지 이후에는 다시 남쪽에서 북쪽으로 운행하기 때문에 동지를 '일남지(日南至)'라고도 부른다.

564 민수(澠水)로 빚은 술이요 : 맑은 술이 많다는 말이다. '민수'는 전국 시대 제(齊)나라의 강물 이름으로, 제나라 임금이 연회를 베풀며 "술은 민수처럼 많고, 고기는 구릉처럼 쌓였다.〔有酒如澠, 有肉如陵.〕"라고 말한 것에서 유래하였다. 《春秋左氏傳 昭公 20年》

찬 향이 은은하니 한수 가의 매화로다	寒香澹澹漢濱梅
시 짓는 근심이 일만 섬 서강의 물과 같으니	詩愁萬斛西江水
어찌하면 병주의 가위 얻어 잘라오리오[565]	焉得幷州快剪裁

565 어찌하면……잘라오리오 : 할 수만 있다면 뛰어난 재능을 빌려오고 싶다는 말이다. '병주의 가위'는 중국 병주(幷州)에서 나오는 예리하기로 유명한 가위이다. 두보(杜甫)의 〈희제왕재화산수도가(戲題王宰畫山水圖歌)〉 중 "더욱 잘 그린 먼 곳 형세는 고인도 비할 데 없으니, 한 폭의 짧은 그림을 응당 만 리로 논해야겠네. 어찌하면 병주의 잘 드는 가위를 얻어, 오중의 송강 물 반쪽이나마 도려낼 수 있을꼬.〔尤工遠勢古莫比, 咫尺應須論萬里. 焉得幷州快剪刀, 剪取吳松半江水?〕"라는 구절을 원용한 것이다.

납일에 취흥이 일어[566]

臘日醉興

연말이요 초봄이라 흥이 일어나니 臘尾春頭興
한 잔 또 한 잔 술잔을 기울이네 一杯復一杯
한 해의 끝자락 양춘이 가까우니 歲除逼陽節
예년처럼 추위에 매화가 피었구나 年例犯寒梅
갑일보다 사흘 먼저인 듯하고[567] 先似甲三日
자정에 울리는 우레보다 뒤에 있네[568] 後於子半雷
뭇 신을 찾아 제사하는 의리가 크니[569] 索享其義大
술 마시고 즐김이 어찌 괜한 것이랴 宴樂豈徒哉

---

566 납일(臘日)에 취흥이 일어 : 저자가 83세 때인 1849년(철종 즉위년) 납일에 지은 시로 추정된다. '납일'은 동지 뒤 세 번째 술일(戌日)로, 이날 민간이나 궁중에서는 조상과 종묘사직에 제사를 지냈다. 조선에 들어와서는 동지 후 셋째 미일(未日)로 정하였다.

567 갑일(甲日)보다……듯하고 : 술일인 납일이 매 순(旬)의 첫 번째 날인 갑일보다 3일 전이라는 말이다.

568 자정에……있네 : 옛날에는 하루를 12진(辰)으로 나누고, 1진은 또 초(初)와 정(正)으로 나누었다. 원문의 '자반(子半)'은 자시(子時)의 가운데라는 뜻으로, 곧 자정(子正)을 의미한다. 동지는 일양(一陽)이 처음 생기는 때로, 《주역》의 괘로는 복괘(復卦)이고, 달로는 자월(子月) 즉 11월이며, 괘상으로는 우레이다. 즉 납일이 갑자년 자월 갑자일 초하루 자정에 드는 동지보다 뒤에 있다는 말이다.

569 뭇……크니 : 모든 신을 찾아 제사 지내는 납향(臘享)을 이른다. 《예기》 〈교특생(郊特牲)〉에 "이기씨가 처음으로 납향을 만들었다. 사(蜡)는 찾는다는 뜻이니, 매년 12월에 만물을 모아서 신을 찾아 제사하는 것이다.〔伊耆氏始爲蜡. 蜡也者, 索也. 歲十二月, 合聚萬物而索饗之也.〕"라는 내용이 보인다.

성 징군이 매화시를 지어 비평과 화답을 청하다[570]

成徵君梅花乞斤和

지난날 파교를 찾아갔는데[571]	行尋灞橋昔
오늘 문득 관원의 시가 홀연히 이르렀네	忽到冠園今
옥처럼 온화한 빛은 춘풍 속에 앉은 듯하고	玉色春風坐
물처럼 차가운 것은 가을 달 같은 마음이로다	水寒秋月心
저무는 세밑에 다 떨어질까 염려했는데	恐傷歲華暮
깊은 설화 속에 홀로 서 있구나	特立雪花深
고아한 시가 이처럼 맑으니	雅韻淸如許
은연중 녹기금[572]과 서로 통하누나	潛通綠綺琴

---

570 성 징군(成徵君)이……청하다 : 저자가 83세 때인 1849년(철종 즉위년) 겨울에 지은 시로 추정된다. '성 징군'은 징사(徵士)인 관원(冠園) 성근묵(成近默)을 가리킨다.

571 지난날 파교(灞橋)를 찾아갔는데 : 좋은 시를 짓기 위하여 고심했다는 말이다. '파교'는 지금의 섬서성(陝西省) 서안시(西安市) 동쪽의 파수(灞水) 위에 있는 다리 이름으로, 처음 한(漢)나라 때 건립되었다. 당(唐)나라 시인 맹호연(孟浩然)이 좋은 시를 지으려고 고심하다가 나귀 등에 타고서 눈발이 휘날리는 파교 위를 지나갈 때에야 그럴듯한 시상이 떠올랐다는 고사를 원용한 것이다. 《三輔黃圖 橋》

572 녹기금(綠綺琴) : 한(漢)나라 사마상여(司馬相如)가 〈옥여의부(玉如意賦)〉를 짓자, 양왕(梁王)이 이를 좋아하여 사마상여에게 하사했다는 거문고 이름이다. 진(晉)나라 장재(張載)의 〈의사수(擬四愁)〉의 "아름다운 사람이 나에게 녹기금을 보내주었으니, 무엇으로 보답할까, 쌍남금이로다.〔佳人遺我綠綺琴, 何以報之雙南金.〕"라는 구절을 원용한 것으로, 여기서는 성 징군의 시가 녹기금처럼 훌륭하다는 말이다.

입춘일에 짓다[573]

立春日作

늙은이가 봄을 맞아 일어났더니　　老子迎春起
증손들이 춤을 추며 뒤를 따르네　　曾孫舞夏趨
봄바람은 가장 먼저 버들에 불고　　東風先吹柳
설날이라 맨 나중에 도소주[574]를 마셨네　　元日後斟蘇
달라진 빛이 당당히 나타난 듯하고　　殊色澹如有
남은 추위가 차츰차츰 사라지려 하네　　餘寒欲漸無
사립문은 겨우 몇 자 높이일망정　　蓽門纔數尺
울루 그린 새 판자를 내걸었다오[575]　　鬱壘開新圖

573 입춘일에 짓다 : 저자가 84세 때인 1850년(철종1) 입춘에 지은 시로 추정된다.

574 도소주(屠蘇酒) : 설날에 마시는 약주 이름으로, 귀기(鬼氣)를 도절(屠絶)하고 인혼(人魂)을 소성(蘇醒)한다고 한다. 설날 아침에 젊은이가 먼저 마시고 노인이 뒤에 마신다.

575 울루(鬱壘)……내걸었다오 : 문에 입춘첩을 내걸었다는 말이다. '울루'는 문신(門神)의 이름으로, 상서롭지 못한 귀신을 잡아서 죽인다고 하여 정월 초하루에 이 신을 그린 판자를 내걸어 부정한 기운을 내쫓았다고 한다.

봄이 무르익어갈 무렵 흥을 돋우다[576]

春將闌叩興

날로 더하는 동풍이 봄을 점점 재촉터니	日緊東風春漸催
간밤엔 칩복한 용이 이내 놀라 일어났네	前宵驚起蟄龍纔
청산은 은은히 동하여 꽃가지에 들어오고	青山暗動花枝入
황도는 고르게 나뉘어 좋은 계절 돌아왔네	黃道均分芳節回
술기운은 신명과 통하니 짐짓 보내지 않거니와	酒氣通神故不去
시 짓는 근심은 그림자처럼 매번 함께 오네	詩愁似影每同來
옆 사람이 잘못 양주의 흥[577]에 비기니	傍人錯比楊州興
휘늘어진 백옥 같은 매화를 웃으며 보네	笑看垂垂白玉梅

---

576 봄이……돋우다 : 저자가 84세 때인 1850년(철종1) 봄에 지은 시로 추정된다.

577 양주(楊州)의 흥 : 지방관의 매화 시흥을 말한다. 남조(南朝) 양(梁)나라의 하손(何遜)이 건안왕(建安王)의 수조관(水曹官)으로 양주에 있을 때, 관청 뜰에 매화 한 그루가 있어서 매일같이 그 밑에서 시를 읊곤 하였는데, 뒤에 낙양(洛陽)에 돌아갔다가 매화가 그리워서 다시 양주로 발령해주길 청하여 양주에 당도하니 매화가 한창 피었기에 매화나무 아래서 종일토록 서성거렸다고 한다.

한식일에 홀로 짓다[578]

寒食日獨作

이월하고도 중순의 날이니	二月中旬日
양(陽)이 돌아온 지 일백 오 일째라오	陽來百五時
가난한 집이라 아궁이가 썰렁할 뿐	貧家竈煙冷
개지추[579]를 추모해서가 아니라오	非爲介之推

578 한식일에 홀로 짓다 : 저자가 84세 때인 1850년(철종1) 2월 한식(寒食)에 지은 시로 추정된다. 한식은 동지 이후 105일째 되는 절일(節日)이다.

579 개지추(介之推) : 춘추 시대 진(晉)나라 사람으로, 개자추(介子推)라고도 한다. 진 문공(晉文公)이 즉위하기 전 공자로 19년 동안 다른 나라를 떠돌 때 수행하였다. 뒤에 진 문공이 왕이 되어 논공행상을 할 때 실수로 개지추를 누락시키자 면산(緜山)에 은거하였다. 문공이 뒤늦게 알고 그를 나오게 하려고 산에 불을 질렀으나 끝내 거부하고 불타 죽었다. 이후 그를 애도하여 이날 불을 금하는 풍속인 한식이 생겨났다고 한다. 《春秋左氏傳 僖公24年》

삼월 삼일[580]

三月三日

삼월이라 삼진날인 오늘은 三月三今日
천년토록 천고의 봄이라오 千年千古春
봄빛은 더디게 가 예전과 같은데 春光遲故故
천기는 빨리 흘러 새롭고 새롭네 天氣速新新
따뜻한 땅엔 붉은 꽃이 흐드러지고 陽地蘛紅蕚
그늘진 벼랑엔 푸른 풀이 가득하네 陰崖豐綠茵
향긋한 계절에 누런 머리 괴롭더니 芳辰惱黃髮
문득 늙음이 사람 따라옴을 알았네 翻覺老隨人

---

580 삼월 삼일 : 저자가 84세 때인 1850년(철종1) 3월 3일 삼진날에 지은 시로 추정된다.

봄 경치를 구경하고 느즈막이 일어서다[581]

眺春晩起

붉은 석양 돌아와 푸른 하늘 비추니	照映青天紫日回
들엔 복숭아 산엔 오얏이요 물가엔 매화로다	野桃山李水邊梅
몇 사람이나 봄이 오면 한가하게 앉으랴	幾人春到能閑坐
어느 곳인들 꽃이 피면 보러 오지 않으랴	何處花開不看來
벗들과 웃고 싶어 간적관을 이어 찾아가고[582]	三笑仍過簡寂觀
칠언시를 지어볼까 백량대에 먼저 오르네[583]	七言先上柏梁臺
교외 동쪽엔 이제 막 파종이 끝나니	郊東纔及種田畢
종종 왁자하게 떠들며 잔을 기울이네	時復喧呼且覆盃

581 봄……일어서다 : 저자가 84세 때인 1850년(철종1)에 지은 시로 추정된다.

582 벗들과……찾아가고 : '간적관(簡寂觀)'은 동진(東晉) 말의 도사인 육수정(陸修靜)이 은거하던 곳으로, 현재 강서성(江西省) 구강시(九江市) 경내의 여산(廬山) 남쪽에 있다. 남조 송 명제(宋明帝) 때 육수정이 죽자, 그에게 '간적'이라는 시호를 내리고 육수정이 거처하던 고거(古居)를 간적관으로 불렀다. 여기서는 저자가 벗들과 자주 어울렸던 정자를 가리킨다. '벗들과 웃었다'는 것은 동진 시대 여산의 동림사(東林寺) 고승인 혜원(慧遠)이 놀러온 도잠(陶潛)과 육수정을 전송할 때, 이야기에 마음이 팔려 자신도 모르게 호계(虎溪)를 건너가 범이 우는 소리를 듣고서야 비로소 정신을 차리고 세 사람이 크게 웃으며 작별하였다는 고사에서 유래하였다. 《廬山記 卷2》

583 칠언시를……오르네 : 485쪽 주494 참조.

홀로 앉아 운을 뽑다[584]

獨坐拈韻

홀로 송루에 앉아 노래하고 또 노래하니	獨坐松樓歌復歌
아침 구름 비가 되어 양지바른 언덕을 감싸네	朝雲化雨擁陽坡
옥 같은 봉우리는 해질 무렵 온통 그림인 듯	璚峯向晩渾如畫
거울 같은 물은 바람 없어도 스스로 일렁이네	鏡水無風亦自波
제비가 날아올 제 향긋한 술 한창 익었는데	燕子來時芳醑熟[585]
나그네 떠난 뒤에 떨어지는 꽃 많기도 하다	行人去後落花多
옷 걸치고 황급히 나와 늙은 농부 감사하니	披衣倒屣謝田叟
오곡을 구분하지 못한들 무슨 상관이랴	五穀其於不別何

584 홀로……뽑다 : 저자가 84세 때인 1850년(철종1)에 지은 시로 추정된다.

585 熟 : 저본에는 '숙(塾)'으로 되어 있으나 문맥에 근거하여 바로잡았다.

심 나주 의복 가 관서 고을에 나아가 봉양받았는데 회갑연을 열기에 애오라지 시를 지어 축하하다[586]

沈羅州 宜復 就養西縣 行回甲宴 聊以賀之

노신이 은혜 입어 봉양받는 날이라	惠養老臣日
오늘의 회갑연 특히 더 영광스럽네	特榮回甲宴
아들의 고을에서 온 편지가 천금 같으니	千金子郡檄
공당에 자리 펴고 만수를 축원하네	萬壽公堂筵
지난날엔 그저 홍진 속 관리였는데	昔也塵中吏
오늘은 정녕 땅 위의 신선이로다	今焉地上仙
그대에게 내린 복 흔한 일 아니니	非常降爾福
무엇으로 저 하늘에 보답하리오	何以答皇天

586 심 나주(沈羅州)가……축하하다 : 저자가 82세 때인 1848년(헌종14)에 나주 목사(羅州牧使)를 역임한 심의복(沈宜復, 1788～?)의 회갑을 축하하기 위해 지은 시로 추정된다. 당시 심의복의 아들 심경택(沈敬澤, 1805～1869)은 1847년(헌종13) 12월 30일 평안도 용강 현령(龍岡縣令)에 제수되어 재임하고 있었다. 심의복의 본관은 청송(靑松), 자는 경심(景心)이다. 1813년(순조13) 진사시에 합격하고, 음관으로 벼슬하여 공조 참판, 한성부 좌윤, 호조 참판 등을 역임하였다. 1840년(헌종6) 3월 18일 나주 목사에 임명되어 1842년에 파직될 때까지 약 2년여 동안 나주 목사로 재임하였다.《承政院日記》

고시[587]

古詩

사계절의 운행이 끊임없으니	時運邁邁
달의 기운 세 번 변하였도다[588]	月氣三變
만물을 이루어 빠트림 없으니	成物不遺
두루 흘러 골고루 변천되도다	旁流普轉
구슬 같은 꽃망울 환히 빛나고	粲粲蕊珠
교외의 난초는 향기가 그윽하다	郁郁蘭甸
내 몸은 느긋한 조화를 따르건만	余服祈祈
정신은 즐겨 노니는 데로 달려가네	神馳遊衍
저 높고도 높은 산이며	彼崒[589]者嵩
이 넓고도 넓은 물이여	伊廣之澌
환한 햇빛이 아래로 비추는데	扶光俯照
푸른 하늘을 올려 바라보네	穹蒼仰眄
몸을 닦고 그리운 이 노래하니	澡身詠思
깨끗한 얼굴빛을 옥에 비길까	玉比睟[590]面
가슴을 치며 한스러워하노니	撫膺而恨

587 고시(古詩) : 저자가 84세 때인 1850년(철종1)에 지은 시로 추정된다.

588 달의……변하였도다 : 3월이 되었다는 말이다.

589 崒 : 저본에는 '췌(萃)'로 되어 있으나 문맥에 근거하여 수정하였다.

590 睟 : 저본에는 '수(晬)'로 되어 있으나 문맥에 근거하여 수정하였다.

머리며 수염 싸라기눈 되었구나	頭鬢爲霰
나아가선 미처 수양하지 못하고	進不及修
물러나선 돌아봄을 잊지 못하네	退不忘眷
태종이 천지의 화기를 관장할 때[591]	天和太宗
치우치고 편벽됨이 없었으리라	恐莫倚偏
구름은 날고 물은 가만히 흐르니	雲飛水居
어찌 너를 부러워하지 않으랴	盍爾企羨
홍진 속세 밖을 소요하노라니	彷徨垢外
지극한 선이 마침내 보이네	至善乃見

591 태종(太宗)이……때 : '태종'은 주(周)나라 태종백(大宗伯)의 별칭이다. 춘관(春官)의 장으로, 나라의 제사와 전례(典禮) 등을 관장하였다. 《서경》 〈주서(周書) 주관(周官)〉에 "종백은 나라의 예를 관장하니, 신과 사람을 다스려 상하를 화(和)하게 한다.〔宗伯掌邦禮, 治神人, 和上下.〕"라는 내용이 보인다.

배를 타고 가다[592]

舟行

맑은 한강 동에서 흘러와 북으로 굽이도니	淸漢東流江北回
눈보다 더 새하얀 억새꽃이 피어 있네	白勝於雪荻花開
구름과 해를 멀리 바라보니 서울이 가깝구나	遙望雲日長安近
바람과 안개 가득 싣고 짧은 노를 재촉하네	滿載風煙短楫催
물러나 사람을 전송하듯 산이 돌아 떠나고	却似送人山轉去
조용히 길손을 맞이하듯 해오라기가 날아오네	儋如迎客鷺飛來
문득 물가 주막 들르니 중양에 다시 온 것이라	翻登水店重陽再
국화꽃 남은 빛이 술잔 속으로 들어오네	鞠有餘黃入酒杯

592 배를 타고 가다 : 저자가 84세 때인 1850년(철종1) 가을에 지은 시로 추정된다.

도애가 전원으로 돌아가는 것이 안타까워 이별을 슬퍼하며 시를 지어 주다[593]

憫陶崖之歸田兮 所悵別而贈之

도는 만물에 깊이 들어 있나니 道者物之奧
곧음은 필시 그대의 성정이리라 貞則必性情
그대는 실로 오행의 빼어남이니 子實五行秀
화평함에서 분명히 알 수 있네 明白於和平
산과 못가에서 유유히 소요하니 躊躇陵藪側
식견은 주밀하고 감식 또한 맑도다 識密鑑亦淸
가지 하나에 편안히 깃드는 듯하고[594] 若安一枝捿
고목 같은 몸을 끌고 가는 듯하네 若曳枯木行
작위 없던 태고 시절 거슬러 올라 無爲溯太古
소문 선생[595]과 담론을 나누리라 譚與蘇門生

---

593 도애(陶崖)가……주다 : 저자가 84세 때인 1850년(철종1) 가을에 지은 시로 추정된다. '도애'는 홍석모(洪錫謨)의 호로, '애(崖)'는 '애(厓)'로 된 곳도 있다.

594 가지……듯하고 : 작은 집을 편안히 여긴다는 말이다. 당(唐)나라 시인 이의부(李義府)가 태종(太宗)을 소견했을 때, 까마귀에 대해 읊어보라는 태종의 명을 듣고 지은 시 중 "상림원에 나무들 수없이 많건만, 깃들어 쉴 가지 하나 빌려주지 않네.〔上林多許樹, 不借一枝棲.〕"라는 구절을 원용한 것이다.

595 소문 선생(蘇門先生) : 진(晉)나라 때 소문산(蘇門山)에 은거하였다는 은사(隱士) 손등(孫登)을 가리킨다. 완적(阮籍)이 일찍이 소문산에 올라가 놀다가 그곳에 사는 손등을 만나 상고 시대의 무위지도(無爲之道)와 삼황오제(三皇五帝)에 대해서 담론을 나누고 산을 내려왔는데, 내려올 때 산 위에서 봉황이 우는 듯한 휘파람 소리가 들렸다

아침에 한양 남쪽에서 출발하여　　晁發王京陽
저녁엔 환성[596] 동쪽에 머물리니　　夕次歡城東
홍진 속세 밖을 유유히 소요하며　　彷徨塵垢外
시골 오두막 안에서 편히 쉬리라　　偃息田廬中
형색은 남은 세월 알지 못하겠고　　形未知有餘
자취는 마칠 곳을 알지 못하겠네　　迹莫知所終
떨어져 홀로 거처하며 교분을 맺었건만　　離索結親款
물러나 숨으니 평소 심정 존경스럽네　　遯肥欽素衷
각각 힘써 덕으로 몸을 윤택하게 하고　　各勉身潤德
꿈속에서라도 소식을 전해주시구려　　音塵夢裏通

고 한다. 바로 손등이 부는 휘파람 소리로, 진짜 은자(隱者)만이 불 수 있는 소리였다고 한다.《晉書 卷49 阮籍列傳》

596 환성(歡城) : 충청도 천안(天安)의 별호이다.

박생 제호 에게 써서 주다[597]

書贈朴生 齊皡

가엾고 외로운 부마의 후손이	藐孤副馬孫
복룡촌에 칩거하고 있다오	潛蟄伏龍村
구름 바다는 오두막을 휘젓고	雲海撓茆棟
세찬 조숫물은 사립문을 두드리네	風潮打竹門
초라한 모습에도 마음 변치 않으니	莫違葑下體
언덕 가운데서 콩을 거둠과 같네[598]	如采菽中原
쌀값을 굳이 물을 것 있나	米價何須問
눈을 크게 뜨고 말하지 않으리라[599]	也張目不言

597 박생(朴生)에게 써서 주다 : 저자가 84세 때인 1850년(철종1)에 지은 시로 추정된다. 박제호(朴齊皡)는 본관이 반남(潘南)으로, 1738년(영조14) 영조의 제3녀인 화평옹주(和平翁主)에게 장가들어 금성위(錦城尉)에 봉해졌던 박명원(朴明源, 1725~1790)의 후손이다.

598 초라한……같네 : 빈한한 삶에도 가문의 전통을 실추시키지 않아 이웃 사람이 박제호를 보고 선(善)한 의기(意氣)를 일으킬 수 있다는 말이다. 《시경》〈소아(小雅) 소완(小宛)〉의 "언덕 가운데 콩이 있거늘, 서민들이 거두도다.〔中原有菽, 庶民采之.〕"라는 구절을 원용한 것으로, 주희(朱熹)의 주에 따르면 이것은 선한 도를 사람들마다 모두 행할 수 있음을 흥기한 것이다.

599 쌀값을……않으리라 : 당(唐)나라 때의 문장가 영호초(令狐楚)가 지방관으로 부임하여 민심을 안정시켰던 것처럼, 박제호 역시 민심을 안정시킨다는 말이다.

민 단양 황세 이 늙은 버들을 읊고 나에게 화답해줄 것을 부탁하다[600]

閔丹陽 璜世 詠老柳 囑余和之

유수의 광채에 높은 남극성까지 더하니[601]	柳宿光添極宿尊
봄바람이 흔들어 가지에 손자가 생겼네	春生披拂枝生孫
썩은 등걸은 예전처럼 관로를 굽어보는데	朽株依舊臨官路
푸른 버들빛은 새록새록 술잔을 적시네	青色如新蘸酒盆
따뜻한 해는 금곡의 거리[602]에 즐겨 드리우고	日暖肯垂金谷陌
저녁 햇빛은 대울타리 문에 비껴 비치는데	夕陽斜映竹籬門
붉은 난간 이십사교[603] 어귀의 물이	紅欄廿四橋頭水

---

600 민 단양(閔丹陽)이……부탁하다 : 저자가 84세 때인 1850년(철종1)에 지은 시로 추정된다. '민 단양'은 단양 군수(丹陽郡守)를 지낸 민황세(閔璜世, 1785～?)로, 본관은 여흥(驪興), 자는 주옥(周玉)이다. 1810년(순조10) 진사시에 합격하고 음관으로 출사하여 광릉 참봉(光陵參奉), 의금부 도사, 태릉 직장(泰陵直長), 조지서 별제(造紙署別提), 돈령부 주부(敦寧府主簿), 공조 정랑, 안협 현감(安峽縣監) 등을 역임하였다. 단양 군수에는 1843년(헌종9) 12월 16일 임명되어 1847년(헌종13) 6월까지 재임하였다. 《承政院日記》

601 유수(柳宿)의……더하니 : '유수'는 28수(宿) 가운데 남방의 별자리로, 후인들이 버들을 읊을 때 흔히 인용하였다. '남극성(南極星)'은 남극노인성으로, 여기서는 민황세가 장수한 것을 가리킨다.

602 금곡(金谷)의 거리 : 번화한 도성의 거리라는 말이다. '금곡'은 지금의 하남성(河南城) 낙양시(洛陽市) 서북쪽에 있던 옛 지명으로, 벼슬하는 문인들이 놀고 즐기며 전별하는 장소였다.

603 이십사교 : 지금의 강소성(江蘇省) 양주(揚州) 강도현(江都縣)에 있던 24개의

동풍보다 먼저 일어나 여전히 흘러가네　　　先撥東風尙活源

교량으로, 당(唐)나라 때 번화한 명승지로 유명하였다. 여기서는 '도성의 다리'를 가리킨다.

선달그믐[604]

除夜

별이 돌아와 삼백 육십 일 끝나는 날이라	星回三百六旬除
그저 닭이 처음 홰를 치기를 참고 기다리네	地忍天鷄摶翼初
분명코 날 밝기 기다려 새 이슬 내리리니	定待天明新雨露
세월을 나누어 보내기를 주저하지 마오	年華分遣莫躊躇

604 선달그믐 : 저자가 84세 때인 1850년(철종1)에 지은 시로 추정된다.

입춘[605]

立春

천지의 기운은 원래 사사로움 없으니　　一氣元無私
하늘의 마음을 크게 알 수 있도다　　天心大可見
겨우내 움츠린 용 같은 신세였는데　　全冬蟄龍身
오늘은 춤추는 자라같이 기쁘다오[606]　　今日動鼇忭

---

605 입춘 : 저자가 85세 때인 1851년(철종2)에 지은 시로 추정된다.

606 오늘은……기쁘다오 : 손뼉을 치고 춤을 추고 싶을 정도로 몹시 기쁜 것을 이른다. 《초사(楚辭)》〈천문(天門)〉의 "큰 자라가 산을 이고 손뼉을 치니, 어떻게 안정될 수 있겠는가.〔鼇戴山抃, 何以安之?〕"라는 구절을 원용한 것이다.

눈 구경 10운[607]

賞雪 十韻

함박눈이 하얗게 두 눈에 가득하니	大雪皓盈目
청아한 기쁨에 절로 노래가 나오네	淸歡我自謠
다투어 날아 솜씨 좋게 나무에 깃들더니	爭飛巧棲木
수북이 쌓여 가지를 부러뜨리려 하네	繁結欲披條
뜨락의 솜눈은 모자를 장식하기 좋고	庭絮宜裝冒
처마의 고드름은 비단을 짤 만하네	簷氷可織綃
굳이 상서로운 구름 바라보지 않아도	不須望雲瑞
소리 없이 부정한 기운을 끊었구나	容與絶雰祆
온 대지는 신의 경계와 통하고	混地神通境
하늘을 가듯 사람이 다리를 건너네	行天人度橋
언덕마다 하얀 전투가 순간 일어나고	原原白戰瞥
지붕마다 하얀 봉우리가 넘쳐나도다	屋屋素封饒
온통 옥돌이니 까치도 잡을 수 있을 듯[608]	皆玉鵲當抵
소금과 비슷하니 범이 감히 교만하도다[609]	擬鹽虎敢驕

---

607 눈 구경 10운 : 저자가 85세 때인 1851년(철종2)에 지은 시로 추정된다.

608 온통……듯 : 하얀 눈이 많다는 말이다. 한(漢)나라 환관(桓寬)의 《염철론(鹽鐵論)》 〈숭례(崇禮)〉의 "중국에서 드문 것을 외국에서는 천히 여긴다. 그러므로 남월에서는 공작의 깃털을 문호에 꽂고, 곤륜산 주변에서는 박옥으로 까치를 잡는다.〔中國所鮮, 外國賤之. 故南越以孔雀珥門戶; 崑山之旁, 以玉璞抵烏鵲.〕"라는 고사를 원용한 것이다.

609 소금과……교만하도다 : 하얀 눈이 호랑이 모양의 소금처럼 닮았다는 말이다.

위로 올려보니 추녀가 짓눌렸고	仰窺壓桷角
아래로 굽어보니 산허리가 사라졌도다	俯眺漫山要
갑자기 청니판 고갯길이 사라지니[610]	遽失青泥坂
하얀 빛이 달 밝은 밤 같구나	皎如明月宵
잘 알겠네 번거로움 꺼리지 않고	深知煩不憚
급급히 저 멀리서 달려온 것임을	屑屑來遙遙

610 갑자기……사라지니 : 눈이 많이 와서 다른 고을과 이어지는 길이 사라졌다는 말이다. '청니판(青泥坂)'은 중국 감숙성(甘肅省)에 있는 고개 이름으로, 관중(關中)과 농서(隴西)에서 촉(蜀)으로 들어가는 요도(要道)이다.

전라 감사를 보내며[611]

完伯別章

사나운 오랑캐를 회유하여 다스리더니[612] 烝烝吏治藩胡雄
남방에도 고루 나누니 사방 산천 같아지리라[613] 朱鳥平分山四同
이월이라 동풍은 전라 감사의 말 머리 맞이하고 二月東風迎馬首
별 하나 남극성은 당 안을 환히 비추리라[614] 一星南極照堂中
귤꽃은 푸른 물결 너머로 활짝 피어 있고 橘花開盡碧波外
죽순은 푸른 대숲에서 높이 올라왔으리라 玉節高于翠竹叢
하늘이 천장각의 학사를 내려주시니[615] 天降天章閣學士

---

611 전라 감사를 보내며 : 저자가 84~85세 때인 1850~1851년(철종2)에 전라도 관찰사로 부임하는 이유원(李裕元, 1814~1888)과 이별하며 지은 시로 추정된다. 이유원의 본관은 경주(慶州), 자는 경춘(景春), 호는 귤산(橘山)·묵농(默農), 시호는 충문(忠文)이다. 1841년(헌종7) 문과에 급제하여 사헌부 장령, 사간원 사간, 홍문관 응교, 홍문관 교리, 의주 부윤, 성균관 대사성, 함경도 관찰사, 좌의정, 영의정 등을 역임하였다. 저서에 《임하필기(林下筆記)》, 《가오고략(嘉梧藁略)》 등이 있다. 이유원은 1850년 12월 8일 전라도 관찰사에 임명되었다.

612 사나운……다스리더니 : 이유원이 1848년(헌종14) 8월 5일 평안도 의주 부윤(義州府尹)에 임명되어 1850년(철종1) 4월까지 재임하면서 평안도 국경 지역의 오랑캐들을 잘 제어한 것을 이른다.

613 남방에도……같아지리라 : 전라도 역시 잘 다스려질 것이라는 말이다.

614 별……비추리라 : 이유원이 관찰사로 부임한 뒤 전라도가 편안해질 것이라는 말이다. '남극성(南極星)'은 장수를 주관한다 하여 노인성(老人星)이라고도 한다.

615 하늘이……내려주시니 : '천장각(天章閣)'은 송(宋)나라 때 궁중의 장서각(藏書閣) 이름이다. 여기서는 이유원이 홍문관의 벼슬을 한 것을 이른다.

참으로 문교를 널리 편 촉의 문옹이로다[616] 敷教文教蜀文翁

다스리는 지역 광활한 남해까지 이르니 疆理至于南海寬
한라산을 가리키며 푸른 난간에서 돌아보리라 漢挐指顧綠闌干
호남의 백성들 두 하늘[617]의 교화 함께 받들고 湖民共戴二天化
물의 고장이 육지의 기쁨으로 함께 돌아가리라 水國同歸陸地懽
크고 작은 과일은 황금빛으로 번쩍이고 色亂黃金小大果
만 그루 천 그루 대는 창옥 다발[618]과 같으리라 束齊蒼玉萬千竿
홍이 오악을 흔들면 공무 마친 여가에 興搖五嶽餘公事
진창산의 석고문이 붓끝에서 이루어지리라[619] 石鼓陳倉落筆端

---

616 문교(文敎)를……문옹(文翁)이로다 : '문옹'은 전한(前漢) 경제(景帝) 때의 인물로, 이름은 당(黨), 자는 중옹(仲翁)이다. 일찍이 촉(蜀)의 군수가 되어 그곳이 낙후된 데다 만이(蠻夷)의 풍속이 있음을 보고 학교를 세워 문풍(文風)을 크게 일으켰다. 《漢書 卷89 循吏傳 文翁》

617 두 하늘 : 관찰사를 가리킨다. 후한(後漢) 순제(順帝) 때 소장(蘇章)이 기주 자사(冀州刺史)로 부임하자, 소장의 옛 친구가 기뻐하며 "사람들은 모두 하나의 하늘을 가지고 있지만, 나만은 두 개의 하늘을 가지고 있다.〔人皆有一天, 我獨有二天.〕"라고 말한 데서 유래하였다. 《後漢書 卷31 蘇章列傳》

618 창옥(蒼玉) 다발 : 죽순의 별명으로, 보통 창옥속(蒼玉束)이라고 한다.

619 홍이……이루어지리라 : 훌륭한 시와 글씨가 이루어질 것이라는 말이다. '진창산(陳倉山)'은 중국 섬서성(陝西省) 부풍현(扶風縣) 서북쪽에 있는 산 이름이다. '석고문(石鼓文)'은 주 선왕(周宣王) 때 사주(史籒)가 선왕의 공덕을 칭송하는 글을 지어 돌에 새긴 것으로, 진대(秦代)의 전서(篆書)에 가까운 문자로 쓰여 있다. 중국 최고(最古)의 금석문으로, 현재 북경에 10개가 남아 있다. 원래 진창산에 흩어져 있던 것을 당(唐)나라 때 정여경(鄭餘慶)이 봉상부(鳳翔府)에 있는 공자의 사당으로 옮겨왔다가 다시 북경의 국자감(國子監)으로 이전했다고 한다.

초여름[620]

新夏

풍성한 베품을 기쁘게 바라보니	憺閱豐施悅
산이 푸르러지는 사월의 첫머리라오	青山四月頭
부드러운 바람은 빈 골짝을 두드리고	惠風叩虛牝
성대한 햇빛은 잠긴 규룡을 일으키네	敦日起潛虯
꺼풀 벗은 대는 뜰을 따라 무성하고	篁擇循除拔
연잎 새순은 연못을 뒤덮고 올라왔네	蓮苗冒沼抽
변하는 풍광에 자꾸 다시 돌아보는데	撫化彌重眷
시냇물 위로 고깃배가 나아가네	溪水進漁舟

620 초여름 : 저자가 85세 때인 1851년(철종2) 여름에 지은 시로 추정된다.

맹원 신령 석우 의 산정에 올라[621]

登孟園申令 錫愚 山亭

천 조각구름 똑같은 모습 아니니	千雲不一狀
유달리 이 산에서 더욱 빼어나네	特地挺玆山
눈앞의 경관 이미 얼마나 아름다운지	卽景旣多美
비끼는 석양에 돌아감도 잊을 듯하네	斜陽欲忘還
그늘에 앉아 쉬니 나쁜 나무 없고[622]	坐陰無惡木
쏟아지는 물 굽이치니 맑은 물굽이 같네	曲瀉猶淸灣
환히 트인 모습 정말이지 이와 같건만	昭曠正如此
홀로 올라가기 어려워 서성이네	徘徊難獨攀

---

621 맹원(孟園)……올라 : 저자가 85세 때인 1851년(철종2)에 지은 시로 추정된다. '맹원'은 용강 현령(龍岡縣令)을 지낸 신석우(申錫愚, 1805~1865)의 호로, 집이 한양의 가회방에 있던 맹현(孟峴)에 있었다. 신석우의 본관은 평산(平山), 자는 성여(聖如), 호는 해장(海藏)・금천(琴泉)이다. 1834년(순조34) 문과에 합격하고 성균관 전적, 형조 참의, 이천 부사(伊川府使), 양주 목사(楊州牧使), 성균관 대사성, 형조 참판, 경상도 관찰사, 사헌부 대사헌, 예조 판서, 한성부 판윤, 예문관 제학 등을 역임하였다. 저서로 《해장집》이 있다. 신석우는 1838년(헌종4) 7월 12일 용강 현령에 임명되어 1841년(헌종7) 1월 10일 홍문관 부교리에 임명될 때까지 용강 현령으로 재임하였다. 《承政院日記》

622 그늘에……없고 : 육기(陸機)의 〈맹호행(猛虎行)〉에 나오는 "목말라도 도천의 물 마시지 않고, 더워도 악목의 그늘에 쉬지 않네.〔渴不飮盜泉水, 熱不息惡木陰.〕"라는 구절을 원용한 것이다. '도천(盜泉)'은 샘물 이름으로, 옛터가 지금의 산동성(山東省) 사수현(泗水縣) 동북쪽에 있다. 공자가 도천을 지나갈 때 목이 말랐으나 이 물을 마시지 않았는데 그 이름을 싫어해서였다는 일화가 전한다. 《尸子 卷下》

관원 성 징군이 양주의 산중으로 이사를 가니 좋은 이웃이 사라짐이 못내 애석하였다. 아쉬운 마음 더욱 깊어 이를 읊어 부치다[623]

冠園成徵君移居維楊山中 惜芳隣之空矣 詠彌深而寄之

저 멀리 아득히 흰 구름 너머로	窈冥白雲外
날아가는 기러기 누군들 부럽지 않으랴	疇不艶飛鴻
그대가 멀리 떠났음을 문득 깨닫고	斗覺君行遠
우리 도가 동으로 갔음을 속으로 알았네[624]	心知吾道東
산중은 깊어서 일만 길이나 되니	山深一萬丈
신선 될 인연도 거의 가까우리라	仙分庶幾中
옛 현자들의 열전을 장담하진 못하나	未必先民傳
도연명의 풍도 있다 일컬을 만하다오	獨稱陶令風

623 관원(冠園)……부치다 : 저자가 85세 때인 1851년(철종2)에 지은 시로 추정된다. '성 징군(成徵君)'은 징사(徵士)인 관원 성근묵(成近默)을 가리킨다.

624 우리……알았네 : 뜻을 같이하는 벗이 동쪽으로 떠나감을 탄식한 말이다. 후한의 정현(鄭玄)이 학업을 마치고 스승인 마융(馬融)을 떠나 고향으로 돌아가게 되자, 마융이 탄식하며 자신의 문인에게 "정생이 이제 떠나니, 나의 도가 동쪽으로 옮겨가게 되었구나.〔鄭生今去, 吾道東矣.〕"라고 말한 데서 유래하였다. 《後漢書 卷35 鄭玄列傳》

객관에서 비에 막혀[625]

滯雨客館

어제 비 오더니 오늘 또 비가 오니	昨雨又今雨
새로운 청량함이 도로 옛 가을이로다	新涼還古秋
백 천 만 점 빗방울 어지러이 날리니	百千萬點亂
팔십일 개 비늘 가진 긴 용의 등이런가[626]	八十一鱗修
소슬한 바람 속에 벌레는 벽에서 울고	颯颯蟲鳴壁
하염없는 빗속에 사람은 누각에 기대었네	涔涔人倚樓
강남에서 부르는 무수한 노랫가락은	江南無數曲
외로운 나그네의 깊고 얕은 시름이라오	孤客淺深愁

625 객관에서 비에 막혀 : 저자가 85세 때인 1851년(철종2)에 지은 시로 추정된다.

626 팔십일……등이런가 : 이와 관련하여 《주자어류》에 "일반적으로 초목과 금수는 음과 양을 갖지 않은 것이 없다. 잉어는 등에 36개의 비늘이 있으니 음수이고, 용은 등에 81개의 비늘이 있으니 양수이다.〔凡草木禽獸, 無不有陰陽. 鯉魚脊上有三十六鱗, 陰數; 龍脊上有八十一鱗, 陽數.〕"라는 내용이 보인다. 《朱子語類 卷76 易12 繫辭下第二章》

추석[627]

秋夕

오늘 같은 좋은 저녁 어떤 저녁인가　　今夕云何夕
옛 가을이 중추의 달에 들어왔구나　　古秋入仲秋
이름 바꾼 귀뚜라미가 절후를 함께하고[628]　　異名蟀同候
늦게 심은 올벼는 수확을 먼저 하네　　後種穋先收
강산에 달그림자 빠짐없이 비추고　　無闕山河影
한강의 물 흐르는 소리 들려오네　　有聲江漢流
백 년 인생에 열다섯 해 남았으니　　百年隔三五
열다섯 번 추석을 기약할 수 있을까　　三五可期不

---

627 추석 : 저자가 85세 때인 1851년(철종2) 8월 15일 추석에 지은 시이다.

628 이름……함께하고 : 계절에 따라 이름을 달리하는 귀뚜라미가 '귀뚜라미'로 불리는 가을이 되었다는 말이다. 《시경》〈빈풍(豳風) 칠월(七月)〉에 "오월에는 사종이 다리를 비벼 울고, 유월에는 사계가 깃을 떨어 울며, 칠월에는 들에 있고, 팔월에는 처마 밑에 있고, 구월에는 문에 있고, 시월에는 실솔이 나의 침상 아래로 들어온다.〔五月斯螽動股, 六月莎雞振羽, 七月在野, 八月在宇, 九月在戶, 十月蟋蟀入我牀下.〕"라는 구절이 있는데, 주희(朱熹)의 주에 따르면 사종(斯螽)·사계(莎雞)·실솔(蟋蟀)은 같은 것으로, 시간에 따라 변하여 그 이름을 달리한 것이다.

서너 칸에 불과한 낡은 오두막집의 이엉이 스산한 바람과 차가운 비에 무너져 내려앉은 것에 대한 탄식[629]

弊廬不過三四椽蓬茅爲凄風冷雨所頹壓歎

이 한 몸 둘 곳 어디에도 없기에	一身置無地
그저 감내하고 편안히 여겼더니	地忍之安之
새가 제자리에 깃들지도 못하고	未鳥止其所
까마귀가 가지를 빌리지도 못하게 되었네[630]	莫烏借以枝
노쇠한 몸으로 이제 머리도 희어졌는데	龍鍾今白首
서툰 재주에 부질없이 눈썹만 찌푸리네	鳩拙空嚬眉
만물을 포용하는 천지 크기도 하건만	納納乾坤大
그저 남의 집을 빌려 머물러야 하네	但投人處宜

629 서너……탄식 : 저자가 85세 때인 1851년(철종2)에 지은 시로 추정된다.

630 새가……되었네 : 몸을 의탁할 작은 장소마저도 없어졌다는 말이다. 당(唐)나라 시인 이의부(李義府)가 태종(太宗)을 소견했을 때, 까마귀에 대해 읊어보라는 태종의 명을 듣고 지은 시 중 "상림원에 나무들 수없이 많건만, 깃들어 쉴 가지 하나 빌려주지 않네.〔上林多許樹, 不借一枝棲.〕"라는 구절을 원용한 것이다.

홀로 언덕에 올라 서성이다[631]

獨上皐而徘徊

남은 물건으론 짧은 지팡이뿐이니 短策餘長物
일생을 의지하여 거침없이 다녔네 橫行仗一生
함께할 사람 없기에 홀로 가는데 無人仍獨往
새소리 들리지만 이름을 모르겠네 有鳥不知名
깊고 깊은 골짝엔 산빛이 들어오고 邃谷山光進
콸콸 흐르는 시내엔 물기운이 가득하네 鳴溪水氣盈
아름다운 나무 그늘 아래에 쉬며 憩陰嘉樹下
한참을 앉으니 집의 솔 기둥보다 낫네 牢坐勝松楹

---

631 홀로……서성이다 : 저자가 85세 때인 1851년(철종2)에 지은 시로 추정된다.

윤팔월 초하루[632]

閏八月初吉

팔월의 초하루라 윤달이 드니 閏八月初吉
우리 왕 즉위하신 지 두 해째로다 吾王二載秋
구름의 신은 오랜 장마를 거두고 雲師積霖斂
강의 신은 고요한 물결 보내오네 川后靜波流
한 해가 이루어지고 사시가 정해지니 歲成四時定
윤달은 삼 년 만에 돌아온다오[633] 閏以三年周
쉽고 간략한 하늘의 이치 터득하여[634] 易簡得天理
백발로 시골에서 빈한하게 산다오 白頭窮素丘

632 윤팔월 초하루 : 저자가 85세 때인 1851년(철종2) 윤8월 1일에 지은 시이다.

633 한……돌아온다오 : 윤달을 3년에 한 번, 5년에 두 번 두어서 사시(四時)를 맞추어야 한 해의 농사를 이룰 수 있다는 말이다. 《서경》 〈우서(虞書) 요전(堯典)〉에 "1년은 366일이니, 윤달을 써서 사시를 정하여 한 해를 이룬다.〔朞三百有六旬有六日, 以閏月定四時成歲.〕"라는 내용이 보인다. 이전 1849년(헌종15) 4월에 윤달이 들었다.

634 쉽고……터득하여 : 《주역》 〈계사전 상(繫辭傳上)〉의 "쉬우면 알기 쉽고 간략하면 따르기 쉬우니……쉽고 간략함에 천하의 이치가 얻어진다.〔易則易知, 簡則易從.……易簡而天下之理得矣.〕"라는 구절을 원용한 것이다.

즉흥으로 읊다[635]

卽事

중추에 다시 중추를 맞았으니	秋仲又秋仲
맑은 가을이 참으로 더디고 더디도다	秋淸故遲遲
날이 남으니 초하루가 윤달에 또 들었고	日餘朔於閏
달이 차니 보름이 약속한 듯 또 왔도다	月滿望如期
억새의 이슬은 구슬픈 가락을 자아내고	萑露引商調
마름의 바람은 제사의 노래를 부추기네[636]	蘋飆吹籥詩
내 노쇠하여 약물로 지탱하고 있으니	吾衰扶藥餌
늙어가는 것이 어찌 이리 지루한지	之老何支離

635 즉흥으로 읊다 : 저자가 85세 때인 1851년(철종2) 윤8월 15일에 지은 시이다.

636 마름의……부추기네 : 마름은 제사에 쓰는 제물(祭物)이다. '제사의 노래'는 《시경》 〈빈풍(豳風) 칠월(七月)〉을 가리킨다. 《주례(周禮)》 〈춘관(春官) 약장(籥章)〉에 "토고를 두드리고 빈 땅의 피리 음악을 관장한다. 중춘인 2월 낮에 토고를 두드리고, 피리로 빈 땅의 시를 연주하여 더위를 맞이한다. 중추인 8월 밤에 추위를 맞이할 때에도 이와 같이 한다.〔掌土鼓, 豳籥. 中春晝擊土鼓, 吹豳詩以逆暑. 中秋夜迎寒, 亦如之.〕"라는 내용이 보인다. '토고(土鼓)'는 정현(鄭玄)의 주에 따르면 기와로 테두리를 두르고 가죽으로 양면을 댄 북이다. 뒤에는 '질박한 악기'라는 의미로 쓰인다.

민 단양이 찾아오다[637]

閔丹陽來見

그대가 저 단구에서 내려오니[638]	君自丹丘降
그야말로 신선이 따로 없구려	神仙分十分
인간 세상 도리어 속되지 않다고	人間還不俗
천상에서 오래전 동료를 떠나왔다오	天上久離群
밝은 달이 우리 마음 똑같이 비추었나	明月心同照
오늘 아침 발자국 소리 홀연 들렸네	今朝跫忽聞
웃으며 향기로운 상락주 잡고서	笑持桑落酒
애오라지 쌓인 그리움을 풀어보네	聊以解停雲

---

637 민 단양(閔丹陽)이 찾아오다 : 저자가 85세 때인 1851년(철종2) 가을에 지은 시로 추정된다. '민 단양'은 단양 군수(丹陽郡守)를 지낸 민황세(閔璜世, 1785～?)로 단양 군수에는 1843년(헌종9) 12월 16일 임명되어 1847년(헌종13) 6월까지 재임하였다.

638 그대가……내려오니 : '단구(丹丘)'는 신선이 산다는 곳으로, 여기서는 단양을 가리킨다.

민군이 저녁에 돌아갔기에 그리움을 담아 홀로 읊어서 아침에 부쳐 보내다[639]

閔君暮日歸去 招然獨吟 朝寄送

지는 해에 검단산 산빛이 푸를 제	落日黔丹山色蒼
영수장[640]을 짚고 민 단양이 돌아갔다오	扶歸靈壽閔丹陽
솔 길엔 산달 아래 갈포 두건 그림자요	葛巾松徑影山月
널다리엔 무서리 위로 짚신 발자욱이로다	芒履板橋迹水霜
고요한 밤 깊은 숲엔 은하수가 비꼈고	夜靜穹林橫玉漢
새벽에 들리는 서늘한 바람 가을 소리 내네	曉聞涼籟發金商
나는야 〈귤송〉을 부르며 늙음도 모르니[641]	我歌橘頌不知老
긴 눈썹이 희어졌다 다시 누레짐을 볼 뿐이네	惟見眉豪白復黃

---

639 민군(閔君)이……보내다 : 저자가 85세 때인 1851년(철종2) 가을에 지은 시로 추정된다. '민군'은 민황세(閔璜世)이다.

640 영수장(靈壽杖) : 영수목(靈壽木)으로 만든 지팡이를 말한다. 한(漢)나라 때 태사(太師) 공광(孔光)이 태후에게서 스승을 존중하는 의미로 영수장을 하사받은 적이 있었다는 고사를 원용한 것이다. 《漢書 卷81 孔光傳》

641 나는야……모르니 : 저자보다 나이가 적은 민황세와 교유하며 노년을 즐긴다는 말이다. 〈귤송(橘頌)〉은 초(楚)나라 굴원(屈原)이 지은 《초사(楚辭)》의 편명으로, 이 가운데 "나이는 비록 어리지만 스승으로 삼을 만하네.〔年歲雖少, 可師長兮.〕"라는 구절을 원용한 것이다.

객을 전송하며[642]

送客

가을바람 스산하고 저녁 해는 기우는데	西風颯颯西暉斜
청산으로 난 길이 아득하고 또 아득하다	路逐青山賒復賒
천 리 길 중간에 붉은 잎에 놀라리라	千里半途驚絳葉
중양절 어디에서 누런 꽃에 취할런가	重陽何處醉黃花
광활한 푸른 하늘엔 찬 기러기 날아가고	蒼空漠漠涼飛雁
아스라한 먼 숲엔 저녁 까마귀 울어대네	遠樹茫茫暮噪鴉
훗날 그대를 찾아 꿈속에 가본다면	他日覔君夢中去
글 읽는 소리 가득한 곳 그대 집이리라	讀書聲滿是君家

642 객을 전송하며 : 저자가 85세 때인 1851년(철종2) 가을에 지은 시로 추정된다.

언덕을 두루 돌아보고 저녁에 돌아오다[643]

巡皐暮還

시내 모래밭 가로질러 언덕이 이어져 있으니　橫截溪沙脈脈斜
술 거르는 소리 시내를 건너니 밤에도 살 수 있네　槽聲渡水夜能賖
가을바람은 한창 솔숲 사이에 세차게 불고　颯秋正急松間緊
조각달은 이제 막 대숲 너머로 솟아 비꼈네　片月初生竹外斜
푸른 산에 비 내리니 바위가 더욱 깨끗하고　山翠雨零巖轉淨
갈매기가 사람처럼 서 있으니 모래밭이 끝없네　水鷗人立沙無涯
분분히 떨어진 붉은 잎이 길 위에 가득한데　紛紛紅葉擁蹊上
어지러이 밟고서 작은 수레 한 대 지날 수 있다오　亂踏能容一鹿車

---

643 언덕을……돌아오다 : 저자가 85세 때인 1851년(철종2) 가을에 지은 시로 추정된다.

검리에서 취해 돌아오다[644]

黔里醉歸

천수를 특별히 허락받아 노년에 한가하게 지내니	天年特許暮年閑
시골에서 부침하는 동안 귀밑머리가 각각 희끗하네	下里浮沈鬢各斑
술 앞에서 흠뻑 취해 부축받아 일어나니	不省罇前扶醉起
말 위에서 그대로 큰 소리로 읊조리며 돌아오네	仍於馬上朗吟還
다리 그늘은 위아래 두 갈래 시냇물에 드리우고	橋陰上下雙溪水
구름 빛은 동쪽과 남쪽 몇 고을의 산에 걸쳐 있네	雲物東南數縣山
아득히 높은 하늘 바라보며 사립문에 들어서니	迥眺高空入圭竇
붉은 사다리로 만 길도 올라갈 만하도다	丹梯萬丈可能攀

644 검리(黔里)에서 취해 돌아오다 : 저자가 85세 때인 1851년(철종2)에 지은 시로 추정된다.

일찍 일어나 서리를 보다[645]

早起看霜

둥글둥글 새하얀 옥 같은 이슬이	團團白玉露
내려와서 날리는 서리로 맺히니	降以結飛霜
대지는 온통 하늘빛이 되었고	地上爲天色
햇살은 하얗게 달빛으로 변하였네	日中作月光
노란 국화가 다투어 피었으니	有黃花競發
윤택한 잎과 서로 어울리도다	沃若葉相當
나의 감회 참으로 끝이 없으니	余感良無已
그리운 사람이 물 저편에 있도다	伊人水一方

645 일찍……보다 : 저자가 85세 때인 1851년(철종2) 가을에 지은 시로 추정된다.

산중 서재에 홀로 묵으며[646]

山齋獨宿

깊은 산 마주한 집이라 잎이 먼저 떨어지니	家對深山葉落先
적막한 오두막이 더욱 쓸쓸하기만 하다	寥寥環堵更蕭然
하늘 끝 멀리 객을 보내니 한 해가 이미 저물고	天涯送客歲既晏
궁벽한 땅에 사람 없으니 밤에도 홀로 잠드네	地僻無人夜獨眠
솔 그림자 너머 깊어가는 희미한 등불이요	眇照燈深松影外
초당 앞을 지나는 차가운 기러기 소리로다	有聲寒過草堂前
자취 숨김이 내 분수요 신선의 분수는 아니라	慢形自分非仙分
신선이 산다는 삼도 십주[647]는 어디일까	三島十洲何處邊

646 산중……묵으며 : 저자가 85세 때인 1851년(철종2)에 지은 시로 추정된다.

647 삼도 십주(三島十洲) : 신선이 사는 곳을 가리킨다. '삼도'는 바다 위에 있다는 봉래(蓬萊), 방장(方丈), 영주(瀛洲) 등 세 선산(仙山)을 가리키며, '십주'는 신선이 산다는 조주(祖洲), 영주(瀛洲), 현주(玄洲), 염주(炎洲), 장주(長洲), 원주(元洲), 유주(流洲), 생주(生洲), 봉린주(鳳麟洲), 취굴주(聚窟洲) 등 바닷속 열 곳의 명산 승경을 이른다. 《海內十洲記》

우연히 말하다[648] 4언

偶言 四言

네가 참으로 족하지 않은가	而不良足
한가롭게 지낼 수 있으니	能行容與
어찌 홀로 하려는가	胡獨爲乎
두려워하며 주저하네	屛營躊躇
끝내 도참의 글 두려우니	終恐綠文
반드시 있다고 할 수 없네	不可必於
감히 현무를 말하랴	敢曰玄武
이에 처할 수 없도다	不可以居
숫돌처럼 곧은길이여	如砥之道
길이 실로 책에 있으니	道實在書
책은 실로 넘쳐나고	書實裒如
길은 실로 평탄하도다	道實坦如
깨달으면 죽어도 괜찮으니[649]	朝聞夕可
어찌 군자가 아니겠는가	非君子歟
진실로 내 마음 여기에 있으니	允出玆在
그 즐거움 참으로 크도다	其樂只且

---

648 우연히 말하다 : 저자가 85세 때인 1851년(철종2)에 지은 시로 추정된다.

649 깨달으면 죽어도 괜찮으니 : 《논어》 〈이인(里仁)〉에 "아침에 도를 들으면 저녁에 죽어도 괜찮다.〔朝聞道, 夕死可矣.〕"라는 공자의 말이 보인다.

멀리 부치다[650]

遠寄

넘실넘실 가없는 창랑의 물가	滾滾無涯滄水涯
긴 하늘 어디에서 모래톱을 찾을까	天長何處覓汀沙
구름 위에 솟은 높은 산빛은 다해가고	截雲岌岌山輝盡
화려한 채색 가을빛은 비껴 있네	華采英英秋色斜
은하수 흐르는 삼경에 누구와 얘기할꼬	河漢三更與誰語
강가 저편 한 굽이가 바로 그대 집이라오	江潭一曲便君家
모쪼록 억지로라도 밥을 많이 드시게나	須令努力加餐食
바로 서리 가에 누런 국화 지는 때라오	正落霜邊黃菊花

650 멀리 부치다 : 저자가 85세 때인 1851년(철종2)에 지은 시로 추정된다.

우연히 여기에서[651]

偶此

우연히 여기 인적 드문 곳에 오니	偶此罕人俗
청아한 기쁨에 나는 그저 즐겁네	淸歡我自娛
텅 빈 하늘엔 봉우리 몇이 빼어나고	寥空數峯秀
흐르는 물가엔 마을 하나 외롭구나	流水一村孤
잎이 진 나무는 가을에 소슬하고	落木秋蕭瑟
남은 별은 새벽에 깜박거리네	殘星曙有無
일평생 강호에 은거하리란 뜻을 품어	平生江海志
대붕의 장대한 계책 저버리고 살아가네	辜負大鵬圖

651 우연히 여기에서 : 저자가 85세 때인 1851년(철종2)에 지은 시로 추정된다.

중양절[652]

重陽

나뭇잎 지는 중양절이 돌아오니 落木重陽日
텅 빈 산속 가을이 집에 가득하네 山空秋滿家
오랫동안 징군[653]을 보지 못해 徵君不見久
한강 남쪽 물가를 멀리 바라보네 遠望洛南涯

652 중양절(重陽節) : 저자가 85세 때인 1851년(철종2) 9월 9일에 지은 시로 추정된다.

653 징군(徵君) : 징사(徵士)인 관원(冠園) 성근묵(成近默)을 가리킨다.

눈을 마주하여[654]

對雪

꽃송이가 나무마다 흩어져 있으니	花花散樹樹
홀연 봄의 신이 내려온 듯하네	忽似降東君
땅은 불룩하게 한 자쯤 솟았고	地卽墳纔尺
하늘은 새벽인지 구분되지 않네	天將曙不分
흰 눈은 싸워서 무력을 이긴 것 아니요	白非戰勝武
흰빛은 바로 바탕이 문채가 된 거라오	素是質爲文
고상한 노래에 나의 휘파람을 섞으니	郢曲雜歌嘯
난새의 무리를 놀래킬까 두렵네	恐驚鸞鳥群

654 눈을 마주하여 : 저자가 85세 때인 1851년(철종2) 겨울에 지은 시로 추정된다.

납일[655]

臘日

납일은 언제나 따뜻해지려는 때이니	臘日常時欲煖時
오늘 또 기약이나 한 듯 납일을 만났네	卽看臘日又如期
이기씨 내려와 납제 시작됨을 알았을 뿐[656]	但知始索伊耆降
절후 바뀌어 한 해 끝남은 알지 못했네	不覺終年節候移
눈 속에서 솔잎은 겨울에도 푸르고	雪裏冬靑松樹樹
한수 가에 매화 가지는 봄빛이 맴도네	漢濱春色梅枝枝
누대 지을 땅도 없이 헛되이 늙었으니[657]	起樓無地空成老
머리 긁적이며 하늘에 묻네 무슨 생각이냐고	搔首問天何所思

655 납일(臘日) : 저자가 85세 때인 1851년(철종2)에 지은 시로, '납일'은 동지 뒤 세 번째 미일(未日)에 납향(臘享)하는 날이다. 1851년 12월 2일 정미일에 종묘, 사직, 경모궁(景慕宮)의 납향대제(臘享大祭)가 있었다.

656 이기씨(伊耆氏)……뿐 : '이기씨'는 삼황(三皇) 중 한 사람인 신농(神農)의 천자 칭호로, 농사를 처음으로 가르쳤다고 한다. 《예기》 〈교특생(郊特牲)〉에 "이기씨가 처음으로 납향을 만들었다. '사'는 찾는다는 뜻이니, 매년 12월에 만물을 모아서 신을 찾아 제사하는 것이다.〔伊耆氏始爲蜡, 蜡也者, 索也. 歲十二月, 合聚萬物而索饗之也.〕"라는 내용이 보인다.

657 누대……늙었으니 : 송(宋)나라 때 구준(寇準)이 30년 동안 재상으로 있으면서 집 한 채 없이 살자, 처사(處士) 위야(魏野)가 "벼슬은 재상의 지위이건만, 누대 세울 땅도 없네.〔有官居鼎鼐, 無地起樓臺.〕"라는 시를 지어주었고, 뒤에 금(金)나라 사신이 와서 구준을 찾으며 "어떤 분이 누대 세울 땅도 없는 상공(相公)이냐?"라고 물었다는 고사를 원용한 것이다. 《國老談苑 卷2》

언덕에 올라[658]

登皐

한번 언덕에 올라 멀리 바라나볼까	試登皐一望
오직 믿는 건 이 몸 부지할 지팡이라오	惟信杖扶持
천 개의 숲 요동침이 그저 기쁘니	有喜千林動
사시의 기운 바뀜이 오차 없구나	無愆四氣推
북해의 술 단지 비어 있지 않건만[659]	不空罇北海
남쪽 모퉁이 집에서 나 홀로 살아가네	獨往家南陲
속세의 인연 적음은 애석할 것 없지만	莫惜塵緣薄
신선의 단약 이룸은 세월이 더디도다	還丹日月遲

---

658 언덕에 올라 : 저자가 86세 때인 1852년(철종3) 봄에 지은 시로 추정된다.

659 북해(北海)의……않건만 : 술 단지를 비워두지 않을 정도로 손님을 좋아한다는 말이다. 한(漢)나라 공융(孔融)이 북해의 상(相)으로 있으면서 선비들을 좋아하여 공무를 마치고 집에 돌아오면 항상 손님으로 가득했는데, 공융은 이를 보고 "자리에는 손님이 늘 가득하고, 술 단지에는 술이 비지 않았으니, 내가 걱정이 없다.〔坐上客常滿, 尊中酒不空, 吾無憂矣.〕"라고 했다는 고사를 원용한 것이다. 《後漢書 卷100 孔融傳》

홍매 시에 화답하여 호거 사백에게 올리다[660]

和紅梅詩呈壺居詞伯

동쪽에서 온 기운 나무에 가득하니	東來氣滿樹
나무 나무마다 새 향기를 재촉받네	樹樹新香催
이달은 봄꽃이 흐드러지는 때이건만	是月春花爛
서리 아니어도 가을 잎이 돌아왔네	非霜秋葉回
그림자는 아침에 솟은 햇살에 비끼고	影斜朝出旭
꽃망울은 밤에 빛나는 술잔을 희롱하네	珠弄夜光盃
그 토질은 오직 차진 땅에 알맞으니	厥土惟中粘
끈끈하고 부푼 땅에 뿌리를 내렸네	根於埴墳裁

660 홍매……올리다 : 저자가 86세 때인 1852년(철종3) 봄에 지은 시로 추정된다. '호거(壺居)'는 이약우(李若愚)의 호이다. '사백(詞伯)'은 문단의 거장이라는 말이다.

성상께서 현륭원에 배알하고 작헌례를 드릴 때 어가가 문 앞을 지나기에 삼가 길에서 맞이하고 전송하다[661]

聖上拜顯隆園 獻酌獻禮 大駕過門前 謹迎送于路次

조상이 계신 듯 뵙는 듯 참배하시니	如在復如見
요의 덕과 순의 효에 근본하셨네	堯天舜孝根
바로 신령하고 성스러운 왕이시며	乃神聖元后
돌아가신 장헌세자의 증손이시라오	先世子曾孫
맑은 정화수 부으며 오열하시고	明水注烏咽
저녁 구름에 근심스레 분주하네	暮雲愀駿奔
휘황한 정조 대왕의 업적이여	煌煌正宗業
팔달문과 신풍문에 환히 빛나네[662]	八達新豐門

661 성상께서……전송하다 : 저자가 86세 때인 1852년(철종3) 2월에 지은 시이다. 철종은 이해 2월 26일 건릉(健陵)과 현륭원(顯隆園)에 전알(展謁)하여 친히 제사 지내고, 이어서 화령전(華寧殿)에 나아가 작헌례(酌獻禮)를 행하였다. 건릉은 정조와 효의왕후(孝懿王后) 김씨의 합장릉으로, 경기도 화성시 안녕동에 있다. 현륭원은 장헌세자(莊獻世子)의 묘로 건릉 옆에 있다. 화령전은 화성 안에 지은, 정조의 영정을 고신 전각이다. 《哲宗實錄》

662 팔달문(八達門)과……빛나네 : '팔달문'은 화성의 사대문 중 남쪽 문으로, 남쪽에서 수원으로 진입하는 곳에 위치하고 있다. 정조와 당대 국왕들이 현륭원을 가기 위해 이곳을 통과했다고 한다. '신풍문(新豐門)'은 화성 행궁의 정문이다.

고시. 높이 올라가 굽어보며 지은 시이다[663]

古詩 登臨之作

성대한 붉은 햇빛 어루만지노라니　　鬱鬱撫朱光
성성한 누런 머리가 서글프구나　　星星憾黃耇
두루 둘러보니 평온하여 싫지 않고　　周攬憺不倦
속으로 그린 지 참으로 오래되었도다　　暗索亮故久
발 밟으며 상황에 따라 맞춰 살았고[664]　　躡足愜揭厲
전전긍긍하며 겉모습을 보여주었네[665]　　竦肩羅牝牡
마음에 드는 골짝의 신을 만나　　適已遌谷神
배를 비우고 강의 신을 만났도다　　虛舟觸川后
두루 베푼 은택에 만물이 모두 빛나니　　陽澤咸光照
분분한 속세의 먼지가 더욱 사라지네　　塵棼彌抖擻
이슬은 붉게 터진 꽃술에 빛나고　　露泫紅綻蘂

---

663 고시(古詩)……시이다 : 저자가 86세 때인 1852년(철종3)에 지은 시로 추정된다.

664 발……살았고 : 세상 사람 비위를 맞추며 살았다는 말이다. '발을 밟는다〔躡足〕'는 것은 상황에 따른 처세술을 이른다. 한신(韓信)이 한왕(漢王) 유방(劉邦)에게 편지를 보내 자신이 임시 제왕(齊王)이 되겠다고 하자 유방이 매우 노하여 욕을 하였는데, 장량(張良)과 진평(陳平)이 유방의 발을 밟으며 귓속말로 "한신이 왕이 되는 것을 막을 수 없으니, 막는다면 반란을 일으킬 것입니다. 아예 이 기회에 왕으로 봉하여 스스로 제 지역을 지키게 하는 것이 낫습니다."라고 조언하였다. 이에 유방은 곧바로 한신을 진짜 제왕에 봉하였다고 한다.《史記 卷92 淮陰侯列傳》

665 전전긍긍하며 겉모습을 보여주었네 : 두려워하며 속마음을 숨기고 살았다는 말이다.

바람은 푸르게 변한 버들에 부드럽네	風協青變柳
술잔을 당겨 두 이마를 물들이거니와	引斝染雙題
단지를 덮을 한 빗자루는 다 닳았다오[666]	塞缸弊一帚
신묘한 조화는 기쁘게 공경하거니와	玄化悅欽翼
타고난 자질은 점점 엉성해져가네	素質漸鹵莽
두루 사랑한 이를 평생 사모하였고	汎愛挹平生
나를 잘 이끌어준 좋은 벗도 많았네	勝引紆良友
몸을 온전히 하리라 생각을 삼가고	全形戒思慮
가슴속에 새겨 길이 홀로 지키네	靈郛長獨守

666 단지를……닳았다오 : '단지를 덮는다'는 것은 부부(覆瓿)와 같은 뜻으로, 저술한 문장이 아무런 가치가 없거나 후인들이 알아주지 않는 것을 비유한다. '다 닳은 빗자루' 또한 가치가 전혀 없는 물건이라는 뜻으로, 자신의 글에 대한 겸사로 쓰인다.

등불. 박 대감 내경 장복 의 시에 차운하다[667]

燈火 次朴台來卿 長復 韻

홑옷 홑옷마다 꽃송이들 맺히니	褧褧花花結
상서롭다 말하여도 또한 좋으리라	謂祥也亦宜
어둠 속에 피어 희롱하는 나비 없지만	暗開無戲蝶
밝은 빛 미더우니 점치는 거북 같네	明信有稽龜
북두의 별이 동시에 나오고	北斗星同出
남루의 달이 함께 더디 가네	南樓月共遲
텅 빈 산에 적막함을 위로하니	空山慰寂寞
밤마다 길이 서로 기약하네	昔昔長相期

667 등불……차운하다 : 저자가 86세 때인 1852년(철종3)에 지은 시로 추정된다. 박장복(朴長復, 1778～?)의 본관은 밀양(密陽), 자는 내경(來卿), 시호는 효정(孝貞)이다. 1813년(순조13) 문과에 합격하고, 이후 성균관 전적(成均館典籍), 종부시 주부(宗簿寺主簿), 이조 좌랑, 여주 목사(驪州牧使), 안변 부사(安邊府使), 사간원 대사간, 강계 부사(江界府使), 제주 목사(濟州牧使), 장단 부사(長湍府使), 병조 참판, 경주 부윤(慶州府尹), 춘추관 지춘추(春秋館知春秋), 한성부 판윤, 공조 판서 등을 역임하였다. 이 시를 지을 당시, 박장복은 1850년(철종1) 12월 8일 정2품 춘추관 지춘추에 임명된 뒤 계속 이 벼슬을 하고 있었던 듯하다.《承政院日記》

온 집안이 다시 서울로 들어오다[668]
全家還入洛

한번 서울을 이별한 뒤 삼십 년 지나	一別洛陽三十載
수염이 온통 하얗게 되고서야 돌아왔네	歸來纔及白鬢髭
지금까지 남산 빛은 바뀌지 않았구나	至今不改南山色
예전처럼 북두 술잔[669]을 거듭 기울이네	依昔重傾北斗巵
태사공에게 혜안 있었음을 잊기 어렵고	難忘史公有隻眼
승상에게 다른 재주 없음을 단연코 알겠네[670]	斷知丞相無他技
서성이며 사방을 보아도 소식이 끊겼으니	彷徨四顧絶音響
누가 있어 함께 옥수 가지를 붙들꼬[671]	誰與同攀瓊樹枝

668 온……들어오다 : 저자가 86세 때인 1852년(철종3)에 지은 시로 추정된다.

669 북두 술잔 : 북두칠성의 배열이 구기 모양이라고 하여 술잔을 비유하게 되었다.

670 승상에게……알겠네 : 신하가 많은 재능은 없어도 진실한 마음만은 간절한 것을 가리킨다.

671 누가……붙들꼬 : 저자와 함께 소식을 주고받을 벗이 없음을 탄식한 말이다. 남조(南朝) 양(梁)나라의 강엄(江淹)이 "얼굴이라도 한번 보고 싶지만, 곤륜산의 옥수 가지와 다를 바 없네.〔願一見顏色, 不異瓊樹枝.〕"라고 한탄한 구절을 원용한 것으로, 옥수 가지는 곤륜산(崑崙山)에 있기 때문에 만나기 어려운 것을 비유한 말이다.《文選 卷31 古別離》

조 대감 백영의 회갑에 지은 시[672]

趙台伯英回甲詩

집안의 절조 계승하여 집의 아이들 가르치니	承家節操訓家兒
깊은 학문이며 맑은 마음과 자취 본받을 만하네	儒雅雙淸實可師
별 하나 남극노인성이 당을 비추는 날이요	南極一星照堂日
이월이라 동풍 불어 누대에 기대는 때라오	東風二月依樓時
시구로 점치지 않아도 화갑을 알 수 있고[673]	蓍龜不考徵花甲
매승과 사마상여도 능가할 듯 문사가 거침없네[674]	枚馬欲凌騁藻辭
큰 복이 어찌 다함 있으랴 양이 다시 회복되니[675]	善福何窮陽復復[676]
집안사람들 기쁜 낯빛으로 흰 수염을 마주하네	室人歡對白鬚髭

672 조 대감……시 : 저자가 86세 때인 1852년(철종3)에 지은 시로 추정된다. '조백영(趙伯英)'의 행력에 대해서는 자세하지 않다.

673 시구(蓍龜)로……있고 : 시구, 즉 시초 풀과 거북 껍데기로 굳이 점을 치지 않아도 복된 회갑임을 알 수 있다는 말이다.

674 매승(枚乘)과……거침없네 : 글재주가 뛰어나다는 말이다. 매승과 사마상여(司馬相如)는 모두 한(漢)나라 때 사부(辭賦)로 유명하다.

675 양(陽)이 다시 회복되니 : 천지는 음과 양 두 기(氣)로 이루어져, 음기가 다하면 양기가 시작되고, 양기가 다하면 음기가 시작되는 것과 같이 회갑에 인생이 다시 시작되었다는 말이다.

676 復復 : 저본에는 첫 번째 복(復) 뒤에 '거성(去聲)', 두 번째 복(復) 뒤에 '입성(入聲)'이라는 원주가 있다. 거성은 '다시'라는 뜻으로 읽으라는 것이며, 입성은 '회복하다'라는 뜻으로 읽으라는 말이다.

칠석[677]

七夕

불볕더위 물러가고 서늘한 기운 도니	炎退十分涼一分
흰 구름 자취 없이 검은 구름 되었구나	白雲無迹化玄雲
견우와 직녀가 돌아와 오작교를 건너니	星回烏鵲橋中渡
오동잎 위로 비 떨어지는 소리 들리네	雨墮梧桐葉上聞

677 칠석(七夕) : 저자가 86세 때인 1852년(철종3) 7월 7일에 지은 시로 추정된다.

배로 갑곶에 갔다가 저물녘에 광성에 정박하고 짓다[678]

舟行甲串 晩泊廣城作

서늘한 저녁에 조수 소리 멀리 들리는데	鳴潮遠應晩過涼
활짝 핀 산국화에 저녁 햇살 비추네	山菊花開照夕陽
높이 달린 먹감 따서 두루 맛보고	絶絶烏椑嘗遍摘
층층 쌓인 성가퀴 마주하여 바라보네	重重雉堞矚相當
마니산에 서리 내리니 자라의 몸 우뚝하고[679]	摩尼霜落鼇身兀
갑곶에 바람 높으니 익조가 날개를 펴네[680]	甲串風高鷁翅張
쾌청하게 개니 펼쳐진 바다 일만 리라	快霽海濤一萬里
배를 타고 어디에서 푸른 산 찾을꼬	柁樓何處覓靑蒼

678 배로……짓다 : 저자가 86세 때인 1852년(철종3) 가을에 지은 시로 추정된다. '갑곶(甲串)'과 '광성(廣城)'은 모두 강화도에 있는 나루 이름으로, 각각 갑곶진(甲串津)과 광성진(廣城津)을 가리킨다.

679 마니산(摩尼山)에……우뚝하고 : 강화도의 마니산을 선산(仙山)에 비유한 말이다. 전설에 의하면 발해(渤海) 동쪽의 방호(方壺), 영주(瀛洲), 봉래(蓬萊)의 선산은 천제(天帝)의 명을 받은 거대한 자라가 조수에 떠다니지 않도록 이고 있다고 한다. 여기서는 이 전설을 원용한 것이다. 《列子 湯問》

680 익조(鷁鳥)가 날개를 펴네 : 익조를 그려 붙인 뱃머리에 바람이 부는 것을 이른다. 익조는 백로와 비슷한 새인데, 바람에 잘 견딘다고 하여 이 새의 모양을 뱃머리에 그리거나 붙이기 때문에 뱃머리를 '익수(鷁首)'라고 부른다.

깊은 가을에 작은 집에서 하릴없이 쓰다[681]

高秋小堂謾書

사립문에 석양 비끼고 수유 열매 붉은데	蓽門斜日紅茱萸
성곽 등진 집 그늘이 한 폭의 그림 같구나	負郭堂陰似畫圖
술기운은 온화한 봄 가져와 옥술잔에 뜨고	酒氣長春浮玉斝
글공부는 손에 꼽을 정도라 금술병만 기울이네	書功計日傾金壺
스산한 겨울철 다가와 이제 막 추워지는데	蕭蕭冬節冷纔緊
하늘하늘 가을꽃이 더없이 곱기만 하다	嫋嫋秋花鮮更無
노년의 날들 바뀌는 세월과 함께 흘러가니	晩景時光共流轉
근력 없어진 지 오래라 다시금 탄식하네	重嗟筋力久荒蕪

681 깊은……쓰다 : 저자가 86세 때인 1852년(철종3) 가을에 지은 시로 추정된다.

붓 가는 대로 쓰다[682]

率書

찬 기운에 아침 일찍 일어나 구름을 보니	冷宿凌朝起看雲
찬 매화의 꽃다운 소식 참으로 봄의 신이로다	寒梅芳信信東君
위로 솟은 아침 해를 기쁘게 다투어 보니	昇暾直上快爭睹
소리 없이 내린 눈이 조용히 흔적을 남겼구나	墮雪無聲憺有痕
단약으로 괴로이 수련하기도 쉽지 않거니와	未易丹還苦修煉
재주 없는 몸 공훈 세우기도 끝내 어렵도다	竟難白戰樹功勳
평생토록 홍옥 같은 술이 나이 잊은 벗이니	平生紅玉忘年友
취하면 시를 읊고 깬 뒤엔 글을 쓴다오	醉以能吟醒以文

682 붓……쓰다 : 저자가 86세 때인 1852년(철종3) 겨울에 지은 시로 추정된다.

추운 밤에 홀로 잠들다[683]

寒夜獨宿

삼경 사경 지나 오경 되었으니 얼마나 지루한지	更三四五何支離
휘파람 불다 시도 읊조리다 잠이 참으로 더디네	孤嘯短吟睡故遲
해가 가면 노인이 떠날 날인가 재촉에 놀라고	歲去驚催老去日
눈이 오면 손님이 올 때 되었나 마냥 기쁘네	雪來喜甚客來時
매화는 여느 해처럼 추위를 무릅쓰고 이르렀고	梅花年例犯寒到
죽엽은 봄날의 모습으로 본분을 지켜 푸르르네	竹葉春如有分期
시골 사는 원량[684]이 발에 병이 생긴 뒤로는	元亮便生脚疾後
가벼운 가마로 걸음 대신해 그런대로 편히 하네	輕籃代步且安之

---

683 추운……잠들다 : 저자가 86세 때인 1852년(철종3) 겨울에 지은 시로 추정된다.

684 시골 사는 원량(元亮) : '원량'은 진(晉)나라 시인 도연명(陶淵明)의 자(字)이다. 저자 역시 도잠처럼 벼슬을 버리고 시골에서 은거하며 산다는 말이다.

정월 초하루 아침 팔십칠 세에 대해 써보다[685]

元朝試書第八十七歲也

책력 기록 먼 옛날 화씨에게서 보이니[686]	紀數觀於和氏先
이에 맑은 기운 더하여 새벽빛이 이어지네	因添淑氣曙光連
하늘과 땅은 늙지 않고 또 새해가 되었건만	坤乾不老又新歲
예나 지금이나 다시 소년 된 사람 없다오	今古無人更少年
달은 눈꽃이 다하니 세 차례 하얗게 내린 뒤요[687]	月盡六花三白後
날은 한 잎이 생기니[688] 만 송이 붉어지기 전이라오	日生一葉萬紅前
가까스로 동풍 속에 쇠약한 몸 일으키니	强扶衰起東風裏
맑은 술 천 잔에 시 백 편을 지어야 하리	淥酒千鍾詩百篇

685 정월……써보다 : 저자가 87세 때인 1853년(철종4) 1월 1일에 지은 시이다.

686 책력……보이니 : '화씨(和氏)'는 요(堯)임금 때 천문을 살펴 역법(曆法)을 제정했던 사람이다. 《서경》〈우서(虞書) 요전(堯典)〉에 "요임금은 이에 희씨와 화씨에게 명하여 하늘을 공경히 따라서 해와 달과 별을 책력으로 기록하고 천문 기구로 관찰하여 백성의 농사철을 공경히 주게 하였다.〔乃命羲和, 欽若昊天, 厤象日月星辰, 敬授人時.〕" 라는 내용이 보인다.

687 달은……뒤요 : 동지 후 납일 전에 세 차례 눈이 오면 크게 풍년이 든다는 속설을 원용한 것이다. 《本草綱目 水一 臘雪》

688 날은……생기니 : '한 잎'은 요(堯)임금 때 뜰에 났다는 상서로운 풀인 명협(蓂莢)을 이른다. 매월 초하루부터 15일까지는 매일 한 잎씩 나오고, 16일부터 그믐날까지는 매일 한 잎씩 떨어진다고 하는데, 여기서는 정월 초하루이기 때문에 한 잎이 생겨났다고 한 것이다. 《竹書紀年》

붓 가는 대로 쓰다[689] 경칩이 정월 26일 자정에 들기 때문이다

率書 蟄驚廿六之子初故云

정월엔 원래부터 비가 자주 내리니 正月元頻雨
동풍이 불어도 먼지가 일지 않네 東風不起塵
벌레들 놀라고 씨앗 터지는 새벽 蟲驚甲坼曉
올봄은 영화 연간의 봄과 같으리라[690] 龍集永和春
청주에 취하니 새 술을 불러 마시고 中聖喚新醁
나를 일깨우니 벗들이 그립구나 起余憶故人
사사로움 없이 한 양기가 내려오니 無私降一氣
숲 끝에 온갖 꽃의 신이 오셨도다 林末百花神

689 붓……쓰다 : 저자가 87세 때인 1853년(철종4) 정월에 지은 시이다.

690 올봄은……같으리라 : 진 목제(晉穆帝) 영화(永和) 9년(353) 계축년 삼월 삼짇날 왕희지(王羲之) 등 당대의 명사(名士) 40여 인이 회계(會稽) 산음(山陰)의 난정(蘭亭)에 모여서 계사(禊事)를 행하고, 이어 곡수(曲水)에 술잔을 띄우고 시를 읊으면서 성대하게 논 일이 있는데, 바로 그때와 같은 갑자해인 1853년 계축년 올봄도 즐거운 봄이 될 것이라는 말이다. 《晉書 卷80 王羲之列傳》

판금오 해곡 이 대감 기연 에게 올려 벼슬에서 물러난 것을 경하하다[691]

上判金吾海谷李台 紀淵 賀致政

다시 지금 옛날 건넜던 길 건너왔으니	還今渡古渡
예전에 죽은 몸 지금 도성에 살아왔도다[692]	古死今生邦
학이 돌아오니 성곽은 예전과 같고[693]	鶴返依城郭

---

691 판금오(判金吾)……경하하다 : 저자가 87세 때인 1853년(철종4)에 지은 것으로, 종1품 판의금부사(判義禁府事, 判金吾)를 지낸 이기연(李紀淵)이 동년 1월 20일 치사봉조하(致仕奉朝賀)가 된 것을 축하하며 지은 시이다. 봉조하는 공신으로 봉군(封君)된 자와 공신의 적장자 및 정3품 이상의 당상관으로서 나이 70세가 되었을 때 벼슬에서 물러나 봉조하가 될 수 있게 한 제도로, 직무는 없이 정월 초하루와 동지 및 탄신일의 조정 하례 의식에만 참여하도록 하였으며, 봉록은 재직할 때의 품계에 따라 지급하였다. 이기연은 1840년(헌종6) 3월 18일과 1850년(철종1) 9월 10일 두 차례 종1품 판의금부사에 임명되었으며, 벼슬에서 물러날 당시에는 오위(五衛)의 정3품 무관직인 상호군(上護軍)의 직임을 띠고 있었다. 《承政院日記》

692 예전에……살아왔도다 : 이기연과 형 이지연(李止淵)은 1805년 나란히 문과에 급제한 뒤 여러 관직을 두루 역임하였는데, 이지연은 우의정 등을 거쳐 판중추부사(判中樞府事)로, 이기연은 이조 판서로 재임하던 1840년(헌종6) 9월에 대사간 이재학(李在鶴)과 수찬 심승택(沈承澤)의 탄핵을 받았다. 이재학이 먼저 상소하여 두 형제가 권세를 마음대로 휘둘러서 나라의 체모를 손상시켰으니 이지연은 문외출송(門外黜送)하고 이기연은 멀리 귀양 보내라고 주청하자, 곧이어 심승택도 상소하여 이지연 형제가 역적 허성(許晟)을 비호하였으니 이재학의 요청대로 주벌하라고 주청하였다. 결국 이지연은 1840년 10월 14일 함경북도 명천부(明川府)에 유배되어 이듬해 그곳에서 죽고, 동생 이기연은 같은 날 전라도 고금도(古今島)에 위리안치 되었다가 거의 9년 만인 1849년(헌종15) 3월 5일 석방되어 돌아온 것을 이른다. 《承政院日記》

은혜가 드넓으니 바다처럼 깊도다 鴻恩深海江
한결같은 절조 온전히 한 이 드물건만 鮮能完節一
두 소씨보다 현명하지 못함이 한스럽네[694] 恨不賢疏雙
집은 곧 자리한 땅 이름이 녹문이요 家卽地名鹿
자취는 방씨 성 가진 이와 동일하다오[695] 迹同人姓龐

함께 벼슬하다 형의 죽음 겪었으니 同行吟半割
어찌 인간 세상 염두에 두었으리오 何念頭塵寰
죽기로 작정하고 금액[696]도 사절했으니 劃死謝金腋

---

693 학이……같고 : 오랜만에 고향에 돌아왔어도 산천은 여전하다는 말이다. 요동(遼東) 사람 정령위(丁令威)가 신선이 된 뒤 천 년 만에 학으로 변해 다시 고향을 찾아와 요동 성문에 내려앉았는데, 소년 하나가 활을 쏘려고 하자 허공으로 날아올라 배회하면서 다음과 같은 탄식을 했다고 한다. "새여 새여, 정령위여, 집 떠난 지 천 년 만에 오늘에야 돌아왔네. 성곽은 의구한데 사람은 바뀌었나니, 어찌 신선술 배우지 않아 무덤만 즐비한고.〔有鳥有鳥丁令威, 去家千年今始歸. 城郭如故人民非, 何不學仙冢纍纍?〕"

694 두……한스럽네 : '두 소씨(疏氏)'는 한 선제(漢宣帝) 때 황태자의 태부(太傅)로 있던 '소광(疏廣)'과 소부(少傅)로 있던 소광의 조카 '소수(疏受)'를 가리킨다. 소광과 소수는 관직과 명예가 높으면 위태하다고 하여 5년 만에 벼슬에서 물러나 고향으로 돌아갔는데, 이때 천자와 태자에게 황금을 하사받고 공경대부들에게도 성대한 전별연을 받았다고 한다. 여기서는 이기연과 이지연 형제가 두 소씨처럼 벼슬에서 일찌감치 물러나지 못하고 배척을 받아 유배 간 것이 안타깝다는 말이다. 《漢書 卷71 疏廣傳》《憲宗實錄》

695 집은……동일하다오 : 후한의 방덕공(龐德公)이 처자식을 데리고 지금의 호북성(湖北省) 양양현(襄陽縣)에 있는 녹문산(鹿門山)에 들어가 은거한 것과 같다는 말이다.

696 금액(金腋) : 금액(金液)과 같은 말로, 복용하면 신선이 된다는 일종의 선약(仙藥)이다. 여기서는 약물(藥物)을 가리킨다.

차마 살아서 옥문관 넘어 돌아오려 했으랴	忍生還玉關
봉조하 됨을 경하하노니 예에 맞는 것이요	奉朝賀云禮
노년을 보냄이 한적하니 참으로 잘되었도다	送暮優哉閑
외로운 신하를 노래하는 이날은	歌詠孤臣日
성상의 태산 같은 은택 덕분이라오	恩山聖澤間

단손이 봉양을 위해 지방관으로 나가니 특별히 금구현에 나아가 봉양하라는 성상의 각별한 은혜를 입은 것이다[697]

端孫奉檄出 別恩特就養金溝縣

내 나이 이제 여든일곱이라	春秋八十七
내외의 손자와 증손 현손 있으니	內外孫曾玄
은혜로이 늙은 신하를 길러주신 날이요	惠養老臣日
살아서 성스러운 임금을 만난 해로다	生逢聖主年
더없는 영광 우리 대에 없으리니	極榮無後輩
원래의 명운 하늘의 정함이 있었도다	元劃有先天
원님의 봉양을 온전히 누리니	專一百城奉
절로 이리될 줄 어찌 알았으랴	那知能自然

697 단손(端孫)이……것이다 : 저자가 87세 때인 1853년(철종4)에 지은 시로 추정된다. '단손'은 저자의 손자인 이단화(李端和, 1812~1860)로, 저자의 둘째 아들인 이제로(李濟魯)의 아들이다. 이단화는 1853년 8월 22일 전라도 금구 현령(金溝縣令)에 임명되어 재직하고 있었다.

음시처 상량문[698]

吟詩處上樑文

내 들으니 끊임없이 시를 읊으며 깊은 생각 발휘하는 사람은

蓋聞不廢吟哦助發才思者

텅 빈 마음이 담담하고 생각이 깊으며 冲情澹而思繹

뛰어난 생각이 표일하고 정신이 심원하니 雋想飛而神遐

깊이 이치를 찾으면 문장을 구사하여 소회를 펴고

冥搜則奮藻而散懷

멀리 포부를 부치면 문사를 쏟아내어 뜻을 말한다 하네

遠寄則馳辭而言志

대안도의 섬계의 즐거움[699] 누려 산수의 은미한 곳을 다 즐기고

---

698 음시처(吟詩處) 상량문 : 1804년(순조4) 정조의 딸 숙선옹주(叔善翁主)와 혼인하여 영명위(永明尉)에 봉해진 홍현주(洪顯周)를 위해 지은 상량문으로, 지은 시기는 미상이다. '음시처'는 홍현주가 거처한 곳의 이름으로, '시 읊으며 지낼 곳'이라는 뜻이다. 청나라 사람인 유화동(劉華東)이 처음 '노하음시처(老霞吟詩處)'라는 다섯 글자를 써서 자하(紫霞) 신위(申緯)에게 준 것을, 홍현주가 뒤에 '노하' 두 글자를 제거하고 모사하여 자신의 원정(園亭)에 걸었다.

699 대안도(戴安道)의 섬계(剡溪)의 즐거움 : '안도'는 대규(戴逵)의 자(字)이다. 진(晉)나라 왕휘지(王徽之)가 산음(山陰)에 살 때, 눈이 개어 달빛이 환한 밤에 홀로 술을 마시며 좌사(左思)의 〈초은(招隱)〉 시를 읽다가 갑자기 섬계에 살고 있는 벗 대규가 보고 싶어 편주를 타고 밤새도록 찾아갔는데, 정작 문 앞에 이르러 대규를 만나지 않고 돌아왔다. 어떤 사람이 그 이유를 묻자 "나는 애초 흥을 타고 갔다가 흥이 다해 돌아온 것이니, 어찌 대규를 만날 필요가 있겠는가.〔吾本乘興而行, 興盡而返, 何必見戴?〕"라고 하였다는 고사가 전하는데, 이를 원용한 것이다. 《晉書 卷80 王徽之列

戴安剡中之樂 窮山水之微

백거이의 〈지상편〉[700]을 지어서 임천의 흥취를 지극히 하리라

白傳池上之篇 極林泉之致

옛 전적의 광대한 밭을 달리지 않음 없고 無非騁墳素之廣圃

문인들과 좋은 인연을 맺지 않음 없으니 結文墨之良因

집 주변은 푸른 산이라 벽라 넝쿨 등지고 만물을 오만히 보며

宅邊青山 負薜蘿而傲物

당 앞은 푸른 들이라 높은 관직 경시하고 속인들을 깔보리라

堂前綠野 輕簪笏而驕人

이 때문에 뭇 사물이 한눈에 다 들어오고 是以群物可圍於寸眸

한 깨우침이 삼매경에 별안간 들어오리니 一悟頓入於三昧

자연의 도로 조화시켜[701] 한가하게 즐기고 和以天倪而容與

대지의 신령한 기운에 의지하여 소요하리라 據彼祇靈而逍遙

성대하게 천년의 우의를 맺었으니 菀然爲千載之風期

어찌 다만 한때의 경관만 즐기랴 豈特弄一時之景槪

주인은 천상의 선비[702]로 主人雲間之士

傳》《世說新語 任誕》

700 백거이(白居易)의 지상편(池上篇) : 당(唐)나라 시인 백거이가 58세 때인 829년에 병을 핑계로 형부시랑(刑部侍郎) 벼슬을 그만두고 낙양(洛陽)으로 돌아와 은거할 때 지은 시로, 전원생활의 즐거움을 읊은 시이다.

701 자연의 도로 조화시켜 : 《장자(莊子)》 〈제물론(齊物論)〉에 "자연의 도(道)로 조화시키고, 끝없는 변화에 내맡기는 것이 하늘로부터 받은 수명을 다하는 방법이다.〔和之以天倪, 因之以曼衍, 所以窮年也.〕"라고 하였다.

702 천상의 선비 : 재주가 빼어난 사람을 가리킨다. 진(晉)나라 때 문인(文人) 육운

풍류가 본받을 만하다　風流可師

대력의 재사 중에 으뜸이니 조정의 부마요[703]　擅大曆之才 中朝副馬

《문선》의 이치에 정심하니 뜰을 지나던 백어로다[704]

精文選之理 過庭伯魚

친하게 교유하여 홍애처럼 반기니 평소 선계의 수재라 일컬어지고[705]

(陸雲)은 자가 사룡(士龍)으로, 시문에 능하여 형인 육기(陸機)와 함께 '이륙(二陸)'으로 병칭되었다. 육운이 일찍이 장화(張華)의 처소에서 순은(荀隱)과 처음 만났을 때, 장화가 두 사람이 모두 큰 재주가 있다고 여겨 일반적인 언어는 쓰지 말도록 하였다. 그러자 육운이 손을 번쩍 들며 "구름 사이 육사룡이오.〔雲間陸士龍.〕"라고 하니, 순은이 "태양 아래 순명학이오.〔日下荀鳴鶴.〕"라고 대답하였다는 고사가 전한다. '운간(雲間)'은 원래 '송강(松江)'의 별칭이고, '일하(日下)'는 경도(京都)를 가리킨다. '명학(鳴鶴)'은 순은의 자(字)이다. 《世說新語 排調》

703 대력(大曆)의……부마요 : 주인이 걸출한 시재(詩才)를 지닌 부마라는 말이다. '대력'은 당 대종(唐代宗)의 연호이다. 삼국 시대 위(魏)나라 하안(何晏)은 자가 평숙(平叔)으로, 어려서부터 천재로 이름이 났으며 용모가 매우 아름다웠다. 공주에게 장가들어 열후(列侯)에 봉해졌으며, 시문에 뛰어나고 청담을 즐겼다. 당나라 한굉(韓翃)의 〈연양부마산지(宴楊駙馬山池)〉 중 "중조의 부마 하평숙이요, 남국의 사인 육사룡이로다.〔中朝駙馬何平叔, 南國詞人陸士龍.〕"라는 구절이 있다.

704 문선(文選)의……백어(伯魚)로다 : 주인인 홍현주가 가학(家學)을 전수받아 시문에 해박하다는 말이다. '백어'는 공자의 아들 이(鯉)의 자로, 어느 날 뜰을 지나다가 문득 아버지 공자로부터 시를 배웠느냐는 물음을 받고 물러가 시를 배웠다는 고사가 전한다. 《論語 季氏》 《문선》은 《소명문선(昭明文選)》이라고도 하는데, 현존하는 중국 최초의 시문 총집으로, 남조 양 무제(梁武帝)의 장자인 소명태자 소통(蕭統)이 문인들과 함께 편집하였다.

705 친하게……일컬어지고 : '홍애(洪厓)'는 홍애 선생으로, 황제(黃帝)의 신하 영륜(伶倫)이 도술을 얻어 신선이 된 뒤의 호칭이다. 한(漢)나라 때 선인(仙人) 위숙경(韋叔卿) 등이 종남산(終南山)에서 그와 함께 바둑을 두며 손을 잡고 놀았다고 한다. 여기서는 주인인 홍현주를 가리킨다. 《神仙傳 韋叔卿》

欣洪厓於拍肩　雅稱仙階之秀

임금의 사위라 사혼처럼 중시되니 높이 천하의 명사에 읍한다오[706]

重謝混於禁臠　高揖天下之名

차라리 동발을 치면서 시를 이룰지언정[707]　寧擊鉢而成詩

어찌 퉁소를 불어 봉황의 소리 낼 것 있으랴[708]　詎吹簫而流響

---

706 임금의……읍한다오 : 부마로서 천하의 명사들과 어울린다는 말이다. 원문의 '금련(禁臠)'은 '금지된 고기'라는 뜻으로 제왕이 매우 아끼고 소중히 여기는 물건을 비유한다. 전하여 '임금의 사위'를 뜻한다. 여기서는 주인인 홍현주를 가리킨다. 동진(東晉)의 원제(元帝)가 건업(建業)으로 도읍을 옮겼을 때, 공사 간에 매우 궁핍하여 돼지 한 마리만 잡아도 진미로 여겼으며, 그중에도 정수리 부분의 고기 한 점을 더욱 진미로 여겼다. 이에 그 한 점의 고기는 원제에게만 바치고 다른 사람들은 감히 먹을 수 없었으므로 이를 '금련'이라 불렀다. 그 후 효무제(孝武帝)가 진릉공주(晉陵公主)를 사혼(謝混)에게 시집보내려 하였으나 효무제가 승하하여 혼인이 이루어지지 못하였다. 이에 원숭(袁崧)이 자기 딸을 사혼에게 시집보내려 하자, 왕순(王珣)이 그에게 "경은 금련을 가까이하지 말라.〔卿莫近禁臠.〕"라고 농담을 하였는데, 뒤에 사혼은 끝내 진릉공주에게 장가를 들었다고 한다. 이로 인해 제왕의 부마를 '금련'이라 칭하게 되었다.《晉書 卷79 謝混列傳》

707 차라리……이룰지언정 : 시를 지어 즐기는 것으로 이미 충분하다는 말이다. 남제(南齊) 때 경릉왕(竟陵王) 소자량(蕭子良)이 일찍이 밤중에 학사(學士)들을 불러 모아 초에 눈금을 그어놓고 시를 짓게 하였는데, 사운시(四韻詩)의 경우는 1촌(寸)이 타들어 갈 동안 완성하도록 하였다. 이에 소문염(蕭文琰)이 그보다 더 빨리 시를 지을 수 있다고 하며 동발을 쳐서 그 여운이 다 사라지기도 전에 훌륭한 시를 완성하였다고 한다. 후에 이를 '격발최시(擊鉢催詩)'라 하여 정해진 시간 안에 시를 짓는 것, 또는 시재가 매우 민첩한 것을 비유하였는데, 이를 원용하여 한 말이다.《南史 卷59 王僧孺列傳》

708 어찌……있으랴 : 굳이 신선을 기약할 필요가 없다는 말이다. 춘추 시대 진 목공(秦穆公)의 딸 농옥(弄玉)이 퉁소를 잘 부는 소사(簫史)에게 시집을 가서 날마다 소사에게 퉁소를 배워 봉황의 울음소리를 잘 냈는데, 뒤에 그 부부가 똑같이 신선이 되어 바람을 타고 승천했다고 한다.《列仙傳 簫史》

영탄하는 사이에 나오는 것이 반드시 본래 그러함이 있으니[709]

發於詠歎之際 必有自然

천지간에 이보다 좋은 것이 다시 무엇이 있는지 모르겠네

不知天壤之間 復有何物

선현들의 끊어진 궤적을 따르고 御群哲之絶軌

육경의 향기로운 정화로 양치질을 하노라면 漱六藝之芳津

지극한 도가 광명하니 사륙문의 겸양을 베푸는 의리가 존경스럽고[710]

至道光明 欽四六撝謙之義

선한 마음이 감발되니 삼백 편의 시를 외는 풍조가 자랑스럽다

善心感發 夸三百誦詩之風

풀과 나무와 벌레와 물고기의 이름이 시인의 해박한 식견에 마땅하니[711]

---

709 영탄하는……있으니 : 사물에 감동되면 자연스럽게 시가 나온다는 말이다. 주희(朱熹)의 〈시경집전서(詩經集傳序)〉에 "사람이 태어나서 고요한 것은 하늘의 성(性)이고, 사물에 감동되어 동하는 것은 성의 욕망이다. 이미 욕망이 있으면 생각이 없을 수 없고, 이미 생각이 있으면 말이 없을 수 없고, 이미 말이 있으면 말로써 다할 수 없어서 탄식하고 영탄하는 나머지에 발하는 것이 반드시 본래 그러한 음향과 가락이 있어 그칠 수 없으니, 이것이 시가 일어난 이유이다.〔人生而靜, 天之性也; 感於物而動, 性之欲也. 夫旣有欲矣, 則不能無思; 旣有思矣, 則不能無言; 旣有言矣, 則言之所不能盡, 而發於咨嗟詠歎之餘者, 必有自然之音響節族而不能已焉, 此詩之所以作也.〕"라고 하였다.

710 사륙문(四六文)의……존경스럽고 : 《주역》 〈겸괘(謙卦) 육사(六四)〉에 "겸손함을 베풂에 이롭지 않음이 없다.〔無不利撝謙.〕"라는 구절을 원용한 것으로, '육사'를 '사륙'으로 바꾸어 '사륙문의 겸양'이라는 뜻으로 쓴 것이다.

711 풀과……마땅하니 : 《논어》 〈양화(陽貨)〉에, 공자가 "너희들은 어찌하여 시를 배우지 아니하느냐?……새와 짐승, 풀과 나무의 이름을 많이 알게 한다.〔小子何莫學夫詩?……多識於鳥獸草木之名.〕"라고 말한 구절이 보인다.

草木蟲魚之名 宜詩人之多識

울금과 지작[712]의 아름다움이 어찌 군자가 편안히 여기는 바가 아니겠는가 鬱金鳷鵲之美 豈君子之攸寧

집안에서 능히 겸양하는 법을 떨치니 家振克讓之規

사람들이 자신을 굽히는 뜻을 사모하네 人懷折節之志

마침내 한강을 앞에 두고 저자를 뒤에 두어 遂面洛後市

도성에 터를 잡고 정원을 빙 두른 곳에 據京帶園

당당한 좋은 터를 살펴 相善基之堂堂

높다란 층층 집을 지었으니 營層構之岌岌

공수자[713]에게 물어 규모를 검소하게 하고 諏公輸而儉其規矩

장석과 상의하여 좋은 집을 속히 이루었도다[714] 謀匠石而亟其奐輪

왼쪽으론 높은 언덕을 깎아 남산의 빼어난 풍광을 끌어오고

左拓崇臯 延南山之秀色

---

712 울금(鬱金)과 지작(鳷鵲) : '울금'은 향기로운 풀의 이름이다. '지작'은 후한(後漢) 장제(章帝) 때 조지국(條支國)에서 공물로 바쳤다는 새의 이름으로, 나라가 태평하면 무리를 지어 난다고 한다. 후대에는 보통 기쁜 소식을 전하는 까치의 뜻으로 쓰이게 되었다. 《拾遺記 後漢》

713 공수자(公輸子) : 춘추 시대 노(魯)나라의 나무를 잘 다루는 명장(名匠)으로, 이름은 반(班)이다. 일설에는 반(般)이라고도 한다. 원문의 '규(規)'는 원을 그리는 걸음쇠이고, '구(矩)'는 각을 그리는 데 쓰는 곱자이다.

714 장석(匠石)과……이루었도다 : '장석'은 상고 시대 기예가 뛰어난 장인의 이름이다. 진(晉)나라 헌문자(獻文子)가 집을 낙성하자, 대부인 장로(張老)가 "아름답도다, 높고 큼이여! 아름답도다, 많고 많음이여! 이곳에서 제사 노래 부르고 이곳에서 곡을 하며, 국빈과 종족이 이곳에서 모이리라.〔美哉輪焉, 美哉奐焉. 歌於斯, 哭於斯, 聚國族於斯.〕"라고 칭송한 고사를 원용한 것이다. 《禮記 檀弓下》

오른쪽으론 커다란 나무를 찾아 동악의 옛 단[715]을 굽어보네

右搜穹樾 頫東岳之古壇

큰 방은 깊숙하여 편안한 거처 되고 甲房叫篠而燕居

긴 대들보는 높이 솟아 무지개가 뜬 듯하네 脩梁偃蹇而虹指

이에 홍색 정자가 솟으니 於是紅亭起

자각봉[716]의 북쪽이라오 紫閣陰

깊고 그윽함은 긴 섬돌에서 볼 수 있고 秘奧窺諸脩除

높고 우뚝함은 넓은 행랑에 빼어나도다 高峙傑于廣廡

주렴이 뒤에 열리니 복사꽃 오얏꽃 핀 향기로운 정원을 받아들이고

簾帷後闢 納桃李之芳園

난간이 앞에 임하니 연꽃 핀 푸른 물을 굽어 비추네

欄檻前臨 照芙蓉之綠水

태호의 수석[717]을 옮겨오고 移太湖之石

적성산의 표지[718]를 세웠도다 建赤城之標

---

715 동악(東岳)의 옛 단 : 동악 이안눌(李安訥, 1571~1637)의 '동악시단(東岳詩壇)'을 말한다. 이안눌이 묵사동(墨寺洞)에 살면서 그 위쪽에 시단(詩壇)을 만들고 날마다 빈객과 시를 지으며 이를 동악시단이라고 명명하였는데, 이 시를 지을 당시에는 이미 터만 남았던 것으로 보인다. 《林下筆記 卷30 春明逸史 東岳詩壇》

716 자각봉(紫閣峯) : 남산의 봉우리 이름이다. '자각'은 신선이나 은사(隱士)가 사는 곳을 가리킨다.

717 태호(太湖)의 수석 : '태호'는 강소성에 있는 호수 이름으로, 이곳에서 나는 산봉우리・골짜기・동굴 등의 형상을 한 돌이 유명하여 정원석(庭園石)으로 많이 쓰인다.

718 적성산(赤城山)의 표지 : '적성산'은 은거지를 뜻한다. 진(晉)나라 손작(孫綽)이 천태산(天台山) 자락인 적성산에서 은거 생활을 즐기며 지은 〈유천태산부(遊天台山賦)〉 중 "적성산에 연하가 일어나 절로 표지를 세우네.〔赤城霞起而建標.〕"라는 구절을

맑은 바람이 향기를 보내오니 둥근 하늘이 이에 활짝 개고

清颸襲芳 圓靈爲之開霽

부드러운 대지가 깊이 온축하니 푸른 산이 이에 깨끗하다

柔祇蘊奧 積翠爲之消空

구름이 모이니 산등성이가 높다랗게 중간에 일어나고

雲族蘢蓯 岡峩峩而中起

새들이 지저귀니 가지가 얼기설기 앞에 얽혀 있도다

毛群磬耴 枝糾糾而前橫

섬돌 가에는 남국의 꽃[719]이 활짝 피었고 階發日南之花

당 앞에는 기주의 대나무[720]가 무성하게 자라네 堂敷蘄州之竹

위에는 영실성(營室星)의 형상이 걸렸으니 경치는 아무리 작아도 이르지 않은 것이 없고 上懸觜陬之象 景無微而不臻

아래에는 꽃무늬 아로새긴 창이 있으니 사물은 아무리 작아도 조화롭지 않은 것이 없네 下結綺疏之窗 物無細而不協

층층 궁실이 사치스럽다 말한 것 아니니 非曰曾宮之誇泰

어쩌면 조망이 이리도 볼 것이 많단 말인가 何遽曠眺之支離

남쪽과 북쪽, 동쪽과 서쪽에서 흩어지는 기미를 살필 수 있고

원용한 것이다.《天台前集 卷上》

719 남국의 꽃 : 당나라 무명씨(無名氏)의 시구에 "농우의 제후는 말하는 새를 보내오고, 남국의 태수는 이름난 꽃을 보내왔네.〔隴右諸侯供語鳥, 日南太守送名花.〕"라는 구절이 있다.

720 기주(蘄州)의 대나무 : '기주'는 호북성에 있는 대나무 산지이다. 색이 영롱한 대나무로는 돗자리를 만들고, 마디가 긴 것으로는 피리를 만들고, 수염이 달린 것으로는 지팡이를 만든다고 한다.《廣群芳譜 竹譜 竹1》

南北東西 離散之機可察

낮과 밤, 추위와 더위에서 변화하는 운수를 망라할 수 있도다

晦明寒署 變動之數旁羅

태초의 소박함 안고서 스스로 기뻐하니 挹太素而自怡

천상의 궁궐을 돌아보고 어찌 부러워하랴 眄淸都而何羨

남쪽 처마에서 등에 햇볕을 쬐니 완연히 시골 사람과 한 무리이고

南榮曝背 宛野人之同曹

북쪽 창에서 시원한 바람을 쐬니 편안히 태곳적 사람이 속세로 돌아왔네[721] 北牖納涼 憺上皇之返俗

마침내 합환모[722]를 쓰고 迺戴合歡之帽

구불구불한 난간에 기대어 欹曲折之欄

멀리 바라보며 수염을 꼬니 의경(意境)이 그윽하여 부족함 없고

望遠撚鬚 境窈窕而不乏

사물로 인해 흥이 일어나니 생각이 따라 변하여 더욱 깊도다

因物起興 思宛轉而彌窮

물러나 쉬는 때를 노래하니 은거 생활이 즐겁고

歌退食之時 淹留可樂

술 권하는 곡을 연주하니 기쁨에 피로하지 않으리라

奏進酒之曲 懽賞不疲

---

721 북쪽……돌아왔네 : 도연명(陶淵明)의 〈여자엄등소(與子儼等疏)〉 중 "오뉴월 중에 북창 아래에 누워 있으면 서늘한 바람이 이따금씩 스쳐 지나가곤 하는데, 그럴 때면 내가 복희 시대의 사람이 아닌가 하는 생각이 들기도 한다.〔五六月中, 北窓下臥, 遇涼風暫至, 自謂是羲皇上人.〕"라는 구절을 원용한 것이다.

722 합환모(合歡帽) : 위진(魏晉) 때 유행했던 모자로, 주로 노인들이 썼다고 한다.

한가로이 거처하며 어찌 시 지어 즐기기만 하랴　閑居奚但作賦而娛
아름다운 시구가 우리의 언어 되어야 하리　佳句應是我輩之語
《이아》에 주석을 다니 경순의 당에 오른 듯하고[723]
細註爾雅 擬登景純之堂
연못을 새로 파니 혜련의 꿈을 꾸려는 듯하네[724]
新開池塘 欲發惠連之夢
쟁쟁히 울리는 시구는 옥수보다 더한 보배요　鏘鏘然 寶甚於瓊樹
양양히 퍼지는 곡조는 천기에서 흘러나왔도다　洋洋乎 流出於天機
거문고를 타니 화락한 음률에 봉황이 화답하고
拊絲桐而婉音 鳳凰和
대나무와 오동이 빼어나니 푸른빛에 난새가 깃드네
挺竹梧而翠色 鸞鵠停
붕우들과 함께하니 산림의 벗이었던 덕조[725]와 같고
與之盍簪 如德操林樊之侶

---

723 이아(爾雅)에……듯하고 : 주인인 홍현주의 학문이 정심하다는 말이다. '경순(景純)'은 곽박(郭璞, 276～324)의 자(字)이다. 양진(兩晉) 시기의 저명한 문학가이자 훈고학자·풍수학자로 《이아》, 《방언(方言)》, 《산해경(山海經)》, 《목천자전(穆天子傳)》, 《장경(葬經)》에 주를 내었다.

724 연못을……듯하네 : 주인인 홍현주가 빼어난 시를 짓고 싶어 연못을 팠다는 말이다. 남조 송(宋)나라의 사령운(謝靈運)이 꿈속에서 족제(族弟) 사혜련(謝惠連)을 보고 곧바로 "못가에 봄풀이 난다.〔池塘生春草.〕"라는 절묘한 시구를 얻었다는 고사를 원용한 것이다. 《南史 卷19 謝惠連列傳》

725 덕조(德操) : 사마휘(司馬徽)의 자(字)이다. 후한(後漢) 말기의 명사(名士)로 도학(道學), 기문(奇門), 병법(兵法), 경학(經學) 등에 조예가 깊었다. 사람을 보는 안목이 높아 일찍이 유비(劉備)에게 제갈량(諸葛亮)과 방통(龐統) 등을 추천하였다.

상석으로 맞이하니 사부에 뛰어난 장경이로다[726]

延以上座 而馬卿辭賦之雄

반열은 일민[727]에 속하고 班綴逸民

재능은 대아[728]를 갖추었으니 材具大雅

소리 높여 고상한 담론을 나누고 方高談之亢厲

서로 권하며 술잔을 돌리기도 한다오 及羽酌之交飛

우러러 전현을 경시할 정도이니[729] 세상을 벗어난 절조에 허물이 없고

仰邈前賢 無愆物外之操

다투어 고상한 운치를 떨치니 꿈속의 꽃인가 의심하네[730]

爭揮逸韻 疑是夢中之花

호상에 걸터앉아 坐據胡床

---

726 상석으로……장경(長卿)이로다 : '장경'은 사마상여(司馬相如)의 자(字)이다. 전한(前漢) 때 사부(辭賦)로 유명하여 후대에 부성(賦聖) 또는 사종(辭宗)으로 불렸다. 한번은 양효왕(梁孝王)이 토원에 술자리를 마련하고 사마상여를 상객(上客)으로 맞이하여 당대의 문사들과 부(賦)를 읊고 놀았다는 고사를 원용한 것이다. 이 당시 함박눈이 쏟아졌다고 하는데, 이때의 일이 진(晉)나라 사혜련(謝惠連)의 〈설부(雪賦)〉에 자세히 나와 있다. 《文選 卷13 物色 雪賦》

727 일민(逸民) : 세상을 피해 은둔한 현자를 이른다.

728 대아(大雅) : 덕이 높고 학식이 넓은 사람을 이른다.

729 우러러……정도이니 : 진(晉)나라 육기(陸機)의 〈호사부서(豪士賦序)〉에 "높고 높은 훌륭한 모습은 우러러 전대의 현인을 경시할 정도이고, 성대한 기풍은 굽어 장래의 사적(史籍)에서 으뜸이리라.〔巍巍之盛, 仰邈前賢, 洋洋之風, 俯冠來籍.〕"라는 구절이 보인다.

730 꿈속의 꽃인가 의심하네 : 지은 시가 매우 훌륭하다는 말이다. 후한의 마융(馬融)이 꿈속에서 비단에 수를 놓은 것 같은 꽃을 보고 따서 먹었는데, 꿈에서 깬 뒤에 천하의 문사(文詞)를 모르는 것이 없게 되었다는 고사를 원용한 것이다.

여의를 어루만지며[731] 手弄如意

여러 현자들의 동산에서 노닐고 鶴翔乎群雅之囿

뭇 현묘함의 문에서 사색하네[732] 沈吟乎衆妙之門

그러므로 담박하여 생각하는 것이 없으니 작은 티끌에도 물들지 않고 故淡泊而無所思 纖塵不染

끝내 한가로이 노닐며 졸렬함을 기르니 본래의 분수가 또한 편안하리로다 終優遊而養其拙 自分亦安

세상에 드문 음을 끌어와 애오라지 황혼을 즐기고 挽希世之音 聊樂畢景

성인의 덕을 노래하여 따뜻한 바람에 보답하리라 詠聖人之德 以答薰飆

빼어난 징군이여, 야인으로 있어서 만난 듯하네 矯矯徵君 疑在野而相遻

빛나는 당대의 준걸이여, 조정에서 누가 공경하지 않으리오 英英時傑 孰同朝而不欽

나에게 상량가를 돕게 하기에 俾助偉歌

731 호상(胡床)에……어루만지며 : '호상'은 북방 민족의 의자로, 일종의 접이식 의자이다. '여의(如意)'는 등을 긁기 위해 만든 길이 3자 정도의 기물로, 골(骨)·각(角)·죽(竹)·목(木)·옥(玉)·석(石)·동(銅)·철(鐵) 등으로 만들었다. 송원(宋元) 교체 시기 사람인 오연(吾衍, 1268~1311)은 경사(經史)와 음률, 전각에 정통했는데, 자신이 만나고 싶지 않은 사람이 찾아오면 누대 위에서 "나는 외출한 지 한참 되었네.〔吾出有間矣.〕"라고 말하고는 거문고를 타고 퉁소를 불면서 여의를 끊임없이 어루만졌다는 고사를 원용한 것이다. 《山堂肆考 卷116 性行 狂肆 吹簫》

732 뭇……사색하네 : 《도덕경(道德經)》의 "깊고 또 깊은 것이 뭇 묘한 이치의 문이다.〔玄之又玄, 衆妙之門.〕"라는 구절을 원용한 것이다.

짧은 시를 엮어본다오 庸疏短律

어영차 들보를 동쪽으로 들어 올리네 兒郎偉抛樑東
나무를 심어 깊숙이 골목을 이루니 種樹深成巷
봄빛이 푸른 버들 동쪽에서 생기네 春生碧柳東
향긋한 바람은 부드럽게 사람을 감싸고 香風宛轉人
고운 달빛은 예나 지금이나 똑같도다 芳月古今同
들새는 갓 낳은 새끼를 기르고 野鳥將新子
산꽃은 오래 묵은 떨기에서 피어나네 山花發古蘩
삼십 일 동안 숙직한 공을 인정받아 三旬直宿徹
특별히 내구마를 하사받았다네 特賜御閑驄

어영차 들보를 남쪽으로 들어 올리네 兒郎偉抛樑南
얼음 담긴 그릇에 여름 과실 잠기니 盌氷沈夏實
고운 빛깔 가히 쌍남금[733]에 비견되네 色比於雙南
손안에는 종려 부채[734]를 쥐고 手裏蒲葵扇
머리 위엔 백옥 비녀[735]를 꽂았도다 頭邊白玉簪

---

733 쌍남금(雙南金) : 보통의 금보다 두 배의 가치가 나가는 남쪽 지방의 금을 말한다.

734 종려(棕櫚) 부채 : 원문의 '포규선(蒲葵扇)'은 종려 잎으로 만든 부채를 말하는데, 보통 자기가 소유한 허름한 부채라는 뜻의 겸사로 쓰인다. 동진(東晉)의 명사(名士) 사안(謝安)이 서울에 머물고 있을 때 고향으로 돌아가는 사람과 작별하면서 노자가 있는지 묻자, 그 사람이 "포규선 5만 자루가 있다.〔有蒲葵扇五萬.〕"라고 대답하였다. 이에 사안이 부채 하나를 집어 들자 경사의 선비들이 앞다투어 부채를 사는 바람에 값이 몇 배나 뛰었다는 고사가 전한다.《晉書 卷79 謝安列傳》

일찍이 당시의 정사를 논한 적 없으니 不曾論時政
조회 참석을 그만둠이 괴이할 것 없다오 無怪廢朝參
말을 붙여 중산대부에게 사례하노니 寄語謝中散
나에게 절교할 이유 같은 건 없다오[736] 吾無一不堪

어영차 들보를 서쪽으로 들어 올리네 兒郞偉抛樑西
저물녘에 성상의 부름 받들어 나가니 晩承私覿出
지는 해가 궁성 서쪽으로 내려가네 日下禁城西
국화는 이슬 내려 촉촉이 젖었고 仙菊露霑潤
단풍은 비가 내려 일제히 물들었네 楓林雨染齊
하늘빛은 마치 특별히 비추는 듯하고 天光若偏照

---

735 백옥 비녀 : 두보(杜甫)의 시 〈누상(樓上)〉 가운데 "천지간에 부질없이 머리 긁적이며, 자주 백옥 비녀를 뽑는다네.〔天地空搔首, 頻抽白玉簪.〕"라는 구절이 보인다.

736 말을……없다오 : 홍현주가 자신에게 벼슬을 권하지 않기 때문에 자신도 홍현주와 교유를 끊을 이유가 없다는 말이다. 이 구절은 삼국 시대 위(魏)나라에서 중산대부(中散大夫)를 역임했던 혜강(嵇康)의 고사를 원용한 것이다. 한때 죽림칠현의 한 사람으로 함께 어울렸던 산도(山濤)가 당시의 권력자인 사마소(司馬昭)에게 나아가 벼슬하면서 승진하게 되자 자기가 맡고 있던 선조랑(選曹郞) 자리를 혜강에게 넘겨주고자 하였는데, 혜강은 산도의 처신을 좋지 않게 여겨 〈산거원에게 절교하는 편지를 주다〔與山巨源絶交書〕〉라는 글을 보내 절교를 선언하며 자신이 벼슬할 수 없는 이유 일곱 가지와 벼슬해서는 안 되는 이유 두 가지를 말하였다. 이 가운데 벼슬을 할 수 없는 첫 번째 이유로 "나는 자리에 누워 늦게 일어나는 것을 좋아하는데 문지기가 나를 쉬지 않고 불러 깨울 것이니, 이것이 내가 첫 번째로 벼슬할 수 없는 이유라네.〔臥喜晩起, 而當關呼之不置, 一不堪也.〕"라고 말한 내용이 보인다. 혜강은 조조(曹操)의 증손녀인 장락정주(長樂亭主)를 아내로 맞이하였으므로, 여기서는 정조의 사위인 홍현주를 가리킨다.

가을빛은 그윽히 깃든 곳에 가득하네　　秋色滿幽棲
벽장 속엔 빛나는 교지[737]가 있으니　　壁裏黃金榜
친히 수고롭게 어필로 써주신 거라오　　親勞御筆題

어영차 들보를 북쪽으로 들어 올리네　　兒郎偉抛樑北
북두성이 찬란히 아래로 드리우니　　魁象爛然垂
그대 집은 남두성[738]의 북쪽에 있다오　　吾家南斗北
추운 밤에 여러 손님들 불러와서　　寒宵速衆賓
한 해 저물 때 밝은 덕을 숭상하네　　歲晏崇明德
집을 뒤덮으니 눈꽃이 흩날리고　　覆閣天花飄
계단에 빼어나니 동백이 빛나도다　　抽階冬柏色
하늘 높이 떠 있는 둥근 달 하나　　亭亭月一輪
밝게 비추니 만금의 보배로다　　照耀萬錢直

어영차 들보를 위로 들어 올리네　　兒郎偉抛樑上
제비는 높은 용마루 사이에 날아들고　　燕飛高棟間
까치는 높은 가지 위에 새끼를 기르네　　鵲乳高枝上
더구나 푸른 산 밝은 빛이　　何況靑山輝
모두 요처를 향하고 있음에랴　　皆當要處向
갠 하늘은 거울을 간 듯 빛나고　　晴天磨鏡光

---

737 빛나는 교지 : 홍현주가 숙선옹주와 혼인하면서 받은 영명위의 교지를 가리키는 듯하다.

738 남두성(南斗星) : 북두성 남쪽에 있는 별 이름이다.

새 달은 머리빗을 본뜬 모습이로다 新月學梳樣
도성의 터가 정남쪽을 향해 열렸으니 分野正南開
길이 성상 계신 북쪽을 바라보네 宸居長北望

어영차 들보를 아래로 들어 올리네 兒郎偉抛樑下
땅을 쓸고 맑은 향 사른 뒤 掃地焚淸香
꽃나무 아래에서 마음껏 즐기네 遊敖花樹下
관사에서 퇴청하며 말 구슬을 울리고 退公鳴玉珂
손님과 잔치하여 금술잔을 받드네 宴客奉金斝
안락함에 오직 요임금을 노래하고[739] 康樂惟歌堯
한가함에 그저 고상한 춤을 추네 雍容但舞夏
풍신이 참으로 깨끗하게 빛나니 風神正皎如
흰 비단에 그 모습 그릴 만하다오 粉本影傳寫

삼가 바라건대 들보를 올린 뒤 伏願上樑之後
푸른 하늘의 큰 복을 받고 承蒼昊之純嘏
두터운 대지의 밝은 신령함이 서리소서 蜿厚坤之昭靈
좋아하는 마음을 가져 운하를 저버리지 말고 不將心賞負雲霞
사물의 이치를 자세히 밝혀 부디 즐겁게 노니시게 細推物理須行樂

739 요(堯) 임금을 노래하고 : 태평성대를 노래한다는 말이다. 요 임금 때 한 노인이 배불리 먹고 배를 두드리면서 흙덩이를 두드리며 노래하기를 "해가 뜨면 나가서 일하고, 해가 지면 들어와서 쉬네. 우물 파서 물을 마시고 밭 갈아서 밥을 먹으니, 임금의 힘이 나에게 무슨 상관이 있으랴.〔日出而作, 日入而息, 鑿井而飮, 耕田而食, 帝力何有於我哉?〕"라고 하였다는 고사가 전한다.

증손자 경평군(慶平君) 호(皓)가 정사년(1857, 철종8) 연경에 갔을 때 교감하여 간행하다[740]

740 증손자……간행하다 : 이호(李皓, 1832～1895)의 본관은 전주(全州), 초명은 이세보(李世輔), 자는 좌보(左輔), 호는 산남(山南)이다. 저자의 손자인 이단화(李端和)의 아들로, 1851년(철종2) 사도세자의 3남 은전군(恩全君)의 양자인 풍계군(豊溪君) 이당(李瑭)의 후사로 들어가면서 이름을 '호'로 바꾸고, 경평군(慶平君)의 작호를 받았다. 1860년 안동 김씨의 세도정치를 비판했다가 파양되자 다시 '이세보'라는 이름을 사용하였고, 1868년 흥선대원군의 종친 항렬자 통일 명령으로 '인응(寅應)'으로 개명하였다. 《풍아(風雅)》·《시가(詩歌)》 등의 시조집이 있으며, 1997년 한국시조학회의 추천으로 문화체육부 문화 인물로 선정되었다. 1857년(철종8) 연경(燕京)에 간 것은 동지사은정사(冬至謝恩正使)로 떠난 것이다.

감사의 말씀

석견루께서는 벼루를 얻는 꿈을 꾸고 나서 한자로 '벼루(硯)'를 의미하는 '석견루(石見樓)'라는 다소 이색적인 호를 지으셨듯이 멋이 배어 있는 선비이십니다.

지방 수령으로 임지에 부임하시고 그 느낌을 시로 남기셨으며, 높은 벼슬은 못 하셨지만 당대의 수많은 명사들과 교우하시면서 시를 주고받으셨습니다. 귀양 가는, 낙향하는 친지를 시로써 위로하였으며, 금강산 봄꽃 나들이, 뱃놀이 정경을 시를 지어 노래하셨습니다. 이와같은 《석견루시초(石見樓詩鈔)》는 시집이기에 앞서 하나의 교우록이요 자서전인 셈이군요.

〈정월 초하루 아침 팔십칠 세에 대해 써보다(元朝試書第八十七歲也)〉에서 보듯이 그 시대에 87세까지 장수하시면서 생의 마지막까지 작품 활동을 멈추지 않으셨으니, 요샛말로 '워라벨(work and life balance)'과 '소확행(小確幸)'을 추구하는 삶을 몸소 실천하셨다고 하겠습니다.

석견루께서는 저희 7대 선조(先祖)이십니다. 선조님의 시를 좀 더 일찍이 한글로 번역하여 세상에 내놓아야 했는데 너무나 죄송스러울 따름입니다. 이 어려운 한시를 한글의 말맛을 살려 번역해주신 역자분들께 정말로 감사드립니다. 특히 《석견루시초》의 가치를 높이 평가하시고 일찍이 언론에 기고까지 해주신 안대회 교수님께 깊은 감사의 말씀을 드립니다. 감사합니다.

2019. 3.

이해랑연극재단 이방주

이명숙

이민주

이석주

이은숙

찾아보기

석견루시초
이복현 지음 | 조창록 · 이성민 · 김채식 · 이상아 옮김 | 안대회 감수 · 해제
2019년 3월 31일 초판 1쇄 발행
2019년 12월 10일 초판 2쇄 발행
편집 · 발행 성균관대학교 출판부 | 등록 1975. 5. 21. 제1975-9호
주소 (03063) 서울시 종로구 성균관로 25-2
전화 760-1253~4 | 팩스 762-7452 | 홈페이지 press.skku.edu
조판 김은하 | 인쇄 및 제본 영신사

값 25,000원
ISBN 979-11-5550-328-7 94810